俄罗斯
语言心智研究

杨明天 著

上海三联书店

CONTENTS 目录

前言 / 1

第一部分　基本理论问题

第一章　"心智"与"心智性" / 3
  一、术语的渊源 / 3
  二、文化学的定义 / 7
  三、二者之间的关系 / 9
  四、世界范围内研究"心智"的传统 / 12
  五、区分"心智"和"心智性" / 14
  六、俄罗斯研究"心智性"的传统 / 19
  七、研究"心智性"的方法 / 20
  八、语言"心智性"的研究 / 21
  九、研究"心智性"的新方法 / 22
  十、术语的汉译 / 23
  十一、我们对"心智"的定义，我们的研究材料和研究方法 / 25

第二部分　古罗斯时期与启蒙时期

第二章　古罗斯时期——以 11—16 世纪的经典文本为例 / 29
  一、选材和讨论的依据 / 29
  二、古罗斯的经典文本所讨论的问题 / 31

结语 / 43

第三章　俄国启蒙时期——以 17—18 世纪的经典文本为例 / 45
　　一、伏尔泰主义的影响 / 45
　　二、新的民族思想体系的建设 / 48
　　三、神秘主义 / 55
　　结语 / 56

第三部分　十九世纪

第四章　恰达耶夫的极端性 / 59
　　第一节　恰达耶夫思想概观 / 59
　　　　一、恰达耶夫思想体系的复建 / 61
　　　　二、恰达耶夫的思想特点概述 / 61
　　　　三、恰达耶夫的基本的精神结构 / 67
　　　　四、理解恰达耶夫 / 67
　　　　五、恰达耶夫思想的几个要点 / 68
　　　　结语 / 70
　　第二节　"极端性"的几种表达手段——以恰达耶夫的思想为例 / 70
　　　　一、使用表示全称意义和强调意义的词汇、语法和
　　　　　　修辞手段 / 74
　　　　二、使用反义、同义等词汇—修辞手段，结合强调意义形成极端
　　　　　　意义 / 77
　　　　三、使用表示对比、比较意义的词汇—语法手段 / 79
　　　　四、以问答问，第二个问句为修辞疑问句 / 80
　　　　五、综合手段 / 80
　　　　六、借助鲜明的形象形成极端意义 / 81
　　　　七、"无所不有或者一无所有" / 82
　　　　八、内容的全盘否定或肯定 / 82
　　　　结语 / 83

第五章　奥多耶夫斯基"整体认识"的观点和表达手段——以《俄罗斯之夜》为例 / 84
　　一、"认识的整体性" / 86
　　二、"整体认识"的表达手段 / 91
　　结语 / 97

第六章　霍米亚科夫论教派对立和俄国与西欧的差异 / 98
　　一、霍米亚科夫的宗教(东正教)理想 / 99
　　二、教派对立和俄国与西欧的差异 / 103
　　三、霍米亚科夫的使命论 / 110
　　四、表达特点 / 111
　　五、评价 / 112
　　结语 / 113

第七章　基列耶夫斯基思想概观 / 116
　　一、东正教对基列耶夫斯基的影响 / 118
　　二、基列耶夫斯基批判西方的基础 / 119
　　三、东正教和唯理论的对立 / 120
　　四、三位一体和直接内在的统一 / 125
　　五、西方灾难和精神疾病的源泉——唯理论 / 127
　　六、哲学"新原则"——以精神的完整性为基础 / 127
　　七、基列耶夫斯基的使命论 / 131
　　八、评价 / 133
　　结语 / 137

第八章　别林斯基关于俄罗斯特点的思考 / 138
　　一、别林斯基19世纪30年代的观点 / 139
　　二、别林斯基1840年的观点 / 144
　　三、别林斯基1841年的观点 / 146
　　四、别林斯基1844、1846年的观点 / 163
　　结语 / 166

第九章　赫尔岑思想和性格的多重性及其马赛克文体 / 171
　　一、赫尔岑思想的多重性 / 172
　　二、赫尔岑性格的多重性 / 176

三、赫尔岑表达手段的多重性 / 179

四、赫尔岑的马赛克文体 / 186

五、对立的统一 / 189

结语 / 189

第十章　索洛维约夫有关俄罗斯特点的论述 / 192

一、"自然母亲"的隐喻 / 193

二、俄国历史的不同发展方向 / 197

三、古俄南北民众的性格 / 204

结语 / 205

第十一章　陀思妥耶夫斯基的存在逻辑和表达 / 208

一、陀思妥耶夫斯基的二律背反 / 208

二、陀思妥耶夫斯基的自我告白 / 214

三、陀思妥耶夫斯基的存在逻辑 / 215

四、陀思妥耶夫斯基论语言表达 / 217

五、《皮格玛利翁》/ 221

六、语言相对论的假设 / 223

七、巴赫金论陀思妥耶夫斯基的表达手段 / 224

八、加斯帕罗夫的存在语言学 / 226

结语 / 229

第十二章　托尔斯泰对福音书的"解构"：《四部福音书合编与翻译》/ 230

一、《四部福音书合编与翻译》的创作和出版 / 231

二、托尔斯泰有关主题分析的论述 / 238

三、从语言表达看主题分析 / 243

四、对托尔斯泰合编与翻译的语言批判 / 279

五、托尔斯泰的解构与主题分析 / 289

结语 / 294

第四部分 二十世纪

第十三章 弗洛连斯基的圆形思维方式和"分声歌唱"：来自集中营的具体玄学 / 299

  一、圆形思维方式 / 301

  二、具体玄学 / 302

  三、圆形思维的体现 / 304

  四、结构体现 / 319

  结语 / 320

第五部分 二十一世纪

第十四章 沙罗夫有关俄罗斯特点的一些认识 / 325

  一、作为原料输出国的俄罗斯 / 327

  二、俄罗斯社会变革的根源 / 329

  三、关注俄罗斯人的心智 / 336

  四、隐喻化与神话化 / 337

  五、随笔性质的表达形式 / 338

  结语 / 339

结论 / 341

参考文献 / 343

后记 / 352

前 言

心智问题是一个得到广泛关注,却具有争议的课题。从语言的角度研究心智问题,这是本项目的一个基本思想。在第一章中,作者对本项目所理解的心智作了界定,说明了本项目将要使用的研究方法。从第二章到第十四章是具体分析部分。作者分析了从古罗斯时期至21世纪的相关文本,勾勒了俄罗斯语言心智的基本线索。所分析的文本是反映俄罗斯语言心智特点的经典文献,不涉及心智问题的文本,不在我们阅读分析之列。为什么作者选择的是这里看到的文本,而不是其他文本?这里具有一定的主观因素,但是,正如弗洛连斯基所认为的,"真正独特的经典艺术"是"这样一种艺术,其中创造的动态过程与所创造的事物的客观结构之间具有和谐的统一"(第十三章)。具体说,我们选择文本的原则是:

1. 文本的作者具有文学和哲学才能,一般既是文学家,也是哲学家;
2. 文本的内容涉及心智问题;
3. 文本具有与其内容相适应的表达手段。

主要内容

"心智"/"心智性"(менталитет/ментальность)这样的术语,在俄语社科文献中出现得越来越频繁,但尚未形成普遍接受的定义。我们对"心智"的工作定义是:①心智主体是社会团体及其代表(个体);②这是针对他者比较而言的独特的民族表征体系或民族禀赋;③在意识层次上,这可能是有意识的,也可能是无意识的情结(常体);④其形成需要具备一定条件,如历史条件、社会条件和一定的环境,等等;⑤其具体内容包括:生活定势、思想趋向,价值、规范、偏好、精神状态,看待世界的方式、朴素的世界图景,等等;⑥这些内容的内部构造往往是矛盾的;⑦以上方面通过主体的行为、情感和情绪的模式、认知、语言、智力、意识和思维等综合体现出来。

可以从语言方面,通过文本分析,认识俄罗斯的心智,寻求它在语言方面的体现方式。这就是我们所说的俄罗斯语言心智。这方面的有关论述看似较多,但是,我们的研究材料是那些既讨论了我们认为的心智方面的内容,又具有相应语言表达手段的材料。

基督教的思维范畴被纳入古罗斯的精神世界以后,它改变了多神教自然泛神论感知世界的定势。精神和物质被极端地对立起来,代表上帝和魔鬼的两种对立因素,开始了不可调和的斗争,确立了个人的道德责任的思想。以上思想被古罗斯的思维所发展,不只以概念范畴的形式,而且以艺术形式体现出来,形成古罗斯心智的特点。从语言的角度看,用于民间文艺创作的古俄语的句法,具有口语特点,其复合句的无连接词联系、并列联系和接续联系,要多于从属联系,这种句法的特点是,便于(具体)叙述,而不便于(抽象)论述。论述需要一定数量的从属联系。古俄语的另外一种形式——书面斯拉夫语的文本,其布局独具匠心、修辞色彩明显。属于这个时期的有关文本,追求生动形象的词语,具有政论倾向,充满激情思辨。

俄国启蒙时期,依靠"人道、科学和教育",逐步建立"世俗"的思想体系。俄国的人文主义,甚至宣扬道德对于理智的优先地位。18世纪末19世纪初,人们开始具有这样的观点:语词是真正的宣传鼓动的武器,能够很好地为思想政治斗争的目的服务。在当时的俄国,这无疑是个值得重视的观点,它与时代的启蒙、改革精神相吻合。

19世纪一些具有代表性的作家、思想家的论述,也涉及我们所说的语言心智问题。恰达耶夫用文化的成就来衡量基督教的力量,这是理解他激烈批判俄国的关键。恰达耶夫和他所处的时代合拍,这就是俄国激进主义的精神定势。奥多耶夫斯基强调"认识的整体性",他对西方的批判,还有"联结一切的综合",为19世纪40年代的斯拉夫派开辟了道路。奥多耶夫斯基的《俄罗斯之夜》,有意识地选择对话和文中文这样的手段,来表达他的基本思想,表达手段的功能与他的思想相吻合。霍米亚科夫提出"聚和性"学说,把东正教理想化。西方信仰是他极力要否定的一面。霍米亚科夫期待,东正教通过俄国,可以导致所有文化体系的改革。霍米亚科夫最早把西方基督教和整个唯理论体系等同起来。基列耶夫斯基的思想是一把理解独特的俄罗斯心智的钥匙。

别林斯基提出的"实用哲学",是他有关俄罗斯特点思考的总结。他提示了从关键词语出发理解文化的研究方法,例如他对"忧郁"和"酗酒"的分析,等等。这对后来的语言文化学方面的研究,具有深远影响。赫尔岑的思想和性格具有多重性,使用的马赛克文体与其思想和性格特征协调一致。从陀思妥耶夫斯基的多值逻辑,到他关于语言表达的重要论述;从巴赫金对陀思妥耶夫斯基表达手段的研究,再到加斯帕罗夫对巴赫金的研究,我们从中可以看到,其中的逻辑、主要思想和表达手段是一致的,我们又一次看到内容与形式之间的和谐关系。陀思妥耶夫斯基反对"理性"的二值逻辑的取向,展示二律背反的存在逻辑,指出语言、思维与文化密切联系的思想,对话词语、复调小说等表达手段,还有加斯帕罗夫反对结构主义,支持语用、认知方向的存在语言学理论的出现,其中的逻辑和联系,既是自然的,也是合理的。托尔斯泰的《四部福音书合编与翻译》反映出托尔斯泰并无后结构主义的意识,却使用了我们现在所说的"解构"、"主题分析"的策略,可以把托尔斯泰看作俄罗斯"解构"的先驱。

20世纪论述语言心智问题的重要学者,我们认为是弗洛连斯基。弗洛连斯基首先独立提出了"分声歌唱"式的创作,这要早于巴赫金针对陀思妥耶夫斯基的创作所提出的复调理论。弗洛连斯基提出的"整体认识",使我们想起俄罗斯历史上类似的观点。如奥多耶夫斯基在其代表作《俄罗斯之夜》中强调"认识的整体性",它与赫尔岑的观点相呼应,它对斯拉夫派、陀思妥耶夫斯基的创作、20世纪的思想家和作家都具有影响。21世纪的沙罗夫通过隐喻和神话化,以随笔的形式,回应着前贤对这些问题的思考与主要观点。

研究材料

我们的研究材料是论及语言心智问题的俄罗斯作家、思想家的相关文本,它们经历了历史和大众的检验,保留至今,反映了俄罗斯人一定的生活定势、思想趋向。它们是研究心智比较理想的、更接近主题的材料。我们关注的重点是这些作家、思想家对俄罗斯特点的思考和论述,还有与之相适应的表达手段。

研究方法

我们以历史的视角,文本分析的方法进行研究。文本分析,其中包括语法、语义、语用、认知、对比和主题等方面的分析。主题分析是后结构主义研究艺术文本以及任何符号对象的一种方法。通过文本分析，可以明确俄罗斯作家、思想家有关俄罗斯特点的主要思考内容和表达方式。

学术创新

"心智"是语言文化学未得到彻底研究的重要领域。我们分析相关的经典文本，对俄罗斯心智特点进行归纳和总结，并借助语言材料来验证。与前辈学者，特别是科列索夫研究的不同之处在于，我们以历史为线索，从具体作家、思想家入手，分析包含心智信息的经典文本，结合20世纪的文化现象进行研究。

研究所使用的材料，一部分是国内相关研究领域以前使用不多的材料，例如对古罗斯、启蒙时期的一些材料的解读；所使用的其他一些材料，则是比较新的资料，如对弗洛连斯基的日记资料的解读，在国内应属首例。

研究的视角，是语言心智研究，这是新的视角。所使用的研究方法，注意使用语用、认知、语言文化学的观念分析和后现代主义的主题分析等方法，这些都是较为新颖的分析方法。所得到的结论，有新的发现，也得到了一定的承认。

学术价值

1. 有助于俄语语言文化学的学科建设，有助于我们了解认知语言学、民族心理语言学、跨文化交际学等"人类中心论范式"的语言学理论的一些主要论题的渊源。例如，观念、观念分析与实用哲学的问题。这在我们对别林斯基有关俄罗斯特点的梳理部分，看得比较清楚。

2. 有助于我们了解俄罗斯的语言心智的特点与表达方式，例如弗洛连斯基的具体玄学、圆形思维方式和"分声歌唱"。

第一部分
基本理论问题

在第一部分,我们探讨术语"心智"和"心智性"的渊源,说明文化学对它们的定义。我们关注"心智"和"心智性"二者之间的关系,世界范围内研究"心智"的传统,以及如何区分"心智"和"心智性"。俄罗斯具有自己研究"心智性"的传统,学者们归纳了研究"心智性"的方法,特别是语言"心智性"的研究,这也就是我们为什么使用"俄罗斯语言心智"这样一个术语。科列索夫提出了研究"心智性"的新方法。我们将说明术语的汉译问题。最后,我们提出本项目的"心智"的工作定义,说明我们的研究材料和研究方法。

第一章 "心智"与"心智性"

心智(менталитет)、心智性(ментальность)这两个术语,在俄语社科文献中出现得越来越频繁,但尚未形成普遍接受的最终定义。研究者一方面感叹这组术语涵义的模糊多样(想要放弃它们),一方面又承认,这组术语反映独特的现象,具有跨学科研究的性质,目前并无其他恰当的术语来替换它们。[①] 我国学者也开始关注这一现象,作了一些探讨,[②]但是,如何定义,特别是如何科学地研究以上现象,如何翻译这两个术语,还是值得讨论的问题。

一、术语的渊源

我们先来看看这两个术语是如何出现的。国内有关这方面的部分内容,可以参考朱达秋等的专著。[③] 但是,为了明确术语的来龙去脉,我们还是要重新梳理一下,并谈谈我们自己的认识。

1.1 менталитет, ментальность 这两个术语都和法语的 mentalité、英语的 mentality、德语的 Mentalität 有关。[④]

mentality 这个术语在美国哲学家艾默生(Emerson, 1803 - 1882)的著作《英国人的性格》(1856)中就出现了。他把心灵的核心的形而上学意义看作价

[①] Воробьева М. В. Понятие менталитета в культурологических исследованиях. Известия Уральского государственного университета. 2008. №55. С. 6 - 15.

[②] 朱达秋,"术语 менталитет 及其内涵",《解放军外国语学院学报》,2002 年,第 3 期;朱达秋等,《俄罗斯文化论》,重庆:重庆出版社,2004 年;李喜长,"解析术语'менталитет'和'ментальность'",《西安外国语大学学报》,2008 年,第 4 期。

[③] 朱达秋等,《俄罗斯文化论》,重庆:重庆出版社,2004 年。

[④] Рогальская Н. П. Понятие 《менталитет》: особенности определения. София: Рукописный журнал Общества ревнителей русской философии. Выпуск 9, 2006.

值和真理的本源时,引入这个术语。① 劳尔夫(У. Раульф)在分析 19—20 世纪之交的法国政论作品的基础上认为,mentalité 的涵义在这个术语被用于日常言语之前就形成了,如普鲁斯特(1871—1922)在小说《盖尔芒特之家》(1920—1921)中就使用过这个术语。②

1.2 在 mentalité、mentality、Mentalitat 的俄语译文中,首先出现的是 менталитет,然后出现的是 ментальность,最后出现形容词 ментальный。这样,数个"源词",具有两个俄译名词与之对应。俄语词典收入以上三词的先后顺序,也能说明这个问题。例如:叶夫列莫娃主编的词典较早收入了 менталитет。③ 普罗霍罗夫主编的《俄罗斯百科词典》,④帕夫列诺克主编的《社会学简明词典》⑤随后也收入了这个词。ментальность,ментальный 二词 2002 年同时出现在库兹涅佐夫主编的两部词典中,其中说明两点:①ментальный 是由 ментальность 派生的;②менталитет＝ментальность。⑥

менталитет 和 ментальность 都是外来术语的俄译,在俄罗斯以外的,特别是西方的术语体系中,俄语的 менталитет 和 ментальность 指 mentalité 等一类术语。менталитет 和 ментальность 同时出现在俄语资料中,以俄语为母语的学者需要对二者加以区分,从而引出俄语的 менталитет 和 ментальность 的汉译问题。倒过来说,如果用俄语转述西方的思想,менталитет 和 ментальность 指的应该是某种比较一致的东西,因为其源头是相同的。在俄语学者自己的论述之中,有人将二者等同,有人认为需要对二者加以区分。所以,如果想要区分二者,应该看俄语学者的区分,而不应该再引证西方学者的观点,对他们而言,不存在区分的问题,这本不是他们自己的术语。

1.3 我们看看所讨论的这个西方术语的语义演变。⑦ 新康德学派、现象

---

① Гуревич П. С., Шульман О. И. Ментальность, менталитет, Культурология XX век. Энциклопедия. СПб., 1998.

② Раульф У. История ментальностей. К реконструкции духовных процессов. Сборник статей. М., 1995. С. 14.

③ Ефремова Т. Ф. Новый словарь русского языка. М., 2000.

④ Прохоров А. М. Российский энциклопедический словарь. М., 2001.

⑤ Павленок П. Д. Краткий словарь по социологии. М., 2001.

⑥ Кузнецов С. А. Большой толковый словарь русского языка; Современный толковый словарь русского языка. СПб., 2002.

⑦ Гуревич П. С., Шульман О. И. Ментальность, менталитет, Культурология XX век. Энциклопедия. СПб., 1998.

学派和精神分析学派都使用过这个概念。20世纪的法国人文学科对这个概念的研究最具有成效。

民族学的进化论和泛灵论的学派,然后是法国哲学家、社会学家迪尔凯姆(Durkheim,1858—1917)的社会理性主义,区分出原始的 mentalité 的一些成分。他们认为,这些成分和社会的早期阶段有关。在这些最初研究中,他们并没有对原始的 mentalité 做出精确定义,但可以看出,原始民族和发达民族具有明显的或者隐含的对立,具有不同层次的思维形式。迪尔凯姆在1912年发表了一部著作——《宗教生活的基本形式》,其中的结论有:社会的 ментальные состояния 是一种集体表象(表征),[1]也就是集体的意识。[2]

法国心理学家和民族学家列维-布留尔(Levy-Bruhl,1857－1939)对"原始 mentalité"概念的形成做出了决定性的贡献。他强调,如果从现代概念出发,试图理解没有文字的民族的集体生活,那么可能存在一定危险。其著作《Les fonctions mentales dans les sociétés inferieures》的俄译为:《Ментальные функции в низших обществах》(1910)(汉译:《低级社会中的智力机能》[3]),他的另外一部著作《La mentalité primitive》的俄译为《Первобытная ментальность》/《Первобытный менталитет》(1922)[4](汉译书名:《原始人的心灵》[5])。又被译作:《Мыслительные функции в низших обществах》(1910),《Первобытное мышление》(1922)。[6] 其中使用的译词是 ментальный, ментальность/менталитет, 或者 мыслительный, мышление。这也提示我们,在此,俄语译词 ментальный, ментальность 的主要意思是"思维"。

列维-布留尔指出,原始的 mentalité 和文明的(科学的)mentalité 之间存在巨大差别。他在现代的 mentalité 中区分出一系列的特点,这些特点可以把现代的 mentalité 看作逻辑的、有组织的和理性的 mentalité。以上两种 mentalité 之间没有好坏之分,只是各自有助于其载体(人)的生存,并以此解

---

[1] Дюркгейм Э. Элементарные формы религиозной жизни. М., 1996. С. 226;郑也夫,"迪尔凯姆","社会学",《中国大百科全书》,北京:中国大百科全书出版社,1988年。
[2] Прохоров А. М. Российский энциклопедический словарь. М., 2001. С. 492.
[3] 王晓义,"列维-布留尔","社会学",《中国大百科全书》,北京:中国大百科全书出版社,1988年。
[4] Люсьен Леви-Брюль. Первобытный менталитет. СПб., 2002.
[5] 王晓义,"列维-布留尔","社会学",《中国大百科全书》,北京:中国大百科全书出版社,1988年。
[6] Гуревич П. С., Шульман О. И. Указ. соч.

释和他们相关的事情。①

在法国历史学家、社会学家、政治活动家托克维尔（Tocqueville，1805－1859）的《美国的民主》（1835）一书中，出现了集体的 mentalité 的思想。在研究美国社会意识的时候，托克维尔试图寻求这个社会的普遍的偏见、习惯和喜好的起因。根据他的意见，这就构成了民族的性格。他强调，美国的所有居民都具有类似的思维原则，并依据同样的规则支配自己的智力活动。在这一研究传统的影响下，后来创建了心理历史学。

从列维-布留尔开始，mentalité 范畴就开始用来说明某一社会集团或者民族共同体的思维类型的特点，还用来表示它在具体历史时期的特点。法国哲学家、社会学家、民族学家 Claude Lévi-Strauss（1908—）研究了原始时期的 mentalité 问题，他有一部著作，俄译书名为《Мышления дикарей》（1962），②主要讨论蒙昧者的思维问题。

对 mentalité 的科学研究始于 20 世纪 20—30 年代，如上文提及的列维-布留尔的研究。20 世纪 30 年代，法国研究历史的"年鉴"学派的奠基者和追随者，研究了其他历史时期的人们的 mentalité。历史学家马克·布洛赫（Marc Bloch，1886－1944）和费弗尔（Febvre，1878－1956）首先提出要研究 mentalité（俄语文献中使用的译词是 ментальность，下同）。③ 马克·布洛赫把 mentalité 理解为"群体意识、集体意识"。④ 他的著作《Короли-целители》（1924）现在被认为是对 mentalité 进行历史研究的奠基作之一。⑤ 他这样写道："历史学家应当试图发现属于一定时代的人们的那些思维过程、认识世界的方式、意识的习惯。这些人可能自己也没有清楚地意识到以上这些内容，他们好像是'自动'运用它们，不加讨论，也不批判它们。"⑥

费弗尔在自己的著作中研究了集体的 mentalité。他把集体的 mentalité 看作一种生物的基础和社会的基础。费弗尔把本范畴定义为"个体表现出来

---

① Люсьен Леви-Брюль. Первобытный менталитет. СПб.，2002.
② Гуревич П. С.，Шульман О. И. Указ. соч.
③ Гуревич П. С.，Шульман О. И. Указ. соч.
④ Блок М. Апология истории. М.，1993. С. 115.
⑤ Гуревич П. С.，Шульман О. И. Указ. соч.
⑥ Лев Пушкарев，Наталья Пушкарева. Ментальности（менталитет），Энциклопедия，кругосвет，в интернетет，2009.

的一种集体的主观观念"①、"思想趋向、群体的心理定势和集体表征"②。他认为,mentalité 的领域(使用的俄语译词是 ментальная сфера)把同属一个文明、一个时代的所有代表团结在一起。mentalité 是无意识的,如果要研究它,就需要把人类活动的所有结果都作为研究材料:不仅包括书面文本,还有劳动工具、象征性的仪式和信仰,等等。1975 年以后,年鉴学派第三代史学家特别注重对 mentalité 状态的历史,即社会意识和民众心理等方面的研究,试图复建不同文化时代的 mentalité(俄译:ментальное состояние;汉译:精神状态)。③

法国历史学家最早把 mentalité 作为独立的流派来进行研究。他们把 mentalité 看作位于"被意识到的、明显结构化的、得到反思的(社会意识的形式,如宗教、意识形态、道德、美学等)和未被意识到的存在于人们的集体心理中,或部分个体心理(无意识)之间的内容"。关于人的表征,这是 mentalité 重要的组成部分。研究 mentalité 的历史,就是研究社会所有成员,或者大多数成员的"隐秘的思维结构的历史",分析他们那些无法控制的、在无意中起作用的思想。④

对这个概念的哲学上的理解,是和德国新康德主义思想家卡西尔(Cassirer,1874-1945)的名字联系在一起的。他对这个概念内涵的理解和列维-布留尔类似,但是他强调,这个概念可以根据人们对周围世界(特别是自然)的感知方式进行分类。心理分析和社会心理学的研究传统,倾向于把这个概念看作"社会性格"的同义词。现象学派和结构主义者在哲学体系中,也曾积极使用这个术语。他们还提出了 эпистема(认识论的单位)的概念,作为一种后结构主义的方法,这个单位和 mentalité 的思想接近。⑤

二、文化学的定义

以上简述了 менталитет 和 ментальность 的"源语术语"在西方的涵义演变,其中的意义发展,脉络比较清晰。mentalité 等一类术语被翻译成俄语以

---

① Февр Л. Бои за историю. М., 1991. С. 204.
② Гуревич П. С., Шульман О. И. Указ. соч.
③ 王晴佳,"年鉴学派","世界历史",《中国大百科全书》,北京:中国大百科全书出版社,1988 年。
④ Лев Пушкарев, Наталья Пушкарева. Указ. соч.
⑤ Там же.

后，出现了两个译词。古列维奇等人把这两个译词看作完全的同义词，在叙述了术语的涵义演变之后，对它们下了定义，这是我们目前看到的内容比较详细的文化学方面的阐述，具体内容有：①

① 二者都来自拉丁语，词源表示智慧、思维、思维的方式和气质。

② 二者的内涵比较清楚：一种普遍的精神意向；思维、信仰、精神素养的相对完整的整体，这个整体形成世界的图景，构成统一的文化传统或者形成某个社团。

③ 如果从意识层次来说，менталитет（ментальность）用来说明个体和集体意识的独特层次，在这个涵义上，它是思维的一个独特的类型，外部反映为一种评价。人的社会行为并不是连续的分析性质的行为构成的。以前的社会经验、健全的理智、利益、情绪的敏感性等因素，影响个体对现象的评价。

④ 对世界的感知是在潜意识的深层形成的，因此 менталитет（ментальность）具有自然成分和社会成分，展示了人们关于生活世界的表征。认识周围世界的技能、思维的模式、形象的整体，都在 менталитет（ментальность）中具有自己的文化表现。应当把作为现象存在的社会情绪、价值取向、意识形态与 менталитет（ментальность）区分开来。

⑤ менталитет（ментальность）表现的是习惯、嗜好和集体情感的模版，与变动不居的社会情绪不同。

⑥ менталитет（ментальность）具有更加稳定的特征，它包括价值取向，但不局限于这些东西，因为它表现的是深层的集体意识和个体意识。价值是可以意识到的，它们反映生活的定势，对最重要的价值的自主选择，менталитет（ментальность）却要追溯到深层的无意识。

⑦ менталитет（ментальность）经常通过和另外的 менталитет（ментальность）对比的办法被研究者复建出来。

⑧ менталитет（ментальность）涉及到无意识的层次，表现属于本社团和文化传统的人们的生活定势、关于世界的稳定形象和情感喜好。

⑨ менталитет（ментальность）这个概念，可以把以下方面联系起来：分析式的思维、意识的发达形式和未被完全意识到的文化密码。在这个涵义上，менталитет（ментальность）的内部具有不同的对立：自然的和文化的、情感的

---

① Гуревич П. С.，Шульман О. И. Указ. соч.

和偏重理智的、理性的和非理性的、个体的和社会的对立。

⑩ 学者们使用 менталитет(ментальность)分析古代结构、神话意识,取得积极成果。

⑪ 现在,术语的涵义被扩大。借助 менталитет(ментальность)可以解释文化的刻板公式,还可以解释思维的方式。

三、二者之间的关系

在俄语文献中,менталитет 和 ментальность 两个译词经常出现在同一著作或文章中,使得人们不得不思考二者之间的关系。仅举一例:

Главная культурологическая проблема всех культуро-философских и художественных произведений Мережковского Дмитрия Сергеевича（1865 - 1941）— перевод бинарных, дуальных моделей, свойственных <u>менталитету</u> русской культуры, на код тернарных（троичных）структур западной <u>ментальности</u>. ①

看来,该词条的作者并不认为二者是完全的同义词,但同一部词典的"ментальность, менталитет"词条,却把二者并列在一起,当作完全的同义词来解释,确实使人们感到困惑。

在一些文献中,俄语学者把 менталитет 和 ментальность 作为同义范畴来使用。人们还借助民族性格、民族意识、民族的心理气质、世界观和心理等概念来说明上述概念。以下我们具体看看存在的不同意见。

3.1 第一种意见认为,两个术语是绝对的同义词。

如上所述,古列维奇等人实际上把二者等同。②

普罗霍罗夫主编的百科辞典也认为两者等同。它们的词源是晚期的拉丁语 mentalis(脑力的、智力的),表示个人或者社团的思维方式,智力方面的习惯和精神方面的定势的整体。③

再如语文词典的例子。库兹涅佐夫主编的词典也认为二者等同。其中的释义是:人们或者社团、个人表现在文化、语言和行为中的心理、理智、意识形

---

① Культурология XX век. Энциклопедия. СПб., 1998.
② Гуревич П. С., Шульман О. И. Указ. соч.
③ Прохоров А. М. Российский энциклопедический словарь. М., 2001. С. 931.

态、宗教、美学等方面的思维特点的综合；一种世界观、思想趋向。①

以上三种资料都认为，两个术语是绝对同义词，其中都指明：(1)主体可以是个人或社团。(2)具体内容有：a 思维方式；b 智力习惯；c 精神定势；或 d 一种世界观、思想趋向。百科词典还指明：(3)要把(1)、(2)的内容看作整体。

我们觉得，在俄罗斯，这种观点是受到西方的影响而形成的，偏重于西方对 mentalité 一类术语的理解，还没有觉得有区分二者的必要。

3.2 还有一些研究者认为，这两个术语是有区别的，他们尝试确定 менталитет 和 ментальность 的内容和相互关系。持这种观点的，主要是一些俄罗斯学者。他们认为这两个术语具有区别，但关于二者的区分，存在不同观点。

3.2.1 我们从俄罗斯学者自己对 менталитет 的定义说起。在俄罗斯，至今没有一个大家都能接受的 менталитет 的普遍概念。科列索夫列举了俄罗斯学者的几个说法。② 我们在他的基础上做了一些总结补充。如果他的叙述有前后不一致的地方，我们以他最近一部著作为准。通过这些定义，我们尝试区分 менталитет 概念的基本特征。

3.2.1.1 历史学家(如 А. Я. 古列维奇)认为：менталитет 是为人所接受的，以前人们的世界图景；它内部是矛盾的，取决于许多原因(性别、年龄和阶层)。这是一部分人对于其他人的理智问题。总体而言，这是意识深层的属于本社团和文化传统的生活定势，行为、情感和情绪的模式的岩浆。

3.2.1.2 社会心理学家认为：менталитет 是"属于这样或那样社会团体及其代表的，历史形成的长期的思想趋向，有意识和无意识的价值、规范和定势在认知、情感和行为方面的综合体现"。社会学家建议把这个范畴定义为：思维的方式、类型。这些特性在认识、情感、意志的过程中，在行为的特点中表现出来，被具体社团的大多数代表的价值体系所补充。③

3.2.1.3 理论民族学家认为：менталитет 是具体条件下的有关偏好、规

---

① Кузнецов С. А. Большой толковый словарь русского языка；Современный толковый словарь русского языка. СПб.，2002.

② Колесов В. В. Язык и ментальность. СПб.，2004. С. 10 – 11；Колесов В. В. Русская ментальность в языке и в тексте. СПб.，2007. С. 9 – 11.

③ Козловский В. В. Понятие ментальности в социологической перспективе. Социология и социальная антропология. СПб.，1997. С. 12.

范和行为模式的民族表征体系,基于无意识的情结之上(民族的常体),在社会环境中得到培养;这是创造居住的文化环境的价值体系,是在一定社会环境中经过反思形成的民族禀赋。

3.2.1.4 文化学家认为：менталитет 是个体的精神定势,包括语言、智力、意识、思维以及"我"。менталитет 不一定只是正面现象,但 менталитет 如果没有语言和思维的积极参与,会成为完全非理性的东西。менталитет 表现的最高形式,就是无须选择的觉悟,这是直觉本能的层次。狭义的 менталитет 首先是语言和词语,或者是一种普遍的精神意向;思维、信仰、精神素养的相对完整的整体,它形成世界的图景,构成统一的文化传统或者形成某个社团。[①]

3.2.1.5 政治学家认为,менталитет 是"看待世界的方式,在一定条件下以适合的方式采取行动的民族方式",独特的"多维体系,就编码而言,它是集体的;就体现种族意识的定势而言,它是个性化的,是对外部世界的不同要求的相同反应"。

3.2.1.6 研究东方文化的历史学家、语文学家和哲学家认为：менталитет 是朴素的世界图景,它追求完整,而不是完满(像科学图景那样);它是实用性质的,具有美学形式,和愿望有关;逻辑此时位于第二层次,因为人们不以概念思维,而是以原型思维：这是通过智力的形象—象征而进行具体思维。менталитет 最终是"涵义场,或语义场的体系"。

3.2.1.7 研究俄罗斯之魂和俄罗斯思想的学者认为,生物学方面的内容,如集体潜意识,进入现今一定社会阶级的意识形态,[②]这就是 менталитет。对 менталитет 的现象学的理解是：它是基本再生的完形结构,是一种前述位、前概念性质的思维。[③]

3.2.1.8 哲学家认为,менталитет 的范畴可以初步定义为：一种独特的文化历史现象,反映作为社会历史存在的主体(个性、社团、民族共同体)的心理特点和精神状态。менталитет 的存在,通过文化的结构符号文本中的不同的转换机制体现出来(也就是说,它是常体)。社会历史主体的 менталитет 的变化,可以在意识,或者潜意识的层面上进行,因此,研究它在文化中的不同表

---

① Гуревич П. С., Шульман О. И. Указ. соч.
② Барг М. А. Эпохи и идеи. М., 1987. С. 4, 15.
③ Акчурин И. А. Топология и идентификация личности. Вопросы философии, 1994, №5. С. 143.

现,使得人们可以跟踪潜意识的某些特点。①

3.2.1.9 科列索夫认为,以上解释受到西方的影响。менталитет 被理解为心理—物理或者社会的能量,大致体现在民族的整个肌体中,这不是 менталитет 实质的反映,而是对 менталитет 的反思。менталитет 不止是社会的,不纯粹是生物的,不仅是心理现象,而且是属于民族所有代表的某些关于世界的深层表征的体现。

科列索夫对 менталитет 的定义是,就其特征而言,是价值坐标中朴素、完整的世界图景,它长期存在,不取决于具体的经济和政治条件,基于种族禀赋和历史传统,在共同的语言和教育的基础上,体现在每个社会成员的情感、理智和意志中,它成为民族精神文化的一部分,而民族精神文化形成民族生存地域的独特的民族精神空间。

3.2.1.10 很清楚,以上定义各有侧重。我们看到,俄罗斯学者讨论的 менталитет 涉及以下内容:

①主体是社会团体及其代表(个体);②这是针对他者比较而言的独特的民族表征体系或民族禀赋;③在意识层次上,这可能是有意识的,也可能是无意识的情结(常体);④其形成需要具备一定条件,如历史条件、社会条件、一定的环境,等等;⑤其具体内容包括:生活定势、思想趋向、价值、规范、偏好、精神定势,看待世界的方式、朴素的世界图景,等等;⑥这些内容的内部构造往往是矛盾的;⑦以上方面是通过主体的行为、情感和情绪的模式、认知、语言、智力、意识和思维等手段综合体现出来。

可以看到,менталитет 内涵丰富,具有独特的内容,不是其他概念能够替代的。对具体的研究者而言,可以根据自己的学科性质,采用相应的方法,对这一概念的某个方面进行深入研究,例如下文 5.4 节将谈到的语文学方面的研究。试图包罗一切的想法并不现实,因为这个概念涉及的许多内容,如价值、规范和世界图景,等等,可以作为独立学科的研究对象。

四、世界范围内研究"心智"的传统

4.1 менталитет 被作为独立的研究对象以后,对它的科学研究始于 20

---

① Дашковский П. К. К вопросу о соотношении категорий 《менталитет》 и 《ментальность》: историко-философский аспект. ММЦ АлтГУ. Философские скрипты, 2002, Выпуск 2.

世纪 20—30 年代。在此之前,不同学科(流派)都已涉及这一现象的许多层面。在研究民族文化的某些层面时,在试图建立历史哲学或文化哲学的观念结构时,都会涉及 менталитет。

4.1.1 地理环境决定论者的一些研究,涉及民族性格、民族精神等问题。[①] 16 世纪的法国思想家 J. 博丹,主张地理环境决定民族性格、国家形式和社会进步。18 世纪的法国思想家孟德斯鸠在《论法的精神》一书中,系统阐述了社会制度、国家法律、民族精神"系于气候本性"、"土地本性"的观点。19 世纪的德国 F. 拉采尔认为,地理因素,特别是气候和空间位置,是人们的体质、心理、意识和文化不同的直接原因,并决定各个国家的社会组织、经济发展和历史命运。

4.1.2 中世纪以后,在维柯、赫尔德和黑格尔的研究中,有关"民族精神"的思想得到进一步的发展。[②]

4.1.3 19 世纪下半叶,在洪堡特、斯坦塔尔(1823—1899)的影响下,1859 年形成新的科学流派——民族心理学,并出版杂志。洪堡特认为,[③]民族语言具有本民族的精神特征,用特殊方式来实现本民族关于语言的理想。斯坦塔尔追随洪堡特,强调语言表现民族精神的自我意识、世界观和逻辑,民族的统一性和独特性,首先反映在语言中。[④]

根据学者们的意见,民族心理学应该研究"民族的灵魂",也就是民族的精神生活的组成和规律。在当时的民族心理学中,还没有使用 менталитет 一词。但是,学者们探讨的逻辑可以使人们相信,他们讨论的就是 менталитет,如本尼迪克特(1887—1948)认为,不同文化环境下的人,具有不同的心理素质,在生活上表现为不同的系统反应,每种历史悠久的文化,都具有特别的"心理定向"和判断事物的能力。这种"定向"实际上决定了其成员如何看待和处理来自周围环境的信息,也就是说,文化决定思维方式,[⑤]等等。

4.2 尽管 19—20 世纪初期的俄国学者没有直接使用 менталитет 的概

---

① 柯木火,"地理环境决定论","哲学",《中国大百科全书》,北京:中国大百科全书出版社,1988 年。
② 朱光潜,"维柯",《中国大百科全书》,北京:中国大百科全书出版社,1988 年;范大灿,"赫尔德","哲学",《中国大百科全书》,北京:中国大百科全书出版社,1988 年;杨祖陶,"黑格尔","哲学",《中国大百科全书》,北京:中国大百科全书出版社,1988 年。
③ 董光熙,"洪堡特","哲学",《中国大百科全书》,北京:中国大百科全书出版社,1988 年。
④ 姚小平,"斯坦塔尔",《中国大百科全书》,北京:中国大百科全书出版社,1988 年。
⑤ 杨堃,"本尼迪克特","社会学",《中国大百科全书》,北京:中国大百科全书出版社,1988 年。

念，但是，这一现象的许多方面，还是得到了研究。为了揭示社会的精神结构，他们使用的同义范畴有"民族性格"、"民族之魂"和"民族意识"。民族之魂的结构是通过分析俄罗斯人的精神世界来展示的。

在俄罗斯，研究民族性格的传统是 19 世纪的著名历史学家 Н. М. 卡拉姆津(1766—1826)、С. М. 索洛维约夫(1820—1879)和 В. О. 克柳切夫斯基(1841—1911)奠定的。[①] К. М. 贝尔(1792—1876)、Н. И. 纳杰日金(1804—1856)和 К. Д. 卡韦林(1818—1856)在"心理民族学"的范围内，为以上论题奠定了哲学和心理学的基础。这一流派研究的高潮，是 19 世纪末 20 世纪初俄国宗教哲学家 Н. А. 别尔佳耶夫 1874—1948)、В. С. 索洛维约夫(1853—1900)、Н. О. 洛斯基(1870—1965)、Г. П. 费多托夫(1886—1951)、Л. П. 卡尔萨温(1882—1952)和 В. В. 津科夫斯基(1881—1962)等人的著作。

以上我们归纳了 менталитет 的内涵，说明了它的研究传统。下面再来看 ментальность。

五、区分"心智"和"心智性"

如前所述，ментальность(心智性)是俄语的再生术语。一部分俄语学者建议区分 менталитет(心智)和 ментальность。如何区分二者呢？

5.1 坚持区分 менталитет 和 ментальность 的俄罗斯学者认为，ментальность 不同于 менталитет。据研究，德语 Mentalität、英语 mentality 和西班牙语 mentalidad 等，具有不同涵义。对日耳曼民族而言，менталитет 只是行为在逻辑上具有根据的一面，它和理性联系；而在罗马语族中，除了指示思维的类型，还说明个人、民族和世代的文化的类型。

5.2 由于学者们认定的 менталитет 的定义没有完全统一，再涉及 ментальность 以及二者之间的关系，说法也就是多样的，这也使一些人怀疑区分二者的价值。我们认为，区分二者对语文学、对翻译而言，具有意义。作为语言研究者，我们关注语文学者对这个问题的看法。我们先看看非语文学者

[①] 张蓉初，"索洛维约夫"、"克柳切夫斯基"、"历史学"，《中国大百科全书》，北京：中国大百科全书出版社，1988 年。

第一章 "心智"与"心智性"

的意见，[1]例如：

5.2.1 乌先科建议把 ментальность 定义为："个体心理保持典型常体结构的一种普遍能力，在这些不变的结构中，表现个体一定的社会和时间方面的特点。"[2] ментальность 的具体的历史体现，就在于不同时代和民族的менталитет。根据他的逻辑，个体的 ментальность 溶解、分散在社会的менталитет 中。其中的基本看法是，ментальность 的主体是个人，是一定社会条件下和一定时间的一种能力。

5.2.2 科兹洛夫斯基建议把 менталитет 定义为思维的方式和类型。这些特性在认识、情感、意志、行为的特点中表现出来，被具体社团的大多数代表的价值体系所补充。менталитет"表现规整有序的 ментальности，决定了对周围世界的定型关系，保证了适应外部条件的可能性，调节了人们的社会行为"。[3] ментальность，从一方面说，这是日常重复的、保存生活和行为方式的一种形式。从另一方面而言，这是一种性质或者一组性能，或是对个体、群体的思维、认知、情感和行为的说明。

科兹洛夫斯基认为，менталитет 和 ментальность 两个现象都和个体的、集团的、集体的思维特点有关。思维具有相互联系的特点，思维活动具有独特的类型和方式。ментальность 并非心理状态，是个人心理的社会发展和人际相互作用的结果，是社会文化现象。[4] менталитет 和 ментальность 两种现象之间存在辩证联系。менталитет 和 ментальность 是"人类感知、表征、关系和行为的多维现象，可以通过不同的层次来描写"。

5.2.3 普什卡廖夫认为，менталитет 具有普遍意义（如同"思维"和"意识"一样），属于社会文化范畴，而 ментальность 可以用来说明不同的社会阶层和历史时期。通过形容词的词干，借助词尾‐ность 构成的名词，表示抽象于

---

[1] Дашковский П. К. К вопросу о соотношении категорий 《менталитет》 и 《ментальность》: историко-философский аспект. ММЦ АлтГУ. Философские скрипты, 2002, Выпуск 2; Рогальская Н. П. Понятие 《менталитет》: особенности определения. София: Рукописный журнал Общества ревнителей русской философии. Выпуск 9, 2006.

[2] Усенко О. Г. К определению понятия "менталитет". Русская история: проблемы менталитета. М. 1994. С. 15.

[3] Козловский В. В. Понятие ментальности в социологической перспективе. Социология и социальная антропология. СПб., 1997. С. 12.

[4] Козловский В. В. Указ. соч. С. 19.

事物的特征,还表示性质或者状态。可以把 ментальность 看作具体时间下对具体人物或集体而言典型的思考者的特征。① 他所认定的二者之间的关系,与乌先科的观点接近。

5.2.4 阿努夫里耶夫和列斯纳亚在一定意义上表达了类似的观点。他们指出:与 менталитет 不同,ментальность 可以被理解为 менталитет 部分的、某个方面的表现,不只是主体的心理活动方面,还有和 менталитет 相关的,来自 менталитет 的主体的行为方面的表现。在日常生活中,经常要和 ментальность 打交道,虽然对于理论分析而言,менталитет 更为重要。②

5.2.5 波列扎耶夫建议把 ментальность 和 менталитет 的关系看作部分与整体的关系。个人的 ментальность 可以被定义为个人意识的深层结构,生活目标的固定体系。它反映个体精神世界和行为中的独特的、多样的、动态的内容,而在 менталитет 的范畴中,固化的是社会整体的精神方面的内容,首先是一些社会—政治组织的特点所产生的思想体系的原则。③

5.2.6 以上几位学者(除了科兹洛夫斯基)所认为的二者之间的关系基本是一致的。即认为 менталитет 范围广,内容更概括。ментальность 可以指个人的动态的、多样的内容。

5.2.7 达什科夫斯基认为,менталитет 是特殊的文化历史现象,反映作为社会历史存在的主体的个性(或社会)的心理特点和精神状态。要研究所指出的现象,确定它们之间的差别,理想的研究方法是结构符号分析法。用这种办法来研究 менталитет,可以在两个相互补充的层次(结构—分析和符号—象征)上进行。在第一种情况下,研究的是 менталитет 的结构,它是以一定方式体现出来的成分体系。在第二层次内,对所认识的现象进行语义解释。

达什科夫斯基认为,ментальность 的定义可以是,社会精神生活的一定的普遍的基本结构,在具体的历史时期形成于一定的社会文化空间。例如 Claude Lévi-Strauss 的"原始时期的思维构造",④费弗尔的中世纪、文艺复兴

---

① Пушкарев Л. Н. Что такое менталитет? Истор. заметки. Отеч. история. М. ,1995,No3. С. 158-166.
② Ануфриев Е. А. ,Лесная Л. В. Российский менталитет как социально-политический феномен. СПЖ. ,1997. No4.
③ Дашковский П. К. К вопросу о соотношении категорий «менталитет» и «ментальность»: историко-философский аспект. ММЦ АлтГУ. Философские скрипты,2002,Выпуск 2.
④ 郑也夫,"迪尔凯姆","社会学",《中国大百科全书》,北京:中国大百科全书出版社,1988年。

时期的文明/文化的精神,等等。①

5.3 以上研究指出了 менталитет 和 ментальность 的辩证联系。但是,这个问题在理论和方法上尚未得到充分研究,学者们也没有完全确立这两个概念的独特内容。从目前情况看,可以在不同层次上使用 менталитет(个人的、社团的和民族的,等等),例如"意识"的情况(可以说个人的、集体的,或者民族的意识)。以上学者所认定的二者的定义及区分,对我们很有启发,特别是有关结构—分析和符号—象征的研究方法。但在我们看来,这些定义中存在的普遍不足是,强调心理、理智、精神方面的内容,一般不提语言在其中所具有的重要作用。有关二者的定义以及区分的争论,并没有结束,例如帕夫列诺克和古布斯基又有其他释义。② 社会语言学家针对二者之间的关系,也有不同的说法,有些观点已经在 5.2 节反映出来了,其他不同观点,我们不再一一列举。③ 观点可以各不相同,进一步而言,就要看具体的分析实践了,看看哪一种观点,能够比较科学地分析较多的此前没有得到很好分析的对象,能够解决实践问题。否则,怎么判断孰是孰非呢? 但是,对语言研究者来说,语文学者的观点、该内容的研究方法,以及具体的分析实践,应该更具现实意义。

5.4 以下我们从语言研究的角度,着重看看语文学者的观点。

5.4.1 根据目前材料看来,语文学者科列索夫对语言和 ментальность 的关系有比较深入的研究。他不仅归纳了前人的成果,而且分析、阐释、总结了大量材料。他的两部著作,④主要从语言和文本的视角探讨 ментальность。所谓既有理论基础,又有具体的分析实践。他深刻地研究了这一论题,又不停留在抽象的理论概括上。这也是我们重视他的观点的原因所在。

科列索夫具有一个清楚的区分思想: менталитет 是外来词语,如果接受西方有关这个词语的理解,那么,类似的现象就称为 менталитет。在 менталитет 的背景上产生了 ментальность,俄罗斯人对这个词具有自己的独特认识。简言之,具备了精神性的 менталитет,就是俄罗斯人所理解的

---

① Дашковский П. К. Указ. соч.
② Павленок П. Д. Краткий словарь по социологии. М., 2001; Губский Е. Ф. Философский энциклопедический словарь. М., 2003.
③ Лев Пушкарев, Наталья Пушкарева. Указ. соч.
④ Колесов В. В. Язык и ментальность. СПб., 2004; Колесов В. В. Русская ментальность в языке и в тексте. СПб., 2007.

ментальность。科列索夫在行文中较多使用了 ментальность 这个词。以下我们在其研究基础上作进一步的分析。

5.4.2 科列索夫认为，менталитет 不和 mens 直接相关，但可以追溯到从它构成的定语 mentalis，表示"智力的、理性的"。由此产生倾向 менталитет 的理性的一面。带有抽象后缀-ость 的俄语词语，摆脱了对 менталитет 的欧洲的理解。在俄语中，对物质以外的东西的理解被一分为二。需要同时指出同一事物的两个"位格"，一个是抽象的、崇高的思想；另一个是具体的日常生活中的东西——"物"。由此，俄罗斯人把自己的 менталитет 称为 ментальность。ментальность 在 менталитет 的背景上产生。①

科列索夫对 ментальность 的定义是：在母语形式和范畴中表达和理解"世界、社会和人"的民族方式，能够透过现象看到它们的实质，并在一定条件下采取相应的行动，这就是 ментальность。② 换言之，ментальность 是"母语范畴和形式中的世界观，在认识过程中联结了民族性格典型表现的理性、精神和意志性质"。③

科列索夫认为，狭义的 менталитет 和词语概念基础上的判断的逻辑操作相关联。менталитет 的精神实质和精神性的理智实质的二位一体，被称为 ментальность。如果不理解俄罗斯的 ментальность 的实质，通常会对它做出反面评价，如"人的强烈的盲目的情绪、下意识"，或在"随意原始意象"中，"对俄罗斯心灵实质的下意识体验"。④

科列索夫认为，应当把 ментальность 的概念和心理学的概念（如性格、气质）区分开来，和唯名论理解的 менталитет（只考虑对世界知觉的逻辑形式）区分开来，与俄罗斯传统意义上的"精神性"区分开来。

我们觉得非常重要的是，科列索夫谈到具体的研究方法。需要寻求民族 ментальность 的常体、普遍的类型，它们间接地、通过语言和篇章，在比较不同经验材料以后，可以被恢复。这些经验材料有民族性格（民族精神）、理想、习俗、情感和信仰，等等，它们被民族集体意识所接受，在其语言中得到反映。

---

① Колесов В. В. Русская ментальность в языке и в тексте. СПб．，2007．С. 11-13.
② Там же.
③ Колесов В. В. Язык и ментальность. СПб．，2004．С. 15.
④ Кантор В. К. Стихия и цивилизация：два фактора《российской судьбы》．Вопросы философии，1994，№5．С. 31.

5.4.3　我们认为,科列索夫对 ментальность 的解释,结合了俄语的特点,具有一定说服力,我们认同他的上述定义。

六、 俄罗斯研究"心智性"的传统

定义了 ментальность 以后,我们看看俄罗斯研究 ментальность 的传统。①

6.1　在俄罗斯,人们以前并不明确谈论西方理解的 менталитет。据科列索夫的意见,俄罗斯没有类似西方的 менталитет,而有自己的 ментальность,也就是具备了"精神性"的 менталитет。"精神性"是俄罗斯哲学的传统主题。科列索夫认为,精神性是本体,它是世代积累培养出来的,先行存在于俄罗斯的性格中,而 менталитет 是精神性的内省,ментальность 是认识论性质的。②

6.2　在俄罗斯,以前研究 ментальность 的方法有三种:心理学的方法、社会—历史学的方法和自然的方法(所谓的自然环境决定论)。

6.2.1　А. П. 夏波夫把俄罗斯人的特点和神经组织的性质结合在一起。格里戈里·波梅兰茨反对"稳固的普遍的民族类型的模式",认为这种思想是一种偏见和幻想。在现实中,可能确实不存在民族类型,它是民族思想创造出来的。③

6.2.2　民粹主义者 Н. К. 米哈伊洛夫斯基和 А. В. 舍古诺夫,对(和 менталитет 相关的)"俄罗斯的国民精神"有过这样的论述:在俄罗斯的理智中,思想的空洞贫乏影响国家进步,这是长期以来的贫穷引起的后果。谢苗·弗兰克建议在 19 世纪俄国文学的基础上为 ментальность 找到一个常体。他喜欢用的术语是"民族的思想"。④

6.2.3　克柳切夫斯基对俄国性格特点的解释,受到自然环境决定论的影响,⑤我们觉得还是具有很多可信的成分。

6.2.4　以上所有观点的不足之处在于,它们在讨论俄罗斯人的整体的民族气质或类型时,讨论的却是某些人、某些阶层或者某些时代的人的特点。研

---

① Колесов В. В. Русская ментальность в языке и в тексте. СПб., 2007. С. 14 – 20.
② Там же. С. 19.
③ Померанц Г. Жажда добра. Страна и мир, 1985, №9. С. 83 – 96.
④ Колесов В. В. Русская ментальность в языке и в тексте. СПб., 2007. С. 17.
⑤ Ключевский В. О. Сочинение. Т. 1, М., 1987; Иванов С. К. Размышления о России и русских. М., 1996. С. 129 – 133.

究的任务应该是确定 ментальность 的重要的完整的特点，某种"民族意识的常体"，并通过分析语言材料，使它变得清晰起来，在"民族精神"的所有表现的基础上描绘出来。"类型"、"理想"，甚至最美好的特点，和 ментальность 并无直接关系，对 ментальность 的描写和生物学、心理学、精神病理学等等只有间接的关系。

七、研究"心智性"的方法[①]

7.1 民族社会学的研究方法，把不同理论结合在一起，从"客观事物"的角度，从具有"人类普遍价值"的"民族"、"人"的典范体现的角度研究 ментальность。

7.2 基因理论认为，每个民族具有确定"种族"ментальность 的天生的基因类型。如安娜·韦日比茨卡认为，俄罗斯的基因类型意味着俄罗斯民族哲学的消极倾向，它不同于积极的英国哲学。她把民族文化的象征表现为概念，这并不恰当。概念可以被定义，而象征需要进行深入解释。

7.3 心理学的观点指出潜意识在 ментальность 形成过程中的重要作用。俄罗斯哲学家强调潜意识在俄罗斯人心灵中的作用，并区分出不同的形式。如洛斯基谈论的是感性直觉、理性直觉和神秘直觉。在费多托夫、维舍斯拉夫采夫等人的研究中，俄罗斯的 ментальность 被归结到共同意识的精神追求——俄罗斯人独特的"神学直觉"。[②] 现代研究者试图概括民族 ментальность 的平均类型。有人认为，俄罗斯民族就典型而言，属于妄想狂，如伊格尔·斯米尔诺夫的观点；卡西亚诺娃认为，整个俄罗斯民族具有"癫痫"或者"类偏执狂"的特征，[③]等等。这些结论显得不够谨慎，不能以个人的性格特点，来概括整个民族的特点。

7.4 心理分析理论认为，在俄罗斯 ментальность 中，存在"永远的阴柔"，原因或解释为罗斯长期存在的母权制，或解释为主要是"女性"宗教的多神教的残余，等等。

[①] Колесов В. В. Русская ментальность в языке и в тексте. СПб., 2007. С. 13-14.

[②] Федотов Г. П. Стихи духовные：русская народная вера по духовным стихам. М., 1991. С. 118.

[③] Касьянова К. О. О русском национальном характере. М., 1994.

八、语言"心智性"的研究[①]

用语言材料研究 ментальность，至今是个令人感到非常困难的问题。其中的主要原因有：一是这一问题理论上没有得到深入研究；二是实证主义倾向的科学，一直不愿认可这类研究；三是一些研究确实没有揭示其中的规律。

8.1 与 ментальность 相关的第一批著作，出现在19世纪20世纪之交，特别是20世纪初期。博杜恩·德·库尔捷内研究语言对人的世界观及其情绪的影响。他研究了一些语法范畴，如性的范畴，其中可见印欧民族古老特征的一些痕迹。[②]

8.2 德国学者芬克(Ф. Н. Финк，1867-1910)，虽然并没有直接使用 Mentalitat 这个词，但他的叙述使人感到，就 Mentalitat 而言，德语的完善形式，表现了日耳曼民族的广义的世界观。他在比较不同语言的基础上，认为语言的构造有一些接近之处，这些接近不是来自语言结构的自然的亲属关系，而是来自民族"平均的、中等的"代表的气质和其他特点。语言的激感性有强弱之分，它们之间的相互关系决定了民族性格的所有的"意识形态的单位"，直到引起信仰的差异。荣格后来转述了芬克的这个语言假设。[③]

8.3 捷利亚(В. Н. Телия)研究"俄罗斯人的日常的 менталитет"，还有解释"世界观和人民的 менталитет 联系"的语言。她对 ментальность 的理解比较狭窄，如"完成象征功能的词义"，研究的材料是俄语成语，只在现象层面上进行解释，并不深入观念(他把"观念"理解为"概念")。加切夫从思想和词语的角度，对模式进行分类。[④]

8.4 什梅廖夫通过分析俄语词汇，归纳俄罗斯世界观的特点。因为语言的整体才是民族 менталитет 的载体，以上的研究材料显得狭窄，难以反映 ментальность 的全貌。[⑤]

8.5 安娜·韦日比茨卡通过语义，研究俄罗斯的 ментальность，这是一

[①] Колесов В. В. Русская ментальность в языке и в тексте. СПб.，2007. С. 38-44.
[②] [俄]В. В. 科列索夫(杨明天译)，《语言与心智》，上海：上海三联书店，2006年，第177—180页。
[③] Демьяненко М. А. Концепция языка Ф. Н. Финка (1867-1960). Вестник СамГУ. 2006. №5/1 (45)
[④] Гачев Г. Д. Ментальности народов мира. М.，2008.
[⑤] Шмелев А. Д. Русская языковая модель мира. М.，2002.

种成功的尝试，但她把有关俄罗斯 ментальность 的结论，建立在使用频率较高的结构上，不考虑可能的相反的句法类型，所得结论显得偏颇。在研究语言的基础上，安娜·韦日比茨卡考虑了形成俄罗斯 ментальность 的所有成分，例如心理、基因和文化成分，她从词语的视角，分析表示俄罗斯 ментальность 的关键观念。但她对俄罗斯 ментальность 的阐释并不完整。再有，那些观念也可以具有其他不同的阐释，等等。最后，她所选择的不是概念常体，而是象征常体。研究的不是辩证对立的 ментальность 的俄罗斯体系，而是在复建一种"平均类型"，出发点是"普遍的人类概念"（自然语义元语言）。①

九、研究"心智性"的新方法

9.1 科列索夫认为，研究俄罗斯 ментальность 和俄罗斯性格的常见错误在于，这些学者"科学地"，也就是在"概念层次"上研究，在这个层次上，要求把通过反思得到的作为事实的正面材料"取中、平均"，而"平均"，恰恰不是俄罗斯的 ментальность 和性格所具备的东西。他们的特点是在对比的基础上显示出来的，因为他们所依靠的不是偏重理智的单义概念，而是心灵的形象或者精神象征。研究对象和研究方法之间的冲突，扭曲了俄罗斯 ментальность 的特征和原则。它们建立在其他基础上，和西方的亚里士多德主义的分类（新托马斯主义）不同。例如，根据西方的这种分类，温暖处于灼热和寒冷之间。在俄罗斯的 ментальность 中，有关理想的表征，则是另外一个样子："类"同时就是"种"，它通过加倍重复构成这样一个序列：温暖就是与热对立的冷。类似的特点在俄罗斯的 ментальность 中还有很多，如果不包含在词语的基本意义中，那么，也会在经典文本中得到体现。②

9.2 科列索夫提出的方法是：③以历史的视角，解释学的方法，进行体系性的描写。

解释学阐释经典文本，可以阐释不同流派的思想家对俄罗斯精神、理智和性格发展的思考。民族精神的常体是在集体理智中阐明的，因此需要解释这

---

① Анна Вежбицкая. Семантические универсалии и описание языков. М., 1999; Анна Вежбицкая. Понимание культуры через посредство ключевых слов. М., 2001; Анна Вежбицкая. Сопоставление культур через посредство лексики и прагматики. М., 2001.
② Колесов В. В. Русская ментальность в языке и в тексте. СПб., 2007. С. 44.
③ Там же. С. 6.

个常体,需要大量的阐述、摘引,不同的作者可能具有不同的偏好,等等。用语言的范畴、涵义和言语的具体细节进行验证,可以部分消除这一叙述的不足。

对事实进行体系性描写,可以进行初步的概括,把一些琐屑的东西排除在外。

在历史的视角下,能够比较完满、比较严格地审视一切。科列索夫的描写立场,是俄罗斯的"唯实论",是在发展中追寻俄语语义变化以及词汇变体。这样,研究者所需要的实质就会展现得更加清楚。这一研究方法的成果,集中体现在他的上述两部著作中。[1]

9.3 我们曾经使用的方法是观念分析。我们先定义了 ментальность 的单位——концепт(观念),说明这样的"观念"形成一个有机的体系,构成语言载体的实用哲学,反映 ментальность。我们认为,观念是相关表达手段的意义的总体,包含表达它的抽象名词的认知语义,即:①词根、词源揭示的初始涵义;②反映在现代词典中的义项、核心成分;③搭配中反映出来的格式塔(我们所定义的);④引起的联想;⑤说者的评价;⑥隐含;⑦认知脚本;⑧相关的(哲学、心理学、政治学、法学等)百科知识。广义的观念分析就是明确(我们所理解的)观念的以上内容的过程。

这样的"观念"不是无穷的。观念分析的方法也是明确的。当 ментальность 的单位一个一个清晰起来,ментальность 本身也就清晰起来。运用这一方法的成果,体现在《观念的对比分析》中。[2]

十、术语的汉译

10.1 《大俄汉词典》(商务印书馆,2003)提供的 менталитет 的释义为"心理(状态)"。这个译词和上述有关 менталитет 的定义比照以后,我们就会发现,译词的内涵过窄,不能较好地反映原词的内容。

10.2 朱达秋等把 менталитет 理解为"文化或传统的深层结构或精神内核"。[3] 她还提出根据语境来具体翻译这个术语的想法,回避提出稳定的译

---

[1] Колесов В. В. Язык и ментальность. СПб., 2004; Колесов В. В. Русская ментальность в языке и в тексте. СПб., 2007.
[2] 杨明天,《观念的对比分析》,上海:上海译文出版社,2009年。
[3] 朱达秋等,《俄罗斯文化论》,重庆:重庆出版社,2004年,第21页。

词。① 以上的"深层结构"或"精神内核",作为术语显得不够简练,这是其一;其二,译文的所指不是一目了然的,深层结构或精神内核包括什么内容?还需要读者去看另外的注释。

10.3 李喜长提出的译文是:менталитет(国民性),ментальность(民族特质)。② 其中的问题是:其一,作为术语,它们的内容显得宽泛;其二,没有顾及俄语两个术语的基本涵义,例如词源涵义;其三,看不出"国民性"和"民族特质"能够反映出其文所说的менталитет,ментальность之间的关系。

10.4 冯华英等认为,ментальность就是менталитет,并提供了2个释义:①精神气质,心理状态,思维方式;②处世之道。③ 从以上所列的менталитет的大多数定义看,其内涵一般都包括以上所说的四个方面,这四个方面总体来说明менталитет比较合适,有无办法把以上方面用汉语的一个词语来表示呢?

10.5 杨明天把менталитет译为"心智",把ментальность译为"心智、心智性"。④ 其中的首要原因是,他的译法是根据原著的解释内容,结合汉语的习惯翻译出来的。第二个原因是,原词mentalité本身包含"理性、思维、智力"方面的内容,在俄语中作为术语出现以后,还具有了"情感、意志"方面的内容,前一个方面的内容,可以用"智"来概括,后一方面的内容可以用"心"来概括,合起来就是"心智"。第三个原因是,在汉语里,一般用"心智"来翻译英语的mind这个术语,而且这个术语主要与乔姆斯基的理论有关。从科列索夫原著内容可知,原著所探讨的ментальность,确实是俄罗斯特色的与西方概念主义、唯名论理解相对立的"心智"。第四,列维-布留尔的两部与mentalité相关的名著,汉译书名分别是《低级社会中的智力机能》(1910)和《原始人的心灵》(1922),⑤这也说明,该术语是和"智力、心灵"相关的。第五,从列维-布留尔开始,mentalité范畴就开始用来说明某一社会集团或者民族共同体的思维类型的特点,还用来表示它在具体历史时期的特点,这说明这个术语的翻译,最好不要脱离"思维"方面。第六,在"年鉴"历史学派的理解中,这个术语一直表示

---

① 朱达秋,"术语менталитет及其内涵",《解放军外国语学院学报》,2002年,第3期。
② 李喜长,"解析术语'менталитет'和'ментальность'",《西安外国语大学学报》,2008年,第4期。
③ 冯华英等,《俄汉新词词典》,北京:商务印书馆,2005年,第264页。
④ [俄]В. В. 科列索夫(杨明天译),《语言与心智》,上海:上海三联书店,2006年,第6页。
⑤ 王晓义,"列维-布留尔","社会学",《中国大百科全书》,北京:中国大百科全书出版社,1988年。

"社会意识和民众心理",所以,对这个术语的翻译,也不要脱离这个要点。"意识"和"心理"用"心智"来统称还是比较简洁的。第七,在认为两个术语相同的观点中,一直强调它们表示"思维、心理、精神"方面的核心内容,这几个方面也可以用"心智"统称。第八,在要求区分两个术语的非语文学者的观点中,也一直强调术语的核心内容:"思维、思想、心理、精神",他们的分歧不在核心内容方面,只是在于限定术语的外延方面。所以,对术语的翻译,还是不能脱离其核心内容。外延方面可以通过适当限定来解决,但内涵应该尽可能地翻译出来。

与我们译法接近的还有:彭文钊等也把 ментальность 译为"心智"[①](但在另外一处,该词又被翻译为"民族精神或民族意识"[②])。张家骅等把 ментальный модус 译为"心智态式"。[③]

我们的译法是根据原著的解释内容,结合汉语的习惯翻译出来的。从以上译者(词典除外)对术语的理解看,并不完全一致。

10.6 返回到全文起始,用我们的译词"心智"、"心智性"代替 менталитет,ментальность,没有明显的异常情况出现。而其他译词无法始终一致地保持全文意思的正常贯通。

十一、 我们对"心智"的定义,我们的研究材料和研究方法

从跨学科研究的角度看,"心智"问题因为其理论和实践价值而备受重视。例如,从社会学和哲学的角度看,"心智"问题涉及民族的自我认同、安全及其发展。心智问题非常重要,这并无夸大的成分。[④]

11.1 认为 менталитет,ментальность 等同的意见,基本是从俄罗斯以外的西方的理解出发的,可以这样定义:

①个人或者社团表现在②文化、语言和行为中的心理、理智、意识形态、宗教、美学等方面的③一种普遍的精神意向;思维、信仰、精神素养的相对完整的整体,这个整体形成世界的图景;这是思维方式,智力方面的习惯和精神方面的定势的整体,是思维特点的综合,是一种世界观、思想趋向。

---

① 彭文钊等,《语言文化学》,上海:上海外语教育出版社,2006年,第344页。
② 同上书,第33页。
③ 张家骅等,《俄罗斯当代语义学》,北京:商务印书馆,2003年,第710页。
④ Соломонова Корнеева Тамара. Менталитет как социокультурный феномен. Автореферат диссертации на соискание ученой степени кандидата философских наук. Екатеринбург, 2001.

其中，①部分说明这个概念内容的主体：个人或社团；②部分说明概念内涵的外在的表层的体现；③部分说明概念的内涵，是深层的集体表征或者社会心理。

11.2　如果需要对二者加以区分，那么，作为语言研究者，我们认同的定义是：

менталитет 是朴素、完整的世界图景。此时，人们不以概念思维，而是以原型思维；这是通过智力的形象-象征进行的具体思维。менталитет 长期存在，不取决于具体的经济和政治条件，基于种族禀赋和历史传统，体现在每个社会成员的情感、理智和意志中，其基础是共同的语言和教育，它成为民族精神文化的一部分，而民族精神文化形成民族生存地域的精神空间。менталитет 最终是"涵义场，或语义场体系"。

ментальность 是"母语范畴和形式中的世界观，在认识过程中联结了民族性格在其典型表现中的理性、精神和意志性质"。

11.3　我们根据自己的理解，给"心智"下一个工作定义。这个定义建立人们对 менталитет 的理解的基础上。我们对"心智"的定义是：

①主体是社会团体及其代表(个体)；②这是针对他者比较而言的独特的民族表征体系或民族禀赋；③在意识层次上，这可能是有意识的，也可能是无意识的情结(常体)；④其形成需要具备一定条件，如历史条件、社会条件、一定的环境、文化条件，等等；⑤其具体内容包括：生活定势、思想趋向；价值、规范、偏好、精神状态，看待世界的方式，朴素的世界图景，等等；⑥这些内容的内部构造往往是矛盾的；⑦以上方面通过主体的行为、情感和情绪的模式、认知、语言、智力、意识、思维等手段综合体现出来。

11.4　从 11.3 的定义出发，特别是第⑤点的要求，我们的研究材料是论及语言心智问题的俄罗斯作家、思想家的相关文本，它们经历了历史和大众的检验，保留至今，反映了俄罗斯人一定的生活定势、思想趋向。它们是研究心智比较理想的、更接近主题的材料。我们关注的重点是这些作家、思想家对俄罗斯特点的思考和论述，还有与之相应的表达手段。

就研究方法而言，我们以历史的视角，文本分析的方法进行研究。文本分析，其中包括语法、语义、语用、认知、对比和主题等方面的分析。主题分析是后结构主义研究艺术文本以及任何符号对象的一种方法。通过文本分析，可以明确俄罗斯作家、思想家有关俄罗斯特点的主要思考内容和表达方式。

我们选择文本、确定研究材料的原则，在前言部分已经涉及。

第二部分
古罗斯时期与启蒙时期

　　基督教的思维范畴被纳入古罗斯的精神世界以后，它改变了多神教自然泛神论感知世界的定势。精神和物质被极端地对立起来，代表上帝和魔鬼的两种对立因素，开始了不可调和的斗争，确立了个人的道德责任的思想。以上思想被古罗斯的思维所发展，不只以概念范畴的形式，而且以艺术形式体现出来，形成古罗斯心智的特点。从语言的角度看，用于民间文艺创作的古俄语的句法，具有口语特点，其复合句的无连接词联系、并列联系和接续联系，多于从属联系，这种句法的特点是，便于（具体）叙述，而不便于（抽象）论述。论述需要一定数量的从属联系。古俄语的另外一种形式——书面斯拉夫语的文本，其布局独具匠心、修辞色彩明显。这个时期的有关文本，追求生动形象的词语的，具有政论倾向、充满激情的思辨。

　　俄国启蒙时期，依靠"人道、科学和教育"，逐步建立"世俗"的思想体系。俄国的人文主义，甚至宣扬道德对于理智的优先地位。18世纪末19世纪初，人们开始具有这样的观点：语词是真正的宣传鼓动的武器，能够很好地为思想政治斗争的目的服务。在当时的俄国，这无疑是个值得重视的观点，它与时代的启蒙、改革精神是吻合的。

第二章 古罗斯时期
——以 11—16 世纪的经典文本为例

俄罗斯的哲学文本具有自己的一些特点。其哲学思想的源头，一般从基辅罗斯的洗礼(988—989)说起。在此之前，他们处于蒙昧时期和信仰多神教的阶段。[1] 基督教对古罗斯而言，不仅是一种宗教，而且是一种世界观。[2]

古罗斯(11—16 世纪)有北南之分。北罗斯和西欧具有良好的贸易往来。南罗斯受到拜占庭的影响，从后者引进了东正教。然而，多神教的风俗习惯还是保留下来了。除了民族文化，还形成了所谓的"精英的"、书面的文化，它植根于古希腊罗马文化，受到东罗马帝国和中世纪的希腊思想家的影响。罗斯同时承受了来自东方游牧部落和西方敌对国家的压力。古罗斯的思想家大多数是宗教思想家，关注人类存在的意义是他们的思维定势。[3] 我们以这一时期的经典文本为例，探寻其中反映的语言心智问题。

一、选材和讨论的依据

我们首先再次说明研究的方法。[4] 第二部分的选材和讨论，即以此为根据。

我们需要借鉴心智史(История ментальности)的研究方法。心智史研究

---

[1] Иванов С. К. Размышления о России и русских. М., 1996. С. 13 – 55.
[2] Грицанов А. А. Новейший философский словарь. Минск, 2001. С. 912 – 913; Зеньковский Василий. История русской философии. М., 2001. С. 35 – 36.
[3] Баландин Р. К. Русские мыслители. М., 2006. С. 6.
[4] Лев Пушкарев, Наталья Пушкарева. Ментальности (менталитет), Энциклопедия, кругосвет, в интернете, 2009.

人们的观点、情感和思维,分析他们的社会行为的推动机制。它研究所有社会成员,或大多数社会成员的"隐秘的思维结构的历史",分析他们的意志和意向控制不了的思想(所谓潜意识),研究一定时代的人们的价值和信仰,了解他们的行为动机和世界图景的符号体现(形象、表征、习惯、感觉和预测),这就意味着去理解那个时代,明确社会生活的各个方面(从日常细节到政治偏好,从最基本的物质利益到精神产品)的相互作用。具体说来,有以下一些方面:

  1 复建能够说明社会整体接受的理解、感觉世界的行为、表述、思维的方式、内容、表征和形象等。作为社会心理常体的稳定的心智,其变化是缓慢的、潜在的、长期的,它在人的心理和行为中,保持那些最典型的内容,通过教育、文化、语言和宗教,等等,深入到人的意识中。只有考察历史,才可以看出这种变化。

  2 着重研究与信仰体系有关的一系列问题,如精神与物质的关系;人们的法律意识;社会政治层面的精神生活,集体的思想趋向;人们对社会的评价、整体与部分之间的关系;个体与社会的关系;对劳动、所有制、贫富、权力、统治与隶属的态度;自由、意志等问题。

  3 使用目前的概念体系、理论模式,不断对比现代知识体系的"外在的"观点和所研究时代的人们的"内在的"观点,形成新的看法,进行"立体透视"。坚持历史原则,避免把现代观点植入所研究的时代。

  4 研究反映隐秘的思维结构和集体表征(未被意识到、未得到很好反思)的材料,它原则上可以是"人所创造的,保存了创造者的精神实质的所有内容",特别是能够反映人们的思维方式和价值体系的材料。因此,我们选择独具特色的俄罗斯民族哲学[1]文本作为研究对象。

  5 原则上说,研究方法是多样的,因为心智是"某种没有表达出来的东西,无法从源文本摘录的东西,只能由研究者从源文本的作者的意见和判断引申出来"。这样,就需要使用历史学、心理学和民族学等多种研究方法。还有,符号学研究理解其他文化的方法,那就是寻找和分析象征形式(如词语、形象、制度和行为)。研究者需要解释涵义和象征,解释它们与物质世界的联系。另外,还可以分析话语,特别是重要的话语,"言语行为的实践",以明确所讨论的规则和逻辑。

---

[1] Грицанов А. А. История философии. Энциклопедия. Минск, 2002. С. 912 - 917.

第二章　古罗斯时期——以11—16世纪的经典文本为例

6　研究任务决定研究的层次。前人有的研究某个时代的普遍的心智背景；有的展示了分析一定社会阶层的心智的可能性；现代理论民族学家和民族心理学家复建了民族性格和民族文化的形成历史；还有的研究男女不同的价值体系、感知世界的方法和记忆的差别。我们的研究层次是古罗斯，研究的材料是思想家的经典文本，目的是希望发现其中反映的这一时期的语言心智问题。

7　这样的研究，可以克服社会经济、政治、精神生活间看不见的障碍，把相关学科联系起来，进入人们的深层的精神生活，把历史描写为物质和精神生活的连续整体。人们对心智史兴趣不减的原因是：这里具有综合研究的很大可能，可以运用不同人文学科（历史、民族学、心理学、语言学、文化学和符号学）的研究方法。

二、古罗斯的经典文本所讨论的问题

以下按照时间顺序，先说明古罗斯的经典文本所讨论的问题，[①]然后在结语部分归纳古罗斯的心智特点。

1　伊拉里翁（Иларион，11世纪）是雅罗斯拉夫（智者）（Ярослав Мудрый，约978—1054）的宫廷教堂的神甫，第一任基辅都主教（1051—1054/1055），基辅罗斯的国务活动家，基辅洞窟修道院的创立者。他的著作《论"律法"与"神赐"》确定了对俄罗斯心智非常重要的Закон（律法）/Благодать（神赐）的对立。

1.1　他说明了Закон（律法—《旧约》）、Благодать（神赐—《新约》）和Истина（真理）的来源、它们的不同作用、等级。通过以下内容，可以看出他对以上三个方面的不同态度。

他认为，基督教的上帝是唯一的，它能创造奇迹。上帝制定"律法"，为"真理"和"神赐"的出现做好准备。人们应当遵守"律法"，放弃多神教，信仰唯一的上帝。他这样说明"律法"的作用：就像被污染的器皿，人类经过水、"律法"和割礼的清洗，才会接受"神赐"和"洗礼"的乳汁。他这样确立三者之间的等级："律法"是"神赐"和"真理"的先声、仆役；"真理"和"神赐"则是为来世、永生服务的。就来源而言，"律法"通过摩西而传，"神赐"和"真理"则通过耶稣基

---

① Баландин Р. К. Русские мыслители. М.，2006. С. 7-92.

督得以体现。

"神赐"（拟人化）这样对上帝说：若未及我降临世间、拯救世界，你可临幸西奈之山，确定律法。上帝接纳"神赐"之言，降临西奈。摩西从西奈带回的是"律法"，而不是"神赐"，是真理的轮廓，而不是真理。

作者接着说道，上帝何时造访人类（道成肉身），至今无人知晓，但从此诞生了"神赐"——"真理"，而不是"律法"，诞生的是他的爱子，而不是奴隶。

作者说，自由的"神赐"看到自己的基督子女受到犹太人，也就是奴役者——"律法"的子女的排挤，向上帝请求道：祛除犹太教和它的"律法"，驱散这些犹太教徒，（真理的）轮廓和"真理"之间、犹太教和基督教之间，能有什么交往！由此，犹太人被驱除，遍及世界各地；"神赐"的子民，基督教徒，则成为上帝和圣父的继承者。

作者总结道：当太阳升起之时，月光就会退却，当"神赐"出现之时，"律法"就会消隐。人们不再因为"律法"而感到束缚，而在"神赐"之光的照耀下自由行走。犹太人在"律法"的烛光下所做的，只是自我确认，基督教徒在"神赐"的阳光之下，创造的是自我拯救。这样，犹太人借助（真理的）轮廓和"律法"自我确认，基督徒借助"真理"和"神赐"不是自我确认，而是自我拯救。

通过以上叙述可以看到，伊拉里翁认为，"律法"是上帝通过摩西所传，为通过耶稣体现的"真理"和"神赐"服务，"律法"使人感到束缚，"神赐"才会使人自由、得到拯救。这一对立，对俄罗斯人后来的律法观产生了很大影响。

1.2 在这部作品中，伊拉里翁还表达了对政权的希望，希望统治者以"真实"、"勇敢"和"理智"来统治国家。他这样颂扬980—1015年在位的弗拉基米尔：如此这样，他在位之时／以真实、勇敢和理智／统治自己的国家……

作者后来还提及统治者应该具备的品质：真实、勇敢、为真理服务、理智和仁慈，等等。他从基督教的观点出发，号召死者复活，这也反映了他对死亡的态度：站起来吧，啊，诚实的男子，从自己的棺木里站起来！／站起来吧，抖落睡意，因为你没有死，／一直睡到所有逝者都站起的时候……他把死亡比作梦境，一种暂时的现象。作者好像在向弗拉基米尔的灵魂述说：看吧，哪怕肉体无法看到，就用精神来看吧。其中隐含了肉体／灵魂（精神）的对立。

1.3 伊拉里翁思考了罗斯的历史进程和它在世界历史上的作用，他把弗拉基米尔和君士坦丁大帝（约285—337）相比，把1019—1054年在位的雅罗斯拉夫和圣经中的所罗门相比，其意图可能要使得读者认为，信仰基督教的罗斯与拜占庭是平等的。这样看来,有关俄罗斯人"救世论"的思想,可能要追溯到伊拉里翁,[1]由后来的菲洛费(Филофей)通过"第三罗马"的思想明确体现出来(第二部分第 8 点)。

1.4 总之,伊拉里翁涉及的问题有:律法与神赐、真理的关系;对权力的态度;救世论的萌芽。伊拉里翁使用基督教神学常见的象征模式,借助逐渐展开的平行句式,说明"律法"与"神赐"之间的关系。"律法"被比作影子(真理的轮廓)、月光和寒夜;"神赐"被比作阳光和温暖;传说中的犹太始祖亚巴郎的婢女哈加尔,是《旧约》(律法)时代的象征,亚巴郎的妻子,自由的撒辣依,则是新约(神赐)时代的象征。其中还使用犹太教的形象来说明多神教徒的洗礼:新酒要装入新皮囊,新的学说要有新的民众来接受。

利哈乔夫认为,这个文献反映了古罗斯思维方式的两个特点。第一,从普遍到特殊,从普遍的问题,涉及具体民族的问题,再论述俄罗斯人的命运。第二,抽象概念常被等同于它们的物质体现。在中世纪的罗斯,抽象思想经常通过自然主义的形式体现出来,例如,当时的彩画画家和圣像画家,经常把地狱描绘为海中怪兽,等等。[2] 这两个特点具有一定的普遍意义。另外,我们想用语言材料佐证伊拉里翁的主要观点。

1.5 从语言材料来看,11 世纪以后出现的古俄语词 законъ,具有两个相关的意思:1)上帝之法,遗训;2)来自权力(它所制定)的,与习俗对立的法律、规定。[3] 这两个意思与伊拉里翁有关"律法"的叙述是契合的。

благодать 的词源尚不清楚。其中 благо(善、益)的词源是清楚的,дать(给)的词源也是清楚的。我们需要说明的是 благо 的词源问题。在 11—12 世纪以后,出现了古俄语词 болого,但并不常用。благо 是斯拉夫语,为形容词 благой 的中性短尾形式名词化以后而形成。благой 的古斯拉夫词语形式表示"善的"、"好的"、"可爱的"和"温存的"。根据共同斯拉夫语的形式,可以推测其印欧语的基础可能是:＊bheleg-,＊bheleg-,其意为"发光"、"闪烁"和"照

---

[1] Баландин Р. К. Русские мыслители. М.,2006. С. 7 – 13.
[2] Лихачев Д. С. 《Слово о законе и благодати》 Илариона, Великое наследие. Классические произведения литературы Древней Руси. В интернете, 2009.
[3] Черных П. Я. Историко-этимологический словарь современного русского языка (в 2 томах). М.,2001. С. 315.

耀"。① 就 благо 的词源及意义而言,读者也可以清楚,为什么伊拉里翁更加鼓吹神赐,而不是律法。

古俄语和古斯拉夫语的 истина,意为"真实"、"正确"和"合理"。后来还发展出另外一个意思:"本金"。истина 由 11—12 世纪以后出现的 истый 构成,其共同斯拉夫语的形式是: * istъ, * istъjь,意为"就是那一个"、"真正的"和"真实的",等等。② "就是那一个"来自上帝的,通过耶稣体现为"真理"的。

我们可以看到,伊拉里翁对"律法"、"神赐"与"真理"三者之间关系的阐释,与它们的词源以及语义材料是吻合的。语言是其载体(以其为母语者)的集体的朴素的世界观的保存者。因此,我们完全可以理解,为什么伊拉里翁的观点对俄罗斯人后来的律法观[3]产生了很大的影响。

2 弗拉基米尔·莫诺马赫(1053—1125)是基辅大公、作家。著有《训诫》、《致奥列格·斯维亚托斯拉维奇》。莫诺马赫在《训诫》中宣扬基督教的道德。他的教导事无巨细,面面俱到。这些教导的基础是:为了上帝和自己的灵魂,心中要敬畏上帝,仁慈大度,这是善的起始。他的教导并非空口无凭。他依据基督教的道德,以统治者的智慧,出于爱国意识,为了王公之间的团结,给杀害自己儿子的仇人写信表示宽恕,希望和解。这就是著名的《致奥列格·斯维亚托斯拉维奇》。他说:为了基督教的教友,为了俄罗斯国家,我不想要恶,我要善。他这样宽慰仇人:男人死于战争,有什么值得奇怪?

莫诺马赫凭良心写作,真诚地追求基督教的理想。他谴责懒惰,认为它是万恶之源。如果懒惰,知道的也会忘记,不知道的就无法学会。他认为,人人都会死,人在死亡面前是平等的:我们都有一死,今天还活着,翌晨却躺在棺材里了。你(上帝)所给我们的一切,并非我们的,而是你的,只是托给我们照管几日。

从莫诺马赫的作品和行为可以看出,他关注人的内在的精神生活,谴责懒惰,号召罗斯的统一、和平、和谐和公平,他虽然讲求理智,但对抽象范畴的兴趣不大。[4] 他的言行集中体现了基督教所宣扬的道德观。

---

① Черных П. Я. Указ. соч. С. 92 – 93.

② Черных П. Я. Историко-этимологический словарь современного русского языка (в 2 томах). М., 2001. С. 360 – 361.

③ Степанов Ю. С. Константы: словарь русской культуры. М., 2001. С. 571.

④ Баландин Р. К. Русские мыслители. М., 2006. С. 14 – 18.

第二章 古罗斯时期——以 11—16 世纪的经典文本为例

3 涅斯托尔(Нестор，11 世纪中叶—12 世纪初)是编年史家，基辅洞窟修道院的修士。著有《往年纪事》和《费奥多西·佩切尔斯基传》，等等。

3.1 涅斯托尔的历史哲学以宗教为基础。他认为，上帝为人类预先制定了一条通往善的道路，但由于魔鬼的煽惑，人们不断失足犯罪，忘记了上帝的教导，并因此受到应得的惩罚：①

> 上帝愤怒地把异族人带到世间，人在悲痛之时，才会想起上帝；由于魔鬼的诱惑，人们同室操戈。上帝想让人们得到的不是恶，而是幸福；而魔鬼乐见凶杀和流血，它挑起纷争和忌恨，同胞互仇、诬蔑陷害。当某个民族坠入罪恶以后，上帝就以死亡、饥馑、恶人入侵、干旱和虫灾等方式惩罚他们。

人一开始就被赋予选择的自由：是按照上帝的命令生活，还是被魔鬼所诱惑。涅斯托尔试图进一步强调并稳固基督教的精神价值。根据他的说法，异教徒的入侵是"上帝之鞭"：②

> 上帝教导自己的奴仆如何应对战争的灾难，使他们变得就像经过熔炉冶炼的黄金。基督徒经过许多痛苦的磨难，才能在将来进入天国，而那些异教徒和凌辱者，今世快乐满足，来世却会遭受灾难，与魔鬼一起经受永恒之火的煎熬。

基督教宣扬恭顺、忍耐，这并不意味着今生世俗的奖赏，报答来自身后，这就是灵魂的永生。在《费奥多西·佩切尔斯基传》中，涅斯托尔颂扬基督教的劳动神圣的观点，号召人们接受考验、识破鬼怪的奸计，热爱劳动，团结友爱，按照良心、公正和善的要求来生活，这也就是通往上帝之路。涅斯托尔还特别重视语言的作用。他认为，部落语言的统一是形成共同文化的基础。涅斯托尔把历史看作人的精神力量、内在品质和思想定势的一种表现。

3.2 为了印证以上观点，我们分析其中的几个关键词语的词源和语义。

---

① Баландин Р. К. Указ. соч. С. 20.
② Баландин Р. К. Указ. соч. С. 22.

先看 бог。在基督教中，其意为："最高的、万能的、超自然的统治宇宙的实质"。古俄语和古斯拉夫语的形式是：богъ，богыни，божий。其印欧语的词根是：* bhag-，意为"赐予，赋予"、"分派"。其共同斯拉夫语的形式是：* bogъ，较为古老的意思是"赐予(财富)"的。① дьявол 源自希腊语，对应的希腊语的意思是"诽谤者、诬蔑者"，在基督教初期阶段，才获得了"魔鬼"的意思。② 由词义可见，可以赏赐、分派的至高无上的统治者，就是"上帝"。"诽谤者、诬蔑者"则是"魔鬼"。

труд(劳动)在古斯拉夫语中的形式是 трудъ，意为："工作"、"困难"、"不安"、"忧虑、操心"、"苦难"、"悲痛"、"疾病"和"痛苦"。其共同印欧语的基础是：* tr-eu-d-，意为"揉搓"、"挤压"、"压迫"、"紧夹"。词根 * ter-的意思是"擦、搓、揉"。共同斯拉夫语的 * trudъ 的最初意义不是"劳动"、"工作"，而是"沉重的负担"一类意思，再发展出"忧郁"、"悲痛"的意思。③ труд 的这些共同意蕴，与基督教宣扬的受难、忍受、苦修等等，具有相通的部分，因此，涅斯托尔宣扬 труд(劳动)，这也是完全可以理解的。

язык(语言)的古俄语形式是 языкъ，出现于 10 世纪以后。最古老的例子似乎证明，"味觉和言语的器官(舌头)"并非 языкъ 最早的意思。能够证明的是，这个词在 11 世纪以后，出现了"言语"、"味觉和言语的器官"、"翻译"和"向导"等意思。有一种解释认为，язык 的共同斯拉夫语的形式是 jez-yk-ъ，就斯拉夫语的情况而言，这个形式最古老的意思是"言语"、"把人们联结为人民、部落的东西"，还有"人民"、"部落"的意思。④ 这样，从 язык 的涵义演变，也可以窥探 язык 的团结、统一的社会作用。

我们无法得知，涅斯托尔如何认识到语言的这种作用。仅是 язык 的涵义演变，却提示、证明了语言的这种作用。语言的统一可以促进部落的统一，从而促进文化的统一。

4 基里尔·图罗夫斯基(Кирилл Туровский，约 1130—约 1182)，主教、哲学家、政论家。著作有《人的灵魂与肉体的寓言》或《盲者与瘸者记》。

---

① Черных П. Я. Историко-этимологический словарь современного русского языка (в 2 томах). М.，2001. С. 98.
② Черных П. Я. Указ. соч. С. 278.
③ Черных П. Я. Указ. соч. С. 266.
④ Черных П. Я. Указ. соч. С. 468.

第二章 古罗斯时期——以 11—16 世纪的经典文本为例

作者探究了人的灵魂和肉体的关系、教会权力和世俗权力之间的关系。根据作者的说法,不关心灵魂,只关心肉体的人,会放纵自己的感情,背离基督教的道德。人最终要在善恶、上帝与魔鬼之间做出选择。如果一个人正确、公道,上帝就会庇护他。在人的身上,世俗的因素和天国的因素结合在一起:①

> 当你看到埋葬在地下的肉体时,不要认为,灵魂就在此处,因为灵魂不是来自地下,也不会进入地下。人活着的时候,可以自己证实自己无罪,而死后,他的灵魂要在上帝面前证实自己无罪,其理由是:"不是我作恶,而是肉体作恶"。好像借助这样的机巧,灵魂就能避免惩罚,肉体则在目前也摆脱了惩罚。如果假定人死之后,其灵魂完全消失,那么,此人生前的罪恶,也就得不到惩罚;若如教会所言,灵魂处于肉体之外,那么就无法审判它,因为犯罪的是易腐的肉体。这样,在任何情形下,人都可以肆无忌惮地犯罪。只要生前不受惩罚,天国的审判并不会使他害怕。(但是,)当圣子第二次降临之时,我们的灵魂就会进入肉体,遵守教规者将获得永生,罪人则永世受苦。

这就是他关于灵魂和肉体的论述。其中的基本对立,在灵魂与肉体的语义和表征中也得到了反映,详见相关内容,②这里不再重复。

5 作家、思想家丹尼尔·扎托奇尼克(Даниил Заточник,12—13 世纪初)在其著作《恳求》中,高度评价"智慧"与"善",认为拥有金银并不是目标,而是行善的手段。③

5.1 他说:就像大鱼网挡不住水,挡住的只是鱼,你,王公啊,不要贪恋金银,把它们分给人们。在此,丹尼尔把金钱和流水相比,把仁慈、大度与物质(鱼)相比。这种奇怪对比的深刻涵义,可以追溯到福音书。

丹尼尔认为,对一个人来说,重要的是其内心、智慧,而不是其外表、贵贱:不要只看我的外表,但要看看我的内心如何。我,君主啊,虽然衣不蔽体,但充满智慧,我年纪轻轻,但智慧老到。丹尼尔虽然向王公寻求物质帮助,但他认

---

① Баландин Р. К. Указ. соч. С. 28 - 29.
② 杨明天,《观念的对比分析》,上海:上海译文出版社,2009 年,第 291—315 页.
③ Баландин Р. К. Русские мыслители. М.,2006. С. 38 - 40.

为,自由也很重要:为好的君主服务,你服务的结果是得到自由,为凶恶的君主服务,你得到的是更多的奴役。丹尼尔认为,智慧与善密不可分:智者希望看到的是幸福,蠢才希望看到的是家庭盛宴。丹尼尔认为,智慧不是上天所赐,也不是遗传的,而是来自书籍和生活经验:我,大公啊,没有去过海外,没有就学于哲人,但我像蜜蜂一样,广采百花酿蜜,我博览群书,采集词语之蜜,就像海水涌入皮囊一样,大量积累智慧。

《恳求》的对象不是上帝,而是世俗的主宰,这样,精神价值和物质价值被明显对立起来。上帝和世俗主宰各司其职。作者没有向上帝恳求这些低俗的价值,而是向世俗主宰请求,明确了上帝和世俗主宰的对立。① 文本的一系列格言警句,建立在隐喻、比较、对比的基础上,语言非常形象。②

5.2 我们从语言材料来看,"智慧"的那些意义和丹尼尔的观点契合。ум 的古俄语和古斯拉夫语形式是 умъ,意思有:"智慧"、"思维"和"理解"等;另一古词 разумъ 的意思有:"理智"、"理解"和"思考的能力"。印欧语的词根是 *au,意为"使用感觉器官来感知"、"理解"。③ 11 世纪以后出现的古俄语词有:мудрый, мудрость, мудрити, мудровати, 等等,其印欧语的基础是 mondh- 等,初始意义为"成为精神饱满的、精力充沛的"、"表现出好奇"。④ 这些意蕴和"智慧不是上天所赐,也不是遗传的,而是来自书籍和生活经验"具有一些契合的地方。

6 神学家、禁欲派的领袖尼尔·索尔斯基(Нил Сорский,约 1433—1508),号召神甫拒绝忙乱的世俗生活和物质利益。他研究了善与恶的问题,认为精神价值具有绝对优势。他完全按照自己的信条来生活。

6.1 当时的社会情形是,大公内讧,政权更迭。教会内部也出现了分裂。尚未修行的迈科夫(后来的尼尔)面临选择:是接近世俗的君主,从而获取物质利益,还是选择精神价值,为真理、善和上帝服务。他选择了后者。社会不公、贫富不均与血腥争斗,这使他清醒。他认为,应当为真实(правда)、公平而斗争。社会需要遵守教规者、精神导师,不只需要训诫的言词,还需要具体的

---

① Баландин Р. К. Указ. соч. С. 38 - 43.
② Горшков А. И. Теория и история русского литературного языка. М.,1984. С. 115 - 116.
③ Черных П. Я. Историко-этимологический словарь современного русского языка (в 2 томах). М.,2001. С. 289.
④ Черных П. Я. Указ. соч. С. 547.

行动、纯洁生活的榜样。尼尔认为,当时的教堂已经变成事务中心,农民在教堂的土地上为教堂劳动,为教堂服务的,还有手工业者和商人。修道士关心的,只是获取物质利益。这都是尼尔所不能接受的。他自愿来到北方的荒凉之地,开始了隐居禁欲的生活。

6.2 尼尔认为,修士的任务,主要是与污浊的思想做斗争。如果这些思想生根发芽,就会转变为强烈的欲望:贪食、淫逸、贪财、恼怒、悲伤、忧郁、虚荣和骄傲。保持理智和精神的纯洁,要比仅完成一些礼仪形式更为重要。尼尔支持并身体力行使徒保罗的信条:不劳动者不得食。他认为,劳动是合乎神意的事业,只有通过劳动获得的财富,才是合法的、合乎神意的。

6.3 尼尔认为,智慧、自律、追求上帝,会给人带来真正的幸福。他说:尘世会用一些甜蜜的东西安慰人们,随之而来的则是痛苦。尘世利益的内部,充满罪恶。那些在尘世上追求享受的人,会失去一切。财富、荣誉、光荣,一切都会消失,像花一样凋落。他反对教会剥削农民而致富。他说:帮助穷人比装饰教堂要好。完全遁世,拒绝与人交往,只关心自己,并不意味着神圣。"藏于洞中的毒蛇与猛兽,终究凶猛有害。它不伤人,因为无人可咬……"

6.4 他强调意志自由和理智:人的想法各不相同,其中会有恶意,人的命运中的许多东西,取决于本人,人可以自由选择,或者沉湎于龌龊的欲念,或者摆脱这些想法。人对自己的灵魂负责。对个人来说,最危险的是,长期沉湎于来自魔鬼的充满情欲的念想,这些想法,因为经常思考和交流,被固定下来,使人臣服于罪恶……尼尔认为,理智非常重要。忘我奋斗的人,因为智慧而成功或失败。胜利是经过思考的行为。他一直强调,实质不在于形式,而在于内容,在于精神的纯洁,在于对内在完善的追求。[①]

6.5 当时,东罗马帝国的首都拜占庭陷落,而古罗斯的教会,就建立在前者的基础上。这样,信仰的根基被动摇,人们的思想出现了混乱。尼尔的学说生逢其时,它巩固了东正教的基础。对尼尔来说,如果教堂自动放弃所占有的村落,这就表现了教堂人员高尚完善的精神。尼尔的思想和行为非常接近基督教的理想。

6.6 禁欲派的表达方式,严格遵守旧规和书面斯拉夫语的传统,没有过

---

① Баландин Р. К. Русские мыслители. М.,2006. С. 50 – 57;Зеньковский Василий. История русской философии. М.,2001. С. 52.

多的修饰。他们认为,应该对圣经采取批判性的态度,要深入理解其中的隐秘涵义。这就决定了他们对于表达思想的词语的谨慎态度。例如,尼尔的书信体的作品,其言语结构严整、对称。尼尔也使用反问句、隐喻、比较和对衬,但遵循适度的感觉原则。他的作品被看作15世纪末16世纪初期书面斯拉夫语作品的典范。①

7 教会活动家、政论家约瑟夫·沃洛茨基(Иосиф Волоцкий,约1440—1515)著有《指斥异教徒》。他认为,必须用严酷手段根除异教,教会应该具有特权。他的学说有助于俄罗斯君主制的形成、教会权力和世俗权力的结合,巩固了教堂的地位。他还有一部主要著作《启蒙者,或者抨击异教》。其中提出了决定其历史哲学的观点:并非所有的权力都来自上帝,有时,权力来自魔鬼。如果应该尊重第一种权力,那么可以反叛第二种权力。沙皇统治的,是人的肉体,而不是他的灵魂。沙皇获得的是沙皇的荣誉,而不是上帝的荣誉。人的肉体向沙皇臣服,而不是灵魂向沙皇臣服。应当尊重笃信宗教、遵守教规的沙皇。如果沙皇受到罪孽的影响,贪财、易怒、奸诈、高傲、孤陋寡闻,并以此与自己的臣民对立,那么,这样的沙皇不是上帝的奴仆,而是魔鬼,他不是沙皇,而是折磨者。

约瑟夫后来支持东正教与君主专制的结合。他说,就本性而言,沙皇就像其他人一样;就权力而言,类似上帝。意思是,沙皇就信仰和秩序向上帝负责。他还说,上帝使沙皇登上宝座,其他任何人都不能评判沙皇的裁决。这已经是明显的专制的学说了。②

约瑟夫对语言的态度,不像尼尔的"纯粹态度",在他的作品中,既有俄语口语的特征,也有华丽的书面语的修辞。当时的书面语、具有活力的俗语形式,他都运用自如。他能够根据具体任务、条件和对象,使用所需的言语和语调。约瑟夫派的最终胜利,影响到俄国16世纪的意识形态和文艺生活,促进了书面斯拉夫语和民间文学语言的融合。③

8 菲洛费(约1465—1542),修道士、政论家。1453年,拜占庭陷落,君士坦丁堡被摧毁。东正教处境艰难。菲洛费在给沙皇的信中这样写道:虔诚的

---

① Горшков А. И. Теория и история русского литературного языка. М.,1984. С. 132.
② Баландин Р. К. Указ. соч. С. 58 – 62;Зеньковский Василий. Указ. соч. С. 50.
③ Горшков А. И. Указ. соч. С. 132 – 134.

第二章　古罗斯时期——以 11—16 世纪的经典文本为例

沙皇啊,请听我一言:所有的基督教国家汇集为你的国家。两个罗马已经陷落,而第三罗马巍然屹立,第四罗马是不会出现的。这是对历史现实的认识。这个预言意味着,菲洛费希望俄罗斯国家和东正教得以巩固。他说:旧罗马的教堂,因为异教而败亡,第二罗马的教堂大门,被阿加尔人的后代用武力击碎。现在是第三罗马,新的罗马,你统治下的国家,神圣一统的使徒的教堂,东正教的信仰,普天之下,比太阳还要耀眼。

后来,他根据《启示录》,复述了约翰在天堂所见的情形:七头红色蛇怪,口吐大水,要淹没阳光照耀下的妻子。菲洛费这样解释:妻子象征神圣的教堂,太阳象征基督,毒蛇象征魔鬼。为了躲避魔鬼,神圣的教堂先到罗马,然后来到君士坦丁堡,最终在罗斯找到了可靠的避难所。

对菲洛费而言,世界历史的进程,已被上帝的意志预先确定。古罗斯及其东正教教会的使命、未来的命运,清晰可见:

现在,一统的东方的使徒的教堂,比太阳还要明亮,照耀四方。普天之下,只有一个信仰东正教的伟大的俄罗斯沙皇,就像方舟中的诺亚,躲过洪灾以后,统治、指引基督教堂,确认东正教的信仰。当毒蛇口吐大水,如河流涌出,要把妻子淹没,我们会看到,其他所有国家都被异教毁灭,而新的罗马,将成为东正教的中流砥柱。

菲洛费的思想在当时得到了广泛回应,被政府所接受,成为国家行为,发展为俄罗斯国家专制统治和扩张政策的基础。①　与当时的历史背景相关,在 14—15 世纪的莫斯科,进行了"书籍整改"运动,其目的是:建立书籍秩序,清除不需要的异读,恢复教堂书面文献的纯洁。对俄语的词法、词汇、修辞等方面做了一些改动,激发了人们对语言以及正写法的兴趣,出现了许多这方面的"词通"。标准语的句法结构也得到了丰富。②

9　马克西姆·格列克(Максим Грек,约 1470—1555),启蒙家、政论家。他认为:哲学,毫不夸张地说,是非常值得尊敬的真正美好的学问……总而言

---

① Баландин Р. К. Указ. соч. С. 63 - 67;Зеньковский Василий. История русской философии. М.,2001. С. 49.
② Ефимов А. И. История русского литературного языка. М.,1961. С. 71 - 72.

之,它把所有美德和美满引入生活。

9.1 他不做抽象论断,不故弄玄虚。对他来说,哲学赞美纯洁、智慧和温和,颐养性情,希望在社会中建立最好的秩序。以后的几乎所有的俄罗斯哲学家,都给自己提出了这样的任务。格列克写道:在西方,所有的论断都被归结到亚里士多德的学说,所依靠的是"外在的逻辑知识",而不是内在的宗教哲学。外在的知识有助于加工形成外在的正确的言语,培养论断的能力,提高思考的素养。但这一切应当有助于理智进入隐秘的、内在的、崇高的、非语言所能表达的东西。这种对抽象论断的态度,在以后的大多数俄罗斯哲学家那里得到了继承。

9.2 格列克的《理智与灵魂的交谈》,使用拟人化手法,探讨了理智(разум)和情感(чувство)之间的关系。例如:心灵(душа)指出,智慧(ум)经常被激情,或者有害的妒嫉、愤怒、悲痛所控制,那时,它就不再自作聪明,不再言说。智慧对此并不否认,它只是强调,忘记或者不理解宗教规定,使人耽于激情,产生道德污垢,众多的罪恶会吞没人们,把人和动物等同起来。动物只用地产不断填满自己的肚腹。格列克并不否认理性知识,不只依靠神秘顿悟。"心灵"的情感和喜好是多变的,智慧指导它,使它走上正确的道路。"啊,心灵,我们不能不加思考地满足于鄙俗之人虚浮的自作聪明。就像生锈的铜镜不能映出光亮,心灵如果服从于丑恶的肉体的欲望,就不能反映那永恒的真理之光。"心灵在追求真情(правда)的过程中,要去受难,要去建功立业,等等。①

9.3 格列克的"外在的逻辑知识"与"内在的宗教哲学"的对立,心灵、智慧(理智)和情感之间关系的讨论,基本确立了俄罗斯哲学类似问题的思维定势。有关这一点,我们在以后的讨论中还会涉及。

10 佩列斯韦托夫(И. С. Пересветов,16世纪),政论家。他主要讨论了社会的公平问题。他在写给沙皇的禀帖中认为:这样一个伟大的国家,强大、光荣、无所不有。莫斯科公国,这个国家是否存在真情、公平?基督教的信仰是美好的,大家都充满了这一信仰。教堂华丽雄伟,但就是(社会)不公。哪个国家公平,上帝就和那个国家同在。上帝也不会迁怒于这个国家。没有什么比圣经所说的真情更强大。上帝所具备的是真情,这是真正的快乐啊,而沙皇应该具备的是智慧和力量。他对公平的幻想达到了极端:"如果没有公平,

---

① Баландин Р. К. Русские мыслители. М., 2006. С. 68 – 74.

也就一无所有!"①实际上,这些禀帖并不是公文,而是文艺政论作品。②

以上所选材料的着眼点,如第一部分所说,是从心智、思维定势的角度出发的。例如,我们没有涉及所谓的"异教"思想,因为从思想史的角度考察,它们并不是主流的反映整体特点的"思维定势"。

结　语

以下我们总结说明古罗斯的心智特点。通过第二部分所列文本或论述,我们可以看到,基督教的思维范畴被纳入古罗斯的精神世界,改变了多神教自然泛神论感知世界的定势。精神和物质被极端对立起来,代表上帝和魔鬼的两种对立因素,开始了不可调和的斗争,确立了个人的道德责任的思想。以上思想被古罗斯的思维所发展,不只以概念范畴的形式,而且以艺术形式体现出来,这就形成了古罗斯语言心智的以下特点:

从伊拉里翁的《论"律法"与"神赐"》开始,确立了对俄罗斯心智非常重要的"神赐"和"律法"的对立,"律法"属世俗一类,并非"神赐",如第二部分第1点。

对历史和道德问题具有特殊的兴趣,参见本章第二部分1.3、第二部分第2—10点。道德因素优先于社会因素,这在19世纪的俄罗斯哲学中得到极端的表达。③

借助文学作品的形式,使用一系列富有表现力的手段(对比、比喻、象征和拟人,等等),如:第二部分1.4,第二部分第2—10,对存在进行文学(文艺)象征的思考,这成为后来的索非亚学的基础。④ 古罗斯的基督教一开始就和美学体验联系在一起。⑤

从语言的角度看,用于民间文艺创作的古俄语的句法,具有口语特点。其复合句的无连接词联系、并列联系和接续联系多于从属联系,这种句法特点便

---

① Баландин Р. К. Указ. соч. С. 77.
② Горшков А. И. Теория и история русского литературного языка. М., 1984. С. 141.
③ Зеньковский Василий. История русской философии. М., 2001. С. 21, 39.
④ Грицанов А. А. Новейший философский словарь. Минск, 2001. С. 860.
⑤ Зеньковский Василий. Указ. соч. С. 39.

于具体叙述,而不便于抽象论述。论述需要一定数量的从属联系。① 古俄语的另外一种形式——书面斯拉夫语的文本,其布局独具匠心,修辞色彩明显。②

对生动形象的词语的追求,它的政论倾向,充满激情的思辨,如:第二部分 1.1,1.2,第二部分第 2—10。《论"律法"与"神赐"》、《训诫》和《往年纪事》等文献,还被看作演说术的经典文本。③

理性和超理性地解释基督教模式之间的冲突,不像西方那样以明确的逻辑范畴的形式表现出来,而是以神学争论的形式表现出来。其中最明显的表现是禁欲派和约瑟夫派之间的争论。论战的表层理由是对于所有制的态度,实际上却是基督教的起点和极限的争论。这是两种宗教意图、两种"真实"的冲突——为社会、政治服务的"真实",由此产生对文化和创作的漠视,把信仰归结为司祭对一定地区的监管和死记硬背教条(约瑟夫派);另一方面是建立在个人与上帝对话基础上的内在的、精神创造的"真实"(禁欲派)。约瑟夫派的胜利,加剧了精神的因循守旧,进一步压制了自由④(参见本书第二部分第 6,7)。

"外在的逻辑知识"和"内在的宗教哲学"的对立(参见第二部分第 9)。

以上方面为俄罗斯心智的发展提供了范式、问题和具体内容。俄罗斯心智的发展和社会政治进程紧密联系。学者们认为,在古罗斯,虽然没有欧洲中世纪那样的经院哲学的发展,但这一时期却奠定了独特的俄罗斯哲学的概念结构、论断的方式和主要论题,使得俄罗斯哲学在 19—20 世纪达到了高度繁荣。⑤

Документы в интернете:
[1] Слово о Законе и Благодати митрополита Илариона
[2] Поучение Владимира Мономаха
[3] Письмо Мономаха К Олегу Святославичу
[4] Моление Даниила Заточника. Перевод Д. С. Лихачёва.
[5] Повести временных лет.

---

① Горшков А. И. Теория и история русского литературного языка. М., 1984. С. 95, 98.
② Горшков А. И. Указ. соч. С. 102 - 106,108.
③ Граудина Л. К. и др. Русская риторика. М., 2001. С. 91 - 171.
④ Грицанов А. А. Новейший философский словарь. Минск, 2001. С. 859 - 862; Флоровский Георгий. Пути русского богословия. Париж,1983.
⑤ Грицанов А. А. Указ. соч. С. 859 - 862.

第三章　俄国启蒙时期
——以17—18世纪的经典文本为例

拜占庭灭亡（1453年）以后，古罗斯相对孤立，这限制了古罗斯哲学、科学和艺术的发展。与西方的联系加强以后，情况有了很大变化。许多罗斯人有可能到西方接受教育，学习科学，熟悉西方的哲学。[①]

西方的哲学传统在鞑靼统治的后期，通过立陶宛大公国传入罗斯。基辅-莫基良斯卡娅学院（Киево-Могилянская академия，1632－1817），特别是彼得·莫吉拉（Петр Могила，1596－1647）的创作，对俄罗斯心智的发展具有很大影响。他为东正教赢得了与"合并教会"相同的合法地位。在17世纪的莫斯科，"拉丁派"领袖西梅翁·波罗茨基（Симеон Полоцкий，1629－1680）的活动富有成效。到了18世纪，在彼得一世改革的背景下，俄国心智的图景，显出它不同于古罗斯时期的轮廓。

一、伏尔泰主义的影响

1　伏尔泰（1694—1778），法国作家，启蒙思想家，1746年曾任俄国彼得堡科学院的名誉院士。他的创作为18世纪末的法国革命提供了思想武器。俄国的伏尔泰主义[②]与时代的批判精神、变革要求相呼应，成为19—20世纪的俄国激进主义（радикализм）和虚无主义的一个源泉。

伏尔泰认为，宗教迷误和教会统治是人类理性的主要敌人，一切社会罪恶，都源于教会散布的蒙昧主义，它造成社会普遍的愚昧和宗教狂热。他把宗

[①] Баландин Р. К. Русские мыслители. М.，2006. С. 94－147.
[②] Прохоров А. М. Российский энциклопедический словарь. М.，2001. С. 285.

教产生的原因,归结为人们的无知和僧侣的欺骗,从人类理性和历史事实两个方面,对荒诞不经的教义和教权主义的罪恶,做了深刻揭露和批判。他指出,基督耶稣不过是个凡人,《圣经》不过是一些荒诞的神话故事,而一部教会史,就是充满迫害、抢劫和谋杀的罪恶史。①

  在此时的俄国,伏尔泰是一面旗帜,旗下积聚了鄙视、批判、抛弃"过去"的人,嘲笑传统的人,支持激烈变革的人。在这个笼统否定过去的土壤上,逐渐发展出对乌托邦的兴趣。伏尔泰的作品,怀疑、讽刺、批判社会制度,嘲笑迷信,崇拜理智、自然,不相信奇迹。对 18 世纪的俄国而言,伏尔泰是新的思想意识的主要代表。叶卡捷琳娜二世(1729—1796)也曾崇拜伏尔泰,她在写给格林(1785—1863)的信中,称伏尔泰为自己的"导师"。据统计,在 18 世纪到 19 世纪初期的俄国,伏尔泰的作品有 140 种译本。据同代人证明,"伏尔泰的作品大量输入,遍布所有书店"。外省也出版了他的作品。例如,坦波夫的地主拉赫曼尼诺夫出版了伏尔泰的全集。法国革命以后,叶卡捷琳娜二世认为,伏尔泰的思想对其统治不利,因此下令收缴伏尔泰的所有书籍。

  2 俄国的伏尔泰主义,发展出俄国的激进主义。冯维辛(Фонвизин, 1744/45—1792)证实,一些哲学小组的活动就是"亵渎神灵"。克柳切夫斯基(1841—1911)后来这样评论:"丢掉自己的上帝以后,平庸的俄国伏尔泰主义者,不像多余的人,走出上帝的教堂就罢手,而像造反的奴婢,竭力要在离开之前胡闹一番,打碎、撕裂、玷污一切。由此不难看出那种无所顾忌的虚无主义的最初萌芽。这一虚无主义浸润了俄国 19 世纪的日常生活。"克柳切夫斯基指出了俄国"伏尔泰主义"的特点:"人们喜爱新的思想,就像喜爱丑闻、诱惑小说的插图。哲学的欢笑,把我们的伏尔泰主义者,从上帝和人的律法下解放出来,解放了他的精神和肉体,使他除了警察之外,什么都不怕……"②克柳切夫斯基的意思是,伏尔泰主义者的灵魂失去了精神土壤,缺乏必需的故土环境,无从得到滋养。教会不久前还完全占据人的灵魂,此时和它失去了所有的联系。生活急剧"世俗化",快速脱离教会。世俗生活和教会之间产生鸿沟。一些人陷入了怀疑主义的圈套,一些人像以前一样热切希望"皈依"某种新的信仰,因而完全沉缅于西方生活。

---

① 李凤鸣,"伏尔泰",《中国大百科全书》,北京:中国大百科全书出版社,2001 年。
② Зеньковский Василий. История русской философии. М. , 2001. С. 85.

此时，法国对俄国的影响在语言上也得到了反映。法语词汇对俄语具有深刻的影响。① 俄语的 галлицизм（法语语风、语调和词语，从法语借用，或者根据法语构成的词语），提示我们，法语曾对俄语具有很大影响。另外一个词 галломания（法国迷、崇法狂），反映了当时迷恋法国的社会现象。мания 作为复合词的第二部分，表示（某种）癖（狂、迷）。在俄语中，类似"崇拜某国的狂热"的词语极为有限，从而也从语言方面印证了史实（另外一个词是 англомания，表示"崇拜英国的狂热"）。

3 俄国的伏尔泰主义开启了俄国的激进主义（радикализм）。词源词典说明，радикал，радикальный，радикально，радикализм 一组词，18 世纪末期才为俄国人所知，词源是法语的 radical。② 除了伏尔泰，俄国人喜爱的思想家，还有法国的卢梭、狄德罗、百科全书派的学者，后来的道德家。俄国的激进主义不向权威屈服，倾向于极端，敢于提出尖刻的问题，其种种特点，由此发轫。这种割裂历史的激进主义，使理智开始出现乌托邦的倾向，在 18 世纪的哲学寻求中非常典型，并对 19 世纪产生影响。

4 第一部俄译乌托邦小说是法国作家费讷隆（Фенелон，1651－1715）的《忒勒马科斯历险记》，③ 它合乎俄国公众的口味，④ 引发一系列的模仿。1789 年出现了托马斯·莫尔（1478—1535）的《一切可能的美好的统治图景或乌托邦》的俄译本。

卢梭（1712—1778）对乌托邦思维的发展起到很大的推动作用。他把文明和生命的"自然"秩序对立起来。事物的自然秩序这个概念，对乌托邦思维的发展非常重要。⑤ 卢梭所理解的自然，指不为社会和环境所歪曲、不受习俗和偏见支配的人性，即人与生俱来的自由、平等、纯朴、良知与善。卢梭所说的自然，是一种形而上学的批判尺度，它既有力地批驳了基督教的原罪说，又使现

---

① Розенталь Д. Э. и др. Современный русский язык. М.，2002. С. 66.
② Черных П. Я. Историко-этимологический словарь современного русского языка（в 2 томах）. М.，2001. С. 94.
③ 这部小说取材于荷马史诗《奥德修纪》，描写希腊英雄奥德修斯在攻破特洛伊城后归途中失踪的故事。其子忒勒马科斯为了寻找父亲，在孟铎尔（智慧神化身）引导下，漂洋过海，历尽艰险。小说谴责暴君穷兵黩武，好大喜功，为害人民。作品反映了 17 世纪末中小贵族和资产阶级对路易十四内外政策的极度不满情绪（郭麟阁，2001）。
④ Зеньковский Василий. Указ. соч. С. 84.
⑤ Зеньковский Василий. Указ. соч. С. 87.

存社会的弊端显得格外触目。①

这种"自然"与当时西方的现实生活尖锐对立,从而把一些俄国人从崇拜西方生活和思想中解放出来。俄罗斯人批判西方的最初的思想基础,也是这样形成的。对俄国人而言,乌托邦是另外一种"宗教",原来的宗教思想的衰微,由幻想进行补充。在18世纪的俄国,乌托邦幻想得到极大发展,与之并存的,还有对西方的狂热崇拜。

俄国乌托邦的根源是抽象激进主义,它无法抵御乌托邦式的天国思想。例如,诺维科夫(Н. И. Новиков, 1744 - 1818)在其主编的充满宗教哲学思想的杂志《晨光》上,刊载了孟德斯鸠(1689—1755)关于野蛮人的童话。这篇童话源自他的《波斯人信札》(1721)。叶卡捷琳娜时代的历史学家、政论家、彼得堡科学院的名誉院士谢尔巴托夫(Щербатов, 1733 - 1790),受费讷隆、摩莱里(Morelly,生卒年不详)和梅利叶(Jean Meslier, 1664 - 1729)的乌托邦思想的影响,写出了《奥菲尔斯卡娅旅行记》(《Путешествие в Офирскую землю》)(1784),描绘未来的理想俄国。在拉季谢夫(Радищев)的著作中,也能看到乌托邦式的童话。俄国的伏尔泰主义具有虚无主义②和激进主义两个发展方向。

二、 新的民族思想体系的建设

启蒙时期的俄国,除了伏尔泰主义的影响之外,还有一个建立新的民族的思想体系的过程。彼得一世开始统治之后,俄国出现了新的知识分子,他们遵循"世俗的利益和思想"。其核心不再是以前的"普世的宗教使命"(保证基督教的纯洁),而是"伟大的俄罗斯"的理想。与伏尔泰主义者不同的知识分子,受过良好教育,密切关注西方,特别是法国的发展。③ 此时,心智发展的另外一个倾向,就是依靠"人道、科学和教育",建立"世俗"的思想体系。我们来看看几个公认的代表人物的主要思想。

1 费奥凡·普罗科波维奇(Феофан Прокопович, 1681 - 1736),国务活动家、宗教活动家和作家。协助彼得一世建立严酷的专制制度,使教会服从国家

---

① 顾伟铭,"卢梭",《中国大百科全书》,北京:中国大百科全书出版社,2001年。
② Прохоров А. М. Российский энциклопедический словарь. М., 2001. С. 1048.
③ Зеньковский Василий. Указ. соч. С. 89.

政权。费奥凡介绍了欧洲启蒙运动,[①]有助于俄国的文化革新。[②]

1.1　他在巩固农奴制、压制反对派的前提下,支持建立开明的专制政体。他认为,需要把科学和哲学从宗教中解放出来。这本是西欧启蒙时期的一个基本思想,在俄国很晚才得到承认。此时,宗教思想不再像中世纪那样占有统治地位,科学、技术和教育的作用日益彰显。费奥凡的信仰,经历了从东正教到天主教,再由天主教复归东正教的过程,因此,他的思想多了一些批判性。对他而言,理智(разум)是精神生活中最为重要的东西,理智的巨大力量,使人和动物区分开来,并使人优于动物。

1.2　费奥凡认为,上帝在世界出现之前就已存在,它是最完美的理智,永恒的真理,存在的第一性原因,或者说,上帝是自然的秩序,与自然不可分割,等等。他认为,拒绝承认上帝是不理智的。人的信仰无法和知识共存,具有知识的地方,就失去了信仰。缺乏"知识之光",会导致"许多可笑的迷信"。天文学知识和圣经文本矛盾的地方,需要用寓喻加以解释。费奥凡认为,为了证明某个观点,不能只靠《圣经》,需要借助自然规律和认识规律。他支持生存世界多样化的观点,否认中世纪的天地两极对立的思想,否认"仙境"的存在。他说,谁反对生存世界的多样性,谁就怀疑上帝的万能之力。[③]

1.3　费奥凡的基本观点反映了启蒙时期的思想。例如教会服从国家政权,需要把科学和哲学从宗教中解放出来。可以这样概括他的生活和创作道路:健康的批判精神,追求现实主义哲学、唯理论的世界观,反对建立在抽象论断基础上的神学,认为《圣经》是神学论断的唯一正确的权威。

1.4　有一种观点认为,费奥凡是"俄语"的第一位改造者,俄罗斯标准语自他而始。他第一个脱离了古斯拉夫语的最初形态,开始采用朴实的俄语,并把它看作标准语的源泉之一。[④]

2　塔季谢夫(В. Н. Татищев,1686 - 1750),国务活动家、历史学家和自然科学家。塔季谢夫的思想基础是 18 世纪流行的"天赋人权"(自然权利)。

[①] Прохоров А. М. Указ. соч. С. 1260.
[②] Баландин Р. К. Русские мыслители. М. ,2006. С. 95 - 107.
[③] Там же.
[④] Горшков А. И. Теория и история русского литературного языка. М. ,1984. С. 170.

这一学说承认个性的绝对自主,教会和国家都无法削弱它的自主性。①

2.1 塔季谢夫在其著作中为世俗生活辩护,坚信"人希望平安的愿望是无条件的,来自上帝"。在俄国,塔季谢夫较早发展了"理智的个人主义"基础上的功利主义,他勾画了世俗生活的理论,把它从教会的统治下解放出来,把上帝和教会对立起来,这是"自然宗教"的支持者的常见观点。这种观点对18世纪来说非常典型。塔季谢夫认为,如果教会禁止上帝赋予人的那些东西,那么,这就是滥用权力。他由此得出一个符合当时思潮的结论:教会应当臣服国家。教会法规可能与上帝的法规不符,此时,国家权力应当限制教规。他还认为,"罪孽"意味着做出对人"有害"的行为,为了避免有害行为,应当认识自身,用理智控制激情,"上帝对所有违背天性的犯罪做出惩罚,它是有罪必罚"。这些思想形成了塔季谢夫的道德理论,它完全建立在独立的"世俗"生活的基础上。来自上帝的"自然"法规,对立于教规,清晰表现出"新的意识"。在17世纪,俄国读者通过当时的翻译小说,了解到"世俗"独立于教会的思想。18世纪的杂志一直重复:"天赋生命的目的是使人快乐",在塔季谢夫的道德哲学中,这一思想得到了相对完结的表达。其未竟著作《俄国历史》体现的历史观,有悖于教会传统。他认为,历史不是上帝预定的,而是人的行为、社会与自然相互作用的结果,是一种合理现象。

2.2 他讨论了个性的形成过程,具有一定参考价值。他认为,父母的品格、小孩的饮食、所受教育、外在经历,等等,都会影响人的性格。人与动物不同,婴幼时期比较长,需要爱护关心。这些感觉需要从小培养,如同互助的感觉,它们确定了人的生命。在幼年时期,人的理智善于接受事物,易于掌握多种语言。婴幼儿的缺点是固执易怒、变幻无常,但他追求新颖、求知欲强烈,却又惹是生非。12岁以前为儿童时代,12—25岁为少年时代。在这个阶段,人被物欲所控制,追求奢华、耽于游玩、颇多争论。他自我满足、易怒易变、漫不经心、腼腆害羞。其意志摆脱了理智的束缚,成为激情的奴隶。25—50岁为成年期,人变得干练审慎,具有知识和能力,达到自觉状态。最后,在老年时期,他最看重的是平静安逸和精神的价值。

2.3 塔季谢夫认为,知识和健全的理智高于信仰。他教导儿子说:"为

---

① Зеньковский Василий. Указ. соч. С. 89;Прохоров А. М. Указ. соч. С. 505;Баландин Р. К. Указ. соч. С. 108 – 115.

第三章 俄国启蒙时期——以17—18世纪的经典文本为例

了使你受益,我写出真情,解释清楚,但并不强迫你把它作为一成不变的真理予以接受并加以坚持。"他认为,认识上帝和研究自然、可见的世界是联系在一起的:"人实际上具有认识上帝的能力,如果他清楚、仔细地加以思考,这个世界就像一本最好的书……"

他认为,信仰也需要哲学。那些反对哲学的人,或者无知,或者是某些恶毒的教职人员,试图确立自己的"敌对上帝的权力",以便获取财富。他们的目的是"使人愚昧无知,无法讨论真理问题,奴颜婢膝地盲从"。

2.4 对塔季谢夫而言,自由(воля,свобода)是人的财富,如果失去自由,人就无法控制自己了。如果不能合理利用自己的自由,则这种"非理智的专横是有害的"。具有理智的人会限制自己的自由(воля)。不自由(неволя)的情况有三种:自然的、自己的和被迫的。第一种情况如人在婴幼时期、少年时期对父母的依赖和顺从。第二种情况是一种被迫的自我约束。这是一种外在力量的限制,取决于契约。例如,为了防御外敌,需要志同道合者联合起来,此时,个人的自由取决于共同的决定,共同利益高于个人利益。第三种是被迫失去的自由,例如奴役。奴役与具有理智的人的本性相对立。自由(вольность)被看作个人的自然权利,不管他的社会地位如何,这符合资产阶级的政治原则。

2.5 塔季谢夫支持专制制度。他把社会比作人,政府就像灵魂,而臣民如同身体。最高统治者的责任是,像慈父一样爱护臣民,像尽职的主人那样管理国家。统治的方式有三种:君主制、贵族制、民主制。塔季谢夫认为,这些方式没有高下之分。统治方式取决于国家大小、地理位置和民众状态。民众数量不多的国家,且没有外在危险,最好采用民主制,"受到邻国威胁的大国,若无独裁国君,则无法保持完整"。这一思想受到古希腊罗马传统的影响,但塔季谢夫还认为,地理位置也是影响因素。从俄国历史而言,这些论断是符合实际的。

3 罗蒙诺索夫(M. B. Ломоносов,1711 - 1765),学者、诗人和启蒙思想家。他的人文主义思想可以归纳如下。[①]

3.1 罗蒙诺索夫明确区分了科学的认识原则和宗教的认识原则。他认为,自然具有严格的客观规律。实验要比来自想象的各种意见更为重要。认

[①] Баландин Р. К. Указ. соч. С. 116 - 125.

识自然要依靠实验和可靠证据,宗教信仰则建立在《圣经》的基础上,主要对象是人的心灵,提出道德方面的教导,以上帝的名义进行证明或确认,但他避免讨论神学问题。作为诗人,罗蒙诺索夫感到自然是完整、和谐与伟大的。其自然科学的哲学是,情感、思维和词语应该是统一的。

3.2 他还准确区分了理论知识和实践知识。通过学习所获得的知识,被区分为科学和技术。科学给出有关事物的准确概念,揭示行为及其性质的原因,运用技能则是为了增加人类的益处。他说:"科学用以满足人们与生俱来的根深蒂固的好奇心,技能则通过寻求利润使人快乐,科学为技能指明道路,技能加速科学的发展。两者皆为共同的'利益'服务。"

3.3 罗蒙诺索夫的思维素养的特点是:依靠实验知识、逻辑和健全的理智;对事物保持持久的好奇心;完整、统一地感知自然,崇敬自然。他避免不顾事实而自作聪明,他的结论"用以确认具有根据的学说,推翻或多或少来自空想和偏见的猜想"。

3.4 在语言方面,罗蒙诺索夫对教会斯拉夫语的文化历史作用做出了客观评价,提出了三种语体的理论,著有《俄国文法》。他说:"没有语法,清唱剧就会显得钝笨呆板,诗歌就会显得含混迟滞,哲学就会显得毫无根据,法学就会令人怀疑。"自觉研究俄语语法和词汇,也是俄国当时的自我意识、科学文化以及语言本身的发展所要求的。① 罗蒙诺索夫明确写道,他在语法、雄辩术、诗歌、物理、化学、机械等方面的创作,使得俄语语体比以前更加纯洁,能够更好地表达复杂的思想,更好地启蒙民众。②

4 诺维科夫(Н. И. Новиков, 1744 – 1818),启蒙思想家、出版家。他的主要思想可以这样归纳:③

4.1 诺维科夫反对不平等的现象。他认为,合格的公民聪敏高尚,乐于助人。天赋的善,就是为国家服务。财富是用来帮助贫者的,人生来就是要成为对他者有益的人。要培养合格的公民,需要进行道德教育。"道德教育是第一位的,最为重要,对所有的人最为有益。要尽早、更好地教育青年。教堂的牧师,更应该在这方面多加修养。道德教育在基督教的信仰中占据重要位

---

① Ефимов А. И. История русского литературного языка. М., 1961. С. 107 – 122.
② Горшков А. И. Теория и история русского литературного языка. М., 1984. С. 190 – 191.
③ Баландин Р. К. Указ. соч. С. 135 – 139.

置。""这不是空洞的经院科学,而是行动的祈使,对良心的净化,在生活中遵循基督的训诫。"

诺维科夫把教育体系分为三个部分:体育、德育(自然感觉和意志方面的教育)和智育。他坚持普及智力和心灵方面的教育,认为俄国文化和俄国的发展道路具有自己的独特性,号召受教育者在基督教的基础上自我完善道德修养。以上三个方面的教育是统一和谐的。如果缺乏道德理想教育,就会培养出不合格的、有缺陷的人。人应当为国家利益服务,成为有用的人。

4.2 俄国人文主义此时提出的社会问题是确立真正的人性(塔季谢夫此前论述过个性的形成。参见 2.2)。诺维科夫所描绘的理想人物是:"理智的、高尚的先生;尽可能为大众行善。他的理智是为国家服务的,财富是用来帮助穷人的,他生而为人,就是要成为对大家有益的人。"诺维科夫认为人都是平等的,他没有借助天赋人权的思想来说明,而是把平等的思想和基督教联系起来。

18 世纪的俄国人文主义,越来越多地提出道德的基本意义,甚至宣扬道德对于理智的优先地位。此时的教育理想接近乌托邦式的"培育新人",第一层次是"最雅致的心灵的发展",而不是理智,应该是"智力向善发展"。冯维辛在《纨绔子弟》中说:"智力,如果它只是智力,最是微不足道;好的品行才会给智力一个直接的评价。"这是非常典型的"道德说教",是俄国意识此时表现的新的特点。这既是西方影响的结果(包括卢梭,还有英国道德论者的影响),也具有俄国人自己的道德倾向(这在 19 世纪显得更为普遍,例如列夫·托尔斯泰的泛道德论)。[1]

5 拉季谢夫(А. Н. Радищев,1749-1802),诗人、哲学家。他的人文主义思想在《从彼得堡到莫斯科旅行记》中体现得尤为突出。在此,我们主要谈论他的哲学文本体现的思想。[2]

5.1 拉季谢夫认为,在自然界,存在两种可能的物质:物质与精神。人只能认清这些物质的一些性质,精神物质的特征是具有思维、感觉和生命。它们以物质的性质表现出来。尽管物质和精神并不相同,它们实质上构成一个整体。在《论人、死亡及永恒》中,拉季谢夫论述"永恒"(不死)的观点,试图证

---

[1] Зеньковский Василий. История русской философии. М.,2001. С. 93.
[2] Баландин Р. К. Русские мыслители. М.,2006. С. 140-147.

明,物质基础在一定程度上也属于精神进程,这一程度取决于精神生活对于肉体的依赖程度。由此得出结论,肉体的消亡带来精神生活的消亡。但他又说:"不能怀疑灵魂(душа)不是独立自在的不同于肉体的实质……它实际上就是这样的:它是感觉和思维的媒介,简易而且不可进一步分割。"如果没有这种统一,"人此刻将无法知晓,瞬间之前的他是否是他。现在的他不再是昨天的他了"。他就无法回忆、比较和判断。

拉季谢夫认为,对于客体的感觉经验和非感觉的思维之间具有差别。他的结论是,"灵魂"不可进一步分割。"灵魂"是永恒的。他这样证明:生活的目的就是追求完满、幸福。上帝创造人类的目的,不是让人们觉得这个目标是空洞的幻想,而是理智的,因为 1)肉体死亡之后,人获得另外一个更为完善的与他的发展程度相适应的肉体;2)人不断地进行自我完善。在解释"转世"时,拉季谢夫引用莱布尼茨的观点。莱布尼茨把这种转变比作从令人厌恶的毛虫变成蛹,再由蛹变成蝴蝶的过程。[1]

他认为,人是由"物质力量"构成的。这些物质力量此前处于人体之外。人将死之时,这些物质力量并不消失,而是转变为其他形式,返回初始状态。此后,灵魂有可能和其他基本元素结合,根据性质,或者我们尚不清楚的某种相关性,构成某种新的东西。"因为人需要基本元素进行构造,他需要运动,他体内的所有物质力量都是共同运动的,人死之后,肉体被破坏,不再共同作用的基本元素,转变为尚未构成人的那种初始状态,其性质则保持不变;在人体内起作用的力量,脱离肉体以后,恢复到初始状态,将在其他结合中继续发挥作用;……是否可以说,灵魂和其他性质,或我们尚不清楚的相似的元素结合,产生新的东西。"他反对神秘主义,没有参与共济会[2]的活动。

5.2 从语言的角度看,拉季谢夫的创作,形成了一种"革命的政论语体"。他大量使用古斯拉夫语的言语手段,但改变并发展了这些词语的涵义体系和思想倾向,他还从民间诗歌和口语中汲取养料,综合运用这些成分,用"人民的、社会的、俄国的语言"促进俄国的启蒙。[3]

---

[1] Радищев А. Н. Избранные философские сочинения. М.,1949. С. 359 - 393.
[2] Прохоров А. М. Указ. соч. С. 907.
[3] Ефимов А. И. История русского литературного языка. М.,1961. С. 133.

三、神秘主义

1 接近18世纪末期的时候,神秘主义①的传统又开始走到前台,例如斯科沃罗达的学说。斯科沃罗达(Г. С. Сковорода,1722 - 1794),诗人、启蒙思想家。他反对资产阶级私有制,认为资产阶级社会道德堕落、自私贪婪、精神空虚。他对社会不公、亵渎上帝、唯利是图感到痛心。他认为,肉体的死亡无法回避,任何尚有理智的人都应当承认,死亡是摆脱危险和灾难的唯一办法。但只有良心纯洁者,才能做到对死亡的威逼嗤之以鼻。

2 人的实质、命运、生活的涵义是他思考的中心问题。他分析的一个中心概念是心(сердце),分析的基础是《圣经》。心是人最重要的东西,人心如何,他就是什么样的人。心是人体的中心。斯科沃罗达谈论"精神的心",此心是"包容一切的深渊",没有什么东西可以包容"心"。冷酷的空谈有害无益,因为"自作聪明、毫无生气的心灵,妨碍以基督的精神进行哲学思考"。他特别强调健全的理智和基督的智慧慈爱。"如果没有灵魂,心灵算作什么?如果没有无穷的思绪,灵魂算作什么?如果没有我们的血肉之躯,思绪又算作什么?"再如,"看不到美的心,就不会去爱"。其伦理学的基础是,我们心中爱的,只是与我们"类似"的东西。

斯科沃罗达认为,"心"是"隐藏于人"的"上帝的火花"(искра Божия)。人体还"隐藏上帝的精神","神性的力量",即道成肉身的圣子——逻格斯。② 逻格斯独特而又普遍,是"真正的人",是人的独特性的根本保证,逻格斯和上帝无法分割。

再如,"我们的体内生长着生命之树"。"生命之树"指耶稣,通过道成肉身,把人性和上帝联系起来。道成肉身之后,"真正的人""在所有的人之间都是统一的、唯一的,在每个人之中都是完整的"。虽然上帝存在于所有的人之中,他无法再进行分割,他在每个人之中都是"完整"的,同时他又存在于大家当中。这是个体和普遍的关系问题。斯科沃罗达接近这个问题,但没有解决这个问题。

斯科沃罗达的认识原则,建立在古希腊罗马的箴言——"认识自己"——

---

① Прохоров А. М. Указ. соч. С. 959.
② Прохоров А. М. Российский энциклопедический словарь. М.,2001. С. 848.

之上。他写道："人体之内，隐藏所有科学的萌芽，那是科学的神秘源泉。""首先要在自身寻找上帝的真理的火花。""很好了解自己之后，一眼就能认识上帝。"①

3 他还涉及幸福的问题。"要成为幸福的人，需要了解自己，适得其所。"真正的幸福"存在于世界的内部，而世界和上帝是一致的"。需要理智、意志、纯洁，并认识真理，才能得到幸福。不幸之源是缺乏良心。良心纯洁，真诚地追求真理，这样就可以捕捉隐藏于心中的上帝启示的火花。耶稣说，天国就在我们内心。斯科沃罗达说，不要在自身之外去寻找这一宝物，遁世与平静，就在于我们的内心。需要抑制无穷的欲望，否则，虽然可以征服整个宇宙，却得不到幸福。"至于我，让人们去关心金钱、荣誉、盛宴与低级享受，让他们博取人们的好感、达官的垂青，还有荣誉，让他们获得这些东西吧，如果他们认为，这些东西很重要。我不羡慕他们，我拥有的是精神财富……"②

结　语

俄国启蒙时期的语言心智特点是：

宗教的影响减弱，人们更多关注世俗生活，关心人性问题。依靠"人道、科学和教育"，逐步建立"世俗"的思想体系。俄国的人文主义，越来越多地提出道德的基本意义，甚至宣扬道德对于理智的优先地位。

俄国伏尔泰主义具有两方面的影响：一方面发展出乌托邦思潮，使得一些俄国人逐渐摆脱了对西方的崇拜。俄罗斯人批判西方的最初的思想基础也是这样形成的。一些人则极度崇拜西方。另一方面发展出19世纪的虚无主义。

18世纪末期，神秘主义的传统又开始恢复。18世纪末19世纪初，人们开始具有这样的观点：（文艺）语词是真正的宣传鼓动的武器，能够很好地为思想政治斗争的目的服务。③ 这个观点对当今而言，特别是对具备语用学知识的人而言是很清楚的，但在当时的俄国，这无疑是个值得重视的观点，它与时代的启蒙、改革精神是吻合的。

---

① Зеньковский Василий. Указ. соч. 71－75.
② Баландин Р. К. Русские мыслители. М.，2006. С. 126－134.
③ Горшков А. И. Теория и история русского литературного языка. М.，1984. С. 230.

第三部分

十九世纪

19世纪的一些具有代表性的作家、思想家的论述,也涉及我们所说的语言心智问题。恰达耶夫用文化的成就来衡量基督教的力量,这是理解他激烈批判俄国的关键。恰达耶夫和他所处的时代合拍,这就是俄国激进主义的精神定势。奥多耶夫斯基强调"认识的整体性",他对西方的批判,还有"联结一切的综合",为19世纪40年代的斯拉夫派开辟了道路。奥多耶夫斯基的《俄罗斯之夜》,有意识地选择对话和文中文这样的手段,来表达他的基本思想,表达手段的功能与他的思想相吻合。霍米亚科夫提出"聚和性"学说,把东正教理想化。西方信仰是他极力要否定的一面。霍米亚科夫期待,东正教通过俄国,可以导致所有文化体系的改革。霍米亚科夫最早把西方基督教和整个唯理论体系等同起来。基列耶夫斯基的思想是一把理解独特的俄罗斯心智的钥匙。别林斯基提出的"实用哲学",是他有关俄罗斯特点思考的总结。他提示了从关键词语出发理解文化的研究方法,例如他对"忧郁"和"酗酒"的分析,等等。这对后来的语言文化学方面的研究,具有深远影响。赫尔岑思想和性格具有多重性,使用的马赛克文体与其思想和性格特征协调一致。从陀思妥耶夫斯基的多值逻辑,到他关于语言表达的重要论述;从巴赫金对陀思妥耶夫斯基表达手段的研究,再到加斯帕罗夫对巴赫金的研究,我们从中可以看到,其中的逻辑、主要思想、表达手段是一致的,我们又一次看到内容与形式之间的和谐关系。陀思妥耶夫斯基反对"理性"的二值逻辑的取向,展示二律背反的存在逻辑,指出语言、思维与文化密切联系的思想,对话词语、复调小说等表达手段,还有加斯帕罗夫反对结构主义,支持语用、认知方向的存在语言学理论的出现,其中的逻辑和联系,既是自然的,也是合理的。托尔斯泰的《四部福音书合编与翻译》反映出,托尔斯泰并无后结构主义的意识,却使用了我们现在所说的"解构"、"主题分析"的策略,可以把托尔斯泰看作俄罗斯"解构"的先驱。

第四章　恰达耶夫的极端性

第一节　恰达耶夫思想概观

中国读者对恰达耶夫的了解多和普希金、赫尔岑的名字联系在一起,他在我国是以《哲学信笺》批判俄国的革命者、爱国者的身份出现的。但在俄罗斯,人们对恰达耶夫的认识并不完全一致。赫尔岑把他视为革命者,也有人认为,他由东正教转而信仰天主教。有人认为,他是19世纪30—40年代的俄国自由主义的鲜明代表。有人认为,他是神秘论的代表。恰达耶夫私人信件的编辑和注释者之一萨波夫(В. В. Сапов)称之为"俄国的第一位民族哲学家"。[①]在国内,我们以前被恰达耶夫的批判激情所吸引,反而对他的内在思想体系知之甚少,更不用说理解前者与后者之间的内在联系了。对恰达耶夫的认识应建立在他的整个思想体系的基础上。

俄国著名侨民哲学家、神学家、教会活动家和社会活动家津科夫斯基(В. В. Зеньковский,1881－1962)在其巨著《俄国哲学史》(巴黎,1948—1950)中,对恰达耶夫的哲学思想体系作了比较全面的归纳,条理非常清晰,是我们深入了解恰达耶夫思想不可多得的珍贵资料。津科夫斯基批评了弗洛罗夫斯基(Флоровский Георгий,1893－1979)有关恰达耶夫的一些观点(弗洛罗夫斯基,《俄罗斯神学之路》,巴黎,1983)。另一位重要的侨民哲学家洛斯基(Н. О. Лосский,1870－1965)在其同名著作《俄国哲学史》(莫斯科,1991)中对恰

[①] Чаадаев П. Я. Полное собрание сочинений и избранные письма. Том 2, М., 1991. В интернете: www.lib.ru.

达耶夫思想的归纳就显得碎屑和模糊。

我们重读恰达耶夫的著作，主要不是质疑他的某个身份，而是因为正是从18世纪末的恰达耶夫开始，俄罗斯哲学认识到自己的历史哲学的定势，提出了它需要思考的中心问题：俄罗斯与西方的问题。这是作为宗教的形而上学问题提出的。① 可以说，人们对这个问题至今仍然具有浓厚的兴趣。这是我们重读恰达耶夫著作的现实意义之一。

国内目前对俄罗斯文化的研究热情持续不断，对国人以前了解不多的俄罗斯宗教哲学的介绍和研究逐渐增多。无论是俄罗斯文化研究，还是俄罗斯宗教哲学研究，对俄罗斯思想史上的这个给后世留下深刻印记的人物，不能不重新审视。这是我们重读恰达耶夫著作的现实意义之二。

在国内的俄语专业教学中，教师和学生都喜欢谈论俄罗斯的民族性格、俄罗斯的特点等等话题，他们需要有关这一方面的系统化的知识。在我国和这个近邻的不断交往中，我们试图深刻了解对方，这个想法始终存在。恰达耶夫的思想，具有后人总结的"俄罗斯思想"的特征。这是我们重读恰达耶夫著作的现实意义之三。

恰达耶夫（П. Я. Чаадаев，1794－1856）著有《哲学信笺》（共8封）、《疯子的辩护》等。曾就读莫斯科大学，参加了俄国与拿破仑的战争。1816年与普希金相识，并与之成为终生挚友。1821年辞去军职，直至1823年，经历了第一次精神危机。在这段时间，他沉湎于神秘主义作品。后因身体原因被迫出国疗养，直到1826年（这使他免于灭顶之灾，因为他和著名的十二月党人过从甚密）。恰达耶夫回国以后被捕，但很快被释放，并可以返回莫斯科。此时，他经历了第二次精神危机。数年期间，他完全与世隔绝，沉思冥想。他的哲学和宗教观点，就是在这几年独处的时间内形成的，反映在1829年以后写成的《哲学信笺》中。这些信笺一直以手抄的形式流传，直到1836年其中一封被刊载，从而带来像炸弹爆炸、静夜枪响的震撼。沙皇政府宣布他是疯子，医生每天对他进行检查。他被羁押在家，每日只有一次散步的机会。半年之后，解除了各种限制，条件是他不再书写任何东西。直到去世，他一直住在莫斯科。其间积极参与了莫斯科的所有意识形态方面的集会，和斯拉夫派的代表人物以及赫尔岑都有交往。在他的世界观中，特别是他对俄国的看法，逐渐产生了一些新

---

① Грицанов А. А. История философии. Энциклопедия. Минск，2002. С. 912－917.

的特点,但基本的思想并没有改变。

一、 恰达耶夫思想体系的复建

学界一致的看法是,恰达耶夫的思想促进了西方派和斯拉夫派的创作。他对俄国的批评痛心疾首,例如,在第一封信中有这样的论述:"我们(俄国人)好像不能与时俱进,人类的普遍启蒙运动并未触及我们。""我们没有为人类思想提供任何东西,没有为人类理智的进步做出任何贡献。""……可以这样说,人类的普遍规律对我们并不适用……"

恰达耶夫能够提出尖锐的问题,激起争论和新的思考。他是带着爱国激情来批判俄国历史的:"我尚未学会蒙上眼睛、低着头、闭着嘴巴来热爱祖国。"(《疯子的辩护》)热爱祖国是美好的,但还有更为美好的事业,这就是热爱真理。对祖国的热爱产生了英雄,对真理的热爱产生人类的智者和善人。对祖国的热爱把人们分割开来,各怀民族仇恨,有时会给大地穿上丧衣;对真理的热爱散布知识之光,创造精神享受,使人接近神(《疯子的辩护》)。人与动物的区别在于是否追求崇高。[①]

仅从以上内容就可以看出,恰达耶夫对俄国的批判是非常激烈的,有时甚至到了全盘否定的程度。其中不乏深刻见解,却也存在极端的成分。这种观点的基础是什么? 仅从革命的角度解释显得简单,主要原因还得从恰达耶夫本人的思想体系中去寻找。恰达耶夫本人没有为自己构建一个严格意义上的思想体系。要理解恰达耶夫,需要我们根据他的所有著作,复建他的"思想体系"。

二、 恰达耶夫的思想特点概述

恰达耶夫的思想受到19世纪初期自由主义、极端主义倾向的影响。德国哲学、天主教都对他的思想具有影响。上述观点是他的基督教哲学的逻辑推论。需要分析恰达耶夫的主要著作,了解他的整体学说,以他的宗教倾向为中心,才能正确理解他的以上观点。以下我们通过分析恰达耶夫的作品,结合津科夫斯基的研究,[②]概述恰达耶夫的思想特点。

---

① Баландин Р. К. Русские мыслители. М. , 2006. С. 153 – 158.
② Зеньковский Василий. История русской философии. М. , 2001. С. 155 – 171.

2.1 恰达耶夫的思想基础

恰达耶夫的基本思想来自《圣经》,中心是"上帝之国",它的历史体现是教会。但恰达耶夫宣扬的不是俄国的东正教,而是西方的天主教。西方与天主教相关的成就成为他理想化的对象。他反复强调基督教的历史作用。"基督教的历史的一面,是信仰的非常重要的部分,其中在一定程度上包含了基督教的所有哲学,因为正是在此表现出,它已经为人们做了什么,将为人们做些什么。在这个涵义上,基督教不只是道德体系……,还是永恒的宗教力量,它在精神世界中起到普遍的作用……"(第一封信)。在基督教世界中,一切都应有助于在世间确立完善的社会构造——上帝之国。基督教的有效力量,就在于"它(在教会中)的神秘统一"。"教会的历史使命,就是要把基督教的文明赋予世界。"(1841年12月致C. C. 梅谢尔斯卡娅)以下我们分别说明他的认识论、关于人的学说、宇宙论、历史哲学和使命论。

2.2 恰达耶夫的认识论

2.2.1 理性的"普遍性"

恰达耶夫在第五封信中写道:"在自然界中,所有的事物都和它前面出现的一切,它之后出现的一切相联系,与此类似,任何个人,人们的任何思想,和此前此后出现的所有的人、所有的人类思想相联系;就像自然是统一的,……人们的所有的前后交替,就是永恒存在的一个人,我们当中的每一个人,都是世代以来的意识工作的参与者。""……如果我理解的被触及的物质是一个整体,那么,我应当同样理解,意识的所有整体是统一的、唯一的意识。"

恰达耶夫认为,人具有自然性和社会性两方面。人的社会性更重要、更深刻。除了承认社会交往本身包含精神因素,人类理性的来源无法得到其他解释。集体性本身并不能在新的人类之中创造出理性,理性之光通过社会环境得以保存和传递。"上帝在创造人的那天和人交谈,此人听着并理解了。这就是理性的真正来源。"(第五封信)罪恶把人和上帝隔离,但有关上帝谈话的回忆并未消失。"上帝对人说的话,被代代相传,带人进入意识世界,使他成为可以思考的人。"(第五封信)因此,人不是生来就具有理性的:个人的理性取决于"普遍的"、社会的理性。"如果不同意人的思维是人类的思维,那么就无法理解,这种思维是什么。如同被创造出来的宇宙的所有其他部分一样,在意识世界中,没有任何东西能够被作为完全独立的,自主存在的东西来理解。"(第五封信)也就是说,理性来自上帝,理性之光通过社会环境得以保存和传递,个人的理性取决于"普遍的"、社会的理性。

2.2.2 "主观"理性对于上帝的普遍理性的从属关系

以上著名论断成为特鲁别茨科伊（кн. С. Трубецкой，1862－1905）后来的"人的思维的统一性特点"的先声。任何把意识独立出来的做法都是错误的,有关理性独立的学说也是不对的。从一方面而言,个人的经验意识(恰达耶夫称之为"主观"理性),在自我陶醉之时,可以认为自己是"独立的",但这种充满"个人因素"的"有害的我","只是把自己从周围的一切中分离出来,使所有事物变得模糊起来"。从另一方面而言,一个人通过与人们交往而获得的东西,实际来自处于人们之上的上帝。"所有的智力力量,所有的认识手段,建立在人对这种最高之光的服从上,因为在人的精神中,除了这个上帝赋予的真理,别无其他真理。"[①]

2.2.3 个人积极性的作用

"我们所有的积极性,只是体内一种迫使我们进入普遍秩序、服从秩序的一种力量的表现。"(第三封信)人们任意把上帝赋予自己的那部分宇宙理性替换成"人为的(独立的)"理性。基本的现实却不是个人的理性,也不是简单的集体,而是"世界意识",是人们不断参与的某种"思想的海洋"。如果一个人能够"使自己对于最高之光的服从达到完全控制自己(独立)的自由的程度,那么,人现在与自然本性脱离的情况就不会出现了,他会和自然融为一体"。"人的世界意志的感觉就会苏醒,深刻意识到自己对宇宙现实的参与性质。"(第三封信)人从属于社会环境和上帝,人的理性得以苏醒,他的道德意识的根源也在于此。

2.2.4 个人智慧在普遍性中的作用

"公众的意见根本不同于绝对的理性……民众本能对个人本能而言,更富有激情,更狭隘自私……真理并不产生于乌合之众……人类意识的宏大与光彩,总是在个人的智慧中表现出来,它是人类意识氛围的中心和太阳。"(《疯子的辩护》)

如果说,2.2.1谈及理性的"普遍性",2.2.2谈及"主观"理性对于上帝的普遍理性的从属关系,2.2.3谈及个人积极性在以上从属关系中的作用,那么,2.2.4则说明了个人智慧这种"特殊性"在普遍性中的作用。恰达耶夫的

[①] Зеньковский Василий. Указ. соч. С. 162.

认识论包括对种属关系的独特认识，它被看作俄罗斯心智的一个特点："提喻"的认识方式。①

2.3 恰达耶夫关于人的学说

对恰达耶夫来说，自由是一种需要限制的"可怕"力量，这和《圣经》的"原罪"是一致的。个人主义的思想体系，究其实质而言是错误的。"人的任务，就是消灭个人的存在，用完全社会的、无个性的存在来代替个人的存在。"这就是有意识地否定个人主义的文化。"人是否可以在某个时刻，除了现今在自身发现的个人主义的独立意识，掌握普遍的意识？因为这个（普遍）意识，他可能总是感到自己是伟大精神整体的一部分。""非常明显，崇高意识的胚胎，就存在于我们自身之中，它就是我们本性的实质。"②如此看来，人的损伤（原罪的结果），表现在他错误地把自己与"世界的实质"（作为整体的世界）分隔开来，导致"脱离自然（本性）"，产生所谓的个人存在的独立性的幻想，构造出完全错误的个人主义的思想体系。人只有克服独立幻想以后，他与世界整体性的内在联系才得以恢复。个性摆脱独立性，就能在"最高意识"中找到自身。这就是恰达耶夫有关人的学说。

"在所有实质的综合中，存在绝对的统一，这就是我们一直试图证明的东西。但这个统一是客观的，完全处于我们可以感觉到的现实之外，它的特殊光芒照耀在伟大的万物之上……""人们的世代交替的就是一个人，我们之中的每一个人，都是世代持续的意识（工作）的参与者。"（第五封信）这个"崇高的意识"（或称为世界意识）是"思想的整体"，是"宇宙的精神实质"。通过绝对统一的观点，通过对种属关系的独特认识（人类"就是一个人"，我们之中的每一个人，都是"意识的参与者"，等等），恰达耶夫的学说很自然地阐述了他的宇宙论。

2.4 恰达耶夫的宇宙论

恰达耶夫关于人的学说此刻就转变为宇宙论了。具有"精神实质"（或称世界意识、全人类意识）的"宇宙"，被超世界的因素——上帝——所推动。上帝处于万物之上，创造的灵感来自上帝；万物的中心是全人类的世界意识，它接受来自上帝的灵感；再下一个层次是人，因为最初的罪恶（原罪），失去了与

---

① В. В. 科列索夫（杨明天译）. 《语言与心智》, 上海：上海三联书店, 2006年, 第27页.
② Зеньковский Василий. История русской философии. М., 2001. С. 164.

整体联系的意识,脱离了自然本性;最后一个层次是人类出现之前的自然。

2.5 恰达耶夫的历史哲学

恰达耶夫经常强调:基督教只在历史的存在(而不是个人存在)中体现出来,在历史之外,无法理解基督教。还有,在基督教之外是无法理解历史存在的。历史就其实质而言是真正统一的,这就是宗教的统一。对恰达耶夫而言,世界历史的主体是人类,每个民族都具有"道德个性"。推动历史前进的是上帝的意志,"人们被意识之外的神秘动机所控制"。① 历史存在的具体内容,就是在地上建立"上帝之国",因此,不能通过"来世"理解基督教。

历史的宗教统一,意味着教会的统一:既然上帝的力量通过教会进入历史存在,那么,教会本身的统一,也就得以确立。恰达耶夫在此无疑承认的是西方的基督教,在其历史存在中,"天意"以最强的力量得以体现。恰达耶夫热情、激动地描述了西方基督教的"奇迹":"尽管欧洲社会存在不完善的地方,存在罪恶……那里的上帝之国在一定程度上确实已经实现……"(第一封信)他高度评价西方的基督教,尖刻地批判新教,这是他的历史哲学观点所决定的。

天主教在西方历史进程中的作用,使得恰达耶夫富有激情,他赞成教皇统治,因为教皇在历史上"集中了"基督教的思想,是"统一的可见符号,同时也是团结的象征"(第六封信),"精神的纪念碑"(1833年4月20日致 А. И. 屠格涅夫)。他用文化的成就来衡量基督教的力量。这是理解他激烈批判俄国的关键。他批判俄国,因为他认为,俄国人民本可以走其他道路。恰达耶夫和他所处的时代合拍,这就是俄国激进主义的精神定势。

2.6 恰达耶夫的使命论

2.6.1 批判俄国的历史,肯定俄国的未来,勾画俄国的天命

在恰达耶夫的"天命论"中,俄国的落后不应被指责,其落后隐藏某种最高的涵义。恰达耶夫从对俄国历史的极端批判,走向肯定俄国的未来。"我们落后于他人,为的是做得比他们更好,为的是不陷入他们的错误、迷茫和迷信。"(《疯子的辩护》)他在1829年的第一封《哲学信笺》中写道:"我们属于这样一种民族,其存在就是为了给世界提供某种重要的借鉴。"这一点后来发展为有关俄国的一系列新的思想。他在1835年5月1日写给 А. И. 屠格涅夫的信中

---

① Зеньковский Василий. Указ. соч. С. 167.

说："……俄国负有从事巨大的智力事业的使命，它的任务是：将来解决在欧洲引起争论的所有问题。俄国没有像欧洲那样得到快速发展，(但)欧洲的这种发展耗费了才智……它(俄国)命中获得了在未来揭开人类之谜的任务。"这些话语勾画出俄国的天命。恰达耶夫的这些思想后来变得更加确定。他确信，俄国走上历史舞台的时刻尚未来到。世界面临的历史任务，特别是需要解决的社会难题，恰达耶夫现在则把它看作俄国未来的任务。

2.6.2 恰达耶夫的使命论的两个阶段

恰达耶夫关于俄国的"使命论"的思想，以1835年为界，前后有所变化。1835年以前，恰达耶夫谈及俄国的时候充满讽刺(如前所述)，甚至涉及东正教，例如：为什么基督教在俄国没有带来像它在西方那样的结果？在俄国，为什么宗教的作用是相反的？他觉得，这一点可能迫使人们怀疑俄国人所炫耀的东正教(第二封信)，等等。

1835年以后，恰达耶夫对俄国的评价发生了改变。他在这年10—11月写给А. И. 屠格涅夫的另一封信中说："俄国，如果它一旦明确自己的使命，应当自己首先推行所有慷慨的思想，因为它没有欧洲的怀恋、激情、思想和利益"。此时，俄国已经具有了特殊的使命，不处于"天命"之外了(与《哲学信笺》的观点不同)。"上帝把我们创造得如此伟大，以致我们不能成为利己主义者，上帝使我们身处民族利益之外，它把人类的利益赋予我们……"最后，恰达耶夫说明了俄国的"全人类事业"的伟大使命。"我们的使命就是教导欧洲无穷众多的事情，若非如此，它是无法理解的。别笑，您知道，这是我所深信不疑的。我们成为欧洲智力中心的那一天终会来到……这是我们长久孤独的结果……我们的普世使命已经开始"。他在1837年未完成的《疯人的辩护》中写道："我们负有解决大部分社会难题的使命……回答人类关注的重要问题。"恰达耶夫承认："我幸福，我有机会承认：是的，对伟大民族(即俄国人民)的指控夸大其辞了……没有给与东正教会应有的评价，这过分了。教会如此恭谨，有时又是那么英勇。"在1845年1月15日写给Sircour的信中，他说："我们的教会就实质而言，是禁欲的教会，就像你们的教会是社会性质的……这是围绕自己的绝对真理旋转的基督教范围之内的两个极点。"

2.6.3 恰达耶夫的"使命论"和"救世论"具有联系

恰达耶夫的"使命论"和"救世论"具有联系。恰达耶夫通过否定东正教、否定俄国的历史，提出俄国未来的"使命论"，具有"救世论"的味道。"救世论"

的思想可能要追溯到伊拉里翁，①由后来的菲洛费通过"第三罗马"的思想明确体现出来。恰达耶夫从否定东正教的另一个极端，呼应了伊拉里翁、菲洛费的"救世论"，这或许就是殊途同归？后来的俄国思想家继续以不同方式阐释着"使命论"和"救世论"。

三、恰达耶夫的基本的精神结构

恰达耶夫在1846年1月15日给Ю. Ф. 萨马林的信中说："我以自己的方式爱着我的国家……但以仇恨俄国而出名，我向您说起来容易，心里却要沉重得多……"但是，不管对于祖国的热爱多么美好，还有某种更美好的东西——对于真理的热爱。"不是通过祖国，而是通过真理，达到天堂。"（《疯人的辩护》）坚定地、自信地追求真理，通过真理到达天堂，这最好地说明了恰达耶夫的基本的精神结构。

四、理解恰达耶夫

4.1 恰达耶夫以基督为中心来理解历史

根据史料整体来看，恰达耶夫的"西方派"的观点倒是次要的，他的哲学体系的核心是人本主义和历史哲学。津科夫斯基把恰达耶夫的学说评价为"文化神学"，因为恰达耶夫深刻感受到了文化的宗教问题，所谓的"时间的秘密"（他写给普希金信中所提及的）。恰达耶夫关心的不是历史的外在层面，而是它的"神圣秘密"，应该在历史中体现的最高涵义。基督教不能和历史存在隔离开来，历史的存在也不能和基督教（以天主教为代表）隔离开来。这是以基督为中心来理解历史的企图，这也是说明了，为什么恰达耶夫对西方和俄国的"统一的教会"充满热情，为什么把西方理想化。

4.2 对俄国、对全世界负有"责任"

人具有足够的自由为历史负责，这种沉重的责任感，在恰达耶夫那里经常转变为独特的历史哲学的神秘主义，比他对俄国的批判更多地把他和俄国的极端主义知识分子联系起来。这些人总是狂热地体验到，他们不仅对俄国，还对全世界负有"责任"。这有助于我们理解俄罗斯人所宣扬的"使命论"、"救世论"。我们可能不同意他们的观点，但我们至少了解一些其中的前因后果，而

---

① Баландин Р. К. Русские мыслители. М., 2006. С. 7–13.

不是简单地鄙弃。

4.3 "上帝之国"的思想是恰达耶夫理解历史的关键

恰达耶夫思想具有普遍性,摆脱了狭隘的民族主义,追求"通过真理,而不是祖国,最后到达天堂",因此,他发展出对个人主义的批判,对任何"突出、独立"倾向的批判。他更加深刻地感受到生活的社会的一面,对他来说,"上帝之国"的思想就是理解历史的关键。

4.4 恰达耶夫的天命论并非绝对的天命论

恰达耶夫的天命论并非绝对的天命论,他给人的自由留下了位置,这种自由不是绝对的自由,而是人追随最高因素条件下的自由。如果不服从上帝,自由的"可怕力量"、破坏性质就会表现出来。个人主义精神的根源不在自身,而在于"最高"(世界)的意识,当人脱离了这个最高意识,其中的"有害的我"就开始起作用了,脱离了自己的精神怀抱,也就脱离了本性。这就是人性根本损坏的结果(原罪),它产生了个人存在的独立性的幻影。

4.3,4.4 两点还告诉我们,恰达耶夫是如何理解种属关系(普遍性与特殊性、集体与个体)的,为什么对个人主义持批判态度。对俄罗斯思想来说,恰达耶夫的思想非常重要,许多思想家不断重返恰达耶夫的主题。

五、恰达耶夫思想的几个要点

5.1 恰达耶夫的观点反映俄罗斯的一些心智特点

评述恰达耶夫作品和思想的论著不少,其中大部分作品的着重点放在了恰达耶夫的时代背景和他的批判思想,全面复建其思想体系的著作不多。我们觉得,津科夫斯基的《俄国哲学史》对恰达耶夫的思想发展做出了有机、合理的解释。我们在此不准备从唯物论出发品评恰达耶夫的思想,这并非我们的任务。我们试图理解恰达耶夫。我们的目的不是做评判者,而是做冷静的观察者,明确恰达耶夫观点反映的俄罗斯的心智特点,那就是:宗教性(恰达耶夫主要指天主教,后来的俄罗斯宗教思想家指东正教),使命论,对于种属关系的独特认识,追求综合、统一,反对个人主义(如第八封信的结尾),极端性,等等。

5.2 恰达耶夫的思想具有承前启后的作用

从对宗教问题、历史问题的关注,从借助文学作品的形式,使用一系列富有表现力的手段,对生动形象的词语的追求,它的政论倾向,充满激情的思辨这些方面来看,恰达耶夫的思想和俄国古罗斯时期的哲学特点具有密切联系;从恰达耶夫观点的极端性和神秘色彩而言,这又反映了俄国启蒙时期的哲学的一些特点,①这是"承前"。恰达耶夫的思想,在此后有关俄罗斯思想的著作中被反复提及,这是"启后"。从其学说的体系性、严谨性而言,恰达耶夫的创作确实比其前辈思想家有所进步,因此,称恰达耶夫是俄国第一位民族哲学家,这个观点有其合理之处。但一般认为,俄罗斯第一位严格意义上的哲学家是 Bл. 索洛维约夫。

5.3 恰达耶夫思想反映出他的宗教立场、他的极端性以及局限性

恰达耶夫思想的极端性也和他的宗教思想相联系。基督教的末世论何尝不是一种极端。他对中国的评价也反映出他的宗教立场、他的极端性以及局限性。例如,他在第六封信中有这样的评价:

> 新的社会的特征,应该在基督教人民的大家庭中去寻找,其有别于世界上所有其他社会体系的稳定性和真正进步的成份正在于此,历史的所有伟大教益就隐藏于此。外敌的入侵不仅无法消灭这个社会,反而有助于它的确立。印度和中国这两个具有悠久历史的社会,在经历了外敌入侵之后,确实也没有消亡,原因是人口数量巨大,民众虽则保守落后,但还是能够抵抗;然而,他们的独特性却失去了,以前的生活原则被抛弃到社会肌体的边缘;我们(俄国人)也这样被宣判了死刑。这些国家后来都成为我们应当汲取的伟大教益。现在仔细看看他们吧,我们在某种程度上成为这个世界的同代人,这个世界在我们周围留下的只是过眼云烟;这样,我们可以在他们那里观察到,如果没有万能之手赋予的新的冲动,人类将会变成什么样子。请您注意,中国显然在远古以前就拥有了三个伟大的工具,据说它们特别加速了我们人类智慧的进步:这就是指南针、印刷机床和火药。又怎么样呢?它们为中国带来了什么?中国人环球旅行了吗?他们发现了新半球了吗?他们有比我们(欧洲)在印刷术发明以前就拥有的更为渊博的文献吗?在不幸的战争艺术方面,他们有我们(欧洲)这样的弗里德里希们和波拿巴们吗?⋯⋯我不能怀疑,中国的这种

---

① Грицанов А. А. История философии. Энциклопедия. Минск, 2002. С. 912 - 917.

呆板停滞、印度人(最为古老的自然成就、所有的人类认识胚胎的保存者)的这种罕见的逆来顺受,本身就具备最为重要的教训,因此,上帝把他们保存在世间。

结　语

明确恰达耶夫的思想特点,对研究和教学也是必不可少的,否则,无法解决疑问。例如,陀思妥耶夫斯基为了说明俄罗斯的使命论,宣称"俄罗斯即人类,俄罗斯精神即宇宙精神"。[1] 如果不了解类似恰达耶夫那样的宗教世界观,不了解"提喻"是俄罗斯心智的基本特点之一,[2]从中国人的传统观念的角度难以理解以上言论。

就恰达耶夫完整的思想体系来看,他对俄国的批判并非他的学说的主要内容。然而,他的尖锐的批判思想却广为人知,流传深远。他用文化的成就来衡量基督教的力量,这是理解他激烈批判俄国的关键。他批判俄国,因为他认为,俄国人本可以走其他道路。恰达耶夫和他所处的时代合拍,这就是俄国激进主义的精神定势。如果对他的宗教哲学思想采取视而不见,沉默不语的态度,对他的批判思想却大加赞赏,这种只顾一点、不及其余的做法,现在看来,并不可取。我们并非宣扬恰达耶夫的宗教思想,我们试图理解他,通过他的思想理解一些俄罗斯的心智特点,这是研究和教学的需求,也是中俄两国更深层次的交流的需要。恰达耶夫的一些观点也有助于我们理解俄罗斯19世纪、20世纪跌宕起伏的历史。

第二节　"极端性"的几种表达手段
——以恰达耶夫的思想为例

一般认为,"极端性"是俄罗斯民族性格的一个特点。关于这个特点的形成原因,具有不同解释,例如以下六种说法。

---

[1] 彭文钊等,《语言文化学》,上海:上海外语教育出版社,2006年,第78—80页。
[2] В. В. 科列索夫(杨明天译),《语言与心智》,上海:上海三联书店,2006年,第27页。

第四章 恰达耶夫的极端性

1 "完整性"赋予基督教激进的色彩,它教导人们避免一切"持中的立场"。

津科夫斯基认为,俄罗斯的"极端性"犹如一根红线,贯穿俄罗斯精神生活的历史。这种极端性,并非源自宗教,它和俄罗斯之魂相联系。俄罗斯旷野无边无际,国内缺少高大山脉,"地缘政治"决定了俄罗斯之魂的特殊性。这些特殊性限定了精神生活的风格和形式。其核心是追求"完整性"(целостность)。基督教的基本特点也支持这个核心。"完整性"的特点使得基督教具有了激进色彩,它教导人们避免一切"持中的立场"。基督教的"完整性",在俄罗斯灵魂中获得了特殊力量,"或者拥有一切,或者一无所有"(все или ничего),这是日常的生活理智所无法遏制的,也是关注实际结果的倾向所无法控制的,它使心灵没有所谓的日常的清醒,但精神的清醒在俄罗斯人的宗教意识中却得到了很高评价。[1]

和极端性相关的,还有俄国的激进主义。津科夫斯基认为,俄国激进主义是在启蒙时期受到伏尔泰主义影响的结果。伏尔泰主义[2]与时代的批判精神、变革要求相呼应,成为19—20世纪的俄国激进主义和虚无主义的一个源泉。俄国的激进主义不向权威屈服,倾向于极端,敢于提出尖刻的问题,其种种特点便由此发轫。这种割裂历史的激进主义,使理智开始出现乌托邦的倾向,在18世纪的哲学寻求中非常典型,并对19世纪产生影响。[3]

词源词典说明,радикал,радикальный,радикально,радикализм 一组词,18世纪末期才为俄国人所知,词源是法语的 radical。[4] 列斯科夫(Н. С. Лесков,1831 - 1895)在其著作《无路可走》中,也表达了俄国激进思想受到伏尔泰主义影响的观点。

2 面向"终结",追求绝对性,不理解相对性。

别尔嘉耶夫认为,"俄罗斯思想"是末世论性质的,面向"终结"。俄罗斯的极端性由此而来。在俄罗斯意识中,末世论的思想具有追求普遍拯救的性

---

[1] Зеньковский Василий. История русской философии. М.,2001. С. 43.
[2] Прохоров А. М. Российский энциклопедический словарь. М.,2001. С. 285.
[3] Зеньковский Василий. Указ. соч. С. 85.
[4] Черных П. Я. Историко-этимологический словарь современного русского языка (в 2 томах). М.,2001. С. 94.

质。① 俄罗斯人很不理解相对性的意义，不理解历史进程的阶段性，不理解文化的不同层面的区分，俄罗斯的极端性与此相关。俄罗斯之魂追求"完整性"，它拒绝按范畴区分一切事物，它追求"绝对"，想把一切都置于绝对的统治之下，这就是俄罗斯之魂的宗教特点。② 俄国人对"中间文化领域"不感兴趣，总是从一个极端走到另一个极端。③

3 向往绝对性，漠视相对性。

卡尔萨温（Л. Карсавин，1882－1952）从东正教和天主教的区别谈起，谈到俄罗斯文化的潜力，谈到俄罗斯的国民性格，他们关注绝对、善于自我反省，等等。"与向往绝对联系的，是对于相对的漠视，至少是在这样的程度上：这个相对没有被绝对所证明。俄罗斯素来的极端性由此而来：为了无法实现的理想，鄙视现实或者无情地摧毁现实。"④

4 缺乏"经验品格"。

洛斯基指出，俄罗斯民族性格基本的、最深层的特点是宗教性，以及与此相联系的对绝对之善、只有在天国中才能实现的善的寻求。俄罗斯性格的另一个特点是"极端性"。在"天与地"、"神与兽"之间，俄国人总是难以找到自己生活的适当的位置。⑤ 他用"经验品格"解释这种极端性：西欧人具有从小培养起来的、建立在世俗文化基础上的经验品格，它可以成为约束自己行为的恒常因素，而俄罗斯人的这种经验品格则不够确定和牢固，因此，他们的行为就很少受此监督。⑥

5 "类"（属）同时就是"种"。

科列索夫认为，研究俄罗斯心智和俄罗斯性格的常见错误在于，这些学者"科学地"，也就是在"概念层次"上研究，在这个层次上，要求把通过反思得到的作为事实的正面材料"取中、平均"。而"平均"恰恰不是俄罗斯的心智和性格所具备的东西。他们的特点是在对比的基础上显示出来的，因为他们所依靠的不是偏重理智的单义的概念，而是心灵的形象或者是精神象征。俄罗斯

---

① Бердяев Н. А. Русская идея. 2009a, В интернете: www.Lib.ru.
② Бердяев Н. А. Истоки и смысл русского коммунизма. 2009b, В интернете: www.Lib.ru.
③ 徐凤林，《俄罗斯宗教哲学》，北京：北京大学出版社，2006 年，第 202 页。
④ Почепцов Георгий Георгиевич. История русской семиотики до и после 1917 года. М., 1998. С. 336.
⑤ 徐凤林，《俄罗斯宗教哲学》，北京：北京大学出版社，2006 年，第 201—202 页。
⑥ 同上书，第 202 页。

第四章　恰达耶夫的极端性

心智的特征和原则建立在其他基础之上,和西方的亚里士多德主义的分类(新托马斯主义)不同。例如,根据西方的分类,温暖处于灼热和寒冷之间。在俄罗斯心智中,有关理想的表征则是另外一个样子:"类"(属)同时就是"种",它通过加倍重复构成序列,例如:温暖就是与热对立的冷。①

6　缺陷情结说。

俄罗斯哲学家强调潜意识在俄罗斯人心灵中的作用,并区分出不同的形式。有人认为俄罗斯的民族类型是妄想狂;有人认为整个俄罗斯民族具有"癫痫"或者"类偏执狂"的特征。② 从心理学的角度看,极端性的原因在于"缺陷情结"。③

虽然俄罗斯学者对"极端性"的成因有不同解释,但一般都认为,在自然环境、历史和基督教的共同影响下,"极端性"是俄罗斯人的心智特点之一。

7　下面,我们就以恰达耶夫的思想为例,说明"极端性"的语言表达手段。

恰达耶夫(П. Я. Чаадаев,1794 - 1856)著有《哲学信笺》(共 8 封)、《疯子的辩护》等。他的哲学和宗教观点反映在 1829 年以后写就的《哲学信笺》中。这些信笺一直以手抄的形式流传,直到 1836 年,其中一封被刊载,从而给俄国带来炸弹爆炸、静夜枪响一样的震撼。

恰达耶夫的思想具有宗教依据,也是一种宗教说教。文中充斥具有宗教意义的词语和宗教形象。津科夫斯基认为,恰达耶夫的思想受到 19 世纪初期自由主义、激进主义(радикализм)的影响。④ 恰达耶夫的思想具有极端性(радикализм,максимализм。我们在 крайность 这个意义上使用这两个术语)。⑤ 其极端性在内容上的表现是,他基本上全盘否定俄国历史和东正教,几乎全盘肯定以天主教为代表的西方文明(虽然他在《疯子的辩护》中为自己做了辩护,在第一封信中也做了说明,他所指的西方应是理想化的西方)。

我们从词汇、语法和修辞角度,分析"极端性"在恰达耶夫文中的几种表达手段。以下例句均摘自《哲学信笺》和《疯子的辩护》。⑥

---

① Колесов В. В. Русская ментальность в языке и в тексте. СПб.,2007. С. 44.
② Там же. С. 13 - 14.
③ Самойлов Э. В. Фюреры. Книга III. Общая теория фашизма,2009. В интернете:www. Lib. ru.
④ Зеньковский Василий. История русской философии. М.,2001. С. 155 - 171.
⑤ Кузнецов С. А. Большой толковый словарь русского языка. СПб.,2002. С. 1056,514.
⑥ Чаадаев П. Я. Философические письма (Полное собрание сочинений и избранные письма. Т. 1. М.,1991. (В интернете:www. Lib. ru)

一、 使用表示全称意义和强调意义的词汇、语法和修辞手段

全称意义和强调意义结合形成极端意义。我们知道,亚里士多德把命题划分为简单命题和复合命题。简单命题按"质"分为肯定命题和否定命题;按"量"分为全称、特称和不定命题。他讨论了全称肯定命题、全称否定命题等命题之间的关系。① 我们这里涉及全称肯定意义与全称否定意义。全称意义和强调、突出意义结合以后,产生了被强调的全称意义,往往成为文本②的极端意义。文本在本书中被理解为表达极端性意义的最小交际单位,可能表现为一个简单句,一个复合句,或一个自然段落。分析文本的极端性意义,从文本理论而言,是文本的意义、功能和修辞方面的分析。

从逻辑上说,极端意义是一种被强调的全称命题,它表达了说者的观点和思想。至于这种被强调的全称命题的真值问题,也就是与现实的关系问题,则不是我们在此要讨论的。但我们都知道,物极必反,这类极端性内容往往与现实不符。

1.1 我们先看全称肯定意义和强调意义结合形成的极端意义。表示全称肯定意义,使用 весь, всё, все вместе, все остальные, всевозможный, всеобщий, каждый, всякий, любой, повсюду, отовсюду, везде, всегда, целый мир (вещей) 等词汇手段(用＿＿标识);表达强调意义,使用(один) только, лишь, вплоть (до), именно, сам, целиком, отнюдь (не), вовсе (не), безусловно, далеко (не), как нельзя (лучше), слишком, изо всех сил, точь в точь, столь же, все еще, воистину 等词汇手段(用＿＿标识);全称意义和强调意义结合形成极端意义,例如:

1)... для этой школьной мудрости человек ① постоянно один и тот же; ② всегда и всюду...对这种学校(教学)才智而言,人固定得一成不变,总是这样,到处都是这样……

在例1)中,①表示强调意义;②表示全称意义。二者结合以后,使该句产生了极端的涵义。有时,也使用语法手段,如动词的时间,形成强调意义。例如:

---

① 马玉珂等,"亚里士多德",《中国大百科全书》(电子版),北京:中国大百科全书出版社,2001 年。
② Ярцева В. Н. Большой энциклопедический словарь. Языкознание. М., 2000. С. 507, 508.

第四章　恰达耶夫的极端性

2) Все это ① служило и служит ② одной лишь телесной природе человека. 所有这一切曾经,而且正在只为人的身体本质服务。

在例 2)中,除了使用词汇手段②,还使用动词的过去时和现在时①,产生强调意义。它和本句的全称意义一起,形成本句的极端性意义。

1.2　我们再看全称否定意义(＿＿)(使用具有否定意义的词汇,如 нет, не, ни, ничего, никто, никогда, нигде, никакой 等,或者其他语法手段)和强调(或限定)意义(＿＿)结合形成的极端意义。例如:

1) Не должен ли раздаться в мире новый голос, связанный с ходом истории, такой, чтобы его призывы ① не были никому чужды, чтобы они ② одинаково гремели во ③ всех концах земли и чтобы отзвуки и в нынешнем веке наперебой его схватывали и разносили его ④ из края в край вселенной! 难道不应在世上传来与历史进程一致的新的声音? 这声音,让它的号召不使任何人感到格格不入,让这些号召同样响彻地球的所有角落,让它的回声在当今时代被人们争先恐后地掌握,并把这一声音传遍宇宙的各个角落!

2) ... иначе все участие разума в этом деле свелось бы, очевидно, к нулю. ……否则,理性此处的所有参与,显然可能会没有任何意义。

3) Глядя на нас, можно сказать, что по отношению к нам всеобщий закон человечества сведен на нет. 看着我们,可以说,对我们而言,人类的普遍规律化为乌有。

在例 1)中,除了①全称否定意义,还存在②强调意义;③全称肯定意义;④使用 из края в край вселенной(相当于 всюду, везде)表示的全称肯定意义。例 2)的 все...свелось к нулю 是表示全称否定意义的一种句式,插入语("显然")起到了强调意义。例 3)的全称否定意义是由 всеобщий...сведен на нет 表达的,从全句意义而言,其中表达了极端意义。

1.3　通过否定其他一切,肯定一个或其他部分,表现极端意义,例如 не иначе..., как...; не что иное, как...; нет иного..., как...; нет..., кроме...; ничто так не..., как...; что иное, как не... 等6种句式(用＿＿标识):

1) Человек никогда не шествовал иначе, как при сиянии божественного света. 除了在神圣之光的照耀下,人从来没有以其他方式行进。

2) Для христианина все движение человеческого духа не что иное, как

отражение непрерывного действия Бога на мир. 对基督教徒而言，人类精神的一切运动不是别的，而是上帝对世界的不断作用的反映。

3) Прежде всего, нет иного разума, кроме разума подчиненного. 首先，除了臣服的理性，没有其他的理性。

4) Как бы ни замыкаться в себе, как бы ни копаться в сокровенных глубинах своего сердца, мы никогда там ничего не найдем, кроме мысли унаследованной от наших предшественников на земле. 无论怎样自我封闭，无论怎样在自己心灵的神秘深层挖掘，除了从我们地球上的前辈那里继承来的思想，我们在那里永远什么都不会找到。

5) Ничто так не задерживает религиозную мысль в ее высоком порыве, в ее беспредельном шествии вперед, как книга... 除了书，没有任何东西如此迟滞宗教思维的高度冲动，拖延它不断前进的步伐……

6) Чем иным, как не новым усилием человеческого гения выйти из тесной ограды родной страны, чтобы занять место на широкой арене человечества. 除了通过人类天才的新的努力走出祖国的狭隘限制，以便在人类的广阔舞台上占据一席之地，别无他法。

1.4 使用"概括让步从句＋具有强调意义的全称（肯定或否定）主句"的复合句，形成"不容置疑"①的极端意义。其中，全称意义（＿＿）；强调意义（＿＿）。例如：

1) Поэтому, что бы мы ни делали, какую бы незаинтересованность ни стремились вложить в свои чувства и свои поступки, руководит нами всегда один только этот интерес, более или менее правильно понятый, более или менее близкий или отдаленный. 因此，不管我们做什么，不管我们试图在自己的情感和行为中表现出怎样的漠不关心，指导我们的总是这同一个利益，它或多或少被（我们）正确理解，或多或少（与我们）密切相关或者毫无关系。

2) Это разумение, как его ни разлагать, как его ни расчленять на части, всегда останется разумением всех поколений, сменившихся со времен первого человека и до нас... 这种观点，不管如何分解，不管如何把它分析为所组成的部分，总是保持为自第一人出现到我们今天的所有世代的观点……

---

① 胡孟浩主译，《俄语语法》（下），上海：上海外语教育出版社，1991年，第795页。

1.5 全称(肯定/否定)意义(____)借助表示强调(或突出)意义的平行句式,①形成极端意义。例如:

1) Одинокие в мире, ① мы миру <u>ничего не</u> дали, <u>ничего</u> у мира <u>не</u> взяли, ② мы <u>не</u> внесли в массу человеческих идей <u>ни одной мысли</u>, ③ мы <u>ни в чем не</u> содействовали движению вперед человеческого разума, а <u>все</u>, что досталось нам от этого движения, мы исказили. 我们在世间是孤独的,<u>没有</u>给世界<u>任何东西</u>,也<u>没有</u>从世界获取<u>任何东西</u>,我们<u>没有</u>为人类思想提供<u>任何一个</u>想法,我们<u>没有在任何</u>方面促进人类理性的进步,而我们从这个运动中所得到的<u>一切</u>,都把它歪曲了。

2) Начиная с самых первых мгновений нашего социального существования, ④ от нас <u>не</u> вышло <u>ничего</u> пригодного для общего блага людей, ⑤ <u>ни одна</u> полезная мысль <u>не</u> дала ростка на бесплодной почве нашей родины, ⑥ <u>ни одна</u> великая истина <u>не</u> была выдвинута из нашей среды; мы не дали себе труда <u>ничего</u> создать в области воображения и из того, что создано воображением других, мы заимствовали одну лишь обманчивую внешность и бесполезную роскошь. 从我们的社会存在的最初一刻开始,我们<u>没有</u>付出对人类的普遍利益有用的<u>任何东西</u>,<u>没有任何一个</u>有益念头在我们祖国的贫瘠的土壤上发芽,<u>没有一个</u>伟大真理是从我们这里提出的;在想象领域,我们<u>没有</u>费力创造<u>任何东西</u>,而从其他人想象所创造的东西中,我们引进的只是<u>一个</u>虚假的外表和无用的奢华。

其中,①、②、③句形成平行句式;④、⑤、⑥句形成平行句式。它们使得全称意义得到加强,形成极端意义。

二、使用反义、同义等词汇—修辞手段,结合强调意义形成极端意义

2.1 使用反义词,包括上下文形成的准反义词(____),如:общение с людьми/одиночество,形成属概念确定的,体现性质显现极限的种概念的对

---

① Ирина Голуб. Стилистика русского языка. М., 2002. С. 427.

立,①构成鲜明的极端。② 例如：

1) Но вот новый свет уже пробивается сквозь обступающую нас тьму…
但是,这新的光明已然正冲破包围我们的黑暗……

2) С другой стороны, несомненно, есть высшая философия в этих столь устойчивых верованиях, заставляющих людей закона признавать другой источник истины, более чистый, другой авторитет, менее земной. 从另一方面而言,毫无疑问,在这些如此稳固的宗教信仰之中,存在最高的哲学。这些信仰迫使那些承认律法的人们承认真理的另一来源,这一来源更多些纯洁性；承认另一个权威,这一权威更少些世俗性。

在例 1)中,恰达耶夫以"光明"喻西方天主教的影响,以"黑暗"喻不发达的俄国。借助反义词表达了"极端"的思想。在例 2)中,"更多些"/"更少些"、"纯洁性"/"世俗性"是两组反义词,形成对立的极端；但"更多些纯洁性"/"更少些世俗性"却是近义词语,通过语义反复,具有了强调意义。在此例中,插入语（несомненно）表达了强调确实性的意义,最高级（высшая）表达极端意义。总体而言,此例最终表达了说者的极端性的思想内容。

2.2 还可以借助同义、近义现象（　　　）,形成强调、递进意义,③进而突出极端意义,如：

3) （Это вся совокупность исторических фактов, должным образом проработанных.）Сейчас их надо свести в стройное целое, облечь в доступную форму и так их выразить, чтобы они подействовали на душу людей, самых равнодушных к добру, менее всего открытых правде, на тех, кто еще топчется в прошлом, когда для всего мира оно уже миновало и, конечно, более не вернется, но которое еще живо для ленивых сердец, для низменных душ, никогда не угадывающих настоящего дня, а вечно пребывающих во вчерашнем.（这是经过恰当研究的历史事实的总和。）现在需要把这些历史事实归结为一个合乎逻辑的整体,赋予它们可以被人接受的形式,如此表达它们,以便它们能影响这些人的灵魂,他们对于善最为冷漠,他们的心扉对真情

---

① Ярцева В. Н. Большой энциклопедический словарь. Языкознание. М., 2000. С. 36.
② 格沃兹节夫,《俄语修辞学概论》,北京：商务印书馆,1985 年,第 71 页。
③ Ирина Голуб. Стилистика русского языка. М., 2002. С. 30.

第四章　恰达耶夫的极端性

最为封闭；以便这些历史事实能够影响那些还在往昔时光原地踏步的人，这个往昔，对整个世界而言已经逝去，当然再也不会复返，但对从未识破今日，永远逗留在昨天的慵懒的心灵、卑微的灵魂而言，还是生动活泼的。

在例 3）中，同义、近义现象是：самые равнодушные/менее всего открытые；никогда（не)/вечно，通过语义反复，形成强调突出的意义。反义、准反义现象是：настоящий день/прошлое, вчерашнее；миновало/вернется。其中的反义词，如 вернется，经过否定，не вернется 与其反义词 миновало 形成语义反复，产生强调突出意义。再看 никогда не угадывающих настоящего дня, а вечно пребывающих во вчерашнем，两个形动词短语表达相近的意思，也是语义反复。总体而言，语义反复形成的强调突出意义，使得该例具有极端性的涵义。

三、使用表示对比、比较意义的词汇—语法手段

使用表示对比、对别、比较意义（包括比较级、最高级）的词汇—语法手段，如：не..., а...；отличный от...等，通过重复等手段强调以后，形成极端意义，例如：

1) Мы живем лишь в ① самом ограниченном настоящем ② без прошедшего и без будущего, среди плоского застоя. ③ И если мы иногда волнуемся, то④ не в ожидании или не с пожеланием какого-нибудь общего блага, а в ребяческом легкомыслии младенца, когда он тянется и протягивает руки к погремушке, которую ему показывает кормилица. 我们只是生活在最有限的当前，没有过去，也没有未来，处于平庸的停滞之中。如果我们有时激动起来，那么，也不是在等待，或者也不是祝愿某种普遍的幸福，而是处于婴儿伸手想要去拿乳母指给他的拨浪鼓时的幼稚的轻浮状态。

2) И заметьте, что речь идет здесь не об учености, не о чтении, не о чем-то литературном или научном, а просто о соприкосновении сознаний, о мыслях, которые охватывают ребенка в колыбели, окружают его среди игр, которые нашептывает, лаская, его мать, о тех, которые в форме различных чувств проникают до мозга его костей вместе с воздухом, которым он дышит, и которые образуют его нравственную природу ранее выхода в свет и появления в обществе. 请注意，这里谈论的不是渊博的学识，不是阅读，不是

某种文学的或者科学的内容,而只是意识的接触,只是那些念头,孩子还在摇篮里的时候就吸引他,除了游戏以外包围他的念头,是他的妈妈在爱抚他的时候耳语说给他听的,我们谈论的,只是和他呼吸的空气一起以不同感觉的形式深入其骨髓的东西,那些在他走上社会以前就形成他的道德本性的东西。

在例1)中,①为最高级;②为通过重复得到加强的限定意义;③если...,то...可以表示对比意义;①④не...или не...,а...对比意义得以强调。在例2)中,не...,не...,не...,а...表达强调的对比意义。在以上两例中,所指出的词汇-语法手段的综合使用,形成了各自的极端性意义。

四、以问答问,第二个问句为修辞疑问句

以问句答复问句,其中,第二个问句为修辞疑问句,②表现极端强烈的情感。例如:

Но при помощи чего производит она эту необходимую предварительную работу, эту анатомию интеллекта? Не посредством ли этого самого разума? 它(哲学)借助什么来完成这个必需的、预先的工作,对智力进行解剖分析?难道不是借助这个理性本身(来实现的)吗?

在该例中,作者没有使用一般的肯定句来回答,而是使用修辞疑问句,通过反问来回答,并且借助强调意义(这个理性本身),表示强烈的毋庸置疑的肯定,表现出情感的极端性。

五、综合手段

一些表示确定或强调意义的插入结构(～～～),和以上所列手段综合使用,形成极端意义。例如:

Впрочем, из ①всех известных систем, ②несомненно, ③самая глубокая и плодотворная по своим последствиям есть та, которая стремится, для того чтобы отчетливо понять явление разумности, добросовестно построить ④ совершенно отвлеченный разум, существо ⑤ исключительно мыслящее, не восходя при этом к источнику духовного начала. Однако, в所有已知体系中,毫

---

① 胡孟浩主译,《俄语语法(下)》,上海:上海外语教育出版社,1991年,第820页。
② Ирина Голуб. Стилистика русского языка. М., 2002. С. 426.

第四章　恰达耶夫的极端性

无疑问,就其影响而言,最深刻、最富有成效的,就是那个体系,它为了清晰地理解理智,试图认真构建一个完全抽象的理性,这是特别能够思索的实质,并非来自精神因素的源泉。

其中,①具有全称意义;②为插入语,具有确定性的品评、强调意义;③为最高级;④⑤为表示强调的词汇手段。这些词汇—句法手段共同形成该句的极端性意义。

六、 借助鲜明的形象形成极端意义

1) Мы же, явившись на свет как незаконнорожденные дети, без наследства, без связи с людьми, предшественниками нашими на земле, не храним в сердцах ничего из поучений, оставленных еще до нашего появления. 我们呢,就像私生子一样来到这个世界上,没有遗产,和我们地球上的前辈没有联系,心中没有在我们出现之前遗留下的任何教导。

2) Если такие моменты редки в вашей истории, если жизнь у вас не была мощной и глубокой, если закон, которому подчинены ваши судьбы, представляет собою не лучезарное начало, окрепшее в ярком свете национальных подвигов, а нечто бледное и тусклое, скрывающееся от солнечного света в подземных сферах вашего социального существования, — не отталкивайте истины, не воображайте, что вы жили жизнью народов исторических, когда на самом деле, похороненные в вашей необъятной гробнице, вы жили только жизнью ископаемых. 如果这些时机在你们历史上是罕见的,如果你们的生活不是强大和深刻的,如果你们的命运所服从的法则,并非在民族功勋的耀眼光芒中固化的辉煌的起点,而是某种苍白暗淡的东西,在你们的社会存在的地层躲避阳光,那就不要丢弃真理,不要想象,你们过着拥有历史的民族的生活,实际的情况是,你们被埋葬在你们的辽阔的陵墓中,你们只是过着化石的生活。

在例 1) 中,俄罗斯人被比作遭到遗弃的私生子;在例 2) 中,形象有民族功勋的"耀眼光芒",与其对立的有"苍白暗淡的东西";没有历史遗产的民族的封闭生活,像处于"陵墓"之中,像"化石"。这些形象都传达了作者要表达的极端意义。

七、"无所不有或者一无所有"

极端性的特点,在著名的"无所不有或者一无所有"(всё или ничего)的对立中,鲜明地表现出来(全称意义,强调意义____)。例如:

1) Повсюду мы встречаем людей, ставших неспособными серьезно размышлять, глубоко чувствовать вследствие того, что пищу их составляли одни только эти недолговечные произведения, в которых за все хватаются, ничего не углубив, в которых все обещают, ничего не выполняя, где все принимает сомнительную или лживую окраску и все вместе оставляет после себя пустоту и неопределенность. 我们到处都会遇到这样的人,他们没有能力严肃地思考问题,深刻地感觉,其原因是,他们的食粮只是这些一时之作,其中一切都搞,不深入思考任何东西,其中一切都答应,一件事都不去完成,其中一切都具有可疑的、虚伪的色彩,这一切共同带来的结果,就是空洞和不确定。

2) Ни у кого нет определенной сферы деятельности, нет хороших привычек, ни для чего нет правил, нет даже и домашнего очага, ничего такого, что привязывает, что пробуждает ваши симпатии, вашу любовь; ничего устойчивого, ничего постоянного; все течет, все исчезает, не оставляя следов ни вовне, ни в вас. 没有一个人具有确定的活动范围,没有好的习惯,任何事情都没有一定之规,甚至没有家园,没有任何东西可以联系、激发你们的好感、爱慕;没有任何稳定的东西,没有任何经久不衰的东西;一切都在流动,一切都在消失,在你们的内部和外部都没有留下痕迹。

从以上例句可以看出,全称否定和全称肯定是两个很容易相互转化的极点,它们反映了极端性意义。

八、内容的全盘否定或肯定

以上从词汇、语法和修辞角度说明了"极端性"的几种表达手段。当然,还可以通过内容上的全盘否定或全盘肯定,从而形成极端意义(用//隔开),例如:

Возможно, конечно, что наши фанатические славяне при их разнообразных поисках будут время от времени откапывать диковинки для наших музеев и библиотек; но, по моему мнению, позволительно сомневаться, чтобы им удалось когда-нибудь извлечь из нашей исторической почвы нечто такое, что могло бы заполнить пустоту наших душ и дать плотность нашему расплывчатому сознанию.//Взгляните на средневековую Европу: там нет события, которое не было бы в некотором смысле безусловной необходимостью и которое не оставило бы глубоких следов в сердце человечества. 可能,当然,我们狂热的斯拉夫人在使用各种不同方法寻求时,将不时为我们的博物馆和图书馆出土一些奇怪的东西;但是,据我看来,请允许我怀疑,他们能够在某日从我们的历史土壤中,获取某种能够填补我们灵魂空虚的东西,赋予我们模糊的意识以坚定。//看看中世纪的欧洲吧：那里没有在某种涵义上来说不是绝对必需的事件,没有在人类心灵中未曾留下深刻痕迹的事件。

在此例中,作者一方面对俄罗斯精神生活的历史是否存在,表示怀疑,另一方面则对中世纪欧洲的丰富的精神生活表示绝对的肯定。一面是全盘否定,一面是全盘肯定,二者的对立,显示出作者的极端性。

结　语

从语言方面看,极端性可以借助词汇、语法和修辞等多种手段加以表达。全称意义和强调、突出意义结合以后,往往形成极端意义。可以通过一定的句式表达极端意义,也可以使用反义、同义、近义等词汇—修辞手段表达极端意义。使用表示对比、对别、比较意义的词汇—语法手段,通过重复等手段强调以后,可以形成极端意义。一些表示确定或强调意义的插入结构,和以上所列的手段综合使用,也可以形成极端意义。还可以借助鲜明的形象表达极端意义,等等。在经典作品(如恰达耶夫的创作,陀思妥耶夫斯基的《少年》、《群魔》等)中,俄罗斯的极端性的思想特点也得到了内容上的表达。

第五章　奥多耶夫斯基"整体认识"的观点和表达手段
——以《俄罗斯之夜》为例

奥多耶夫斯基(В. Ф. Одоевский, 1803 - 1869)是俄国19世纪的作家、音乐评论家、"爱智者协会"的代表人物。1844年出版小说和哲学谈话文集《俄罗斯之夜》。[①] 这部作品描写19世纪20—30年代莫斯科青年的哲学思考,其中包括人们当时感兴趣的一些哲学、经济、日常生活和民族问题,后来的斯拉夫派所讨论的问题,也在当时开始孕育。所以,它在俄国哲学史上占有一席之地。例如下文将要涉及的俄国哲学家津科夫斯基,在他的巨著《俄国哲学史》中专门讨论了奥多耶夫斯基的哲学思想。奥多耶夫斯基强调"认识的整体性",这也是俄罗斯哲学后来一直重复的基本观点之一。

与奥多耶夫斯基同代的评论家承认,奥多耶夫斯基在文学方面确实具有不少成功之作。别林斯基当时认为,人们对奥多耶夫斯基尚未做出正确评价。奥多耶夫斯基也在辞世之前对没有知音感到遗憾。但他对自己很有信心:"我今天播种的思想,明天,一年以后,或者千年以后,定能发芽。"[②]《俄罗斯之夜》的思想和体裁非常独特,它在俄国文学史上是一个"异数",同代的评论家一致认为,这是一部"前卫的"、"不合时宜的"的作品。[③] 直到今天,研究《俄罗斯之夜》的文章仍然为数不多,对奥多耶夫斯基所要表达的中心思想和其中的

[①] Прохоров А. М. Российский энциклопедический словарь. М., 2001. С. 1085.
[②] Сахаров В. Я. О жизни и творениях В. Ф. Одоевского/В. Ф. Одоевский. Сочинения в двух томах. Том первый. Русские ночи. Статьи. М., 1981. Вступительная статья, составление и комментарии В. Я. Сахарова. В интернете: www.lib.ru.
[③] Там же.

第五章　奥多耶夫斯基"整体认识"的观点和表达手段——以《俄罗斯之夜》为例

表达手段仍然存在不同看法。

我们国内研究奥多耶夫斯基《俄罗斯之夜》的文章尚未发现。原因可能有两个方面,一是其中表达的中心思想概括起来比较困难。需要整体把握奥多耶夫斯基的基本哲学思想,才能看到其中的有机联系;二是奥多耶夫斯基使用的表达手段,特别是"对话"和"文中文",需要借助后现代主义的文本理论,才能理解得比较深刻。否则,就会感到不得要领,杂乱无章。[①] 第一个方面的工作因为津科夫斯基的研究而显得清晰起来,第二个方面的工作因为后现代主义的文本理论的提出,也容易得到解释了。

我们阅读《俄罗斯之夜》的一个较深的感受是,奥多耶夫斯基早在19世纪就娴熟使用"文中文"的手段来表达自己的哲学观点,他对互文的认识,具有现在所说的"后现代主义"的特点。要研究俄罗斯哲学、文学,理解俄罗斯的心智特点,奥多耶夫斯基的基本思想和所使用的具有特色的表达手段值得重视。以下我们说明奥多耶夫斯基的"认识的整体性"的思想,并以他的代表作《俄罗斯之夜》为例,说明这一观点的主要表达手段。

奥多耶夫斯基本人论及"认识的整体性"。奥多耶夫斯基的一个基本哲学思想是强调"认识的整体性",把它看作《俄罗斯之夜》的中心思想,可以把貌似分散的每个"夜晚"贯穿起来。在1861年《俄罗斯之夜》再版的"补充序言"中,奥多耶夫斯基用通俗的语言谈及"认识的整体性"、事物之间的有机联系。[②] 例如:"很难与家庭分离,与民族分离则更加困难,与人类分离则根本无法实现;每个人,不管他是否愿意,都是人类的代表,特别是作家;不管才能大小,都是人类的代表;在他和人类之间,存在一道电流,电流的强弱,取决于这个代表;但这种电流是确实持续存在的。"这段话说明了部分与整体、个体与集体、种属的依存关系。

奥多耶夫斯基在《俄罗斯之夜》的"附笔"中写道:"如果一个人一会儿做这,一会儿做那,仅靠侥幸行事,他的行为支离破碎,缺乏活的有机联系——能否称其为百科全书式的学者?相反,如果一件事从另一件事有机地成长发展出来,就像从根部长出叶子,从叶子长出花朵,从花朵长出果实——这是否还

[①] Маймин Е. А. Владимир Одоевский и его роман "Русские ночи"/Серия "Литературные памятники"/В. Ф. Одоевский "Русские ночи", М., 1975. В интернете: www.lib.ru.

[②] Одоевский В. Ф. Русские ночи. М., 1975. В интернетеwww.lib.ru.

是百科全书主义呢？"他强调事物之间的有机联系以及认识的整体性，反对看不到学科门类之间有机联系的"专业化"和机械的、知识之间缺少活的联系的"百科主义"。

奥多耶夫斯基解释说，他深受谢林的影响，如果要理解谢林，特别是关于"世界之魂"的学说，需要自然科学知识。"……谢林，可能自己也没有想到，成为我们这个世纪（19世纪）积极流派的真正开创者，至少在德国和俄罗斯是这样的。在这些国家，只是因为宽厚的谢林和歌德，我们才对法国和英国的科学变得更加体量，我们以前根本瞧不上这种粗糙的经验论。"①以下我们看看哲学家津科夫斯基是如何论述奥多耶夫斯基"认识的整体性"的观点。

一、"认识的整体性"

我们结合津科夫斯基的研究，归纳奥多耶夫斯基的"认识的整体性"。津科夫斯基在其著作《俄国哲学史》中，对奥多耶夫斯基的哲学思想做了很好的归纳，②这对我们整体把握奥多耶夫斯基的哲学思想，明确奥多耶夫斯基在俄国哲学史上的地位，确定《俄罗斯之夜》的中心思想是很有帮助的。

津科夫斯基认为，奥多耶夫斯基是唯实论者。奥多耶夫斯基对美学，尤其是音乐，具有特殊兴趣。他对社会和经济问题也非常重视。多样的兴趣反映出宽广的精神。"他总是追求哲学综合，有时是冒险的，所以，他没有走折中路线。"奥多耶夫斯基进行综合所得到的结论，有时并不十分清楚，但他追求系统性的倾向却是明确的。津科夫斯基把奥多耶夫斯基的哲学思想划分为三个阶段。我们认为，其中反映的"认识的整体性"的观点是一以贯之的。以下结合我们的认识具体说明。

1.1 第一阶段，大致年代为 1816—1825

在学期间，奥多耶夫斯基受到共济会、谢林思想的影响。他后来成立"爱智者协会"，出版文集《谟涅摩叙涅》，其中提出的任务是，使俄国人不再偏爱法国理论家，普及一些德国的新思想，提醒读者注意俄国自己的创作。奥多耶夫斯基后来仔细研究了谢林的学说，在《谟涅摩叙涅》的末集，他指出，必须"认识所有科学之间的活的联系"，必须从"整体的和谐大厦"出发研究存在的个别方

---

① Там же.
② Зеньковский Василий. История русской философии. М., 2001.

第五章 奥多耶夫斯基"整体认识"的观点和表达手段——以《俄罗斯之夜》为例

面。他从谢林的"绝对"概念出发,不仅研究自然哲学,还研究人的精神问题,包括道德、美学和认识论。在这一时期,他对神秘主义持否定态度。在 19 世纪 20 年代,奥多耶夫斯基迷恋谢林的学说,试图在先验论的基础上,建立关于认识论、伦理学和美学的普遍理论。总之,这一阶段的奥多耶夫斯基认为,必须"认识所有科学之间的活的联系",从"整体的和谐大厦"出发研究存在的个别方面。

1.2 第二阶段,大致时间为 1825—1844

1.2.1 奥多耶夫斯基在这一阶段的主要思想是,在认识方面同样需要重塑"完整性"。1825 年以后,奥多耶夫斯基逐渐脱离谢林的影响,开始重视神秘论。他在 30 年代初期,完全沉迷于神秘主义文学。《俄罗斯之夜》就是奥多耶夫斯基这一时期创作的文集。此时,他关心的问题是关于人的学说和历史哲学。奥多耶夫斯基的思想建立在谢林学说的基础上,并且有所发展。

在这一阶段,他的出发点是:"在人的身上,三种自发力量:信仰、认识和美学,结合在一起",哲学的基础,不仅应该包括科学,还应该包括宗教和艺术。它们的完整结合,构成文化的内容,它们的发展,形成历史的涵义。在俄罗斯哲学中,奥多耶夫斯基第一个表述了后来经常出现的思想:人的"完整性"。自然"象征"被看作一类现象在另一类现象中"反映"的规律,"在自然界中,一切都是其他事物的隐喻"。[1] 这也是谢林学说的明显反映。[2]

1.2.2 最新颖、最独特的是他关于人的内部世界的描写。他早于伯格森(Бергсон,1859-1941)认为,文化使人的本能弱化:原始人的本能的力量非常强大,因为这一敏锐本能,"古人知道的比我们多",但是,随着理性的发展,这一力量开始减弱。"面向自身的理智,所能产生的只是混合,至此,它无法再前进一步。"他认为,应该把本能之力和理智综合起来。"理解本能是非常重要的","必须让理智有时无所事事,不再集中于本身之外,以便深入自身之内,为本能之力提供空间"。他勾画出一个重要论题,这个主题在斯拉夫派的学说和后来的许多俄罗斯哲学家那里,被推到了第一层次。这就是,在认识方面也要重塑"完整性"。这是自然主义立场上的神秘认识论。对他来说,在每个人的身上都具有天生的思想,智力的发展过程就是掌握这些天赋的财富。当人们

---

[1] Прохоров А. М. Российский энциклопедический словарь. М.,2001. С. 1432,939.
[2] Там же. С. 1796.

沉浸自身的时候,"思想的新的世界就会突然展现在我们面前"。

奥多耶夫斯基从直觉出发,支持从能量获得物质的思想。物质可能"非物质化",因此,他确信,与他同代的自然科学,建立在错误使用个别实验的基础上,没有考虑它们与整体的联系。经验论者不懂得"完整","完整"只有通过"本能之力"才能展现出来。奥多耶夫斯基期待"新科学"的出现,它可以克服"专业化"产生的缺点,新科学是"一个整体,活的统一",包容整个自然界。他在歌德、罗蒙诺索夫等人那里看到了"新科学"的先声。"科学应当具有诗意",没有艺术才能,就无法掌握世界的秘密。对他而言,诗歌感觉,如果没有被其他成分复杂化,总是可以引导人们进入真理的殿堂。如果遵循"本能之力",人就不会出错。

在美学方面,他认为音乐最重要,但所有的艺术,所有那些发展美学文化的东西,都具有很高的价值。在艺术中,有一种力量在起作用,这种力量,可能以前所有的人都具备,但随着理智的发展,人类丧失了它。"……富有诗意的自发力量,是灵魂最珍贵的力量。"卡拉姆津和茹科夫斯基[①]首先提出的美学人道主义(世俗世界观的最高表达),在此得到最终表达。对美学人道主义而言,道德生命在这个学说中,是美学和道德的结合,"道德不是诗歌的目的,但我确信,诗人一定是具有道德的人"。

奥多耶夫斯基的伦理观也和"本能之力"联系。他认为,要"本能地认识善和恶",以此为依据,他批评当代,认为它成了物质利益的俘虏。他关于当代的学说是他的历史哲学的一部分,[②]在《俄罗斯之夜》中得到明显表达。

1.2.3 《俄罗斯之夜》所描写的,是19世纪这样一个时段,此时,谢林哲学再也无法满足真理的寻求者,他们各奔前程。奥多耶夫斯基的历史哲学明显反映出人们常说的俄罗斯心智的极端性的特点,但是,奥多耶夫斯基在肯定俄罗斯的同时,也肯定了俄罗斯精神的"包容一切"的综合。

1.2.3.1 先看否定西方的极端。奥多耶夫斯基在《俄罗斯之夜》中,也是在俄罗斯文学中,首次批判了西方文化;此前的俄罗斯文学,不止一次批评西方,但奥多耶夫斯基第一次以更体系化的形式触及这个主题。这个主题过去、现在一直让俄罗斯思想界激动不安。借《俄罗斯之夜》的主人公浮士德之口,

---

① Там же. С. 638,518.
② Зеньковский Василий. История русской философии. М., 2001. С. 147.

第五章 奥多耶夫斯基"整体认识"的观点和表达手段——以《俄罗斯之夜》为例

作者说,西方将会"死亡"。它以前的力量现在则内部分裂了。科学,脱离了"理智的重新联合的力量",分裂为一系列专门学科,理解"完整",成为不可能的事情。艺术衰退了,因为诗人丧失了自我信仰,失去了创造力。宗教感觉也将死亡。因此,作者预言,西方将会死亡。简言之,奥多耶夫斯基否定西方的原因是,西方失去了"认识的整体性"。

  1.2.3.2 再看肯定俄国的极端。奥多耶夫斯基认为,就像基督教给古希腊、罗马的衰老世界注入了新的力量,使生命得以复兴,现在欧洲要获得拯救,只有通过走上历史舞台的具有新的力量的新的人民。奥多耶夫斯基认为,俄罗斯人民就是这样的人民,因为(他们)"处于过去和未来两个世界的边界;我们是新生的;旧欧洲的罪行与我们无关;在我们面前展现的是它奇怪的、神秘的场景,其谜底可能就隐藏在俄罗斯精神的深层之中"。俄罗斯人要拯救的不只是欧洲的肉体,还有欧洲的灵魂,因为要改变的是欧洲的文化基础。奥多耶夫斯基对俄罗斯人说:"在信仰、科学和艺术的神圣的三位一体中,你能找到父辈所祈祷的那种平静。19世纪属于俄罗斯。"奥多耶夫斯基肯定俄罗斯的原因也是很清楚的,那就是此处具备"认识的整体性"。

  1.2.3.3 从逻辑上看,反题和正题之后,应该是综合。奥多耶夫斯基认为,俄罗斯精神就是"包容一切"的综合。他通过浮士德之口这样评述:"我的朋友关于西方的思想有些夸大其词,但仔细倾听西方作家的意见,倾听他们在现代文学中绝望的呼喊⋯⋯。我在西方看到的是,(他们)极端浪费力量⋯⋯。西方沉浸在自发力量的世界中,⋯⋯产生它的自发力量能够产生的一切,但在不平静的、加速的行为中,它使得一种自发力量得以发展,扼杀了其他自发力量,结果失去了平衡。要使人类基本的普遍的自发力量得到完全和谐的发展,西方缺少自己的彼得大帝,以便为它嫁接斯拉夫的东方的新鲜强大的汁液"。他特别强调"俄罗斯精神无所不包的多面性"、"普遍性的自发力量",或者更确切地说,"包容一切"(всеобнимаемости)。后来的斯拉夫派继承了他的这些观点。

  1.2.4 奥多耶夫斯基兴趣全面,不知疲倦地追求知识,这决定了他总是追求"包容一切的综合,完整性和内在和谐"。他认为,贵在以统一和谐的形式容纳"一切"。谢林给他提供了把多种不同追求和谐结合起来的思想基础。在第二阶段,奥多耶夫斯基的中心思想是关于人的学说,但谢林的影响依然存在。这是他独立创作的阶段,阐述了许多思想,被后来的斯拉夫派、陀思妥耶夫斯基、索洛维约夫所继承。在这一阶段,连接这些思想的纽带,就是人的美学方面的现实性和力量,其中的亮点是"本能之力"的学说。他关注的不是抽象的美学问题,而是人的美学因素。知识、客观世界的最后秘密,人的秘密,在美学因素中体现出来,只有通过美学因素,人的内在的和谐、他的完整性才能起到主导作用。

1.3　第三阶段,大致年代 1844—1869

奥多耶夫斯基在这一阶段的主要思想,被称作"归纳的形而上学"。奥多耶夫斯基此时对自己的生命感觉进行哲学思考。他对自然科学的发展最感兴趣。他脱离了唯心主义,成为唯实论者。只是这时的现实性,大多是在"事实"中表现出来的。如果在《俄罗斯之夜》中,浮士德嘲笑"事实狂",在这一阶段,奥多耶夫斯基却非常重视事实的积累。这不是实证论,而是现实主义,他不否认形而上学,这就是所谓的"归纳的形而上学"。

1.4　可见,奥多耶夫斯基的一个重要的哲学思想,就是强调"认识的整体性"。《俄罗斯之夜》的编辑指出(见《编者的话》),奥多耶夫斯基的思想,与 19 世纪 30—40 年代的赫尔岑有许多相似之处:无所不包的百科性,"柏拉图"式的对话,"片段性"。最主要的是,他们都认为,世界和知识是完整的、综合性质的。赫尔岑在 1842—1843 年发表系列作品《科学中的不求甚解》(与《俄罗斯夜晚》同时),其观点和奥多耶夫斯基的观点一致:"片面理解科学会破坏连续性,也就毁灭了活的东西……。专业化〈……〉不想了解普遍的东西,它从来达不到普遍的高度;它把所有的分裂的、部分的东西看作是独特的东西。"[1]《俄罗斯之夜》对后来的空想社会主义者、彼得拉舍夫斯基派(1845—1849 年彼得堡的俄国进步知识分子小组)、陀思妥耶夫斯基的中长篇小说、20 世纪的思想家和作家而言,具有巨大影响。奥多耶夫斯基的历史哲学,包括对西方的批判,还有"联结一切的综合",为 19 世纪 40 年代的斯拉夫派开辟了道路。斯拉夫派的哲学思想的要点之一,也是强调认识的整体性和完整性。[2] 以下我们讨论奥多耶夫斯基是如何表达"认识的整体性"这个主要观点的。

---

[1] Герцен А. И. Собр. соч. в 30 томах. Т. III. М., 1954. С. 59.

[2] Бердяев Николай. Собрание сочинений. Т. V. [Алексей Степанович Хомяков. Миросозерцание Достоевского. Константин Леонтьев.] Париж, 1997. В интернете: www.lib.ru.

第五章　奥多耶夫斯基"整体认识"的观点和表达手段——以《俄罗斯之夜》为例

二、"整体认识"的表达手段

奥多耶夫斯基在《俄罗斯之夜》中为了表达"整体认识"的观点,使用了经过综合的表达手段,有论者称为"散文戏剧"。其中具有悲剧的紧张情节、抒情诗的心理描写、史诗的宏大场面,综合了叙述史诗、抒情风格、戏剧成分、音乐的对位原则。他曾说过:"我们,俄罗斯人,最后才走上文学舞台。难道不是我们注定要用联合了文学和艺术的所有形式的戏剧,替代现在无法再使用的叙事诗吗?"①有论者则因为看不到这种表达手段的有机联系,把握不住奥多耶夫斯基的基本思想,而对奥多耶夫斯基有所批评。②

其实,博学多才的奥多耶夫斯基对自己的表达手段有过元语言方面的明确说明。他在1861年的《俄罗斯之夜》的再版附注中,谈到所使用的表现形式:对话和"在谈话中插入独立的叙述"(用现在的术语表示,就是文中文)。③他对为什么使用对话作了比较详细的解释,而对"在谈话中插入独立的叙述",则没有正面说明,需要我们借助后现代主义的文本理论,才能理解得比较透彻。

2.1 对话

我们先看第一种形式——对话。对话,或称谈话体,在奥多耶夫斯基以前的哲学著作中就已经常使用(参见《中国大百科全书》哲学部分的词条,可用主题词"对话"查阅)。但作者做了"元语言"方面的思考,解释了自己为什么使用对话形式。使用这种形式,一是逻辑方面的要求;二是作者"自然的精神意向"。具体表现在以下五个方面。

奥多耶夫斯基从戏剧的特点来考虑对话这一形式。例如,他认为,在当时的最新作品中,缺少古代称为"合唱"的成分。"合唱"的形式便于观众参与。参与是人的自然喜好。在古代戏剧中,合唱给人提供了参与的空间。对话体有助于表现读者(或观众)的一些想法,有助于他们的参与。这和作者进行"整

---

① Сахаров В. Я. О жизни и творениях В. Ф. Одоевского/В. Ф. Одоевский. Сочинения в двух томах. Том первый. Русские ночи. Статьи. М., 1981. Вступительная статья, составление и комментарии В. Я. Сахарова. В интернете: www.lib.ru.
② Шульц С. А. 《Русские ночи》В. Ф. Одоевского и полифонический роман Ф. М. Достоевского/Филологические науки, №6, 2009. С. 21 - 26.
③ Одоевский В. Ф. Русские ночи. М., 1975. В интернете www.lib.ru.

体认识"的观点相一致,这是作者选择对话形式的第一点原因。

在对话中,各个角色的作用不同。用作者的话说,应该出现一个辩护者的角色,对当时占主导地位的概念做出判断。奥多耶夫斯基引用古代艺术家的观点,认为这是戏剧的要素之一。奥多耶夫斯基的对话是"和声",具有主旋律和伴奏之分。在《俄罗斯之夜》中,主人公"浮士德"扮演"辩护者"的角色。这与巴赫金后来针对陀思妥耶夫斯基的创作而提出的"复调"不同,复调音乐不分主旋律与伴奏,各声部同时协调进行,叠置结合成复调形式。[1] 选择具有辩护者的对话,有助于表现"和声"、"和谐",这也和作者"整体认识"的观点相一致。这是第二点。

选择对话体,而不是独白,因为在独白中,可能出现抒情、长篇大论,或者过度的"冷酷的客观"。作者还说,有时可以通过结合两个不同的,但同时出现的事物,达到所希望的目标。一个事物可以对另外一个事物进行补充。奥多耶夫斯基认为,如果既从主观方面,又从客观方面来表达思想,那么,思想就可能得到比较完整的表达,从而满足人们的美学需求。这也和作者"整体认识"的观点相一致。这是第三点。

奥多耶夫斯基还提到心理因素的作用。他曾经学习希腊语,阅读柏拉图的著作。在柏拉图的谈话中,不同的思想使作者产生了几乎同样的参与感,就像戏剧、诗歌的不同人物的命运。奥多耶夫斯基通过阅读柏拉图的著作,得到这样的结论:如果人们不能很好地理解生命,那么,其中的原因是,人们难以彼此理解,因为语言无法完全表达人们的思想,听者从未听到说给他听的所有的东西,或多或少总是存在偏差。由此,奥多耶夫斯基相信,必须或可能把所有的哲学意见归纳起来。例如,在《俄罗斯之夜》中,"舞台"上出现的人物,都是奥多耶夫斯基当代的典型哲学思想的"代言者",如经验论者维克托,神秘论者浮士德。浮士德嘲笑其他流派,坚持象征主义的观点。这是作者使用对话体的第四点原因。

奥多耶夫斯基使用"对话"这种手段表达自己的观点,虽然自言师承柏拉图,但对它作了比较深刻的元语言方面的思考,认为对话适于表达自己的"整体认识"事物的观点。另外,我们觉得,从语言学角度而言,对话的典型特点

---

[1] Руднев В. П. Энциклопедический словарь культуры XX века: ключевые понятия и тексты. М., 2001. С. 324.

第五章　奥多耶夫斯基"整体认识"的观点和表达手段——以《俄罗斯之夜》为例

是,一来一往的话语之间具有内容和结构上的联系;① 从哲学角度而言,对话是交际参与者在信息和存在方面的相互作用,通过对话达到相互理解。② 20世纪上半叶出现的哲学流派——对话法(диалогизм),在对话的基础上进行新的反思,批判经典哲学唯我的独白式的语言。它提出的一种观点是,作为不同实质的"你"是自主多样的,在它们相互作用的区域产生真正涵义。③ 可见,"对话"的手段确实有助于"整体认识"事物,获得新的涵义。这是奥多耶夫斯基选择对话体的第五点原因。

2.2　文中文

奥多耶夫斯基提到,他所使用的第二种办法,就是在谈话中插入独立的叙述。《俄罗斯之夜》的编者认为(见"编者的话"),奥多耶夫斯基的"完整认识"的思想(编者使用的术语是:有机的"综合性质、百科性质"),明显表现在他把科学和艺术完美地结合起来。奥多耶夫斯基有意识地使用了元语言(对创作过程本身进行描写),使人想起20世纪的托马斯·曼的《浮士德博士》等作品。

《俄罗斯之夜》的编者也提到,为了避免极端,"完整认识"世界,奥多耶夫斯基主要使用了两个手段:对话和"片段"。根据《俄罗斯之夜》的整体内容看来,这个"片断",用现在的术语说,就是大量摘引、引用,形成文中文,构成"互文"。使用"片段"的手段与作者关于现象和结构的"普遍的相互联系"的观点是一致的。

2.2.1　文中文、互文本身具有联结、综合的意义

我们先来说明,文中文、互文本身具有联结、综合的意义。从文化学方面看,文中文是一种独特的超级修辞建构,在20世纪的叙述文本中比较常见。其意义是,基本文本的任务是描写另一文本的内容,从而构成整部作品的内容。文中文是内部文本和外部文本的语用界限之间的游戏,也是两种文本之间的冲突,其目的是,比试哪种文本更加真实。这一冲突,是20世纪文化寻求失去的幻想和现实之间界限的整体定势所引起的。④ 奥多耶夫斯基在19世纪就着重使用了这个手段,可以说具备一定的超前意识。

---

① Ярцева В. Н. Большой энциклопедический словарь. Языкознание. М., 2000. С. 135.
② Грицанов А. А. История философии. Энциклопедия. Минск, 2002. С. 317.
③ Там же.
④ Руднев В. П. Энциклопедический словарь культуры XX века: ключевые понятия и тексты. М., 2001. С. 460 - 464.

互文性,在语言学上的解释是,把一个文本纳入另外一个文本,这样可以把不同时代、不同语言、不同体裁的文本联结在一起。在每个文本中,可能附加其他文本(这就是"文中文"),这些文本通过联想结合在一起,能够产生额外的涵义。随着对摘引在文本中的功能的研究,产生了有关互文的理论。①

互文性,也是后现代主义文本学的一个概念。从概念来源而言,互文这个概念是克里斯捷娃(Кристева)在1967年提出的。从后现代主义文本学的角度,比较容易解释奥多耶夫斯基使用这一手段的原因。互文的意义和奥多耶夫斯基"整体认识"的哲学思想相吻合。

后现代主义文本学关注文本和文化符号环境的相互作用。在后现代主义体系中,文本和符号背景的相互作用被看作涵义生成的基本条件。根据热涅特(Ж. Женетт)的分类,文本相互作用的情况有以下几种:①狭义的互文性,指的是,在一个文本中,同时存在两个或更多的不同文本(摘引、引喻,等等);②伴随的文本性,文本和它的一个部分的关系(例如,卷首题词、标题、插入的小说);③元文本性,文本和它前面的文本的相互关系;④超级文本性,文本与被它模仿的其他文本之间的关系;⑤最高文本性,文本在体裁上的联系。② 以上各个方面在《俄罗斯之夜》中都有明显、具体的表现,我们不再举例。我们想从广义方面说明以下问题。

巴特(Р. Барт)认为,"每个文本就是一个互文本;其他文本,如以前文化的文本和周围文化的文本,在不同层次上,以或多或少能够被认识的形式存在其中。每个文本就是由旧的摘引构成的新的'布匹',旧文化编码的碎片、公式、韵律结构、社会习语的片段等等,都被文本所吸纳,在文本中融合,因为语言在文本产生之前就存在,它存在于文本周围。"③我们这里所说的"互文",是从语言学的狭义互文概念出发的,但是,它同样具有后现代主义文本学的广义的"互文"意义。例如以下几个方面的内容。

第一,互文对话。这是埃科(Эко)提出的概念,意思是,"在一个确定文本中,以前的文本能够发出回声"。这样,所引用的不同文本之间也存在"对话"关系。奥多耶夫斯基不仅使用了上述狭义的对话体,还通过使用互文,产生广

---

① Ярцева В. Н. Большой энциклопедический словарь. Языкознание. М., 2000. С. 508.
② Грицанов А. А. Новейший философский словарь. Минск, 2001. С. 429–431.
③ Там же.

第五章 奥多耶夫斯基"整体认识"的观点和表达手段——以《俄罗斯之夜》为例

义的"对话"。

第二,文本是"回声室"。巴特把文本看作"回声室",能够由外部回声产生"立体声"效果。类似综合的一个重要成分,就是文本把外部的东西内部化。后现代主义的文本阅读,巴特说,"完全由摘引、参阅、回声构成;这都是文化的语言……透过文本的新的和旧的文化语言,产生强大的立体声效果",摘引的游戏,实际上就是文化"语言"的游戏,在这一游戏中,"任何语言对于其他语言而言并没有优势"。巴特的文本分析法,"要求我们把文本看作……同时混杂的,未完成的不同声音、许多编码的交织物品。叙述不是平面,不是图表;叙述是立体的东西"。只是因为文本之间的相互关系,因为互文性,文本才存在,在这个意义上,互文性是"任何文本必需的前提条件"。①

第三,文本是个乐团。里法捷尔(М. Риффатер)认为,文本的性质与"互文性"密不可分,并建立在互文性之上,文本不是别的东西,而是"其他文本的超级立场所构成的乐团"。所以,格里韦尔(Ш. Гривель)认为,"互文之外没有文本"。②

以上三点,从广义上说明,应该把文本都看作"互文",看作一个和谐的整体,如同"对话"、"回声室"和"乐团"。文中文、互文具有联结、综合的意义。奥多耶夫斯基甚至在我们现在所说的后现代意义上使用这一手段。

2.2.2 奥多耶夫斯基的后现代主义意识

以下我们再来说明,奥多耶夫斯基具有我们现在所说的后现代主义意识。《俄罗斯之夜》的互文性非常明显,表现在两个方面:

2.2.2.1 奥多耶夫斯基对互文作广义理解

以下例子摘自《俄罗斯之夜》现代编者所加注释。奥多耶夫斯基甚至引用自己未曾发表的作品,例如"第一夜"的第一个夹注:

1) ... напомнили Ростиславу сказку одного его приятеля...
— Судя по излагаемому далее содержанию сказки, Одоевский говорит здесь о собственном произведении, носящем название "Детская сказка для взрослых детей". Произведение это не было

---

① Там же.
② Там же.

напечатано и сохранилось в рукописи в нескольких отрывках. 有人向罗斯季斯拉夫提起他的一位朋友所写的童话……——（以下是现代编者的注释）根据以下所述童话内容判断，奥多耶夫斯基此处所说的是自己的一部作品，名为《写给成年孩子的童话》。这部作品未曾出版，保留下来的是几段手稿.

奥多耶夫斯基的摘引，有时则来源不明。如"第六夜"的第十五个注释：

15)... как говорит Парацельзий в одном забытом фолианте. — Источник цитаты не обнаружен... 如同巴拉塞尔苏斯（1493—1541）在一部被人遗忘的巨著中所说——（以下是现代编者的注释）摘引的出处不明……

这样的"摘引、引用"，结合 2.2.1 节的后现代主义的观点才能理解。广义而言，任何文本都具有互文的特点，奥多耶夫斯基此刻所做的非严格意义上的摘引，也就可以理解了。

2.2.2.2 《俄罗斯之夜》具有"序列思维"的特点

作品的主人公浮士德引用自己朋友的手稿，然后再进行解释说明，而这个手稿，又是"朋友"对他人观察的叙述。奥多耶夫斯基再版时对作品进行注释，《俄罗斯之夜》的现代编辑再给作品内容进行注解。其中的序列关系是这样的：浮士德的朋友叙述他人的观察——浮士德的朋友的作品——浮士德对前者的引用、解释和论证——奥多耶夫斯基对前者的注释——《俄罗斯之夜》的编者对前者所做的注释。序列思维在文学中的表现，就是文中文。[①] 文中文有利于说明各方观点，这也符合奥多耶夫斯基"整体认识"的意图。

文中文在巴洛克文化中也曾得到广泛使用。莎士比亚的悲剧——《哈姆雷特》的"捕鼠器"一场，就是"文中文"。到了 20 世纪，布尔加科夫的《大师与玛格丽特》乃是文中文建构的经典之作。再如纳博科夫的《微弱的火焰》、德米特里·加尔科夫斯基的《无穷的绝境》，都是文中文的建构。文中文还是 20 世

[①] Руднев В. П. Энциклопедический словарь культуры XX века: ключевые понятия и тексты. М., 2001. C. 405–407.

纪下半叶电影情节最具代表性的一种类型,例如费杰里科·费里尼的《八部半》。[1] 但是奥多耶夫斯基在19世纪就有意识地,而且娴熟地使用这一手段来表达他的"整体认识"的哲学观点,使得后人不得不赞叹他的天赋和超前意识。

结　语

从哲学史的角度看,俄罗斯哲学倾向于调合、综合理智、情感、意志、科学、艺术和宗教。俄罗斯文学在提出哲学问题中具有重要意义,能够反映俄罗斯的哲学特点,[2]奥多耶夫斯基的《俄罗斯之夜》也是一个鲜明的实例。奥多耶夫斯基强调"认识的整体性",与19世纪30—40年代的赫尔岑的观点相呼应。奥多耶夫斯基的历史哲学,包括对西方的批判,还有"联结一切的综合",为19世纪40年代的斯拉夫派开辟了道路。《俄罗斯之夜》对俄国后来的哲学思想、陀思妥耶夫斯基的创作、20世纪的思想家和作家而言,影响巨大。奥多耶夫斯基的主要思想对我们目前所处的经济、政治和环境时弊而言,未尝不令我们警醒。奥多耶夫斯基有意识地选择对话和文中文这样的手段来表达他的基本哲学思想,表达手段的功能与他的哲学思想相吻合,做到了形式与内容的完美结合。

---

[1] Там же.

[2] Грицанов А. А. История философии. Энциклопедия. Минск, 2002. С. 912 - 917.

第六章　霍米亚科夫论教派对立和俄国与西欧的差异

霍米亚科夫(1804—1860)，东正教神学家、哲学家、作家、诗人、政论家、彼得堡科学院的通讯院士(1856)，斯拉夫派的奠基者之一。在他的思想中，东方教父学的倾向与哲学浪漫主义的成分结合在一起。① 霍米亚科夫曾指出，"在我们这儿，对宗教的兴趣超越了一切。"② 别尔嘉耶夫高度评价霍米亚科夫，具有以下内容：③

第一，霍米亚科夫是东正教的第一位世俗宗教思想家，他能够独立思考，批判地对待西方思想。他的作品没有繁琐哲学的影子，没有官僚主义的东西，反映了信仰东正教的俄国人的宗教经验，不是学院式的形式主义那种死气沉沉的东西。他给东正教带来了新鲜气息。

第二，在神学中，霍米亚科夫表现得比俄国的许多高级僧侣和神学院的教授更东正教化，更像俄国人。

第三，包括霍米亚科夫在内的整个斯拉夫派的功绩是，指出了俄国思想主要是宗教性质的，应该在这个方面寻找俄罗斯民族精神的实质。斯拉夫派第一次明确表述，俄国精神生活的中心是宗教性质的，俄国的不安和追求实质上是宗教性质的。时至今日，所有那些在俄罗斯文化、文学、哲学和自我意识中曾经、至今还是独特的、具有创造性的、意味深长的东西，就主题、追求和范围而言，都是宗教性质的。

---

① Прохоров А. М. Российский энциклопедический словарь. М., 2001. С. 1730.
② Хомяков А. С. Сочинения в 2-х тт. т. II. М., 1994. С. 34.
③ Бердяев Николай. Собрание сочинений. Т. V. ［Алексей Степанович Хомяков. Миросозерцание Достоевского. Константин Леонтьев.］ Париж, 1997. В интернете: www.lib.ru.

第六章　霍米亚科夫论教派对立和俄国与西欧的差异

霍米亚科夫思想的上述特点,对我们学习俄罗斯语言和文化的人来说,非常具有吸引力。国内目前有关霍米亚科夫思想的介绍,比较简洁,对其宗教思想的评价,主要是正面的,没有深究其思想存在的不足。

俄罗斯具有世界声誉的一些著名哲学家,曾对霍米亚科夫的思想进行过仔细研究,做出了自己的评价,为后人留下了进一步研究霍米亚科夫思想的宝贵线索。[①] 霍米亚科夫的思想,集中反映在他的主要哲学和神学文章中。[②] 我们现在重读霍米亚科夫的著作,[③]不是为了宣扬斯拉夫派的某种观点,不是为了重弹基督教教派对立的老调,[④]而是为了通过他的学说,结合俄罗斯著名哲学家的解读,了解一些俄罗斯思想的特点,发现其中的一些思维定势,归纳一些俄罗斯的心智特点。以下我们就来说明霍米亚科夫关于教派对立和俄国与西方差异的思想,并由此说明他的思维特点。下文的主要线索是这样的:霍米亚科夫的宗教(东正教)理想,这是他关于教派对立和俄国与西欧差异的思想基础。正是深刻认识到俄国和西欧在宗教和社会等方面的巨大差异,霍米亚科夫发展出有关俄国使命论的思想。这些内容之后,我们谈到霍米亚科夫的表达特点,并对其思想做出评价。

一、霍米亚科夫的宗教（东正教）理想

1.0　霍米亚科夫哲学分析的先决条件

欧美 18 世纪末至 19 世纪上半叶的"浪漫主义"运动,是对启蒙时期唯理论的反动。[⑤] 霍米亚科夫就生活在这种背景下,他的思想恰恰具备以浪漫主义成分反对他自己理解的"唯理论"的特点,只是这种浪漫主义表现在他的东正教理想中。

在霍米亚科夫那里,我们虽然找不到一篇能够系统说明其哲学思想的文章,但还是需要展现其思想的内在联系。津科夫斯基指出,霍米亚科夫是真正

[①] Бердяев Николай. Указ. соч.; Зеньковский Василий. История русской философии. М., 2001. С. 183; Лосский Николай Онуфриевич. История русской философии. М., 1991. В интернете: www.lib.ru; Хомяков А. С. Сочинения в 2-х тт. т. I. М., 1994. С. 4;格奥尔基·弗洛罗夫斯基(吴安迪等译),《俄罗斯宗教哲学之路》,上海:上海人民出版社,2006 年,第 333—347 页。

[②] Н. О. 洛斯基(贾泽林等译),《俄国哲学史》,杭州:浙江人民出版社,1999 年,第 30 页。

[③] Хомяков А. С. Сочинения в 2-х тт. М., 1994.

[④] 夏征农主编,《辞海》(缩印本),上海:上海辞书出版社,1989 年,第 615 页。

[⑤] Прохоров А. М. Указ. соч. С. 1341;1304; Бердяев Николай. Указ. соч.

的"基督教哲学家",他从教会意识出发构造哲学体系,他认为完整的真理只存在于(东正教)教会之中,这是霍米亚科夫哲学分析的先决条件。①

1.1 霍米亚科夫所理解的教会及有关概念

教会(Церковь)这个概念,在霍米亚科夫那里,指理想的基督教,以俄国东正教为代表。霍米亚科夫只是指出了教会体系的基本原则,但是,以此为基础,更容易理解其教会学说的实质,把握其神学和哲学思想中最具价值的内容。②

霍米亚科夫对教会的认识,在我们无神论者看来,是"隐喻"性质的。③ 他认为,教会应该是一个真正的有机整体,是身体。这个身体的首领(主要部分)就是基督耶稣。热爱基督和宗教真理的人都属于基督,成为基督身体的组成部分。

教会这个有机整体,被上帝所鼓舞。信徒之间、信徒与教会之间的关系,不是沙粒和沙堆之间的松散关系,而是有机的统一:

> 被活的身体所掌握的物质的任何微粒,都成为肌体不可分割的一部分,微粒本身从肌体获得新的涵义和生命:教会中的人,处于基督身体中的人也是这样的,其有机基础就是爱。④

真理、个人自由、统一、信仰等概念,是这样联系在一起的:所有信徒都热爱基督,基督是最完善的真理和公正的体现者。教会不仅是众人的统一,还是个体保留自身自由的一种统一。这种统一建立在无私的、具有自我牺牲精神的爱的基础之上。热爱基督及其教会的人,拒绝任何虚伪、自满,他们具有明智敏锐的信仰。

真理是这样被掌握的:在爱的基础上与教会团结一致,这是掌握所信仰真理的必需条件,因为完全的真理属于教会整体,"……无知是每个孤立个人的必然归宿,就像罪孽一样……(完全的)理解,就像无可非难的神圣,属于教

---

① Зеньковский Василий. Указ. соч. С. 187.
② Н. О. 洛斯基(贾泽林等译),《俄国哲学史》,杭州:浙江人民出版社,1999年,第33页。
③ 杨明天,《俄语的认知研究》,上海:上海外语教育出版社,2004年,第38—40页。
④ Хомяков А. С. Сочинения в 2-х тт. Т. II. М., 1994. С. 88.

会所有成员的统一体"。① 信徒应当通过心灵之爱,追求基督,追求教会的完全真理和公正,那时,信徒就会觉得豁然开朗,获得完整的理性,理解超理性的原则和它们与存在的理性层面的联系。

霍米亚科夫学说的基础在于,"教会不是权威……因为权威对我们来说是某种外在的东西;教会不是权威,而是真理"②……"认为东正教所要求的,是强迫的统一或者强迫的顺从,这种观点是不对的。恰恰相反,教会厌恶以上所说的两个方面:在信仰的事业中,强迫的统一乃是谎言,而强迫的服从乃是死亡"。③ 霍米亚科夫否认教会中的"权威",反对基督以外的所有"教会首领"。教会的自由属于教会整体,而不属于单个成员。"如果信徒的自由不意味着对自己而言还存在任何外在权威,那么,对这一自由的证实,就是和教会志同道合。"④

1.2 霍米亚科夫对教会的态度,对"唯理论"的理解

霍米亚科夫对教会的态度,从他对教会的戒律、首领、自由、真理的认识等方面表现出来:

> 我们(教会)的律法(戒律)不是奴役或者为报酬而劳动的雇工的律法,而是领养(孤儿)或者自由之爱的律法。
>
> 教会的任何首领,不管是精神的,还是世俗的,我们都不承认。基督是教会的首领,其他首领教会是不承认的。⑤
>
> 但是,使徒允许人们自由研究,甚至把它作为训喻;教父用自由的研究来保卫所信仰的真理;自由的研究,可以被这样或那样理解,构成真正信仰的唯一基础……所有的信仰,所有可以思考的信仰,都是自由行为,一定来自预先的自由研究……⑥
>
> 教会的统一是自由的;确切地说,统一就是自由本身,严整地表达自由的内在的协调。当这个活的统一被拒绝以后,不得不牺牲教

---

① Там же. С. 47.
② Там же. С. 44;150.
③ Там же. С. 150.
④ Зеньковский Василий. Указ. соч. С. 188.
⑤ Хомяков А. С. Сочинения в 2-х тт. Т. II. М., 1994. С. 29.
⑥ Там же. С. 35.

会的自由,以便达到人工的和任意的统一。①

　　我们信仰统一的自由的教会。② ⋯⋯

　　认识宗教的真理,只有基督徒的相互之爱才能达到,除了这个爱,没有别的维护者。③

霍米亚科夫对"唯理论"的理解是这样的:

　　谁在希望和信仰之外,为爱的精神寻找某些其他保证,此人就是唯理论者⋯⋯除了用言词表达的逻辑训诫,不承认其他训诫,唯理论(的实质)就在于此,它在天主教中比在新教中表现得更加明显。④

萨马林在为霍米亚科夫的神学作品所写的序言中,明确说明,"唯理论,就是逻辑知识,与道德因素相分离。"⑤这是霍米亚科夫对"唯理论"的理解,是他批判西方天主教和新教的重要依据。实际上存在把知性和作为普遍思潮的"唯理论"⑥混为一谈的问题。

1.3　教会的基本原则在于"聚和性"

霍米亚科夫的以上思想说明,教会的基本原则不在于服从外在权力,而在于"聚和性"(соборность)。⑦ 聚和性——这是教会的基础在信徒共同理解的真理和共同寻找拯救道路的事业中,形成自由的统一,这种统一建立在对基督和宗教公正(公平)的一致之爱的基础上。⑧ 聚和性原则意味着,具有最高权力的牧首,甚至普世会议,都不是真理的绝对体现者。只有教会的整体,才是真理的体现者。⑨

---

① Там же. С. 57.
② Там же. С. 88.
③ Там же. С. 124.
④ Хомяков А. С. Сочинения в 2-х тт. Т. II. М., 1994. С. 47; 49.
⑤ Зеньковский Василий. Указ. соч. С. 193.
⑥ 夏征农主编,《辞海》(缩印本),上海:上海辞书出版社,1989年,第843页。
⑦ Н. О. 洛斯基(贾泽林等译),《俄国哲学史》,杭州:浙江人民出版社,1999年,第35—36页;张百春,《当代东正教神学思想》,上海:上海三联书店,2000年,第53—57页;徐凤林,《俄罗斯宗教哲学》,北京:北京大学出版社,2006年,第19页。
⑧ Лосский Николай Онуфриевич. Указ. соч.
⑨ Там же.

霍米亚科夫总是把"教会"理解为东正教的教会。教会如同基督的身体，它趋向统一。天主教和新教偏离了教会的基本原则。霍米亚科夫把聚和性看作东正教传统的独特的精神财富，是教会民众的普遍理性，不同于新教的宗教个人主义和罗马天主教的教皇独裁。① 天主教，建立在外在权威的基础之上；新教，使个性具有理智的抽象荒漠中的自由。聚合性没有形式的特点，没有唯理论的特点。在聚和性中，没有任何律法的东西，任何使人想到国家权力，任何外在的和强迫的东西。②

霍米亚科夫确认聚和性的，也就是教会的认识论。③ 只有聚和性的教会意识，才能理解存在，个人意识是无法了解真理的。个人意识的自我确认，总是伴有精神完整生活的割裂，主客体的分割。只有完整的精神，才能获得最高的理性，它总是与聚和性联系在一起。④

霍米亚科夫是一位宗教激进分子，他使得教会权力和国家权力都感到害怕。聚和性是整个斯拉夫派的基本思想，斯拉夫派在其中看到了东正教的实质。⑤ 霍米亚科夫所勾勒的东正教，以聚合性为实质，它并非现实的东正教，可以看作他的宗教思考和理想。霍米亚科夫认识到，东正教虽然在深层保存着真正的理想，但实际上，世界还从未完全实现基督教的原则。霍米亚科夫把东正教看作唯一正确的教会，这在我们看来，就是极端的表现。但他不是狂热分子，并没有把"教会之外没有拯救"，理解为天主教徒、新教徒、犹太教徒和佛教徒等等，都应受到诅咒。

二、教派对立和俄国与西欧的差异

2.1 对天主教和新教的批判

霍米亚科夫从聚和性原则出发，对罗马天主教和新教进行了批判。聚和性原则把统一和自由结合起来，这种结合建立在热爱上帝及其真理的基础上，建立在所有热爱上帝者互爱的基础之上。在天主教中，霍米亚科夫看到的是没有自由的统一，而在新教中看到的是没有统一的自由。在这些宗教信仰中

---

① Прохоров А. М. Указ. соч. С. 1461.
② Бердяев Николай. Указ. соч.
③ Там же.
④ Там же.
⑤ Там же.

得到实现的,只是外在的统一和外在的自由。①

2.1.1 罗马天主教

霍米亚科夫认为,罗马天主教会具有类似法律的形式主义和逻辑唯理论的特点,其根基在于罗马的国家制度。这些特点的明显表现,就是西方教会在没有征得东方教会同意的情况下,任意改变了信经,"在圣灵来自圣父"之后,增加了一个词(filioque——"和子说",即圣灵从圣父"和圣子"来)。任意改变信经,就是骄傲和缺乏"齐心一致"的表现。为了使教会不把这种改变看作异教,天主教被迫认为罗马教皇是绝对正确的。这样,天主教就脱离了完整的教会,成为一个依靠外在权力的组织。它的统一类似国家的统一:这个统一不是超越理性的,而是理性的,具有行政特点和形式特点。霍米亚科夫所理解的西方"唯理论",产生了这样一种学说,这种学说认为,可以称量罪孽和祈祷,过失以及赎罪,使得两者相抵。一个人的义务或者信贷,可以转移给他人,人们所承认的尊严,可以合法交换。简言之,"唯理论"给信仰的圣地带来银行锱铢必较的机制,②等等。

2.1.2 新教

天主教的唯理论,确立了一个没有自由的统一,它引出了唯理论的另外一种形式,作为对这一状况的反抗,这就是新教。新教实现了没有统一的自由。新教徒认为,《圣经》本身是没有生命的书籍,由每个信徒主观解释,它是新教徒宗教生活的基础。"就这一点而言,新教徒没有那一份平静,没有掌握了上帝话语(德音)的毫无疑义的自信,而这份自信只有信仰才能赋予人们。"③新教徒把《圣经》看作绝对正确的权威,但是,对信徒而言,这个权威是外在的权威。新教徒拒绝为逝者祈祷,否定圣物崇拜,鄙视教堂的精美结构。④ 霍米亚科夫认为,这是实用唯理论的表现,不懂得可见的教会和不可见的教会是一个有机整体。

2.1.3 东正教

在东正教中,耶稣是各个成分的主宰,他的力量在于,使得"诸物丝毫不改

---

① Хомяков А. С. Сочинения в 2 - х тт. Т. Ⅱ. М. , 1994. С. 183.
② Там же. С. 43;91 - 96.
③ Там же. С. 154.
④ Там же. С. 88 - 89.

变自己的物理实质",成为他的身体的有机组成。① 东正教会对《圣经》的态度是另外一种情况。"《圣经》对于人而言,就像所有其他事物对于主观理解的关系一样。对于教会,它作为有机的和具有理性的单位,这种关系是内在的关系,换言之,客体对于主体的关系,客体对主体而言是表达,话语对于其说者的关系。这种关系使得客体可以不受任何怀疑。"②意思是,《圣经》是教会整体的一种表达,其正确性不受怀疑。③

2.1.4 教派对立

根据霍米亚科夫的意见,罗马教会和新教的缺点,具有同一根源——恐惧。一个害怕失去教会的统一,另外一个害怕失去自由。二者都以世俗方式考虑上帝的事业。天主教徒认为,如果缺少解决教条问题的中央权力,异教就会占领上风。新教徒持有另外一种观点。他们认为,如果每个人都被迫同意他人的观点,就会出现精神被奴役的情况。④ 霍米亚科夫这样描写三种基督教信仰之间的差别:⑤

> 在欧洲,三种声音比其他声音更为响亮:/"服从并信仰我的律令",罗马如是说。/"成为自由的人,并努力为自己创造某种信仰吧",新教如是说。/而东正教会则呼吁自己的信徒:"让我们彼此相爱,志同道合地信奉圣父、圣子和圣灵吧。"

天主教倾向强迫、奴役人的精神;新教陷入了另一个极端,完全自由,以至个人任意胡为;只有东正教会保持了基督、圣徒和教父的遗训:

> 天主教是与人的本性相抵触的暴政。新教是无法无天的反叛。二者都不能予以承认。独裁之外的统一何处找寻?反叛之外的自由在于何处?二者都存在于(俄罗斯东正教)教会古老的、连绵不断的、

---

① Лосский Николай Онуфриевич. Указ. соч.; Хомяков А. С. Сочинения в 2-х тт. Т. Ⅱ. М., 1994. С. 102.
② Хомяков А. С. Сочинения в 2-х тт. Т. Ⅱ. М., 1994. С. 154.
③ Там же. С. 179.
④ Там же. С. 85.
⑤ Там же. С. 195.

一成不变的传统中。那里的统一,被赋予了比梵蒂冈的独裁统治更多的权力,因为它就建立在火热的爱的力量之上。那里的自由比新教的毫无领导更加独立,因为它被互爱的恭顺所控制。这就是砥柱和避难之所!①

霍米亚科夫强调爱与自由持续统一的重要性。他认为,基督教是爱的宗教,因此,基督教以自由为前提。虽然教会的教条不可变更,但霍米亚科夫没有放弃独立思考,而是自由寻求新的道路。"我允许自己在许多情形下不同意所谓的(东正教)教会的意见。"②他的理论不是官方或神学院的理论。

以上讨论了霍米亚科夫的基本宗教哲学观点,以及他对教派对立的基本认识(详细内容请参阅霍米亚科夫的原著③)。他的宗教哲学影响到他的历史哲学,形成了他关于俄国和西欧对立的认识。

2.2 霍米亚科夫对俄国与西欧对立的认识

2.2.1 伊朗原则和库希特原则

洛斯基归纳了霍米亚科夫对俄国与西欧对立的认识。④ 霍米亚科夫的宗教哲学,影响到他有关人类社会的历史发展和社会生活的观点。他对俄国和西欧对立的认识,是其宗教哲学观点的延伸和具体化,与他的东正教理想和基督教教派对立的认识一脉相承。"每个政治问题都具有社会意义;而如果对它很好地加以领会,就会在其中发现它的宗教的一面。"⑤霍米亚科夫没有脱离宗教哲学的核心内容,去谈论俄国和西欧的外在差别。⑥(就这方面的差别,我们也无法在此详细列举具体材料)"欧洲文明的现状,被它信仰中的极端精神界线所决定。"⑦"社会发展的规律,在于它的最初萌芽;思想发展的规律,在于民众的信仰,即在于民众精神概念的最高规范之中。"⑧

---

① Там же. С. 285.
② Лосский Николай Онуфриевич. Указ. соч.
③ Хомяков А. С. Сочинения в 2 - х тт. М. , 1994.
④ Н. О. 洛斯基(贾泽林等译),《俄国哲学史》,杭州:浙江人民出版社,1999 年,第 40—41 页。
⑤ Хомяков А. С. Сочинения в 2 - х тт. Т. Ⅱ. М. , 1994. С. 306.
⑥ Хомяков А. С. Сочинения в 2 - х тт. Т. Ⅰ. М. , 1994. С. 305;454;463 - 464;468;516;Хомяков А. С. Сочинения в 2 - х тт. Т. Ⅱ. М. , 1994. С. 42;277 - 279;304.
⑦ Lib_ru-Классика Хомяков Алексей Степанович_О возможности русской художественной школы
⑧ Хомяков А. С. Мнение Русских об иностранцах. http://www.voskres.ru/idea/homyakv.htm.

他把人类精神历史的进程归结为两种原则的斗争——伊朗原则（与农耕的自发力量相关）和库希特原则（与征服的最初因素相关）。① 伊朗原则意味着，在精神上服从"自由创造的精神"，库希特原则意味着服从物质，服从"通过必不可少的逻辑规则，以确定自己结论的有机的必需性"。宗教中的伊朗原则，这就是一神教，其最高体现，就是基督教。宗教中的库希特原则，就是泛神论。这两个原则在历史中的斗争，就是自由和必需之间的斗争。从心理角度而言，伊朗原则倾向于综合地感知世界，而库希特原则倾向于分析和唯理论。

2.2.2 俄国与西欧

俄国从拜占庭接受的基督教是"纯洁的、完整的"，没有片面的"唯理论"。霍米亚科夫认为，俄国人谦恭、虔诚，热爱神圣的理想，倾向形成农村村社，或者建立在互助责任之上的劳动组合形式一类的社会组织。这使人们有理由认为，俄国在实现社会公平方面，要比欧洲具有前途，俄国会找到调和资本和劳动利益的道路。霍米亚科夫认为，俄国的农村村社，召开村社成员大会的米尔，具有重大意义。米尔根据习俗、良心和内心真理的要求，通过传统的公平做出一致决定。在工业方面，合作社（артель）与村社类似。霍米亚科夫说，斯拉夫人缺乏好战民族的贵族体制，斯拉夫人是农耕民族。这个民族是民主派，坚持人道理想，让每个民族和平地生活，具有自己特色地进行发展。霍米亚科夫仇恨奴役。根据他的说法，缺乏道德是奴隶制的主要罪恶。奴隶主总是比奴隶更缺乏道德：基督徒可以成为奴隶，但不应当成为奴隶主。根据道德原则，俄国人看重的是真正的法纪，而不是外在的法纪。②（如果涉及俄国的落后，那也是具体知识、科学和艺术的落后③）

霍米亚科夫认为，在西欧历史发展中，基督教理想的实现被迟滞，原因是"唯理论"对它的歪曲（引起民众生活和精神概念中出现二重性的原则④），还有西欧人的骄傲自大。西欧无力实现基督教的完整理想，因为它过高评价了认识的逻辑方法和理性。俄国至今无法实现这个理想的原因是，完全的和无所不包的真理，就其实质而言，发展缓慢；另一个原因是，俄国人很少注意研究认识的逻辑方法，这个方法应该和对于现实的超逻辑的理解结合起来。霍米

---

① Хомяков А. С. Сочинения в 2-х тт. Т. I. М., 1994. С. 9.
② Lib_ru-Классика Хомяков Алексей Степанович_Мнение русских об иностранцах.
③ Хомяков А. С. Размышления о России и Западе. http://www.voskres.ru/idea/homyakv.htm.
④ Lib_ru-Классика Хомяков Алексей Степанович_О возможности русской художественной школы.

亚科夫相信,俄国肩负着伟大的使命。

2.3 霍米亚科夫批判西方的根源

津科夫斯基分析了霍米亚科夫批判西方的思想根源,[①]这对我们理解霍米亚科夫,理解俄罗斯哲学批判西方抽象因素的倾向具有帮助。

2.3.1 根源

津科夫斯基指出,认为在西方文化中"唯理论"占据上风,并以此指责整个西方,这种观点产生于18世纪的西方,是所谓的"前浪漫主义"鼎盛时期(如法国、德国)[②]的一个观点,俄国思想家把它作为"不言而喻"的事实加以接受。问题的核心是认识论中的知性和理性(рассудок и разум)的区分：

> 在康德的理论中,知性是形成概念、判断和规则的能力；理性是形成形而上学思想的能力。黑格尔进一步发展了这组概念的辩证对立：知性,作为一种抽象的分析切分,是低级能力,它是高级的"理性的"具体辩证理解的前提条件。知性经常被理解为使用现成知识的能力,理性则是创造新的知识的能力。[③]

津科夫斯基认为,俄国思想家把作为普遍文化现象的唯理论和知性认识等同起来,这和雅可比(1743—1819)的"情感和信仰的哲学","反对启蒙时期的'知性唯理论'"的思想具有接近之处。[④] 在霍米亚科夫那里,知性认识和"完整理性"的对立,知性认识与"信仰"的对立结合在一起,他批评西方文化中的宗教的一面。津科夫斯基认为,霍米亚科夫最早把西方基督教和整个唯理论体系等同起来,而且这个观点一旦形成,就影响到他的全部哲学作品。[⑤]

2.3.2 批判的理由

2.3.2.1 天主教

根据霍米亚科夫的认识,只有在教会中,最高真理才能被理性掌握。条件

[①] Зеньковский Василий. Указ. соч. С. 192 - 198.

[②] Прохоров А. М. Указ. соч. С. 1341; Грицанов А. А. Новейший философский словарь. Минск, 2001. С. 851.

[③] Прохоров А. М. Указ. соч. С. 1301.

[④] Там же. С. 1874.

[⑤] Зеньковский Василий. Указ. соч. С. 192.

是,在教会中要有自由,这个自由没有被权威所替代。这就意味着,教会中的真理,如同太阳一样照耀信徒,而不是教会强加给信徒的。霍米亚科夫确认这一观点,意思是要克服天主教的影响。天主教要求个人意识顺从、听从教会,它不认为个体能够认识真理,甚至压制个体的这种认识。

2.3.2.2 新教

在肯定所有自由研究的同时,霍米亚科夫不遗余力地批判个人主义。个人主义是新教所倾向的一面。新教认为,个人理性完全有权利、有能力认识真理。霍米亚科夫却认为,为了获得真理,需要"众人的共同努力",需要普遍的,被爱所温暖、所照亮的认识工作。对霍米亚科夫而言,问题不在于他要把认识的集体特点置于个人主义(个体认识)之上,他强调的是,需要具备"爱的交往",以证明灵魂的道德力量共同参与认识工作。

2.3.2.3 "和子说"与霍米亚科夫的唯理论

霍米亚科夫对天主教的主要批判,和 11 世纪的教会分裂相联系,要点在于,西方教会在没有征得东方教会同意的情况下,接受了一个新的教条("和子说"),破坏了认识的道德条件,因此,与真理分离了,臣服于"唯理论"。天主教和新教都是唯理论的表现,都是片面的。天主教是唯物的唯理论,新教是唯灵的唯理论。①

2.3.2.4 精神的完整性可以克服知性认识的片面性

根据霍米亚科夫的观点,精神的完整性不仅是为了克服知性认识的片面性,在最初的认识阶段中也是需要的。存在第一性的行为,认识的过程以这些第一性的行为而开始。霍米亚科夫把这些第一性的行为叫做"信仰"。作为认识的最初阶段的信仰,在霍米亚科夫那里是广义的,不只表示宗教信仰,而是表示完全地"直接地"了解现实。

正好在雅可比那里,人们可以看到,他和知性认识进行了尖锐斗争,可以看到生活和理性之间尖锐的二律背反。霍米亚科夫就是把"信仰和知性认识"对立起来。根据他的意见,信仰本身就是(完整的)理性的功能。"我把理性的那个能力叫做信仰,这个能力感知由它所传递而来的,由知性进行整理和意识的现实的材料。"②信仰的材料是第一性的材料,人们的知识从这些材料构造

---

① Хомяков А. С. Сочинения в 2 - х тт. Т. Ⅱ. М., 1994. С. 59 - 60;124 - 125.

② Зеньковский Василий. Указ. соч. С. 193.

而成;这些第一性的材料"先于逻辑意识",它们构成"生活的意识,不需要证明和理由"。

2.3.2.5 先验论框架内的知性和理性

津科夫斯基认为,在俄罗斯哲学中,霍米亚科夫第一个表达了认识论中的本体论的观点,开始了通过信仰的行为("活的知识")进行认识,在信仰的行为中,认识和被认识的存在是不可分割的。另一方面,为了揭示西方唯理论在认识论范围内的基本错误,其根源来自宗教(也就是天主教的特点),霍米亚科夫过度强调知性的缺点,认为知性从信仰的材料中创造的是"现象"。

霍米亚科夫对知性功能的评价囿于先验论。因为把知性和理性对立起来,不仅历史上在先验论中获得了繁荣,而且只在先验论中,获得了严肃涵义。霍米亚科夫试图说明东正教在神学和文化哲学方面的精神优势,他想展示先验论在哲学上是不可接受的,特别是黑格尔学派的思想,它对霍米亚科夫而言是唯理论的极点。霍米亚科夫对唯理论的批判来自聚和性学说。①

2.3.2.6 完整精神的疾病

根据津科夫斯基的看法,唯理论是西方精神生活的一个危险产品,与之联系的实际上不是知性占上风,也不是脱离完整的精神,而是完整精神的疾病。西方也多次意识到唯理论的缺陷。霍米亚科夫把知识的第一性行为("活的知识")评述为"信仰"行为,肯定认识的聚和性特点,这在俄国哲学的认识论中得到进一步发展。霍米亚科夫对先验论的依赖,使他过多地批判知性认识。②

三、霍米亚科夫的使命论

别尔嘉耶夫、津科夫斯基和洛斯基都谈到霍米亚科夫的使命论。津科夫斯基指出,霍米亚科夫批判西方,把西方与俄国对立起来,这是整个斯拉夫派创作的重要主题,但哲学上看,主要的不是具体批评西方的内容,而是一种期待,紧张地,甚至热切地等待:东正教通过俄国,可以导致所有文化体系的改革:

> 历史的具有全世界意义的发展,要求我们的神圣罗斯表达那些

---

① Там же. С. 197.
② Там же. С. 198.

全面的因素，它(正是)从这些因素中成长出来。

历史号召俄国站到世界启蒙的前列，历史赋予它这方面的权利，因为它的起始因素是全面和完满的。①

霍米亚科夫并不仇视西方，但他深刻意识到俄国的特殊道路，还有俄国具有世界意义的任务。这个具有世界意义的任务就是，把人类从片面的、错误的发展中解放出来。片面发展是西方影响的历史结果：

西欧不是在基督教的影响下发展起来的，而是在天主教的影响下发展起来的，也就是说，是在被片面理解的基督教的影响下发展起来的。②

四、表达特点

津科夫斯基指出，在研究霍米亚科夫学说的发展脉络时，可以发现，他的许多思想，是在分析和批评他人思想的过程中形成的。这个不争的事实可以说明霍米亚科夫的智力特点：他倾向辩证思考，这在一定程度上鼓舞他把自己的观点和被人的观点辩证对立。霍米亚科夫的几乎所有的哲学(包括神学)文章、随笔，都是因为他人文章和书籍的原因而写成的。就哲学气质而言，他有点萎靡不振，因此，他需要外部刺激，才能坐下写一些哲学文章。③

和古罗斯时期与启蒙时期的前辈相比，霍米亚科夫的作品虽然也表现出政论性、对历史和道德问题的特殊兴趣、与文学作品紧密交织等特点，但少了那份对俄罗斯哲学非常典型的整体对生动形象的词语的追求，富有表现力的手段在减少，说理论证的特点有所加强，文采和激情较为欠缺。

对中世纪的俄国思想而言，典型的就是理性和非理性(确切地说，超理性)地解释基督教模式之间的冲突，它不像西方那样以明确的逻辑范畴的形式表现出来，而是以有关神学争论的形式表现出来。霍米亚科夫继承了这个论争

---

① Там же. С. 202.
② Там же. С. 202.
③ Там же. С. 186.

善辩的传统。

五、评价

5.1 聚和性的实质是本体论性质的

霍米亚科夫最具价值的思想,就是聚和性学说。这个思想可以用来解决社会生活的许多难题。[①] 霍米亚科夫竭力构造"基督教哲学"。对教会的鲜活感觉,对于理解他的学说具有决定性意义。他虽然是从教会立场出发解决问题,但是,他的宗教意识还是充满了自由精神,正是这种内在的自由,不需要教会的权威,决定了霍米亚科夫的精神类型和思维方式。

霍米亚科夫从教会意识出发,认识到不可能停留在个人主义的立场上,他第一个研究"聚和性"的关于人的学说。"聚和性"原则,克服了认识论、道德和创作中的个人主义。聚和性,就其实质而言是本体论性质的。霍米亚科夫的"聚和性"不是"集体",而是教会,是第一现实,其根源可以追溯到"绝对"。[②]

5.2 从教会思想引伸出哲学和所有文化的基础

霍米亚科夫对西方的批判,重点在于西方的"唯理论",他把唯理论和"知性"认识联系起来。霍米亚科夫的基本主题在于,从教会(他理解的东正教)思想引伸出哲学和所有文化的基础,但在这条道路上,他不知不觉偏离了教会,走上了他所不熟悉的世俗体系——先验论。[③]

有论者称,"斯拉夫派认为,东西方文化的差异使西方宗教信仰与俄罗斯的东正教信仰具有截然不同的面貌",[④]这个观点和霍米亚科夫的上述观点恰好相反,应该不是霍米亚科夫的观点。

5.3 不在一个层次上的对比

霍米亚科夫批判西方信仰,但他在西方信仰中看到的,差不多都是缺点;而在东方的俄国信仰中,几乎没有看到任何缺陷。霍米亚科夫把教会的一切美好的东西都归结到东正教,把一切有缺陷的东西都归结到天主教。霍米亚科夫过多指责天主教和新教"唯理论"的一面,他滥用了这一指责。他了解东正教的现实情况,但在西方面前,他做出一种样子,好像俄国的一切都是正常

[①] Н. О. 洛斯基(贾泽林等译),《俄国哲学史》,杭州:浙江人民出版社,1999年,第42页。
[②] Зеньковский Василий. Указ. соч. С. 203.
[③] Там же. С. 205.
[④] 白晓红,《俄国斯拉夫主义》,北京:商务印书馆,2006年,第89—90页。

顺利的。他对俄国教会的罪孽感到不安,他很清楚,现实与他的理想方案并不符合。索洛维约夫(Вл. Соловьев)批评霍米亚科夫,说他一直用理想的东正教和现实的天主教进行比较。①

结　语

首先,我们谈谈霍米亚科夫的思想模式。

霍米亚科夫关于俄罗斯东正教的观点,和他在诗歌中所描写的俄国无比黑暗的现实②具有天壤之别。历史学家谢梅夫斯基(В. И. Семевский,1848/49-1916)证实,霍米亚科夫是个贵族地主,他一面高声批判农奴制度,一面更为严苛地盘剥农奴。罗斯托普奇娜(Е. П. Ростопчина,1811/12-1858)在长诗《1858年莫斯科的疯人院》中,对霍米亚科夫有这样"准确,虽然恶毒"的评述:③

　　他是俄罗斯古风的卫道士,/他一会是英国人的仇敌,/一会儿是他们的卖力的吹嘘者,/为了他们,他能说会道,勤勉卖力……/……他是东正教在民间的守护者,/他坚决持斋,/洋洋洒洒论述自由,/反对无谓的忙乱。他大书大吹/"俄国的卑污"……/唾沫星飞溅,但雄辩家对自己的农奴绝不手软!!!

由此可见,霍米亚科夫的思想具有极端性的特点。一面是远离现实,一味地美化、理想化东正教,④一面是对现实的西方信仰做出几乎完全否定的评价。他认为,"唯理论"是西方信仰,乃至西方文化的根源,是需要批判的对象,进而对个人主义做出批判。由此自然得出他的使命论:东正教通过俄国,可以导致所有文化体系的改革。这个思想模式又一次复现了人们常常提及的俄罗斯的心智特点:宗教性、极端性、使命论、反对抽象因素,反对个人主义,等等。

---

① Бердяев Николай. Указ. соч.
② Баландин Р. К. Русские мыслители. М.,2006. С. 188.
③ Там же. С. 189.
④ Баландин Р. К. Указ. соч. С. 191.

其次，我们谈谈霍米亚科夫思想的历史影响。

从俄罗斯哲学史的角度看，霍米亚科夫思想的历史作用体现在以下方面：①

从18世纪末期的恰达耶夫开始，俄罗斯哲学认识到自己的历史哲学倾向，它需要思考的中心问题是俄罗斯与西方的问题，这个问题是作为宗教的形而上学问题提出的。霍米亚科夫继续思考这一问题，并做出了自己的回答。这是第一点。

西方唯理论哲学的"抽象因素"，此后成为俄罗斯哲学传统的批判对象。在19世纪40—50年代的斯拉夫派，特别是霍米亚科夫等人的创作中，明确提出了俄罗斯文化需要创建自己独特的民族哲学，其背景就是对西方"唯理论"的批判。这是第二点。

"聚和性"成为俄罗斯哲学的一个定势。斯拉夫派哲学的构建原则是精神的完整性学说。精神是存在、认识和伦理的基本原则，借助具有信仰的理性和爱的行为，达到综合的活的知识，这个学说成为个体世界观和社会构造的基础。"聚和性"作为存在的普遍的形而上学原则，还体现在确认内在自由对于外在自由的优先地位，这也反映了社会对于形成新型个性的要求。这是第三点。

人类集体的宗教伦理，或称"我们的哲学"，是俄罗斯哲学的特点之一。它强调有机整体的思想，认为只有在整体内部，个体才能找到自己真正的"我"，从而解决所有的问题。这在俄罗斯哲学的大多数学说中，都占据主导地位。这个定势始自霍米亚科夫关于教会和"聚和性"的学说。这是第四点。

再次，说明一下我们的意图。

我们不准备从辩证唯物论和历史唯物论的立场出发，和150年前的霍米亚科夫进行辩论。别尔嘉耶夫认为，霍米亚科夫批判唯理论的时候，曾经预见了辩证唯物论的产生，他是反对辩证唯物论的。② 我们的目的是试图理解霍米亚科夫，从他的思想中了解一些俄罗斯心智的特点。霍米亚科夫对整体与部分、集体与个体关系的认识，对个人主义的批判等一些思想，也是我们感到比较亲近的东西。但霍米亚科夫这些认识的来源，则与我们这些观点的来源、

---

① Грицанов А. А. История философии. Энциклопедия. Минск, 2002. С. 912-917.
② Бердяев Николай. Указ. соч.

基础不同。要理解对方的特点，才能谈到求同存异。

我们学习俄语，不知不觉在接受俄语语言的朴素的世界观。要地道地使用俄语，还必须学会用俄语思维。但是，哲学层面上的俄罗斯的思想特点，整体的定势，所谓的心智，则是需要了解的。这属于语言背景知识中的文化知识。缺少这些知识，在阅读或者交际中会产生理解障碍。例如，不了解东正教的人，不知道 истина/правда（真理/正确）的区别与联系；不了解俄罗斯哲学批判"唯理论"定势的人，不清楚 рассудок/разум（知性/理性）的对立。众所周知，语文词典一般采用的循环解释，无法逻辑上没有矛盾地解决同义词的语义区分问题，这样，引入语言以外的百科知识就显得非常必要。对原文的理解，不仅需要语言知识，还需要语言以外的宗教、历史和文化等百科知识。理解是广义的语义问题。

第七章　基列耶夫斯基思想概观

基列耶夫斯基(И. В. Киреевский, 1806 - 1856)俄国哲学家、文艺评论家和政论家,斯拉夫派的奠基者之一,[1]具有哲学天赋和文艺才能,但命运多舛。他曾两度发表作品,刊载其文章的两种杂志,因为他的文章都被当局查禁。他从此很少动笔,但在他的思想中,"为哲学找到新的基础"的要求却逐渐发展成熟。[2]

俄罗斯哲学家洛斯基指出,基列耶夫斯基提出了合理的方法论,指明了俄国基督教世界观的发展道路,是俄罗斯精神隐秘实质的真正表达者。[3] 在我们目前看到的俄罗斯哲学史方面的论著中,这是较高的评价。[4]

尼古拉一世的沙皇政府认为,基列耶夫斯基的文章具有宣扬自由和变革的倾向,"鼓吹荒谬和有害"的思想,因此查禁发表其文章的杂志,警察公开监视基列耶夫斯基的行踪。[5] 在苏联时期,基列耶夫斯基的观点被贴上"反动"的标签,而西方派的观点则被认为是"革命民主主义"。[6] 流亡海外的哲学家如洛斯基、津科夫斯基等等,对基列耶夫斯基思想的分析则不同。苏联解体以后,人们对俄罗斯哲学的兴趣与日俱增,对斯拉夫主义在俄罗斯哲学史上的作用,具有新的评价。

---

[1] Прохоров А. М. Российский энциклопедический словарь. М., 2001. С. 679.
[2] Зеньковский Василий. История русской философии. М., 2001. С. 205.
[3] Лосский Николай Онуфриевич. История русской философии. М., 1991. В интернете: www.lib.ru.
[4] 参见本页注释。
[5] Н. О. 洛斯基(贾泽林等译),《俄国哲学史》,杭州:浙江人民出版社,1999年,第11—12页。
[6] Lib_ru-Классика Писарев Дмитрий Иванович_Русский Дон-Кихот. mht. 也请阅读苏联时期的编者所作的注释。Lib_ru-Классика Киреевский Иван Васильевич_Соколов Ю_Киреевские. mht.

第七章　基列耶夫斯基思想概观

我们国内学者对基列耶夫斯基思想的研究,除了翻译之外,①比较全面的成果尚不多见。②学者们对基列耶夫斯基的两篇主要文章的篇名的翻译都不相同。③例如,基列耶夫斯基所说的 просвещение 这个关键概念指的是什么?有人翻译为"启蒙运动",有人翻译为"文明",有人翻译为"文化"。我们认为应该翻译为"启蒙",指广义的"教育、启蒙",而不是特指欧洲的资产阶级启蒙运动。基列耶夫斯基是在广义上使用它的,其上下文意义是"哲理思考"。④"文明"一词的涵义过于笼统,这样的译法似乎离题远了一些。虽然在俄罗斯,也有人把基列耶夫斯基所说的"启蒙"理解为"文明"。⑤如果把这个词理解为广义的"文明",(除了根本立场以外,如与斯拉夫派针锋相对的西方派)就会对基列耶夫斯基产生过多的指责。基列耶夫斯基更多地是在"哲理思考"、"思考方式"等涵义上使用"启蒙"这个词的。

我们需要把握基列耶夫斯基的整体思想,从理解俄国思想史、哲学史的角度,重读基列耶夫斯基的著作,不是宣扬他的某些观点,而是试图结合俄罗斯哲学家的解读,理解一些俄罗斯思想的普遍特点,了解俄罗斯的心智问题。

基列耶夫斯基的父亲早亡,母亲笃信宗教。著名诗人茹科夫斯基(Жуковский,1783—1852)是基列耶夫斯基母亲的亲戚。在茹科夫斯基的影响下,基列耶夫斯基的母亲也是德国浪漫主义的热烈崇拜者。基列耶夫斯基的继父则是康德和谢林的崇拜者。基列耶夫斯基就在这样的思想和宗教氛围中长大。全家搬迁莫斯科以后,基列耶夫斯基继续接受家庭教育,同时旁听大学课程,特别是谢林主义者巴甫洛夫的讲座。

基列耶夫斯基还和一些年轻朋友建立了哲学小组——爱智者协会,主要研究德国哲学。1825 年,爱智者协会解散。此后,基列耶夫斯基继续研读哲学,并开始发表文艺批评性质的文章。

---

① H. O. 洛斯基(贾泽林等译),《俄国哲学史》,杭州:浙江人民出版社,1999 年。格奥尔基·弗洛罗夫斯基(吴安迪等译),《俄罗斯宗教哲学之路》,上海:上海人民出版社,2006 年;基列耶夫斯基(张百春译),"论欧洲文明的特征及其与俄罗斯文明的关系",《世界哲学》,2005 年第 5 期,第 70—84 页。
② 张百春,《当代东正教神学思想》,上海:上海三联书店,2000 年;徐凤林,《俄罗斯宗教哲学》,北京:北京大学出版社,2006 年。丁海丽等,"基列耶夫斯基思想演变历程及其宗教世界观形成原因初探",《西伯利亚研究》,2009 年 2 月,第 36 卷,第 1 期,第 33—35 页;马寅卯,"霍米亚科夫和俄罗斯的斯拉夫主义——纪念霍米亚科夫诞辰周年",《哲学动态》,2004 年第 10 期,第 42—44 页。
③ 参见并比较注⑤与本书的相关翻译。
④ Маслин М. А. и др. История русской философии. М., 2001. С. 140.
⑤ http//www. Киреевский Иван Васильевич. mht.

1831年，基列耶夫斯基游历德国，听了黑格尔、施莱马赫的讲座，拜访了谢林。返国以后，试图出版《欧洲人》杂志，希望促进俄国和西方的接近和互动。但是，当局因为他的文章《19世纪》而查禁了这个杂志。在茹科夫斯基的庇护下，基列耶夫斯基虽然没有被沙皇政府惩治，但此后十余年间，不得不三缄其口。基列耶夫斯基于1834年结婚，此后在妻子的影响下，开始和莫斯科教会发生联系，并对教父作品产生浓厚兴趣。

1852年，基列耶夫斯基在《莫斯科文集》发表《论欧洲启蒙的特点及其对于俄国启蒙的关系》。因为这篇文章，《莫斯科文集》被查禁。此后，基列耶夫斯基不再为刊物撰写任何文章，但是，他的创作意图并未沉寂，他说："如果将来可能写作，我还有编写哲学教程的意图……，俄国到了在哲学中发出自己声音的时候了。"①

1856年，莫斯科的《俄国丛谈》发表基列耶夫斯基的遗作《论哲学新原则的可能性和必需性》。此前，基列耶夫斯基已死于霍乱。

基列耶夫斯基关注德国哲学，但不是德国哲学鼓舞了他，鼓舞他的源泉，是他仔细研读的教父创作。西方思想家对东方教父的宗教学说几乎一无所知，②但是，基列耶夫斯基的哲学思考正是以东方教父的创作为源泉的。

一、 东正教对基列耶夫斯基的影响

基列耶夫斯基生长在一个宗教氛围浓厚的家庭。他的母亲和亲戚茹科夫斯基都虔诚信教。后者对基列耶夫斯基的精神结构具有不少影响。基列耶夫斯基在青少年时期，并未积极参与宗教生活。他后来在妻子的影响下，开始阅读教父作品，并和教会人士建立了密切联系，最后转变为虔诚的教徒。

津科夫斯基认为，如果霍米亚科夫更多运用个人深层的教会意识来说明问题，那么，基列耶夫斯基主要依靠他在长老和修道院所发现的东西来说明问题。霍米亚科夫的神学和哲学概念是教会，而基列耶夫斯基的中心概念是精神生活，他的哲学思考就是由此出发的。基列耶夫斯基的思想根源于宗教经验，他意识到，宗教经验材料和西方基督教具有纠缠不清的对立和联系。基列

---

① Полное собрание сочинений И. В. Киреевского в двух томах. Под редакцией М. Гершензона. М., 1911. Т. I., С. 74.
② Киреевский И. В. Указ. соч. Т. I. С. 199.

耶夫斯基和霍米亚科夫一样，都把西方基督教完全纳入唯理论的体系。①

二、基列耶夫斯基批判西方的基础

基列耶夫斯基追求精神和思想的完整性，对西方持批判态度。他认为，信仰和理性，在思维的源头，是内在一致的。他承认，思维的"自然"进程具有不足之处，需要把它提升到精神的理性。在思维的低级（"自然的"）和高级形式中，认识的性质多种多样。问题不在于使理性服从信仰，限制理性，这不会使精神观照更加宽广；问题在于，需要从内部把思维提升到它的最高形式，信仰和理性此刻不再对立。在实现精神完整性的过程中，脱离现实的危险性，唯心主义的危险性，都不复存在。正确发展的认识，能够把人们带入现实，并把人们和现实联系在一起。

2.1 历史回眸

在基列耶夫斯基看来，欧洲中世纪的哲学家，试图把整个知识体系都表现为三段论。② 此后，欧洲的主要哲学家，如笛卡尔、斯宾诺莎、莱布尼茨和费希特，几乎都坚持唯理论。③ 黑格尔过高评价逻辑思维的意义，试图根据智力规则理解一切。④ 谢林在其理论的成熟时期，明白了"……所有逻辑思维的片面性"，⑤创造了一个新的哲学体系。⑥ 但谢林并未直接转向基督教哲学。⑦ 他的哲学和基督教世界观，在理解最重要的教条方面存在差别。在理解的方法方面，谢林没有上升到"具有信仰的理性的完整意识"，⑧其中展开的是，"……智慧的最高真理，它的活的观照……"。⑨ 法国帕斯卡(1623—1662)的思想与众不同。他通过"心灵的逻辑"、宗教经验等概念说明，思维具有更高的发展道路，不同于经院哲学和唯理论的观点。

---

① Зеньковский Василий. История русской философии. М., 2001. С. 210.
② Киреевский И. В. Указ. соч. Т. I. С. 194.
③ Там же. Т. I. С. 196 - 197.
④ Там же. Т. I. С. 258 - 259.
⑤ Там же. Т. I. С. 92, 198.
⑥ Там же. Т. I. С. 261.
⑦ Там же. Т. I. С. 262.
⑧ Там же. Т. I. С. 264.
⑨ Там же. Т. I. С. 178.

2.2 批判西方的基础

根据基列耶夫斯基的看法,西方最初也具有基督教信仰,而且以信仰而生。罗马陷落以后,西方失去了纯洁的基督教学说。① 在西方信仰最基本的原则中,产生了分裂,"……从这一分裂开始,首先在信仰内,发展出经院哲学,然后是对信仰进行改革,最后出现信仰之外的哲学"。② 这个模式是基列耶夫斯基批判西方的基础:西方教会用教阶的外在权威,偷换了真理的内在权威(不经过东方教会的同意,肆意改变了信经),带来的结果,就是唯理论,亦即"自主的"理性占据优势。这个自足理性的最高发展,就是先验论,其中,所有的现实溶解在理性辩证的自我运动之中。

基列耶夫斯基认为,需要把"逻辑的"知识和"超逻辑的"知识区分开来,在后者范围内,人们并不脱离现实,而是沉浸其中。在唯理论内部,唯心主义是不可避免的,因为逻辑知性把人们置于意识领域之内。③ 唯理论占据上风以后,"所有事物的秩序,都把人的思维引向这样一种方向:把逻辑思维独立出来。信仰高于自然理性的原因是,后者降低到自己的原初水平之下"。"当然,思考者应当使自己的认识克服逻辑桎梏"④,亦即:人们需要的不是推翻,而是克服现代思维的不足,俄国哲学的道路,不在于否定西方思想,而在于充实它,用那些在最高精神观照中展开的东西("最高知识")充实它。

"最高知识",也就是活生生的经验,在此可以达到"精神的完整",它是因为原罪而失去的,因为逻辑思维占据上风而受到损害,"精神理解"的活生生的经验,构成基列耶夫斯基认识论的基本原则。逻辑思维不会把人们带入现实,只是展开存在的逻辑结构,真正的知识,就像信仰,把人们和现实联系起来。

三、东正教和唯理论的对立

基列耶夫斯基的思考,围绕东正教和唯理论的对立这条轴心而展开。他认为,这不是信仰和理性的对立,而是两个哲理思考体系的对立。基列耶夫斯基并不把自己的哲学意识和神学意识分割开来(但坚决区分神启和人的思

---

① Там же. Т. I. С. 241.
② Там же. Т. I. С. 226.
③ Там же. Т. I. С. 67.
④ Там же. Т. I. С. 67,276.

维①),他不接受信仰和理性、教会和文化的二元论的观点,他寻求精神和思想的完整性。

3.1 精神和思想的完整性

精神和思想的完整性,对基列耶夫斯基来说,不仅是理想,他在其中看到了理性构造的基础。正是在这个层次上,他提出了信仰和理性的关系问题,只有它们的内在统一,对他而言,才是理解全面的、无所不包的真理的钥匙。在基列耶夫斯基看来,精神和思想的完整性是人的"内在意识"。

> 内在意识,就是在灵魂深处,理性的所有单独力量集聚于一点,这个核心是活生生的、普遍的。这个内核隐藏于人的普通精神状态之外,但对寻求者而言,它是可以获得的,只有它可以理解最高的真理"。必须"把理性提升到它的普通状态之上","在灵魂深处寻找理解的内在根源,在这里,所有的单独力量,汇集成活生生的智力的完整观照"。②

人最初具备这种精神和思想的完整性。因为原罪,人的内在部分封闭了,其不同特点取决于,人的罪恶是否占据主导地位。基列耶夫斯基看到,重返曾经遗失的完整性的道路,亦即通往"内在中心"占据主导地位的道路,在于"集中"灵魂的力量:

> 具有信仰的思维,其主要特点在于,试图把灵魂的所有单独力量集合成一股力量,寻求存在的内在的集中之点,在此,理性、意志、情感、良心、美好的、真实的、令人惊异的、人所期望的、公正的、仁慈的、整个智力,汇集成一个活的整体,如此恢复了个性初始的不可分割的本质。③

基列耶夫斯基确认,"人的内在中心"本身隐藏着未被罪孽破坏的统一,只

---

① Там же. T. I. C. 247.
② Там же. T. I. C. 250.
③ Там же. T. I. C. 275.

需要把心灵的经验领域和这个内在中心联系起来。人应当追求——

  ……把普通状态下分散和对立的所有力量，聚集为不可分割的整体；使他不把自己抽象的逻辑能力，当作理解真理的唯一器官；和其他精神力量不相一致的狂喜之感，不把它看作真理的正确指示；独立于其他概念的单独的美学涵义，不把它看作理解最高世界构造的正确指南（使得或多或少得以净化的良心的内在判决，除了其他理解之力的协调以外，不把它看作最高公正的最后判决）；甚至独立于精神其他要求的心灵占据主导地位的爱，不认为是了解最高智慧的永远正确的指导；永远在灵魂深处寻找理解的内在之根，在此，所有单独的力量，汇集为一股活的、完整的智慧观照。①

  在道德发展的高级阶段，要把理性提升到"精神观照"的水平，除此以外，不可能理解上帝的真理。需要把思维方式提升到和信仰一致的程度。② 在这个条件下，信仰（和启示）对理性而言，"……同时是外在和内在的权威，最高的合理性，能够使智慧焕发活力"。③ "信仰，不是轻信他人的说明，而是内在生活的实在事件，通过它，人和上帝之事件（最高世界，天和神）进行实质交流"。④

  基列耶夫斯基相信，通过把所有的精神力量（例如理性、情感、爱、良心和对真理的无私追求）结合成一股和谐的整体，人获得了神秘直觉和直观能力，这两种能力使人可以理解关于上帝、上帝对于世界关系的超理性的真理。这个信仰，不是对外在权威的信仰，不是对启示的字面意思的信仰，而是信仰"活的和完整的智慧观照"。

  基列耶夫斯基把理性分为"自然"和"精神"两个层次。他认为，应当从自然的理性上升到精神的理性。"东正教思维的主要不同之处在于，它寻求把理性提升到它的一般水平之上。""自然理性的基本因素的所有链条……比具有

---

① Там же. Т. I. С. 249.
② Там же. Т. I. С. 246.
③ Там же. Т. I. С. 250.
④ Там же. Т. I. С. 279.

信仰的理性要低"。① "内在精神观照的最高发展阶段的理性实质……,完全是另外一种样子,不同于局限于外在生命发展的那种理性"。"理性是一样东西,它的实质是另外一样东西,但它的行为方式,如同它的结论,是不同的,要看它处于哪个层次,其中哪些力量在运动,在起作用。"②

基列耶夫斯基研究信仰和理性的相互关系,把东正教学说和西方基督教加以对立。他把自己的理论和教父思想联系起来:"教父深刻的、活生生的、纯洁的哲学,是最高哲学原则的萌芽:它的直接发展,与科学的现代状况相适应,与现代理性的要求和问题相适应,本身就构成了思维的新科学。"③基列耶夫斯基追求精神和思想的完整性。

3.2 俄国与西欧

基列耶夫斯基从自己的哲学观点出发,思考过俄国与西欧的关系问题。他批判西方,指出了俄国与西欧的差异,认为需要把两种哲理思考方式结合起来。

3.2.1 批判西方

基列耶夫斯基批判西方,认为那里的"启蒙(哲理思考,哲学),建立在理性的分裂力量发展的基础之上,和人的道德心境没有实质性关系"。④ 在认识的力量和道德力量分割的情况下,"启蒙不因人的内在水平的高低而提升和衰落"。⑤

(西方)启蒙的"非道德性",赋予它独特的稳定性(这和精神活力的丧失有关,精神使得灵魂依赖于道德领域)。(俄国的)"精神的启蒙则相反,是活的知识:它的获得,伴随着人们对道德高度和道德完整性的内在追求而产生,随着这一追求的消失而消失,在智力中留下的,只是自己形式的外表"。⑥ 精神启蒙可能丧失的原因,在于它的"非稳定性"。

基列耶夫斯基感到,在"自足"理性"违反道德标准"的定势中,一切都是游戏。"脱离了真挚追求的思维(也就是脱离了精神的完整性),对灵魂来说,是

---

① Там же. Т. I. С. 251.
② Там же. Т. I. С. 263.
③ Там же. Т. I. С. 270.
④ Там же. Т. I. С. 266.
⑤ Там же. Т. I. С. 266.
⑥ Там же. Т. I. С. 266.

一种消遣……；这种思维越是深刻，越是重要，显而易见，实质上，它越使人变得轻浮。"①

3.2.2 俄国与西欧的差异

基列耶夫斯基接受东方教父的思维方式（"精神的内在完整性"）②和东正教的基本观点。他认为，古代俄罗斯的哲理思考的基本特点，就是完整性和合理性。西方启蒙建立在唯理论和二元论的基础上。③ 他从以下方面说明这个差别：④

1) 在西方，神学建立在抽象唯理论的基础上，借助概念的逻辑联系证明真理，而在旧俄罗斯，追求真理："……追求内在的和外在的、社会的和个人的、抽象的和日常的、艺术的和道德的存在的完整性"；⑤

2) 在西方，国家的产生是暴力和征服的结果，在旧俄罗斯，国家的产生是民族生活自然发展的结果；

3) 在西方，存在敌对阶层，在旧俄罗斯，没有敌对阶层，阶层之间齐心协力，团结一致；

4) 在西方，土地所有制是国民关系的基础，而在旧俄罗斯，所有制是个人相互关系的偶然表达；

5) 在西方，法制是形式的、逻辑的，而在旧俄罗斯，法制来自生活。

简言之，在西方，人们看到的是，精神、科学、国家、阶级、家庭权利和责任之间的分裂，而在俄罗斯，人们"……追求内在和外在存在的完整性……"，"……永记一切临时的和永恒的关系，人对于神的关系……"。旧俄罗斯的生活就是这样，它的特点在民间保存至今。⑥

基列耶夫斯基认为，西方人拒绝永恒："……几乎总是满足于自己的道德状况；几乎每个欧洲人总准备骄傲地捶打自己的胸口，对自己和别人说，他的良心完全平静，他在上帝和他人面前是绝对纯洁的，他只请求上帝一件事情，以便所有的人都像他一样。如果他的外在行为和关于道德的普遍概念发生矛

---

① Там же. Т. I. С. 280–281.
② Там же. Т. I. С. 201.
③ Там же. Т. I. С. 218.
④ Там же. Т. I. С. 217–221.
⑤ Там же. Т. I. С. 218.
⑥ Киреевский И. В. Указ. соч. Т. I. С. 265.

盾,他会为自己想出一个特别的、与众不同的道德体系,结果是,他的良心重新获得平静。俄罗斯人则相反,总是感到自己的不足,沿着道德发展的阶梯上升得越高,对自己提出的要求就越多,所以,对自己越发感到不满。"①

3.2.3 两种启蒙(哲理思考)的结合

基列耶夫斯基虽然批判西方启蒙,但并不建议俄罗斯人拒绝西欧,"……对欧洲教育成就的热爱,就像对我们教育成就的热爱,两者在自己发展的最后,混合成一个爱,一个追求:追求活的、完满的、全人类的和真正的基督教的启蒙"。②

这两种启蒙,不应彼此否定,否则,它们的命运则是片面的。③ 未来具有创造性的启蒙活动的任务在于,使得"……保存在神圣的东正教教会学说中的那些生活原则,完全充满我们所有的等级和阶层的信仰;以便这些最高原则,居于欧洲启蒙之上,并不排挤它,而是相反,以自己的完满来包容它,赋予它最高涵义和最后发展……"。④

四、三位一体和直接内在的统一

基列耶夫斯基多次谈到获得真理的方法,但并未提出某种哲学体系。他只是留下了一些具有价值的思想片断,其中一些思想,在以后的俄罗斯哲学中得到进一步研究和发展。基列耶夫斯基写道:"哲学的方向,在自己的最初原则中,取决于我们关于神圣的三位一体的那个概念。"⑤洛斯基认为,基列耶夫斯基显然把教条表达的三位一体的共同实体性,和共同创造的精神结构中的直接内在的统一结合起来了。⑥ 这样,基列耶夫斯基所做的个体、教会、社会和国家等方面的论述,也就容易理解了。这是他的完整性思想在社会学方面的表现。

4.1 个体与教会

关于个体与教会的关系,基列耶夫斯基写道:"一个基督教灵魂秘密中的

---

① Там же. Т. I. С. 216.
② Там же. Т. I. С. 162.
③ Там же. Т. I. С. 162;222.
④ Там же. Т. I. С. 222.
⑤ Там же. Т. I. С. 74.
⑥ Лосский Николай Онуфриевич. История русской философии. Пер. с англ. М., 1991. В интернете: www.lib.ru.

每一次道德胜利,已是整个基督教世界的精神成就了。""但在物质世界中,每个实体,唯有通过他者的损坏,才得以生存,得到支持;在精神世界中,每一个个性的创造,创造出全体,每一个个性都关注着所有人的生命。"①基列耶夫斯基坚持"每个基督徒和整个教会的完整的精神交流"。② "人灵魂中一切重要的东西,都是社会地成长起来的。"③"善良的力量在孤独之中是不会成长的,如同黑麦在杂草之间就会荒芜。""……人内部所创造的每股精神力量,无形吸引并推动整个道德世界的力量。"④

基督徒为自己的精神而劳作之时,他"不是一个人行动,也不是单单为自己,他为整个教会完成普遍的事业"。"……为了独特的东正教思维的发展,不需要特别的天才,这一思维的发展,应该是所有信仰者和思考者的普遍事业……"⑤

4.2 个体与社会

基列耶夫斯基关于社会秩序的理想,表现在村社之中,具有霍米亚科夫的"聚和性"、村社理论的特点。他说,"俄罗斯观点对于所有秩序的具有区分性的特点",在于"把个人的独立性和普遍秩序的完整性结合在一起……"。西欧的理性,认为秩序就是单调。⑥ 他认为,把公民的个人自由和个体特点结合在一起的社会完整性,只有在个性自由服从绝对价值的情况下,在热爱完整性、热爱教会、人民、国家等方面进行自由创造的情况下,才是可能的。

4.3 国家与教会

基列耶夫斯基把完整性理解为"聚和性",反对夸大教会等级制度的重要性。他把完整性理解为自由村社,由此得出教会和国家相互关系的学说:国家就是社会结构,其目的是尘世的、暂时的。(东正教)教会也是社会的一个结构,其目的是天堂的、永恒的。⑦ 暂时应当为永恒服务,因此,国家应当为了教会的利益领导社会。⑧ 国家应当和教会保持一致,"以便提出自己存在的主要

---

① Киреевский И. В. Указ. соч. Т. I. С. 278.
② Там же. Т. I. С. 277.
③ Там же. Т. I. С. 254.
④ Там же. Т. I. С. 273;277.
⑤ Киреевский И. В. Указ. соч. Т. I. С. 270.
⑥ Там же. Т. I. С. 76.
⑦ Там же. Т. II. С. 271.
⑧ Там же. Т. II. С. 251.

任务,那就是,不断地、更多地充满教会的精神,不仅不把教会看作自己最舒适的存在手段,而是相反,在自己的存在中,看到的只是最完满的、最方便的实现尘世的上帝教会的手段"。① 当国家解决了审判问题,关注立法的道德性和神圣性,保卫人的尊严,等等,它为之服务的目标就不是暂时的,而是永恒的。等等。

从基列耶夫斯基对个体和教会、个体和社会、国家和教会关系的论述中可以看到,他受到三位一体思想的启发,追求以上方面的直接内在的统一。

五、 西方灾难和精神疾病的源泉——唯理论

基列耶夫斯基批判西方。根据他的观点,西方所有灾难和严重精神疾病的源泉,就是唯理论,就是精神完整性的分裂,这种分裂不可避免。"西方人把生命分裂为单独的追求……在他心灵的一个角落,存在着宗教感觉……在另一个地方,存在着理性力量……在第三个地方,则是追求感官快乐……理性很容易转变为奸猾,心灵感觉转变为盲目的激情,美转变为幻想,真理转变为意见,实质转变为瞎想的借口,美德变成自满,做作表演成为生命纠缠不休的旅伴……就像幻想成为生命内在的面具。"② 分裂和偏重理智,这是西方教育成就的最终表达。③

津科夫斯基评价说,这是基列耶夫斯基对西方片面的,在很多方面都不正确的理解。基列耶夫斯基实际上指的是脱离了基督教的西方哲学。④ 基列耶夫斯基漠视西方社会的经济问题。⑤ 他所希望的俄国的未来,伴随东正教的繁盛而来临。

六、 哲学"新原则"——以精神的完整性为基础

基列耶夫斯基非常重视西方哲学,但同时深刻意识到,俄罗斯思维,精神上完全以另外一种方式植根于基督教,和西方基督教不同。俄国哲学具有推出哲学"新原则"的条件。这和当时许多俄国人的普遍思想是一致的,就像奥

---

① Там же. Т. Ⅱ. С. 271.
② Там же. Т. I. С. 210.
③ Там же. Т. I. С. 218.
④ Зеньковский Василий. Указ. соч. С. 222.
⑤ Киреевский И. В. Указ. соч. Т. I. С. 246.

多耶夫斯基所认为的那样,"19世纪是属于俄罗斯的"①,也就是通过创造新的思想体系、哲学新原则,俄罗斯将在基督教世界的发展中,开创新的时代。

6.1 建立俄国哲学体系的阶梯、基础和原则

基列耶夫斯基认为,谢林哲学和德国哲学整体上"……可以在我们这里作为思维的一个合适的阶梯,从引进的体系发展出独立的哲学……"②俄国独立的哲学思考,应当建立在教父著作的基础上,但在教父著作中,没有现成的哲学,俄国的哲学体系将被大家共同创造出来。

教父学说的发展结果"……和科学的现代状况相适应,合乎现代理性的要求和问题……",可能会消除"……智慧和信仰、内在信念和外在生活之间的病态对立"。③ 这种知识应当"把信仰和理性协调一致,填补那种分裂两个世界的空白,这两个世界是要求统一的,在人的智慧中确立精神的真理,以可见的对于自然真理的统治为上,通过自然真理对于精神真理之间的正确关系,提升自然真理,最终把两个真理联合成一个活的思想"。④

这个知识,建立在所有精神力量完全统一的基础上,不同于经过抽象的逻辑思维加工以后所得到的知识。"……思索者,应当使自己的认识穿越逻辑桎梏,那么,他至少应当知道,此处并非知识的顶点,还有(发展的)层级阶梯,(那里)存在超逻辑的知识,此时,光亮不是微弱的烛光,而是生命。此刻,意志和思维一起成长。"⑤在这种知识中,人们走向"不可表达的东西",走向"无法猜测的领域"。⑥ 洛斯基解释说,基列耶夫斯基在此指的是,需要理解存在的"元逻辑原则",这些原则比质量限定更加深刻。⑦

理性看不到世界的"元逻辑原则",它从自己内容中抽象出来的,只是理性成分、质量方面的限定、时间和空间中的关系,等等。这样的理性,苍白片面,不可避免地走向绝境。西欧启蒙只承认感觉经验和理性是知识的源泉。一些思想家由此走上了抽象形式的道路(唯理论),另外一些人走上抽象感觉的道

---

① Одоевский В. Ф. Русские ночи. М., 1975. В интернетеwww.lib.ru.
② Киреевский И. В. Указ. соч. Т. I. С. 264.
③ Там же. Т. I. С. 270.
④ Там же. Т. I. С. 272.
⑤ Там же. Т. I. С. 67.
⑥ Там же. Т. I. С. 67.
⑦ Лосский Николай Онуфриевич. Указ. Соч.

路（实证主义）。①

　　从这个角度看，我们就会明白，为什么西方神学家具有偏重理智、严谨的特点，他们除了主教辖区的外在统一，看不到教会统一的其他情况；我们就会明白，为什么人们可以赋予外在事业非常重要的价值，为什么在灵魂的内在完备的条件下，在这些外在事业不足的条件下，他们不理解，对灵魂而言，除了涤罪所的期限，还有其他获得拯救的办法……②

6.2　认识论的支点：精神的完整性

　　基列耶夫斯基就像霍米亚科夫一样，认为西方哲学的主要疾病，在于它的唯心主义，在于失去了和现实的活生生的联系。西方哲学认为，"世界的一切存在，是理性本身的虚构辩证，而理性是世界存在的自我意识"。③ 基列耶夫斯基认为，他的任务在于摆脱西方唯心主义，找到建设认识学说的支点，这个支点不会使人们脱离现实。

　　津科夫斯基解释说，基列耶夫斯基在认识论中寻求的支点，也就是确认，认识是人们"社会现实地（存在地）"进入现实的一个部分和功能，人们不是以单独的思维，而是以所有的实质，来了解认识中的现实。保证在认识中接近存在的主要条件是，认识过程和人的所有精神领域具有联系，也就是在于精神的完整性；精神中的这个完整性，只要减弱或者丧失，只要认识变得"独立自在"，就必定产生脱离现实的"逻辑思维"或者"知性"。④ "破坏了精神的完整性以后，赋予逻辑思维对于真理的最高意识，我们在自我意识的深层，脱离了和现实的所有联系。"⑤ 这一断裂产生于"自我意识的深层"，也就是人的"内在中心"。

　　认识现实不是思维本身的功能，而是个性整体的功能。"抽象思维根本无

---

① Киреевский И. В. Указ. соч. Т. I. С. 111.
② Там же. Т. I. С. 189－190.
③ Зеньковский Василий. Указ. соч. С. 217.
④ Там же.
⑤ Киреевский И. В. Указ. соч. Т. I. С. 245.

法理解本质的东西,因为只有实质性可以触及实质的东西。"①如果逻辑思维获得了针对灵魂其他领域的独立性,那么,个性中的"实质性"就会受到损失。"只有具有理性的自由个性,在世界上具有实质性",只有"完整的个性涵义的内在发展,可以展开实质性的涵义"。②

认识脱离现实之后,在个性中出现病态过程,个性的根本完整性产生分裂。认识的"力量"、"掌握"现实的可能性,不是认识本身决定的,它是在人的"内在中心"完成的。人们脱离了和现实的历来联系以后,思维变得抽象空洞,人也变成了抽象的实质。

基列耶夫斯基认为,"在人类理性的深层(也就是在'个性的内在中心'),在他的本性中,存在着他认识与上帝的根本关系的可能性"③,也就是信仰。信仰建立在个体精神和上帝的深刻联系的基础上,这个精神就是完整的精神。

理解现实,是个性的一个功能。"人用以理解上帝的那个涵义,也为他理解真理服务。"④认识现实,是认识上帝的一个功能,和现实的分离,是从信仰领域开始的,这意味着它的病变。"抽象思维"、逻辑知性和"偏重理智",它们的体系和世界相比而言,已经是第二性的事实,第一性的事实更为深刻。"与其它认识力量所分割的逻辑思维,是脱离了自己完整性的智慧的自然特点。"⑤

由于原罪,精神的最初完整性被破坏,但是信仰,作为完整性的表现,保存在"精神的内在中心",补足智慧的自然工作,"信仰使智慧明白,智慧脱离了自己的道德的完整性",以此帮助人们提升到思维的"自然"进程之上。因为脱离"原初的完整性",智慧被损害,这种损害得到补偿的方式是,运用信仰带入我们精神的东西:"处于思维的最高等级之上,东正教信徒可以很容易地,没有损害地理解来自理性低级层次的所有思维体系,看到它们的局限性,同时看到相对真理。但对于低级层次的思维,最高真理是不可理解的,而且显得缺乏理智。"⑥

---

① Там же. Т. I. С. 274.
② Зеньковский Василий. Указ. соч. С. 217.
③ Там же.
④ Киреевский И. В. Указ. соч. Т. I. С. 246.
⑤ Там же. Т. I. С. 276.
⑥ Там же. Т. I. С. 251.

七、基列耶夫斯基的使命论

基列耶夫斯基说,在(当代)历史中,"……一个国家是其他国家的首都,是心脏,是所有血液、受到启蒙的民众的所有具有活力的力量,流出和返回的地方"。"英国和德国现在处于欧洲启蒙的高峰;……它们内在生命的发展结束了,老化了,获得了那份片面的成熟,这份成熟把他们的教育成就变得特别体面"。① 基列耶夫斯基认为,随之而来的,则是俄罗斯的时代,俄国将掌握欧洲启蒙的所有方面,成为欧洲的精神领袖。

> 我们关于人类思维发展的概念,可能是错误的,如果把它和偶然性的影响区分开来……把现实的每个事实,看作合理必需的最高规律所形成的必然结果,这是再简单不过的事了;没有比这些合理必需的虚假规律更能扭曲人们对历史的现代理解。②

基列耶夫斯基否定历史哲学的唯理论,同时否定绝对的天命论。他考虑到人的自由,但避免把上帝的因素和人的因素混合起来。③ 基列耶夫斯基承认历史的内在联系,承认这个内在的因果关系服从"事物的普遍道德秩序的无形进程"④,承认历史中的天意。

基列耶夫斯基强调,"民众的启蒙,不是由它的知识总和来测量……而是由它对所有人类启蒙的参与(程度)来决定,由它在人类发展的普遍进程中所占据的位置来决定"。⑤ 他这样谈及世界历史思维的继承性:民众,在属于自己的时刻,都会走到历史的第一层次。虽然"只有通过人类的共同努力,才能获得进步",但是,民众在仿效其他民众生活成果的同时,具有自己的历史繁荣时期。

基列耶夫斯基期待新时代的到来。这种期待在浪漫主义中是非常突出

---

① Там же. Т. Ⅱ. С. 38.
② Там же. Т. Ⅰ. С. 244.
③ Киреевский И. В. Указ. соч. Т. Ⅰ. С. 247.
④ Там же. Т. Ⅰ. С. 242.
⑤ Там же. Т. Ⅰ. С. 104.

的。① 基列耶夫斯基在此并没有与众不同,他和这一整体定势产生"共鸣",这个定势,就像其他俄罗斯思想家的定势一样,和坚定的信仰是一致的:旧时代结束以后,将是"俄罗斯思想"的新时代。对基列耶夫斯基及其同代人而言,这是不言而喻的。在基列耶夫斯基那里,对西方的真正热爱,把欧洲启蒙和俄罗斯原则综合起来的思想,和批判西方结合在一起。他认为,西方在精神方面已经走上"绝境"。基列耶夫斯基对西方的批判是从"完整性"思想出发的。津科夫斯基评价说,基列耶夫斯基的完整性思想,是其珍藏于内心的幻想,从浪漫主义根基生长出来,在教父学说的影响下得以巩固。②

> 欧洲的启蒙(哲理思考)现今得到了全面发展:……但这一完满发展的结果,几乎都是不满和希望落空的普遍感觉……不满和凄凉的空洞之感,使人心情压抑。正是欧洲智慧本身的胜利,发现了其根本追求的片面性。在生活表面完善、舒适方便的情况下,生活本身的重要涵义被剥夺。许多世纪以来的冷酷分析,破坏了所有欧洲的哲理思考的肇始根基,所以,欧洲哲理思考的根本因素(也就是基督教),对它来说,成为无关紧要和异己的东西……,而它的所有的直接财产,原来就是这个破坏了其根基的"分析",这个自我运动的理性利刃,除了自己和个人经验,什么都不承认;还有脱离了人的所有其他认识力量的独断专行的知性和逻辑行为。③

基列耶夫斯基完全接受东正教的思想,他认为,东正教的哲理思考,定能替代西方的那种哲理思考。他写道,俄国必须这样,以便"东正教的启蒙去掌握现代世界的所有智力方面的发展……以便基督教的真理,被尘世的智慧所丰富以后,更加完满、庄重地显示自己对于人类理性的相对真理的统治地位"。④

---

① 夏征农主编,《辞海》(缩印本),上海:上海辞书出版社,1989 年,第 1074 页。
② Зеньковский Василий. Указ. соч. С. 221.
③ Киреевский И. В. Указ. соч. Т. I. С. 176.
④ Там же. Т. I. С. 271.

八、评价

基列耶夫斯基的理论，表达简洁浓缩。他有关人的思想，他的认识论，在后来的俄罗斯思想家那里得到继承和发展。人的精神的根本统一，在其"内在中心"得到恢复，并克服经验领域的精神分裂。关于精神生活两个"阶段"的学说（所谓"自然的"和"精神的"理性），等等，后来不止一次在俄罗斯哲学中得到复苏。

8.1 在恢复完整性的希望中具有乌托邦的成分

基列耶夫斯基的认识论和精神的完整性学说联系在一起，首先是和理性的"独立"进行斗争，为恢复完整性而努力，这是认识的现实条件。对他而言，信仰是所有认识过程的基础。认识上帝是认识世界的内在基础，因此，认识现实应当也属于信仰那一类型：认识真理，应当处于真理之中，也就是说，这应当不只是和智慧相关，还与整个生命相关。认识是个体的整体功能。基列耶夫斯基由此对纯粹的偏重理智的认识产生怀疑。纯粹的偏重理智的认识，只有在整体理解第一现实的真理中，才是合理的。

在基列耶夫斯基恢复完整性的希望中，具有乌托邦成分。基列耶夫斯基沉湎于对唯理论的批判，强调它在"东正教启蒙"中的矛盾。普遍综合的浪漫主义幻想，在这里转变为完整的东正教的乌托邦，其中，应该已经没有发展的余地了，没有历史的位置了，这也是一种末世论。基列耶夫斯基的宗教意识是非常清醒的，在热烈崇拜完整的精神中，他是浪漫主义者。他认为，完整精神的力量，可以消除现代哲理思考的"分散性"。

8.2 基督教哲学边缘的基督教思想家

基列耶夫斯基把教会理解为对自由的确认。他的教会意识，要求包括所有的主题，对精神的所有追求，为它们提供完全的空间。只能通过"教会方式"，才能达到对真理的认识，亦即在教会中，和教会一起，通过教会。基列耶夫斯基的理论激情就在于此，由此而来的是，他受到"认识乌托邦"的诱惑，有些急不可耐地强烈谴责"唯理论"。津科夫斯基说，虽然当时的俄国哲学只是处于"基督教哲学"的边缘，但基列耶夫斯基无疑可以被称为基督教思想家。[1]

---

[1] Зеньковский Василий. Указ. соч. С. 205－225.

8.3 提出值得我们思考的方法论

基列耶夫斯基对"抽象的逻辑思维"评价不高。他说,为了理解真理,必须把个体的所有能力集合为一个整体。只有完整的人,才能理解真理。"追求思想的完整性是理解最高真理的必需条件。"①

基列耶夫斯基之前的帕斯卡认为,除了"理性逻辑",还存在"心灵逻辑"。帕斯卡把"心灵"当作认识工具。洛斯基认为,基列耶夫斯基把人的意志和所有其他能力附加到"心灵",提出的方法论是合理的。② 哲学的任务是包容世界整体,包括超宇宙的原则。为了达到这一目的,只依靠逻辑形式和关系的艺术是不够的。为了取得成功,必须赋予这些形式全面的涵义,这一点只能依靠完整经验才能达到。人借助感官获得"感觉经验",而"非感觉经验"是灵魂、内省和观察他人精神生活的经验。只有通过各种"经验"构成的思想的完整性,才能真正认识真理。虽然由于根本世界观的不同,人们可能具有不同的表述,但是,洛斯基的评价也是值得我们思考的。

8.4 指明俄国基督教世界观的发展道路

在19世纪中期,基列耶夫斯基就给自己提出了发展基督教世界观的任务,虽然没有具体发展这个世界观,但指出了它的发展道路。提出这个问题本身已经具有重要意义了。洛斯基说,俄罗斯哲学30年以后,才开始发展这一计划。发展基督教世界观的任务,几乎成为俄罗斯哲学的主要问题。索洛维约夫(Вл. Соловьев)为全面发展俄国的基督教哲学做出了许多努力,他继承了基列耶夫斯基的观点。基列耶夫斯基明确表达的完整性思想(聚和性),在霍米亚科夫等人的著作中得到进一步发展。别尔嘉耶夫等人研究元逻辑认识的学说,作为对逻辑认识的重要补充。在俄罗斯宗教哲学中,人们对存在的元逻辑原则感兴趣,认为存在是具体的和完整的。

8.5 俄罗斯精神隐秘实质的表达者

洛斯基认为,基列耶夫斯基的思想,就像以前一样,仍然是俄罗斯哲学的大纲。基列耶夫斯基纲领的不同部分,被许多俄罗斯哲学家所实现,他们常常并不熟悉基列耶夫斯基的著作。这个事实说明,存在令人惊异的民族"超经

---

① Киреевский И. В. Указ. соч. Т. I. С. 275.
② Лосский Николай Онуфриевич. Указ. Соч.

验"的统一性,这也说明,基列耶夫斯基是俄罗斯精神的隐秘实质的真正表达者。①

我们对这一说法持谨慎态度。但是,我们认为,把基列耶夫斯基称作俄罗斯精神隐秘实质的表达者,也不是没有道理的。在斯拉夫派中,正是基列耶夫斯基被看作哲学领域的专家。② 从俄罗斯哲学史的角度看,③基列耶夫斯基的一些基本思想是这样在后来的俄罗斯哲学(不是前苏联哲学)中复现和发展的:

1) 从18世纪末期的恰达耶夫开始,俄罗斯哲学认识到自己的历史哲学定势,它需要思考的中心问题是俄罗斯与西方的问题,被作为宗教的形而上学问题而提出。基列耶夫斯基对这个问题也作了思考,提出了自己的解答。

2) 俄罗斯的哲学、历史和社会论题,充满宗教内容,或者至少充满宗教热情。俄罗斯哲学倾向于综合理智、情感、意志、科学、艺术和宗教。它的表现体裁,如自由的政论,或者是文学作品,不要求对问题进行严格的范畴和逻辑加工。俄罗斯文学在提出哲学问题方面具有重要意义,能够反映俄罗斯的心智特点。基列耶夫斯基的文章,从思想到具体的表达手段,也是如此。

3) 1840—1850年代的斯拉夫派,在俄罗斯哲学的发展过程中,具有非常重要的作用。历史哲学在东正教的框架中,被看作俄罗斯独特的历史进程的基础。在基列耶夫斯基等人的创作中,明确提出俄罗斯需要创建自己独特的民族哲学,确立了它的关键问题、特点和范畴结构,其背景是此后成为传统批判对象的西方唯理论哲学的"抽象因素"。

4) 斯拉夫派的哲学,其构建原则,就是基列耶夫斯基等人坚持的精神完整性学说。这个学说成为个体世界观和社会构造的基础。在俄罗斯哲学中,这个定势是通过"聚和性"概念体现出来的,作为存在的普遍的形而上学原则,也体现在确认内在自由对于外在自由的优先地位,这也反映了社会对形成新型个性的要求,同时也导致斯拉夫派对使用"律法"调节人的行为评价不足。而且,法制形式的脆弱,被看作俄国社会的一个优点,与西方社会的"原子化"、"外在的真情"区分开来。④ 这样的哲学,进一步激化了俄罗斯的救世论。基

---

① Там же.
② Маслин М. А. и др. История русской философии. М., 2001. С. 140.
③ Грицанов А. А. Новейший философский словарь. Минск, 2001. С. 859 - 862.
④ Киреевский И. В. Указ. соч. Т. I. С. 207.

列耶夫斯基的使命论，和这样的思想也具有联系。

5) 19 世纪下半叶是俄国哲学创作职业化和形成独特哲学体系的时期。处于第一层次的是实证主义和唯物主义。但是，确实独特的哲学创作，是批判地接受了斯拉夫派的学说，主要是在东正教基础上发展起来的宗教哲学。此时，俄罗斯哲学的基本范式，就是继承了基列耶夫斯基思想的索洛维约夫归纳的普遍统一（всеединство）的形而上学，认为哲学的基础不是抽象思想或者其他抽象实质，哲学反思的对象是具体的实在（сущее）。

6) 俄罗斯哲学的新的发展阶段，始于 19—20 世纪之交。它转向了"唯心主义"，最初是伦理方面的，然后是宗教形而上学。到了 20 世纪 20—50 年代，俄罗斯哲学达到了繁荣时期（包括 20 世纪 40—50 年代的流亡哲学家，如别尔嘉耶夫等人的创作），开始具备严格的反思形式，与接近或类似的西方思想不同，并没有偏离基列耶夫斯基所提出的研究基督教哲学的道路，没有放弃对基督教现象学和解释学的深入研究。

7) 俄罗斯哲学最重要的特点，被认为是原则上的本体论。这和基列耶夫斯基等人的认识论具有内在直接的联系。大多数的俄罗斯思想家，包括那些非宗教倾向的，都认为，西方哲学常见的、典型的"主体—客体"的定势，并不进入事物的内部现实。认识者需要"社会现实地"、完整地进入存在，以此达到对存在的真正认识。真正的形而上的存在，一开始对人就是开放的，也就是说，意识不仅理解存在，而且，总是来自存在，因为究其实质而言，总是处于存在的内部。

8) 认识"真"，就是在"真"中存在、生活，"与真正存在的内在联结"（Вл. 索洛维约夫），其基础是把信仰看作是对存在的活的理解。生活就是"我"和存在之间的现实联系，而思维只不过是它们之间的理想联系。这在宗教上意味着，不是向往上帝，而是在上帝中存在，这构成了体验世界的原则基础。"普遍统一"的直觉，是所有知识的第一基础。这种基督教哲学，对存在的认识，不是抽象的、没有个性的和疏远的，而是相反，戏剧性的共同体验现实，与人的所有实质相联系。俄罗斯哲学后来加强了对"存在"和"认识"的存在主义解释。

9) 与唯理论的认识模式不同，与康德的先验论不同，在俄罗斯哲学中，处于第一层次的是神秘主义的认识理论，如洛斯基（Н. О. Лосский）的直觉主义和弗兰克（Франк）的理论。根据弗兰克的理论，认识，首先是个体的自我认识，任何外在道路，都不会通往对存在的认识，因为在这种情况下，人们对现实的认识是外在的,而且被理解的目前时刻所限制。但是,认识的涵义,除了认识这一行为之外,就在于它的先验性。此时,并不排除理性,它被纳入包容一切的直觉—情感认识世界的体系,作为一种必需的,但不是最高的认识形式。这样,应该具备一个存在的内在证明,没有它,认识这个事实就是无法解释的。这个内在证明,就是斯拉夫派的"活的知识",就是基列耶夫斯基等人所说的信仰,它是完全直接的、显而易见的东西,神秘地进入存在本身。

10) 人类集体的宗教伦理,或称"我们的哲学"是俄罗斯哲学的特点之一。它强调有机整体的思想,认为只有在整体内部,个体才能找到真正的"我",从而解决所有问题。这在俄罗斯哲学的大多数学说中,都占据主导地位。这和基列耶夫斯基对整体性、对三位一体的认识也是密切相关的。

结　语

基列耶夫斯基的思想,上承俄罗斯思想、俄罗斯哲学的基督教思维范畴,下启俄罗斯的(较为严格意义上的)基督教哲学。他的思想就像一根红线,基本贯穿19世纪40—50年代以后独特的俄罗斯哲学的发展。基列耶夫斯基的思想确实是一把理解独特的俄罗斯哲学的钥匙,也体现了人们归纳的俄罗斯心智的特点:宗教性、极端性、批判西方哲学中的抽象因素和使命论,等等。

第八章　别林斯基关于俄罗斯特点的思考

俄国著名文学评论家、政论家别林斯基(1810—1848)在自己的作品中,多次涉及俄国与欧亚差别的问题,思考了俄国的命运,对俄罗斯的民族特点进行了深刻反思。

别林斯基和斯拉夫派进行论战,他是所谓的西方派。屠格涅夫认为,别林斯基的文章可以证明,他的西方派信仰,丝毫没有削弱他对一切俄国的东西的理解力和鉴别力,没有改变在其身心奔涌的俄罗斯之流。从别林斯基关于普希金、果戈理、科利佐夫等人的文章,特别是有关民歌和壮士赞歌的文章看来,虽然当时的语文学和考古学材料异常匮乏,别林斯基对民族精神和民间创作具有深刻真实的理解。他比其他任何人更加深刻感受到了俄国的实质,他比其他所有的人更加细腻、更加准确地做出了评价,并使得其他人能够理解俄罗斯文学作品中确实独特新颖的东西。①

别林斯基说,俄国民众是斯拉夫人、俄罗斯人和拜占庭的后代。俄国民众从他们那里获得了珍贵遗产——灵魂和东正教信仰。俄国民众更是彼得一世的后代。② 别林斯基关于俄罗斯命运和特点的思考,集中体现在他的评论中。以下我们根据别林斯基的论述,把他分散于不同文章或同一文章不同地方的有关观点进行归纳和整理。这些观点对于我们理解俄罗斯的民族特点,具有不可替代的重要作用。别林斯基提出的民众"实用哲学"的观点,通过关键词

---

① http://www. Lib _ ru-Классика Белинский Виссарион Григорьевич _ В _ Г _ Белинский в воспоминаниях современников. mht.
② http://www. Lib _ ru-Классика Белинский Виссарион Григорьевич _ Опыт истории русской литературы. mht.

语理解民族文化的提示,可以看作语言文化学观念研究的先声。

一、别林斯基 19 世纪 30 年代的观点

别林斯基在 1834 年发表《文学幻想(散文哀歌)》,其中比较详细地论及民众的特点、民众的内在生活、民众的独特性与多样化发展、民众独特性的表现等一系列问题,并且对俄国与欧亚的差别做了阐述。[①] 在此后发表的几篇文章中,他还涉及俄国人"狂纵"和"惆怅"的情感,俄国人的"独创"、他们淡薄的契约观念、思辨倾向、俄国所负的使命等问题。虽然他只是顺便触及这些问题,但他总结的观点,现在都已是人们耳熟能详的认识了。根据俄国哲学史的研究,别林斯基这一时期受到谢林的自然哲学的影响,曾有一段时间对费希特的哲学感兴趣,从 1837 年至 1840 年,他是个黑格尔主义者。[②]

1.1 民众具有自己的特点

别林斯基认为,每一类民众都有自己的特点。这些特点是地域以及历史条件影响的结果。在这些条件的作用下,民众的生活得以发展,在人类家族中扮演独特的、天赋的角色,为人类做出自己的贡献,并走上自我发展完善的道路。每一类民众都表达了人类生活的某一方面。在别林斯基看来,文学应当是民众内在生活的表达和象征。在论述了民众独特的内在生活以后,别林斯基谈到民众的多样化发展。

1.2 民众的独特性与多样化发展

别林斯基认为,每一类民众,由于天意的安排,应当通过自己的生活,表达人类整体的某一方面。否则,这样的民众就没有生活可言,他只是虚度时日,他的存在没有任何益处。片面对个人是有害的,对全人类更无利益。假如整个世界都变成罗马,所有民众都按罗马方式思考和感觉,那么人类智慧的进程就会被打断,因为对他来说,再也没有目的可言,他觉得,已经达到极限了。只有沿着不同的道路前进,人类才有可能达到自己唯一的目标,只有通过独特的生活,每一类民众才可能为共同事业做出自己的贡献。

1.3 民众独特性的表现

别林斯基认为,民众的独特性,表现在只属于他们自身的特殊的思维方

[①] http://www.Lib_ru-Классика Белинский Виссарион Григорьевич_Литературные мечтания.mht.
[②] Н. О. 洛斯基(贾泽林等译),《俄国哲学史》,杭州:浙江人民出版社,1999 年,第 62 页。

式、对于事物的观点中，表现在他们的宗教和语言中，更多表现在他们的"习俗"中。这些条件密切联系，相互制约。其中差别的共同根源，乃是气候和地域。

别林斯基说，在民众的所有差别中，"习俗"基本形成民众独特性最突出的一个方面。这些习俗年深日久，代代相传。它们成为民众的面目。没有它们，民众就是没有面孔的形象，无法实现的幻想。民众越是幼小，它的习俗就越显著，民众就越是认为它们重要。习俗的变化隐秘无声。习俗神圣不可侵犯，它不属于权力范畴。条件和教育可以逐渐改变习俗。别林斯基认为，如果突然破坏这些习俗，不用新的习俗替换它们，就破坏了社会存在的所有支柱，撕裂了社会的所有联系，从而消灭民众。

1.4 俄国民众的特点

从以上基本认识出发，别林斯基就俄国所处的地理位置、它的历史渊源、俄国社会、民众信仰、自然环境、民族性格、习俗、日常生活、灵魂，与其他民族的关联等方面，用诗歌般的语言，对俄国民众的一些特点做了论述，例如（此处不是字面翻译。译文参见《文学论文选》①）：

> 欧洲东部及其与亚洲毗邻的地方，天意安置了这样一群民众，他们与西方邻居迥然不同。明亮的南方是他们的摇篮；他们既是亚洲人，又是俄国人，他们的刀剑，赋予这群民众名号；垂死的拜占庭，留给他们神赐的拯救的福音；鞑靼人的枷锁，把他们分裂的部分牢固地联系在一起，可汗之手用民众的血液，把他们紧密联结；伊凡三世使得民众懂得敬畏、爱戴、服从自己的沙皇，迫使他们把沙皇看作最高命运的安排，这个最高命运，依据自己的惟一意志，惩罚或者宽恕他们，它只承认惟一的上帝的意志。民众结庐而居，和睦生活，他们冷酷平静，就像祖国的皑皑白雪；沙皇命令攻击敌人时，他们敏捷严酷，就像他们短暂酷热的夏日的惊雷；自由自在参加宴会的时候，他们剽悍豪放，就像他们冬天的暴风雪和恶劣天气；面包和家酿啤酒充足的时候，他们迟钝懒散，就像密林中的狗熊；贫困教会他们老于世故，他们精明狡猾，就像猫儿，就像家里的灶神。

---

① 别林斯基，《文学论文选》，满涛、辛未艾译，上海：上海译文出版社，2000年，第26—27页。

他们坚决支持上帝的教会,支持先辈的信仰,坚信东正教的沙皇老爷。他们最喜爱的俗语是:"我们都属于上帝和沙皇";上帝和沙皇,上帝的意志和沙皇的意志,在他们的概念中融合在一起。他们守护着祖先简朴的习俗,诚挚地认为外来习俗就是"魔鬼的妖术"。

其生活的所有诗意也就局限于此。他们的智慧沉浸在静静的睡意中,从未超越自己的界限;他们不向妇女低头妥协,其骄傲野蛮的力量,要求妇女奴隶般的恭顺,并不希求甜蜜的互爱之情;他们的日常生活单调乏味,只有狂暴的游戏和剽悍的狩猎,能够使这种生活具有色彩;唯有战争,才能激发起他们冷酷的、钢铁般灵魂的所有威力,只有在战争的血腥旷野上,这个灵魂才自由自在地怒吼,纵情作乐。这是一种独特的生活,但片面孤立。与此同时,人类最古老的代表向前发展着……俄国民众需要投身人类的普遍生活,融入人类的伟大家族。

在这篇文章中,别林斯基还使用了一个术语:俄国才智的"实用哲学"。他说,"民众性"(民族独特性)(народность)的深层,应该在于"俄国才智的隐微曲折之处,在于俄国式的对事物的看法"。① 这是别林斯基对民众"实用哲学"的简洁说明,他指出"民众性"的深层应在于此。别林斯基在 1844 年论及俄罗斯特点的文章中,再次使用了"实用哲学"的概念。

别林斯基说,文学中的"民众性"就是民众面目的印迹、民众精神和生活的类型。在下文中别林斯基又使用了"民族面目"的术语。他说,民族的面目在底层民众中保留得最好。他又说,"民众性"就在于民众具有的思维和感觉方式。此时的别林斯基,还没有区分"民众的"和"民族的"这两个词语,把它们作为同义词使用。有的译者在此把 народность 翻译为"民族性"。我们觉得,这样的翻译并不恰当。我们知道,"民族性"在俄语中的表达是 национальность。别林斯基在以后的文章中,专门区分了"民众性"和"民族性"这两个概念。

虽然《文学幻想》的哲学基础是谢林的自然哲学,但经过别林斯基的加工,重点放在人的因素上,放在人的内心世界、"永恒思想的道德生命"、善恶斗争

---

① 别林斯基,《文学论文选》,第 43 页。

等问题上,充满人道主义的激情。① 别林斯基此时的思想,虽然属于客观唯心主义范畴,但他强调民众的独特性,以及多样化、完满的发展。他论述了俄国民众的特点,并考虑到形成这些特点的各种因素。他的观点和热烈的抒情风格具有无可替代的历史作用。

1.5 别林斯基19世纪30年代涉及的其他有关俄罗斯特点的问题

别林斯基在1835年发表的《科利佐夫诗集》中谈到,"狂纵"(разгул)这一情感,构成俄国人的性格基础,并以科利佐夫的一首诗歌为例,说明了俄国式的狂纵剽悍到底是什么。② 在这篇文章中,他还以诗歌为例,解释了人们常说的俄国式的愁闷、惆怅(тоска)。③

从语言文化学的角度看来,"狂纵"、"惆怅"这些词语的涵义以及文化语义,都是语言教学和跨文化交际不可忽视的材料。别林斯基的解释方法,用现在的术语表述,就是使用"原型"、"脚本"、"场景"等进行认知阐释。我们根据经验知道,外国学生借助一般详解词典,以及词典语例获得的关于以上词语的概念,对他们的正确理解并使用这些词语帮助不大。别林斯基对这些表达俄罗斯特点的关键词语的解释,有助于词义辨析和深层次的文化交流。现代语言学家阿普列相使用综合一体的描写方法,研究"以人为中心的词汇",④安娜·韦日比茨卡娅使用"自然语义元语言"分析关键词语的文化语义,这都不由使人想起别林斯基的类似阐释。

别林斯基1835年发表《琐事琐谈》,其中以俄国历史为例说明,"俄国人是独特并且独创的,他从来不模仿,却只是从外国取来形式,把概念丢掉,然后把祖先留传下来的自己的概念装到这些形式里面去。"⑤别林斯基还以文学事务为例说明,"俄国人一般是很随和的,在文学事务方面,你只要完成了契约的一部分,他就不会追索违约罚金,——他对于充分履行契约是不大挑剔的。此外再加上他对权威、对响亮的名字的尊敬,他对被别人或自己宣布为奇才的一切人的信赖。"⑥

---

① Зеньковский Василий. История русской философии. М., 2001. С. 255-263.
② 《别林斯基选集》,第一卷,满涛译,上海:上海译文出版社,1979年,第252页。
③ 同上书,第253—255页。
④ Новый объяснительный словарь синонимов русского языка. Первый, Второй выпуск. М., 1999.
⑤ 《别林斯基选集》,第一卷,满涛译,上海:上海译文出版社,1979年,第268—270页。
⑥ 同上书,第276页。

第八章　别林斯基关于俄罗斯特点的思考

在这篇文章中,别林斯基说明,文学中的"民众性",就是"民众的个性、特征的反映,具有全部显著的细微差异、色调和胎记的民众内在与外在生活的精神的表现"。然后,他对俄国独特的自然环境、民间传说和历史等,又作了一个简单陈述。①

别林斯基在此提到,俄国人具有独创的特点,他们的契约观念淡薄。这两个特点,也为我们所熟知。文学应当表现这样的"民众性"。请注意,不是"民族性",而是"民众性"。别林斯基后来区分了这两个概念。满涛等人的译本,把"民众性"(人民性)都翻译为"民族性"了。

别林斯基在1836年发表的《论〈莫斯科观察家〉的批评及其文学意见》中,从文学批评的角度,涉及德国人、法国人和俄国人不同的特点和思辨倾向。他说,概念虽然永远应该是知识的内核,但不应该艰深得使人望而生畏,而应该为人所理解;如果没有基本概念,实践的原则也只是不值一嚼的空胡桃。俄国的才智喜爱广阔、明确、确定:纯粹的思辨不会迷糊他的眼睛,却只会使他远远退避;实际主义只能使它变得琐碎、肤浅。② 很清楚,别林斯基在此谈到俄国人的一般思辨倾向,他们不走纯粹理性或者实用主义的路子,他们追求"兼收并蓄"的综合。

别林斯基在1838年的《〈冯维辛全集〉和札国斯金的〈犹里·米洛斯拉夫斯基〉》中谈道,"每一类民众,都有自己的生活,自己的精神,自己的性格,自己对事物的看法,自己的理解方法和行动方法"。这个观点用别林斯基自己的术语表示,就是"民众性",用现在的常用术语表示,就是"心智"。别林斯基说道,俄国自身的生活是深刻、强大和独创的,"俄国所负的使命,是不但要把欧洲生活的因素,并且还要把全世界生活的一切因素兼收并蓄,要证明这一点,只须指出它的历史发展,地理位置,以及那些包括在它组成之内、现今在以莫斯科为中心的大俄罗斯生活的熔炉中受到冶炼,并已融合到它的本质中去的纷繁

---

① 《别林斯基选集》,第一卷,满涛译,上海:上海译文出版社,1979年,第283—284页。另请参见:http://www.Lib.ru. Белинский Виссарион Григорьевич_Ничто о ничем, или отчет г_издателю Телескопа за последнее полугодие (1835) русской литературы. mht. 俄文文献标记的发表时间为1835年,不同于《别林斯基选集》(第一卷)所标记的时间。
② 同上书,第326页。请注意,我们的理解和译者的理解不完全一致。我们注意区分了"民众"与"民族"等概念。下同。

复杂的种族就够了。"①

可见,别林斯基不仅提出自己的观点,而且特别注意证明自己的观点。他在19世纪30年代对俄罗斯特点进行思考的结果,就是提出了实用哲学、民族独特性等观点,认为俄国负有兼收并蓄的历史使命。别林斯基在19世纪40年代对俄罗斯特点的思考更加细致和深刻,而且注意从理论高度说明这些观点。以下我们分别说明他在1840、1841、1844和1846年的观点。

二、 别林斯基1840年的观点

别林斯基在《1840年的俄罗斯文学》中,提出了民众世界观的问题,继续思考俄罗斯的命运和特点。② 在这一时期,他的思想受到黑格尔哲学的影响。③ 但在1840年10月,别林斯基放弃了黑格尔与现实妥协的观点。在19世纪40年代初期,他开始批判黑格尔的保守理想,反对其所谓的"普遍性"原则,因为这一原则最终说明,不合理的社会秩序的存在是有道理的。他发现,在黑格尔哲学中,缺乏对个性的真正评价。对他来说,人格主义才是首要的。他开始强调个性,排斥"普遍性"。④ 从别林斯基对个性问题的持续关注,我们不难理解,他为什么不断思考俄罗斯的独特性。

2.1 民众的世界观

别林斯基在这篇文章中,通过分析文学作品,提出民众世界观的问题。他说,民众文学的源泉,可能不是某种外在的祈使或推动,而只是民众世界观的推动。任何一类民众的世界观,都是其精神的实体,是对世界的本能的内在观点,这是与生俱来的,如同对真理的直接启示,这就是他的力量、生命和意义。民众的世界观如同棱镜,通过这一棱镜,民众沉思所有实质性的存在的秘密。⑤

---

① 《别林斯基选集》,第二卷,满涛译,上海:上海译文出版社,1979年,第5页。http://www.Lib_ru-Классика Белинский Виссарион Григорьевич_Полное собрание сочинений Д_И_Фонвизина_Юрий Милославский, или русские в 1612 году сочинение М_Загоскина.mht.

② http://www.Lib_ru-Классика Белинский Виссарион Григорьевич_Русская литература в 1840 году.mht.

③ Н. О. 洛斯基(贾泽林等译),《俄国哲学史》,杭州:浙江人民出版社,1999年,第62页。

④ Маслин М. А. и др. История русской философии. М., 2001. С. 165 – 167;Зеньковский Василий. История русской философии. М., 2001. С. 255 – 263.

⑤ 《别林斯基选集》,第二卷,满涛译,上海:上海译文出版社,1979年,第396页。

别林斯基对民众世界观的认识,属于客观唯心主义。我们暂且不从辩证唯物主义出发,和数百年前的先哲辩论,我们看看他有关俄罗斯特点的理论思考和实际分析。别林斯基指出,世界观是文学的源泉和基础。他指出,在人类发展史中,最重要的是民众文学。他自己说得很明白,这不是评定,只是一些暗示。确定民众世界观,意味着研究民众的全部生活,这是个人无法胜任的。别林斯基讨论了现代人类的代表。他认为,德国和法国是人类精神的两个对立的极端。对前者而言,一切都是思维,都是思想,都是直观;对后者而言,一切都是事业,都是生活。英国则表现得像德国和法国的调和。①

2.2 俄国民众的个性特点

别林斯基说得明白,世界观不是在数学和其他实证科学中表现出来的,而是在历史和哲学中表现出来的。这对那些习惯用自然科学的研究方法和眼光对待人文科学的人,也是一种善意提醒。虽然在当时的俄国,还没有真正科学意义上的历史和哲学,别林斯基开始在诗歌中寻找这一世界观。他没有直接使用"俄国民众世界观"一词,他认为,世界观是普遍的东西,需要谨慎使用。别林斯基在此使用的术语是"民众的个性特点"。他所归纳的(彼得一世改革前的)俄国民众的个性特点如下:

他们讲求力量,具有天不怕、地不怕的剽悍精神;内在世界气势恢宏;不管痛苦,还是高兴,都不知道存在什么限度。在当时,力量指纯粹的物质力量。这种力量的体现就是勇士。对他们来说,300 普特的大棒犹如草芥。他们大口吃圆面包,用双耳大桶喝酒。剽悍的精神、内在世界的恢宏气势,显示出民族强烈、清新和健康的天性。②

别林斯基说,在这种个性特点中,还看不到任何世界观。可以看到的是,深刻的忧伤,巨大的力量,对民族命运与其使命之间的矛盾,具有某种朦胧的认识。这属于俄国民众个性方面的东西,世界观是对普遍、永恒的直接理解。他认为,如果可以在俄国民间诗歌中找到某种世界观的痕迹,这个世界观既不能发展,也不能产生什么后果,因为俄国以前的(指彼得一世以前)生活,隔绝于人类生活,缺乏人类的普遍利益。③

---

① 《别林斯基选集》,第二卷,第 398—400 页。请注意,我们的理解和译者的理解不完全一致。
② 同上书,第 401 页。
③ 同上书,第 402 页。

别林斯基没有明确说明，俄国民众的世界观是什么，但是，他提出了这个问题，并把俄国和其他国家，如德国、法国和英国，做了比较。他所使用的材料是文学，所归纳的特点，谨慎一点，可以不称为民众的世界观，但可以看作民众的个性特点。从这里也可以看到，别林斯基关注个性问题。正是意识到个性的重要价值以后，别林斯基最终放弃了黑格尔哲学，转向社会主义思想。①

三、别林斯基 1841 年的观点

别林斯基在 1841 年发表《彼得一世之前的俄国》，②其中对俄罗斯的民族特点、俄罗斯命运的思考，显得更加深刻，较之上文所述的观点，更加系统化。别林斯基在这篇文章中，再次论及俄国与欧亚的差别，思考了俄国的民族性，提出了民众实体的理论。别林斯基在完成于 1841 年的《文学一词的普遍意义》（首次发表于 1862 年）中，③继续讨论民众世界观、民众实体等问题。他在同年发表的《1841 年的俄罗斯文学》中说道，民族性在于民族精神。他提出研究民族精神的问题。在同年发表的《民间诗歌论》中，别林斯基从民众的自发力量开始，引出民族性格和民族精神的论题。需要说明的是，别林斯基的议论，更多是文学评论性质的，并非严格意义上的形式体系。

我们先来看看，别林斯基如何认识彼得一世改革前的俄国与欧亚的关系。别林斯基首先论述了地理位置与俄罗斯人普遍的排斥持中的认识，然后谈到彼得一世改革以前的俄国的特点。这些观点，至今读来仍然饶有兴味，内容并不过时，而且，别林斯基的叙述，言词优美，令人不忍释手。

3.1 地理位置与排斥持中

别林斯基指出，就地理位置而言，俄国位于欧亚之间。许多人由此得出结论：俄国在道德方面，也应处于中间位置。别林斯基认为，类似的想法并不正确。地理上的中间位置，并不总是意味着道德上的中间立场，道德上持中间立场，并非永远有益。很难想象光明和黑暗，启蒙与无知，人性及野蛮之间的中间道路，更难找到一个有益的中间立场，并因此欣喜若狂。俄罗斯人一般认为，"不支持我的人，就是反对我的人"，对他们来说，不存在中间立场。

---

① Н. О. 洛斯基（贾泽林等译）,《俄国哲学史》,杭州：浙江人民出版社,1999 年,第 65 页。
② http://www.Lib_ru-Классика Белинский Виссарион Григорьевич_(Россия до Петра Великого).mht。
③《别林斯基选集》,第三卷,满涛译,上海：上海译文出版社,1980 年,第 116 页。

3.2 彼得一世改革前的俄国

别林斯基认为,因为鞑靼桎梏的原因,除了宗教,彼得一世改革前的俄国和欧洲没有任何共同点,但俄国在很多方面与亚洲并不相同。在此复述别林斯基的大意如下(不是字面翻译):

> 俄国的天空雾气弥漫,气候严酷,它没有那么富丽堂皇,没有亚洲感性慵懒的诗性色彩。虽然这种诗性对欧洲人而言,也是非常迷人而具有吸引力的。俄国的激情是沉重的,但是迟钝的、模糊不清的,它不会激动,更多的是沉睡,很少睡醒。
>
> 俄国不知道还存在着多样的激情,因为其社会基础是单调的,兴趣是有限的。对亚洲人而言,存在享受的感觉,他以自己的方式崇拜自然,热爱奢华舒适的生活。在彼得一世改革前的俄国,类似的东西是没有的。他们对美的认识是,身体粗壮高大,脸色红润。俄国人祖先的美学品位并不很高。在东方,具有灵感和创作的概念,诗作和散文艺术得到很高评价。
>
> 俄国曾是亚洲,但是另一个特点上的亚洲,原因就是基督教。弗拉基米尔在形式上把它宣布为国教。俄国的王公,虽然具有一些严刑酷法(例如彼此挖出对方的眼睛),但这更多是拜占庭习俗影响的结果,而不是亚洲的影响。
>
> 俄国的农夫,在某种方式上说,还是半个亚洲人:他喜欢享受,但认为享受只在于烈酒、食物和游手好闲。当收成好,口粮充裕的时候,他幸福而平静。关于过去和未来的思绪,不会使他感到不安。人在自然状态下,除了解除饥饿和满足其他需求,再也不会思考其他问题了。商人雇佣他,请他用马车把货物运到集市。农夫会要个天价,甚至不愿意和他说话,依然高傲地躺在自己的板床上。如果饿了,给钱不多的活儿,他也去干,就是为了不在家吃饭,不用家里的干草喂马。有关自己的现状,改变它的保证,将来如何,等等,他那半圆形发式,顶发剪得很短的脑袋,从来不去思考类似问题。他因循守旧,不思变革,就像父辈和祖辈那样种地,不会给犁耙增添一根橛子。
>
> 他的木屋就像畜棚。冬天,他快乐地和牛犊、羊羔、小猪、母鸡分享他的小木屋。这并不总是因为缺钱的缘故(德国人如果有俄国自

由农夫那些钱,可能会生活得像老爷一样),他们是要处于自然母亲的怀抱。更深刻的原因是:父辈和祖辈就是这样生活的,他们不比我们笨,他们也会吃,不比我们差。农夫完全相信,会吃面包真是伟大的智慧!他关于司法的观点,完全是亚洲的概念。农夫很情愿解开口袋行贿,只要人家把事给他办了。

别林斯基总结道,彼得一世改革前的俄国,在社会和家庭生活方面,首先映入眼帘是:具有力量,却表现出虚弱;拥有大量资产,却表现出贫穷;天资聪颖,却表现出缺乏深刻的思想;天生通晓事理,却表现得迟钝;具有自己的习俗、生活条件、司法特点,不乏阴谋诡计,践踏人的尊严,而且是在信仰基督教的情况下践踏人的尊严,也就是缺乏对个性的尊重。

3.3 俄国民众的精神和性格

在论述中,别林斯基还谈到俄国民众的精神和性格。他说,俄国民众的精神总是伟大有力的,可以证明这一点的有:

莫斯科王国快速的中央集权,与马迈军队的血战,推翻鞑靼桎梏,攻取喀山汗国。经过民众选举,罗曼诺夫家族登上王位,其中包括彼得一世和其他一些统治者。众多的国务和军事人才,也可以证明这个特点。人民诗歌创作也能证明这一点。它的标记,就是丰富的想象,有力的表达,无穷的感觉。一会儿狂喜奔放,一会儿凄凉忧郁,但总是坚定豪迈,在街道和广场都感到拥挤,这种情感要求茂密的森林、伏尔加河的辽阔流域、广阔的田野来狂欢……

在面临考验的时刻,当胆小的民众倒下之时,伟大的民众觉醒了,就像被捕猎者包围的狮子,令人生畏地抖动鬃毛,恐怖的怒吼威震敌胆。但是,暴风雨过后,他又打起瞌睡,不会从动荡中吸取任何文明成果。

别林斯基说,彼得一世改革前的俄国,命运的所有考验,都表现出民众的伟大性格,但没有发展它的国家力量,没有推动它的文明进程。彼得一世改革以后,1812年的卫国战争,动员起俄国的所有力量,不仅没有削弱俄国,反而使它更加坚强,成为其新的、更加幸福生活的直接原因,因为打开了财富的新的源泉,加强了工业、商业和教育。彼得一世之前的俄国,没有贸易和工业,没有警察制度,国民安全没有保障,需求贫乏,没有军事机构,国家软弱渺小,所具备的不是法律,而是习俗。存在许多残暴践踏人的尊严的事物。别林斯基在此又一次谈到个性问题。

别林斯基补充说,他指出的所有缺点,绝不是在道德或哲学方面侮辱民众。所有的缺点,都是与欧洲隔绝的历史发展的结果,是鞑靼统治的结果。彼得一世的改革为民众打开了通往西方的大门。

19世纪40年代,"否定"成为别林斯基的重要思想。他强调社会的发展,把有关西方的理想和现实联系起来,他具有"发展"的思想,逐渐转向社会主义,宣扬通过极端方式转向新的社会。① 他念念不忘西方理想,支持彼得一世的激进改革。

3.4 俄国缺乏西方的荣誉概念

别林斯基还谈道,俄国历史上没有出现西方的贵族阶级。贵族阶级是历史形成的特权阶层,处于国家上层,介于民众和最高权力之间,他们的日常生活和行为,逐渐发展出有关个人荣誉、高尚、权利不可侵犯的理想概念。

根据别林斯基的看法,如果西方中世纪的国王可以对仆从滥用职权,他们能够剥夺的,只是仆从的生命,而不是荣誉。国王剥夺仆从的生命,只能通过诉讼程序,依据判决进行(虽然有时判决并不公正)。"荣誉"这个概念,是真正的贵族阶级的灵魂和血液,在欧洲产生的原因是,贵族自身起初就是具有统治权力的人物,而骑士阶层赋予荣誉概念以人性特点。俄国的大地主,以前也是具有统治权力的人物。但是,失去这种权力以后,马上变成了只是受人尊敬的(沙皇的)仆人。别林斯基还是要强调,西方历史具有个性的思想,俄国则缺乏这一点。

3.5 别林斯基的西方派观点

别林斯基认为,最重要的是,在欧洲,生命在发展,思想在运动。社会做出错误的,或者不足的决定以后,随之而来的,是其他的,更符合时间要求的决定,对前者进行否定。别林斯基甚至认为,可以容忍欧洲曾有的所有惨状,因为它们具有高尚的源泉、良好的结果。俄国在彼得一世改革前,曾被停滞的铁链禁锢。俄国历史和欧洲历史不同,俄国的"人性化、人道化"(очеловечение),

---

① Маслин М. А. и др. История русской философии. М.,2001. С. 167.

应该通过无条件模仿具有文化的民众的形式来完成。

别林斯基支持彼得一世激进的改革措施。他认为,如果没有彼得一世,俄国没有可能和欧洲自然接近,因为当时的俄国,没有发展的活的种子。别林斯基认为,经过彼得一世的改革,从叶卡捷琳娜二世开始,俄国人变成欧洲的俄国人和俄国的欧洲人。他们已经是学生了,但不是欧洲主义的后裔,他们已经不愿成为法国人、英国人或德国人,但是想成为具有欧洲精神的俄国人。这个意识渗透到他们行为的各个方面,体现在普希金以后的文学中。

3.6 对欧洲的膜拜和对亚洲的贬斥

别林斯基当时是这样认为的:亚洲自然率真,讲求直观;欧洲讲求意识、意志和理智。这是东西方主要的,也是非常重要的差别,是东西方不同历史的原因。别林斯基的大意如下:

亚洲的情况

在亚洲人的生活、行为和意识中,可以看到的,只是原始的自然性质,除此之外,一无所有。亚洲人社会性质的基础,是历史悠久的习俗。习俗能够最好说明亚洲人的日常生活以及生活方式的基本规则。

亚洲人从不考虑自己的个性,不考虑个性的意义和权利。他对亲人冷酷无情,漠视他们的幸福与生命,自己也冷酷地服从命运的安排。对他来说,人血一点也不比畜血更有价值。由此而来的是无限独裁和绝对奴役。

家庭生活方式是亚洲日常生活的普遍形式。东方国家,虽然本身就是规模巨大的家庭,但是,亚洲的血统联系又是那样没有价值,缺乏对人的个性的基本尊重,只有严格的等级关系。

没有爱的地方,也就没有相互信任,那里的亲属纽带,只是增加相互的不信任之感,因为亲戚的个人利益,经常敌对冲突。如果爱无法把人们从怀疑和恐惧中解脱出来,那么个人自我保护的力量,不会因为亲属关系而减弱或者麻痹。

亚洲人的意识在沉睡,如同自然状态下的婴儿。他的思想主要体现在宗教方面,但宗教没有超出自然泛神论的界限。(产生于亚洲的基督教除外,但基督教只在欧洲得到发展)

亚洲产生的所有宗教的基础(除了基督教),就是自然泛神论,或者把自然的实体力量进行神化。这种泛神论一旦从自然上升到精神,马上就自我消灭了,落入抽象的偶然和僵死的形式。它在自身有限的范围内运动,或者说,在一个地方旋转,而不是从一点开始,沿着直线向前运动。基督教无法在东方扎根,它要使人信服,而不是奴役,它推翻了物质,把圣灵置于物质之上,圣灵就是爱和理性……

亚洲人的社会日常生活停滞不前。社会日常生活的条件并不复杂。复仇的权利是最古老的一种权利,它是最"自然的权利"。基督教特别否定了这个权利,因为基督教把人类从粗糙的自然桎梏下解放出来。

对亚洲人而言,个性的权利不在于法律,而在于暴力复仇。亚洲人无法忍受审判及其程序:判决不取决于法律的力量和理性,而取决于法官的智慧。

亚洲人的私生活是单调的。亚洲人的生活,完全处于情感的影响下,不安的理性不敢从远处走近它,不敢扰乱它动物式的幸福……

与亚洲联系在一起的是停滞和僵化。在亚洲,既没有科学,也没有艺术,有的只是传统和习俗。

总之,别林斯基认为当时的亚洲,缺乏理性、缺乏对个性的尊重,没有法制概念。

欧洲的情况

在欧洲,父母的权力建立在具有意识的合理之爱的基础上,这个爱也来自自然之爱。在欧洲,亲属权利一旦不再建立在爱的基础上,就会失去作用和力量。排除例外的情况,以下规则可以被看作普遍规则:父母无权抱怨孩子不好,因为只有不好的父母,才有不好的孩子。关系如此亲近的人,例如亲人,他们之间的关系,无法由旁人做出毋庸置疑的评判。所以,这些关系被纳入普遍的法制形式。法律关注的,只是外在、形式和体面,自身并不进入人的内在。内在的东西,被交给最高的良心来裁判。

欧洲的民法,只要求对父母的外在尊重,而不是要求爱,对爱来说,不存在民法。从另一方面而言,父母对孩子的权利,被社会舆论所局限。到了一定年限,孩子成为自己命运和行为的完全主人。

欧洲人能够把灵感和理性协调起来,亚洲人整个处于暂时的情绪的控制下,常常只取决于偶然因素。

这就是别林斯基所认识的欧亚。他自己也承认,没有任何新颖的东西。就欧亚对立而言,他只是列出了两三个最突出的特点,读者可以通过自己的认识补充其他内容。也就是说,这是一个开放的问题,并没有最终答案。

为了进一步论证自己的观点,别林斯基还回顾了历史。在别林斯基看来,多神教时代的欧亚,其特点就不相同,它们的对立在于,欧洲具有活力。欧洲民众不断通过意识的力量,调节自己与世界、生活的关系。他们借助情感和灵感来发展和生活。欧洲人的思考、智慧具有判断和分析的力量,他们通过完全的意志,使理智运动起来,以克服直率、直观,等等。亚洲民众缺乏欧洲民众这方面的特点。

3.7 把欧洲绝对化,欧洲成为一种理想

别林斯基也认识到,欧亚的这些对立,就像精神文明发展的极端环节。他甚至认为,在欧洲,即使是服装和家具样式的不断变化,都来自运动发展的生命的深刻因素。他极端地认为,欧洲的一年,就是亚洲的一个世纪。欧洲的一个世纪,就是亚洲的永远。所有伟大的、崇高的、人类的、精神的东西,产生、成长、繁荣,在欧洲的土壤上带来富饶的果实。总之,所有人以其品质而感到自豪的东西,都是欧洲生活发展的结果。所有人类的,都是欧洲的;所有欧洲的,都是人类的……可见,此时的别林斯基,完全把西方理想化了,西方成为他的偶像。

3.8 俄国的情况

别林斯基在讨论了欧亚差别以后,谈及俄国的情况。他说,根据俄国的基本因素(如地域、气候、历史和习俗等),它不属于,也不可能属于亚洲。它形成某种隔绝的独特现象。鞑靼人的统治,应当使它和亚洲接近。通过机械的外在纽带,他们确实把俄国和亚洲在一定时间联系在一起,但是,无法在精神上把它们联系在一起,因为俄国是信仰基督教的国家。彼得一世进行的改革,完全符合民族精神的要求,使俄国和欧洲接近的同时,清除了那些鞑靼人带给它的暂时的、亚洲的东西。别林斯基认为,(当时的)俄国民众是具有一百多年历

史的年轻生命。它因为生命世代相传的自发力量而强大。别林斯基坚信,俄国具有伟大的未来。原因何在？别林斯基提出民族性的实体这一理论。

3.9 民族性的实体

别林斯基区分了"民众性"与"民族性",为他"民族性的实体"理论厘清了基本概念。根据别林斯基的认识,"民众性"针对"民族性"而言,就像种概念针对属概念,低级概念针对高级概念之间的关系。"民众"意味着国家的低级层次,"民族"表达的概念,是国家所有阶层的总体。在"民众"中没有"民族",但在民族中已经具有了民众。

别林斯基在1844年发表的《普希金作品(第八论)》中,继续坚持区分"民族的"与"民众的"。他认为,"民族的"在意义上比"民众的"要广。"民众"总是意味着群众,国家最低层、最基本的层次。"民族(种族)"意味着所有的民众,所有的阶层,从最低级到最高级,构成国家的肌体。在《普希金作品》(注释)的第335个注释中,编者对别林斯基所理解的"民众的"、"民族的"也作了解释:根据别林斯基的理论,"民众的"被"泛民族的东西"所取消。"民族的",包括民众所有的美好愿望和社会先进阶层的美好追求。这样有别于斯拉夫派的"民众性"和官方的"民众性、人民性",此二者,都是别林斯基在文学中所反对的。[①]

因此,我们在本节的叙述中,也注意区分"民众性"(人民性)和"民族性"、"民众"和"民族"。虽然народ一词多义,有时也可以理解为"民族",但为了坚持别林斯基的区分观点,我们还是把народ/народы翻译为"民众"。这一点和别林斯基作品中文译者的理解是不同的。例如,别林斯基在文章中还谈到"北方民众"和"南方民众"、居住在山地和居住在平原的民众之间,具有很大的差别,居住在滨海的民众、岛民,居住在远离海洋的民众之间,具有很大差别,但这不是外在的差别,而是内在的精神方面的差别,等等,我们不把"民众"理解为"民族"。

3.10 民族性的实质在于它的实体

别林斯基认为,任何民族性的实质,在于它的"实体"。实体是民族精神中永恒的东西,它本身不变,但它完整经历历史发展的所有阶段。这是一粒种

[①] http://www. Lib _ ru-Классика Белинский Виссарион Григорьевич _ Сочинения Александра Пушкина_Статья восьмая. mht.

子，其中包括未来发展的所有可能。

民众具有自己的实体，就像个人一样。民众的历史以及他与其他民众的差别在于实体，如同一些人具有天才的实体，一些民众具有伟大的实体，对于其他民众而言，就像天才之于普通人的关系。

别林斯基的这种天赋论是我们比较顾忌的，具有客观唯心色彩。别林斯基继续论述道，"民众性"意味着某种静止不动的东西，一旦确立后，不再向前运动。展现出来的，只是民众的现状。"民族性"则相反，本身包含的不只是以前具有的，现在具有的，还有将有的或者可能具有的东西。民族性在自己的发展过程中，使最为对立的现象得以接近，这些现象既无法预见，也无法预言。

别林斯基认为，"民众性"是"民族性"的首要成分和表现。社会总是"民族"，作为"民众"出现，是可能之中的民族，而不是现实之中的民族。民族性和民众的实体是一样的东西，而所有的实体，尚未获得自己的定义，其中包含它的可能。也正是基于这些认识，我们在本节中，根据别林斯基的观点，在术语翻译方面，严格区分上述基本概念。

3.11 俄国民众的实体

不同民众的"实体"各不相同。假设民众是由家族组成，那么，影响它们实体的首要原因，应当考虑血统和种族。外在条件和历史发展也对民众的实体具有影响。别林斯基指出，气候和地理位置是影响民众实体的非常确定的因素。

欧亚民众之间具有很大差别，这些差别主要不是外在的，而是内在的差别。差别主要是精神方面的，而不在于形式。别林斯基这样描述俄国民众的实体（意思复述）：

> 俄国的摇篮不在基辅，而在诺夫哥罗德，从此经过弗拉基米尔，转向莫斯科。它幼稚天真的眼睛仰望凛冽的苍穹，肆虐的暴风雪为它哼唱摇篮曲，残酷的严寒把它的体魄锻炼得健康强壮。你冬日乘坐剽悍的三套马车疾驰，白雪在橇木下吱吱作响，寒冷的天空布满繁星，你满含惆怅（тоска）的目光，消失在一望无际的白雪皑皑的平原，天上的月亮，就像孤独的漂泊者，把白雪茫茫的平原镀上一层银色。雪原的一些地方，被寒霜覆盖的树林所阻隔，此时，你就会理解驿站车夫悠长凄凉的歌声，这歌声和马儿铃铛撕心裂肺的单调鸣响融合

在一起。

但是,这种忧伤(грусть),不是虚弱灵魂的疾病,不是虚弱松弛的精神;这种忧伤强大无穷,是伟大高尚的本性表现的忧伤。俄罗斯人忧伤满怀,但是,并没有被忧伤压倒,没有谁能如此快速地从最折磨人的撕心裂肺的忧伤,转向最狂暴的欢乐!例如普希金的《奥涅金》,从深刻的忧伤(其源泉就是无限的精神),转向激昂伟大的欢乐(其源泉是坚强健康的精神)。

俄国人属概念方面的实体性因素,并没有被彼得一世的改革所压制,但是通过它,获得最高发展和最高形式。一面是精力充沛、勇敢机智、善解人意,一面是爱财如命、大胆剽悍、纵酒作乐。快乐也罢,忧伤也罢,都是天不怕地不怕!难道"欧洲主义"能够磨灭这些俄罗斯民众根本的"实体性"特征?

欧洲主义不是某种既定水平,不是把一切进行平均,使得千人一面。英国人、法国人、德国人、荷兰人、瑞士人,他们都是欧洲人,他们具有许多普遍性,但是,他们的民族差异非常尖锐,永远也无法消除。否则,需要首先消灭它们的历史,改变他们国家的自然条件,完全更换他们的血统。

别林斯基在1841年发表的《莱蒙托夫诗集》中,以诗歌为例,说明构成俄国民族诗歌的基本因素,亲如血肉的力量,主要基调的"忧伤、哀愁"(грусть),到底是哪种感觉。[①] 这种通过场景、脚本解释词语文化语义的方法,在现代语言学者的语义著作中得到继承和发展,这种办法对同义词的语义辨析很有帮助。

3.12 民族性

别林斯基是这样定义民族性的:民族性就是民众所有精神力量的总和。民众的民族性的果实,就是它的历史。别林斯基没有完整地、令人满意地说出,俄罗斯的民族性到底是什么,但是做了一些提示。他确认,俄罗斯的民族性不在于以下方面:树皮鞋、厚呢长外衣、肥大的无袖长衫、劣质白酒、大胡

[①] http://www. Lib _ ru-Классика Белинский Виссарион Григорьевич _ Стихотворения М _ Лермонтова. mht.

子、冒着黑烟的肮脏木屋、文盲无知、法官受贿、懒于动脑。别林斯基说,这当然不是民众性的特征,更像附着在民众性之上的赘物。

别林斯基很清楚,民族自豪感是高尚的感觉,是真正尊严的保证。否定或者贬低民众的实体,否定真正涵义上的民族性,就是对民众的侮辱。抨击(甚至夸大)民众性的缺点和罪恶,不是犯罪,而是功绩,是真正的爱国主义。

别林斯基认为,俄国民众的特点显示,他们有能力,而且愿意无条件拒绝一切不好的东西。至于好的一面,它构成俄罗斯民族精神的实质。好的方面是永恒的,即使想拒绝,也无法拒绝。俄罗斯人较之他人,更有可能,更有权利对自己的民族缺点和罪恶不感到惭愧,而是大声议论。别林斯基这种开放豁达的智者心态,对我们应该有所启发。

3.13 两种类型的民族缺点

根据别林斯基的理论,民族缺点具有两种类型:一种来自实体精神。其他缺点,则是历史发展、不同的外部条件和偶然条件作用的结果。别林斯基把前面一类的民族缺点叫做"实体性的"缺点,把后面一类的缺点叫做"嫁接性的"缺点。别林斯基认为,没有尽善尽美的民族性。没有任何绝对完善的东西,所有优点都被某种缺点所限制。任何个体就因为它是个体,从而具有限制。所有民众,就像个人一样,是个体。民族缺点并不贬低民族的地位。根据别林斯基的观点,不同民族的地位和作用并不等同。

别林斯基认为,内在缺陷是民族与生俱来的疾病,排斥这种疾病,有时可能需要付出生命的代价。嫁接性缺陷是赘物,被切除以后,病人虽然痛苦,身体却没有什么损失,只是解除了丑陋和痛苦。对于嫁接性缺点,越是大声谈论,越是表现出对自己优点的尊重。

3.14 俄国民众的缺点

西欧是别林斯基的理想,他把西欧理想化、极端美化了。别林斯基认为,俄国民众的缺点,不是来自民族精神和血统,而是来自不利的历史发展。别林斯基把德国和俄国的发展做了比较,其大意如下:

> 条顿部落(德国民众的前身)涌向欧洲,他们有幸直接接触希腊和罗马,接触这些长出枝繁叶茂的欧洲主义大树的土壤。老迈疲惫的罗马,遗留给他们的是基督教信仰和民法。他们分裂为许多部落,然后在狭小空间集结在一起,不断碰撞融合。

(彼得一世改革前的)俄国的生活则相反,它是封闭的,处于荒漠之中,缺少人类社会的任何发展。从最初部落开始,后来形成了它的大多数人口,就像单调的草原,其中没有任何剧烈差别,无法相互作用,无助于国家组织的发展。波希米亚(Богемия)和波兰,本能把俄国纳入欧洲,但是,敌对的信仰永远把欧洲和俄国分割开来。因此,俄国从一开始,就和西方分割。拜占庭对俄国文明的贡献不大,能够赠送给俄国的,只有一些负面习俗。公国之间敌对争斗。鞑靼人用俄国的血液把它的各个部分团结起来。鞑靼人两个世纪的统治,如果有些益处,其益处也就在此。但是,这种统治给它带来的,更多的是罪恶,为它嫁接了诸多罪过。

妇女过着封闭隔绝的生活,不参与社会活动。在她们的观念和情感中,表现出奴役的情形。俄国人习惯把钱埋到地下,衣衫褴褛,害怕露富,贪赃枉法。生活方式表现出亚洲的特点,懒于动脑,不学无术,自卑,等等,都是彼得一世要根除的。俄国直接对立于欧洲主义的东西,都不是俄国本身具有的,都是鞑靼人嫁接给他们的。例如,俄国人难以容忍外国人,这就是鞑靼桎梏带来的结果,而不是宗教狂热的结果。

俄国民众性的最大缺点,不是实质性的、血缘的,而是嫁接的缺点,俄国人完全有可能摆脱这些缺点的最好证明,就是已经开始摆脱这些缺点。

俄国社会在前进,并没有丧失自己的民族性,只是告别了不好的"民众性"。可以告别的东西,可以摆脱的东西,不在血液里,不在精神中,那仅是在不好的社会所获得的不良习惯。只有那些难以根除、无法纠正的缺点,才是民族的耻辱。俄国社会的缺点和恶习,来自不学无术和愚昧无知。知识和教育最终有助于铲除这些缺陷。

别林斯基试图用历史事实说明,在俄国社会中,具有生命的健康种子。俄国民众在纳尔瓦败绩后,赢得了波尔塔瓦、博罗季诺战役,动摇了土耳其帝国的统治。俄国向欧洲宣告了自己的觉醒。别林斯基的这段叙述,也在说明他所理解区分的"民族性"与"民众性"。

3.15 民众的世界观、个性和实体

别林斯基在《文学一词的普遍意义》中，又一次涉及到民众的世界观、实体等问题。① 别林斯基指出，只属于一类民众的意识，并且把它和所有其他民众区分开来的意识特点，在于它的世界观，对于世界的本能内在的观点，这种观点生而有之，是天赋的，如同只属于其本人的对于真理的感悟，这个观点就是它自我运动发展的力量、生命和意义。民众的世界观是智力的棱镜，通过这个棱镜，民众理解了所有现存的秘密。

别林斯基关于民众世界观的认识，与他 1840 年的观点是一致的。不同的是，别林斯基在此把民众的世界观和个性，乃至实体联系起来了。别林斯基认为，民众就是理想化的个性，就像单独的个人，具有自己独特的本性、气质和性格，一句话，具有自己的"实体"（别林斯基特别提示，"实体"的意义远非"实质"可以表达）。

别林斯基认为，民众具有不同实体的原因是不能解释的，如同为什么一个人生来具有绘画能力，而不是具有音乐能力，等等。地理、气候和历史条件，对于民众实体的形成具有或多或少的影响。但是，显而易见的是，形成所有民众实体的首要原因是生理原因，它是无法破解的自然秘密。实体是民众世界观的直接源泉。由民众的世界观产生具有活力的思想。这一思想在实际行为中的发展，就是民众的历史生命。民众以这种思想的发展而生存，他因这一思想而强大。当这一思想不再发展时，民众生活充满活力的源泉就干涸了，民众就失去了自己的能量，开始只以外在形式存在，直到某种外部力量终结其虚幻的存在。

民众的世界观，实体思想，表现在他的宗教、公民意识、艺术和知识中。别林斯基说，难以对某一民众的世界观做出简洁而令人满意的说明，但只要指出它存在于民众意识的许多不同表现之中就够了。别林斯基对英法德的民族实体作了描述。

别林斯基通过俄国文学的例子指出，俄国具有伟大的未来。俄国民众自身，包含实体生命富有成效的种子，这棵种子，来日将长成枝叶繁茂的大树。别林斯基说，这种假设并不缺乏根据。但是，这一伟大未来在于什么方面，从民众实体发展出怎样的世界观，它的精神实质在于什么方面，别林斯基当时无

---

① http://www.Lib_ru-Классика Белинский Виссарион Григорьевич _ Общее значение слова литература.mht.

法确定。别林斯基的意思是,俄国民众在这一方面就像天才儿童,他的面目已经显露出来了,未来大有可为。但是,其面目轮廓还不够确定,据此还无法说出,这个孩子以后选择哪条道路,如何行动。

俄国民众的特点,来自其相对于欧洲的地理位置,它具有掌握所有异己东西的能力,对什么都不感兴趣,对什么都不绝对服从。但是,当时的俄国人还没有开始真正的生活,只是为生活贮备资料,不管在什么地方遇到合适的资料,他们都会去获取。别林斯基相信,如果对未来生活而言,俄国民众需要如此巨大的储备,其未来生活将是丰富多彩的。

通过以上的叙述,我们可以看到,别林斯基使用了两个术语说明实体。一个是"民族性的实体",一个是"民众的实体"。在别林斯基看来,"民族性"和"民众的实体"表示同样的内容。① 在我们看来,别林斯基把"民族性的实体"和"民众的实体"作为同义词使用。

3.16 民族精神

别林斯基在《1841年的俄罗斯文学》中指出,民族性在于民族精神。他提出研究民族精神的问题。他引用果戈理的观点,认为真正的民族性,不在于描写萨拉凡,而在于表现民族精神。诗人(或其他作者)甚至在描写完全陌生的世界时,只要以民族自发精神的眼光来看待它,以民众的眼光来看待它,如此感觉和说话,以至他的同胞觉得,好像是他们自己的感觉和话语。② 此时,诗人就在表现民族性。

别林斯基在1841年发表的《民间诗歌论》中,从民众的自发力量开始,引出了民族性格和民族精神的论题。③ 别林斯基指出,在民众自发力量之外存在的人,只是一个幻影。如果民众没有意识到,他们是人类家庭的现实成员,那么,这样的民众不是民族,而是部落,或是行尸走肉。如果没有民族的性格,没有民族的面孔,国家就不是活生生的机体,而是机械制剂。但是,民族精神还不足以使民众认为,他们是宇宙普遍结构中的某种重要的、确实的东西。为

---

① http://www.Lib_ru-Классика Белинский Виссарион Григорьевич_(Россия до Петра Великого).mht.

② http://www.Lib_ru-Классика Белинский Виссарион Григорьевич_Русская литература в 1841 году.mht;别林斯基在1844年又谈到这一点。参见:http://www.Lib_ru-Классика Белинский Виссарион Григорьевич_Сочинения Александра Пушкина_Статья пятая.mht.

③ http://www.Lib_ru-Классика Белинский Виссарион Григорьевич_(Статьи о народной поэзии).mht.

了使得民众确实成为历史现象,其"民众性"应当只是形式,是人类思想的表现,而不是思想本身。所有特殊的和唯一的,所有个性的确实存在,只是以"普遍形式"而存在,这就是它的内容,它只是表现和现实。

从哲学方面看,别林斯基在此似乎特殊性说得较多,普遍性说得较少。但是,别林斯基在这一时期对普遍性和特殊性关系的认识,是符合辩证唯物主义的。例如,他说,个性,如果没有普遍性,就是幻影;普遍性,没有特殊的个性表现,也是幻影。只有同时是人类普遍文化的文学,才是真正民众的文学;只有同时是民众的文学,它才是真正人类的文学。别林斯基通过"民众的自发力量"、"民族性格"、"民族的面孔"等概念说明民族精神,并正确说明了"民族的"与"世界的"之间的关系。

3.17 气候和地理位置对民族性格的影响

别林斯基接着对俄罗斯的民族性格作了分析。他说,民众的内在历史的源泉,在于他的"世界观",或者他对于世界、对于存在秘密的直接观点。民众的世界观,首先体现在他的宗教神话中。别林斯基对民众世界观的认识,属于客观唯心主义。但是,他一直认为,国家的气候和地理位置,对民族性格的形成具有很大影响,同时也注意到俄国的历史发展和社会生活的因素。别林斯基对俄罗斯"忧郁、忧伤"(грусть)的分析是极其精彩的。转述其意如下:

> 俄国大部为平坦的草原,气候既非南方,也非北方,既不炎热,也不寒冷。这里的年份,由短暂的夏季、漫长的秋季和冬季构成。所有这些,都有助于发展俄国民众无穷深刻的忧伤情感。这一情感已经成为诗歌和音乐的主题。不要忘记,罗斯的真正摇篮,是诺夫哥罗德、弗拉基米尔、梁赞、莫斯科和特维尔。那里的天空经常是铅灰色的,小雨单调地洒落在湿滑的杂草、泥泞的街道上……
>
> 漫长的俄罗斯冬天,酷寒异常,天空缀满繁星,铺天盖地的暴风雪,遮掩旅人的眼睛,它那凄厉的狂风,在无垠的雪原自由翻卷。单调忧郁的雪原上,时而可见绿得让人感到愁苦的云杉,时而可见光秃秃的林木。树枝上寒霜覆盖,惨白一片!……
>
> 骁勇的三套马车疾驰而过;剽悍的马车夫,长着一把大胡子,胡子上结满毛绒绒的寒霜;旅人缩进车篷,裹紧沉重的大衣;令人疲劳的车铃,使他心碎;车夫让马儿喘口气,马儿于是信步前行。车夫唱

起忧郁的歌曲。只见无穷无尽的白雪皑皑的巨布,在远方和铅灰色的天空融为一体……此时此地,需要车夫忧郁而悠长的歌曲,灵魂也会因为这种完全的忧伤,得到极大满足,它在这些诚挚声音组成的单调旋律中,显得自由自在,毫无拘束:

在车夫悠长的歌声中/能听出某种亲切的东西:/一会是剽悍的纵情取乐,/一会是诚挚的忧伤……

把罗斯缓慢的、沉重的、久经考验的历史发展归并到一点,那就是:内讧和鞑靼的黑暗统治,使得俄国农民习惯认为,自己的生命、土地、妻子、女儿以及一切微薄财产,都是他人之物,时刻都有可能被前者掌握,他手持权杖,会突然宣布,他对财产拥有全权。随后是雷帝的血腥独裁,皇位空缺时期的混乱,所有一切,和严酷的冬天,寒冷的春天,忧伤的秋天的铅灰色的天空如此和谐,和一望无垠的平坦单调的草原如此和谐……回忆一下那时俄国农民的日常生活,他那冒烟的、肮脏的茅舍,极像畜圈,回想一下他的田地,时而被自己的血汗灌溉,有时荒芜,未能播种,或者被鞑靼人的队伍践踏,有时则被地主的猎犬糟蹋……

回忆一下俄罗斯人的习惯吧,赚到大钱以后,把它埋入地下。平时衣衫褴褛,吃着一半是谷糠的硬面包,呻吟、抱怨自己极端贫困。请理解这一习惯的原因……

但是,国家的地理(位置和气候)、历史,与古罗斯的家庭日常生活比较起来,还显得不够重要。

俄罗斯灵魂的忧郁,具有独特的性质。俄罗斯人不会消散在忧郁中,不会臣服于它令人厌倦的重负。但是,因为这一情感痛苦而感到满足,同时,所有的精神力量完全积聚起来。他的忧伤,并不妨害他冷嘲热讽、快乐奔放、豪放作乐。这是强大的、不可摧毁的灵魂的忧郁。所有可能削弱、消灭其他民众的东西,都只是锻炼了俄罗斯民众……

我们会不由自主赞叹别林斯基敏锐精当的分析,流畅华美的笔触。

3.18 对酗酒的分析

别林斯基在这篇文章中,还对人们常说的俄国人的"酗酒"做了分析。别林斯基并不否认,酗酒是一种缺陷。他认为,如果某种缺陷是民族的缺陷,就应当从哲学角度来分析，并考察其历史原因。需要弄清两个问题：为什么某种缺陷成为整个民族的共同缺陷，民众在这种缺陷中是如何表现的。以下是别林斯基的分析，转述其意如下：①

　　古罗斯的社会道德并不认为酗酒是社会缺陷，它被社会意识合法化。俄国人痛苦时喝酒，高兴时喝酒，事前喝酒，为使事业更加热火朝天，事后喝酒，为了休息得更加愉快；面对危险时喝酒，以便天不怕、地不怕；脱离危险后也喝酒，为了更快乐地吹嘘。俄国人有许多谚语说明酗酒的好处。

　　酒馆就是赛场，就是俄国人的舞会。在俄国平民百姓中，即使现在（在别林斯基生活的时代），也是所有的人都喝酒：老人喝，年轻人喝，妇女和孩子都喝酒。教育最终将消灭这一缺陷。但在这一缺陷中，俄国人表现得并非只有不好的一面。俄国农夫的文化生活极其贫乏。对他来说，既没有剧院、书籍，也没有晚会。

　　别林斯基认为，他看重清醒，但有时会碰到一些醉汉，他们要好于许多清醒的人。几乎只在罗斯时代，可能遇到这类人。本性懦弱者，因不幸而折腰，如芦苇随风倒伏；本性坚强者，如果无法承受不幸，会被摧毁，如橡树被暴风雨折断。别林斯基甚至说，俄国人的婚姻没有爱情，厌恶不得不用自己的劳动来养活的妻子。

　　在产生家庭矛盾时，俄国男人变得严酷起来，暴打妻子和孩子，离家出走，把微薄的劳动所得，带到酒馆买伏特加。在酒精的作用下，他们忘记了恶毒嘲笑和生活的痛苦。在罗斯时代，十足的酒鬼，就是壮士、识字者、聪明者、能手和艺术家。

　　现在（在别林斯基的时代），"艺术家"、"学者"这样的词语，和"酗酒"这个词没有任何共同点。其中的原因是，社会舆论最终把艺术家和学者的称号合法化，社会把他们纳入自己的环境，赋予他们荣誉地位。否则，聪明人难在笨人中生存，会成为他们愚笨鄙视的对象和玩具。不确定的社会关系，外部的挤压，总把民众置于悲剧位置。俄国

---

① http://www.Lib_ru-Классика Белинский Виссарион Григорьевич_（Статьи о народной поэзии）.mht.

人酗酒不是弱点。作为弱点，酗酒特别丑恶。俄国人酗酒是个缺陷，这个缺陷不是喜剧性的，而是悲剧性的……俄国壮士一口气喝掉一桶半伏特加，一口气吃掉两桶半的蜂蜜。在古罗斯，酗酒者把俄国从灾难中拯救出来，让弗拉基米尔登上神坛……

（民间诗歌的主人公之一）瓦斯卡这个酒徒，是个知道规矩的人。可以喝酒，但要懂事。他傍晚就喝得烂醉如泥，躺在地板上，失去知觉，却第一个起床，工作干得比清醒的人还要好。这是民众幻想中的英雄人物之一。壮士歌的另外一位英雄（Илья Муромец）和他一起豪饮，把瓦西里这个酒徒叫做结拜兄弟。

可见，1841年是别林斯基思考俄罗斯特点最为集中的一年。

四、 别林斯基1844、1846年的观点

别林斯基1844年发表《关于俄罗斯文学的想法和笔记》，其中继续思考俄罗斯的民族性，并且指明，他的民族性理论的哲学基础，就是个性思想。别林斯基一生都关注人的命运，发展了有关个性的思想。[①] 个性问题是贯穿别林斯基一生哲学思考的一根红线。车尔尼雪夫斯基在1856年发表《俄罗斯文学果戈理时期的随笔》，其中引用了别林斯基1844年关于俄国的未来、个性与民族性的观点。[②] 别林斯基在1844年发表的《普希金作品（第八论）》中指出，民族诗人在创作中表达的是民众实体基本的、难以捕捉的自发力量，它的代表就是民众。在这篇文章中，别林斯基谈到民族性的秘密，进而提出，存在两种不同的哲学。

关于民族性问题，别林斯基在《1846年的俄国文学一瞥》中说道，俄国人在国外的时候，人们听他讲述，对他感兴趣，不是因为他能够以欧洲方式论断欧洲问题，而是因为他以俄国人的方式评判这些问题。他的判断可能错误片面，他毕竟是在发表自己的观点。[③] 别林斯基坚信俄国具有自己的未来，会展

---

① http://www.Lib_ru-Классика Белинский Виссарион Григорьевич_Мысли и заметки о русской литературе.mht.
② http://www.Lib_ru-Классика Чернышевский Николай Гаврилович_Очерки гоголевского периода русской литературы.mht.
③ http://www.Lib_ru-Классика Белинский Виссарион Григорьевич_Взгляд на русскую литературу 1846 года.mht；别林斯基，《文学论文选》，第505页。

现自己的民族性。

4.1 俄国的未来

别林斯基在 1846 年认为,俄国人不需要怀疑自己的政治意义。在所有斯拉夫部落中,只有俄国形成了巩固强大的国家,经受了命运的严酷考验,总是能够摆脱困境,然后更加坚强地出现在世人面前。俄罗斯具有自己的民族生活,它命中注定要告诉世界自己的话语,自己的想法。①

别林斯基继续坚持"民众性"和"民族性"的区分。他说,可能出现极端的情况。一些人落入充满幻想的"民众性",另外一些人落入虚幻的世界主义。根据后者的意见,"民族性"来自纯粹的外部影响,表达民众静止粗糙、缺乏理智,完全对立于人类的东西。一些人认为,"民众性"就是习俗和偏见。他们不理解,这些东西确实反映了"民众性",但是,仅是这些东西还不构成民众性。不应该把"民众的"和"人类的"分割为两个完全异己的、甚至彼此敌对的因素。② 别林斯基论述了民族性思想的哲学基础,那就是他的个性理论。

4.2 以个性理论为基础的民族性理论

别林斯基在《1846 年的俄国文学一瞥》中,没有给"个性"下定义。他认为,"个性"使得情感、智慧、意志、天才成为现实。没有个性,一切或者成为奇异的幻想,或者成为逻辑抽象。个性在情感、理性、意志、美德、美等永恒思想面前,是微不足道的,但是,如果没有这个短暂偶然的现象,以上永恒思想也无法存在。

在以上个性理论的基础上,别林斯基通过类比,阐述了其民族性理论的哲学基础。他说道,"个性"对于人的理念,如同"民众性"对于"人类"的理念。"民众性"就是人类的个性。没有民族,人类将会成为僵死的逻辑抽象。请注意别林斯基所使用的不同术语以及界定。

别林斯基用自己的术语阐述了普遍性和特殊性的关系。他说,人类的东西是属于个人的,因为他是个人,但是,人类的东西在个人的身上,不是以其他形式表现出来的,而是从以下方面表现出来:第一,在其个性的基础上,在个性能够把他包括进自己的程度内;第二,在其民族性的基础上。一个人的个性

---

① 别林斯基,《文学论文选》,第 509 页。请注意,本书的两位译者并不区分"民众性(人民性)"和"民族性",与别林斯基的整体观点不合,这在我们看来是不恰当的。我们的译法和理解,不同于该书的译法。

② http://www.Lib_ru-Классика Белинский Виссарион Григорьевич_Взгляд на русскую литературу 1846 года.mht;别林斯基,《文学论文选》,第 514—515 页。

是对其他个性的排除,因此是人的实质的局限。任何个人,不管其天赋如何伟大,自身永远无法穷尽生命的所有方面,甚至无法穷尽生命的某一方面。任何人都无法替代其他任何个人,不管此人在道德或者智力方面如何微不足道。别林斯基说得好,大家和每个人,都被大家和每个人所需要。

别林斯基认为,人类的统一和友爱,就建立在这一基础上。个人只有在社会中,才是强大和具有保障的;为了使社会强大和具有保障,它需要内在的、直接的、有机的联系,这就是"民族性"。它是人们结合的独特结果,但不是人们的产物。没有任何民众创造出自己的民族性,就像没有创造出自己本身。别林斯基指出了民族性天赋的一面。

个人或者民众,越是接近自己的起始因素,他就越是接近自然,他就越是成为自然的奴隶。在某些方面,人类的东西从自然直接的东西中解放出来。这个解放经常被许多外部条件所促进。但是,人类的东西不是从外部来到民众之中的,而是从他本身而来,总是在他身上民族地表现出来。

当民众屈从异己的思想和习俗,无法通过自身民族性的力量,把它们转化为自己的实质,那么,它在政治上就会死亡。人越是个性化,越是具有能力把别人的东西转变为自己的东西,也就是赋予别人的东西自己个性的痕迹。人没有"个性",如同民众没有"民族性"。

伟人总是具有民族性,如同他的民众。他伟大的原因是,表现的是自己的民众。民众中无意识存在的东西,作为一种可能性,在天才中表现出来。民众之于自己伟人的关系,如同土地之于它所生成的植物的关系。

别林斯基的以上认识,都是以他的哲学思想为指导,以文学分析为基础的。他还以文学为例,再次说明"民族的"与"世界的"辩证关系。民族诗人若要不只对自己国家而言具有伟大历史意义,还要具有"全世界历史"意义,那么这样的诗人可能出现于期望以天下为己任的民众之中,也就是以自己的民族生活,对整个人类的进程和发展产生影响。由此,别林斯基自然流露出救世论的思想。

4.3 救世论

别林斯基认为,俄国以波尔塔瓦之战(1709年6月27日)向世界宣告,它投身于欧洲生活,登上了世界历史存在的舞台。在短暂的135年内,俄国走过了辉煌的道路。他认为,俄国与欧洲列强一起,掌握世界的命运。别林斯基说,历史证明,俄国并不落后,在政治历史方面超越了许多国家。俄国政治上的强大,乃是未来在其他方面具有伟大意义的前提。但是,仅在这个方面,还没有最终达到全面的发展,民众应该具备完整的生活。别林斯基希望,有朝一日,除了俄罗斯之剑,俄国在欧洲生活的天平上,再放上俄罗斯思想这个砝码。

4.4 民族性的秘密,两种哲学

别林斯基在1844年发表的《普希金作品(第八论)》中指出,民族诗人在创作中表达民众实体的基本的、难以捕捉的自发力量。这种自发力量,在民族最具有教育的阶层的生命中得以发展。别林斯基谈到民族性的秘密,进而提出,存在两种不同的哲学。① 这是别林斯基对俄罗斯民族性、民众的世界观、民众的自发力量等方面思考的最终概括。

别林斯基说,民众的民族性的秘密,不在于他们的服饰和饮食,而在于他们理解事物的方式。为了正确描绘某个社会,应当首先理解其实质、特殊性。这一点,除了从事实上去了解,在哲学上去评价维系社会的所有规则,没有其他办法。任何民众都具有两种哲学:一种哲学是学术的、书面的、庄重的和华丽的,另一种哲学是日常的、实际的。这两种哲学经常或多或少处于彼此接近的相互关系之中。想要描绘社会的人,需要了解这两种哲学,但是,特别需要研究的是"实用哲学"。想要认识某一民众,首先应当研究民众的日常生活。如"авось"(或许)等词,它们确实非常重要,不理解它们的重要性,有时无法理解他人的小说,不要说自己写小说。例如,对"实用哲学"的深刻理解,使得《奥涅金》和《聪明误》成为独特纯粹的俄罗斯作品。别林斯基在《1846年的俄国文学》中认为,有些人所说的"温顺"、"爱"等,都不应该看作俄罗斯的民族特点。②

结　语

民族的独特性、民族性问题,一直是人文学科关注的重点问题之一。别林斯基以一定的哲学思想为指导,以文学分析为基础的,形成了他关于俄罗斯独特性的学说。这一学说既具有自己的理论基础、术语体系,又具有具体的实践性的材料分析,还有自己的对比、类比、语义分析等多种分析方法,所以,称其为别林斯基的俄罗斯独特性学说或理论并不为过。这种理论说明,别林斯基

---

① http://www.Lib_ru-Классика Белинский Виссарион Григорьевич_Сочинения Александра Пушкина_Статья восьмая.mht.
② 别林斯基,《文学论文选》,第512—513页。

具有一定的辩证唯物主义认识,但这种认识不是全面自觉的,而是逐步发展、逐渐体现出来的非全面不自觉的认识。我们无意苛求古人,却有意了解别林斯基对俄罗斯特点的理论思考和具体认识,因为这对于语言文化学的理论建设和具体教学都是非常具有帮助的。

别林斯基在1834年提出,民众具有独特性,应该多样化发展。民众的独特性,表现在只属于他们自身的特殊的思维方式、对于事物的观点中,表现在他们的宗教、语言中,更多地表现在他们的"习俗"中。别林斯基就俄国所处的地理位置、俄国的历史渊源、俄国社会、民众信仰、自然环境、民族性格、习俗、日常生活、灵魂,与人类其他民族的关联等方面,对俄国民众的特点做了论述。

别林斯基在1840年认为,任何民众的世界观,都是其精神的实体,是对世界的本能的内在观点,这是与生俱来的,如同对真理的直接感悟,这就是他的力量、生命和意义。民众的世界观如同棱镜,通过这一棱镜,民众沉思所有实质性的存在的秘密。别林斯基讨论了俄国民众的个性特点。他虽然没有明确说明,俄国民众的世界观是什么,但是提出了这个问题。

别林斯基在1841年认为,俄国所处的地理位置,并不影响俄国人排斥持中的观点。彼得一世改革前的俄国,在信仰基督教的情况下践踏人的尊严。别林斯基谈到俄国民众的精神和性格,认为俄国缺乏西方的荣誉概念。西方历史具有个性的思想,俄国则缺乏这一点。别林斯基认为,亚洲自然率真,讲求直观;欧洲讲求意识、意志和理智。这是东西方主要的,也是非常重要的差别。别林斯基把欧洲绝对化,欧洲成为他的理想。他认为,根据俄国的基本因素(如地域、气候、历史、习俗等),它不属于,也不可能属于亚洲。彼得一世进行的改革,完全符合民族精神的要求,使俄国和欧洲接近的同时,清除了暂时的、亚洲的东西。别林斯基坚信,俄国具有伟大的未来,原因在于民众实体。实体由生理条件、自然条件、历史发展等因素影响而成。别林斯基进而对民族性下了定义。他提出,民族缺点具有两种类型:"实体性的"和"嫁接性的"缺点。别林斯基认为,俄国民众的缺点,不是来自民族精神,而是来自不利的历史发展。这种只讲外因,不思考内因的观点,自然不是全面的观点。有关内因方面的研究,我们暂且寄希望于未来。别林斯基把民众的世界观和个性,乃至实体联系起来了。实体是民众世界观的直接源泉。由民众的世界观产生具有活力的思想。这一思想在实际行为中的发展,就是民众的历史生命。民众的世界观,民众的实体思想,表现在他的宗教、公民意识、艺术和知识中。民族性在于民族精神。别林斯基提出研究民族精神的问题。他认为,国家的气候和地理位置对民族性格的形成具有很大影响,他同时也注意到历史发展和社会生活对民族性格的影响。

别林斯基1844年继续思考俄罗斯的民族性。他的民族性理论的哲学基础,就是个性思想。别林斯基谈到民族性的秘密,进而提出,存在两种不同的哲学。想要描绘社会的人,需要了解这两种哲学,特别需要研究"实用哲学"。

别林斯基对俄国特点的思考,密切联系于他对"个性与社会"、"个性与历史"问题的认识。谢林的自然哲学强调自然与精神的统一;费希特的哲学体现了人道主义、爱与永恒真情的思想;黑格尔的哲学反映了与现实"和解"、普遍性与特殊性的辩证关系、否定与发展;别林斯基后期转向激进的社会主义,具有唯物主义的倾向。这就是别林斯基思想演变的线索,也是理解他论述俄罗斯特点的钥匙。别林斯基以其时代的哲学思想为指导,以分析文学现象为基础,凭借其杰出的批判才华、不绝的激情,对俄罗斯特点进行了准确精彩的分析。别林斯基"揭示了……民族的独特性、民众性和人道主义,以它们作为艺术创作的准绳"。[1]

别林斯基借助一系列术语,如民众的精神、性格、实体;民族性、民众的世界观;民族精神、个性、"实用哲学"等概念,论述了俄罗斯的特点,其核心是个性理论。针对具体的俄罗斯特点而言,如别林斯基所说,他只是列出了一些显著特点,并没有穷尽这个问题。这个问题是读者可以参与的开放问题。因此,我们在此不再罗列具体内容。

别林斯基提出的"实用哲学",是他有关俄罗斯特点思考的总结。他也提示了从关键词语出发理解文化的研究方法,例如他对"忧郁"和"酗酒"的分析,等等。这对后来的文化哲学研究,特别是语言文化学方面的研究,具有深远影响,主要表现如下:

后来的宗教哲学家、诗人、政论家索洛维约夫(1853—1900)认为,"有些精神方面的对象,除了它们自身的现实特征外,对于我们具有重要意义,由我们所具有的关于它们的概念所决定。"[2]现代语言学家阿鲁秋诺娃也认为,这种

---

[1] Прохоров А. М. Российский энциклопедический словарь. М., 2001. С. 142.
[2] Арутюнова Н. Д. Язык и мир человека. М., 1999. С. 616.

概念就构成了人的"实用哲学",或称为生活思想体系。① 她给出了"实用哲学"的具体定义。她说,"实用哲学"的形成是民族传统和民间创作;宗教和社会思想体系;教育和生活经验;领袖、偶像和英雄所提供的模式;直接感觉和价值体系;性格和社会环境的特点;生活方式和艺术形象等一系列因素作用的结果。② "实用哲学"的概念调节了人们的微观和宏观世界,起到了"中介"作用。"实用哲学"的概念,固定在哲学或伦理术语的日常类似物或等值物中,构成自然语言的词汇层面。③ 科博泽娃把这种词语叫做"思想和文化词语"。④ 法国语言学家边韦尼斯特(1902—1976)说,在西方,现代思想(所有历史和精神文化的主要内容)联系于人们如何创造并和几十个基本词语打交道。这几十个基本词语共同构成了西欧语言的普遍财富。⑤

维特根斯坦、海德格尔和伽达默尔等,以及俄罗斯的别尔嘉耶夫、费多托夫、弗洛连斯基和洛谢夫等对文化观念进行分析。20世纪末期,语言学不只关注语言的逻辑层面和语用层面,在观念分析方面也得到了发展。每个观念都具有民族特点。通过语言学方面的分析,人们有可能复建观念,明确观念的民族特点以及它在人的日常意识中的地位。⑥

俄罗斯的大多数研究者认为,观念是从语言角度观察世界的范畴,是理念世界的产物,也是民族文化的产物。⑦ 观念在相关学科如观念学、认知学和认知语言学中也得到研究。沃尔卡切夫总结了对观念的不同理解,⑧提出建设

---

① Там же.
② Там же. С. 617.
③ Там же.
④ Кобозева И. М. Лингвистическая семантика. М., 2000. С. 171.
⑤ Чернейко Л. О. Лингвофилософский анализ абстрактного имени. М., 1997. С. 101.
⑥ Логический анализ языка (ЛАЯз), в интернете, 2004.
⑦ Зиновьева Е. И. Понятие 《концепт》 в отечественном языкознании: основные подходы и направления исследования//Вестник Санкт-Петербургского университета. Сер. 2. Языкознание. 2003. вып. 2(№10). Сс. 35 - 43.
⑧ Воркачев С. Г. Лингвокультурология, языковая личность, концепт: становление антропоцентрической парадигмы в языкознании//Филологические науки. 2001. №1. С. 70; Воркачев С. Г. Лингвоконцептология и межкультурная коммуникация: истоки и цели// Филологические науки. 2005. №4. С. 79; Воркачев С. Г. Дискурсная вариативность лингвоконцепта (1): любовь-милость //Известия РАН. Сер. лит. и языка. 2005. т. 64. №4. Сс. 46 - 66.

"语言观念学"的设想。[1]

  研究观念的方法也逐渐增多。"观念分析"的方法是复建语言世界图景的普遍方法之一。[2] 阿鲁秋诺娃、乌斯片斯基[3]和莱克夫等都各自独立使用过这种方法。[4] 阿普列相使用综合一体的描写方法,研究"以人为中心的词汇"。[5] 安娜·韦日比茨卡娅使用"自然语义元语言"来分析关键词语的文化语义。[6] 波波娃和斯捷尔宁用语义场理论研究观念。[7] 我国学者对俄罗斯的观念研究具有一些综述,[8]从语言学和跨文化交际角度探讨观念的研究开始起步,[9]还出版了俄汉观念对比研究的专著。[10]

---

[1] Воркачев С. Г. Лингвоконцептология и межкультурная коммуникация: истоки и цели// Филологические науки. 2005. №4. С. 76.

[2] Концептуальный анализ, в интернете,2004.

[3] Успенский В. А. О вещных коннотациях абстрактных существительных. //Семиотика и информатика. М., 1997. Сс. 146 - 152.

[4] Арутюнова Н. Д. Предложение и его смысл (1976); Дж. Лакофф и М. Джонсон Метафоры, которыми мы живем (1980, русский перевод 1987).

[5] Новый объяснительный словарь синонимов русского языка. Первый, Второй выпуск. М.,1999.

[6] Анна Вежбицкая Сопоставление культур через посредство лексики и прагматики. М.,2001; Анна Вежбицкая Понимание культур через посредство ключевых слов. М.,2001.

[7] Зиновьева Е. И. Понятие «концепт» в отечественном языкознании: основные подходы и направления исследования//Вестник Санкт-Петербургского университета. Сер. 2. Языкознание. 2003. вып. 2(№10). С. 38.

[8] 隋然,"语言认知理论研究中的概念现象问题",《外语学刊》,2004 年第 4 期;刘宏,"跨文化交际中的空缺现象与文化观念研究",《外语与外语教学》,2005 年第 7 期;赵国栋等,"'概念'刍议",《解放军外国语学院学报》,2006 年第 4 期;刘娟,"Концепт 的语言学研究综述",《外语与外语教学》,2007 年第 1 期。

[9] 彭文钊等对 концепт 和 концептуальный анализ 也做了一定的介绍,他们还建议整合对 концепт 的各种观点。参见彭文钊等,《语言文化学》,上海:上海外语教育出版社,2006 年,第 35、292、344 页。

[10] 杨明天,《观念的对比分析》,上海:上海译文出版社,2009 年。

第九章　赫尔岑思想和性格的多重性及其马赛克文体

赫尔岑(А. И. Герцен，1812－1870)，俄国作家、哲学家、政论家和革命家。[1] 赫尔岑创造了一种特殊文体，具有特殊的叙述方式。他即使阐述最抽象的观点，也能很自然地从纯粹的分析转向文学形式，通过活生生的、鲜明恰当的对话，把论断变成"意见的交流"。

赫尔岑的创作反映出俄罗斯思想的两个特点：一是哲学思考和文学思考内在联系，不可分割；二是理论研究和主观评价相结合。[2] 赫尔岑的哲学思想经常是偶然说出的，需要把它们归纳整理，才能得到一些普遍观点。哲学思考和文学思考内在联系的特点，在此前的奥多耶夫斯基那里部分表现出来，在后来的托尔斯泰、陀思妥耶夫斯基、索洛维约夫、罗扎诺夫、列昂季耶夫等人的创作中完全表现出来。[3]

赫尔岑的思想和性格具有多重性，他的表达手段同样具有多重性，所形成的特殊文体，在此前的研究中，并无明确的术语来表示。我们借用赫尔岑自己的说法，称之为马赛克文体。赫尔岑的性格和创作特点，与20世纪的文化特点具有一定的联系。阅读赫尔岑的著作，可以使我们看到20世纪散文原则形成的一些脉络。

赫尔岑生于莫斯科，是俄德混血儿，私生子。他的父亲是一位富有的俄国地主。"赫尔岑"这个姓氏来自德语"心"(Herz)。赫尔岑的血缘具有双重性。

---

[1] Баландин Р. К. Русские мыслители. М.，2006. С. 216；Прохоров А. М. Российский энциклопедический словарь. М.，2001. С. 346.
[2] Зеньковский Василий. История русской философии. М.，2001. С. 273.
[3] Зеньковский Василий. Указ. соч. С. 266.

赫尔岑幼年受到父亲的宠爱,但父亲后来对他逐渐冷淡。私生子的地位及遭遇,这对赫尔岑的身心发展也具有多重影响。赫尔岑很早就开始阅读法国文学,这使他具备了政治和社会方面的激进主义倾向。他具有早期的共和思想,深刻认识到农奴制度的罪恶。

十二月党人事件(1825年12月14日),给时年14岁的赫尔岑造成巨大的精神创伤。赫尔岑后来回忆说,沙皇处决十二月党人,这最终惊醒了他的幼稚梦幻,他发誓要为死者复仇,与皇权和暴力做斗争。1829年,赫尔岑考入莫斯科大学物理数学系。在学期间,他表现出对哲学理论和方法的兴趣。此时,他开始熟悉法国社会主义者圣西门、傅立叶的著作。因为思想倾向,赫尔岑于1834年曾一度被捕,1835—1840年则因为圣西门的思想被判流放,并受到警察的监视。1841年再度被流放。1842—1847年,赫尔岑在莫斯科创作了《科学中华而不实的作风》(1843),《自然研究通讯》(1845—1846),长篇小说《谁之罪》(1841—1846),中篇小说《偷东西的喜鹊》(1848)、《克鲁伯夫医生》(1847)等作品。1847年,备受迫害的赫尔岑终于获准举家出国,从此开始了长达23年的流亡生涯,至死再未返回祖国。

赫尔岑在国外创作的主要作品有:《法意书简》和《来自彼岸》(1847—1850),《论俄国革命思想的发展》(1851),《往事与随想》(1852—1868)。1848年,法国革命失败,此后发生的一些事件,使赫尔岑相信,西欧无力实现社会主义理想。这样,他又把目光投向俄国。他认为,俄国保留的公社制度是进行这种改革的基础。为宣传自己的思想,赫尔岑于1853年在伦敦建立自由俄国印刷所,出版俄国查禁的书籍。从1855年开始,他出版文集《北极星》,1857年,赫尔岑建立俄国历史上第一个没有书报检查机关干预的报纸《钟声》。[1]

赫尔岑成名于19世纪40年代中叶,他对俄国社会思想和解放运动的影响在50年代下半叶至60年代初期达到顶峰。《钟声》成为反对农奴制的主要喉舌。1868年,《钟声》停刊。赫尔岑于1870年在巴黎逝世,同年骨灰迁葬尼斯。

一、赫尔岑思想的多重性

哲学史家津科夫斯基列出了研究赫尔岑思想的重要文献。[2] 津科夫斯基

---

[1] Герцен А. И. Повести. Былое и думы. Статьи. М., 2002. С. 451 - 453.
[2] Зеньковский Василий. Указ. соч. С. 278.

所掌握的丰富资料和严谨翔实的研究成果,使我们不得不重视他的观点。我们主要参考的其他两种重要的哲学史著作,分别是洛斯基和马斯林的哲学史。①

赫尔岑的哲学观点具有内在联系,但他从未把自己的观点归纳为体系。②不同思想倾向的人,对赫尔岑的作品具有不同的解读。我们在此无意构造赫尔岑的哲学体系,而是想结合不同学者对赫尔岑思想的解读,说明赫尔岑的思想存在多重性,并说明他的表达手段——马赛克文体——的一些特点。

赫尔岑的思想是在圣西门、傅立叶的社会主义,席勒、谢林的哲学观点,歌德的自然科学著作,黑格尔、费尔巴哈和蒲鲁东的哲学影响下形成的。结合前人的研究以及我们的阅读体验,我们认为,赫尔岑的思想,虽然具有内在联系,但也是复杂的,具有多重性。可以从以下方面来说明。

第一,关于赫尔岑的基本思想,存在它是唯物主义还是非唯物主义之争。普列汉诺夫(Г. В. Плеханов)认为,赫尔岑最终由黑格尔学说转向唯物主义。列宁认为,赫尔岑具有一定的辩证唯物主义思想,但不具备历史唯物主义思想。③ 在苏联时期,人们着重研究赫尔岑作为革命运动的主要活动家所表现的极端性,实际上赫尔岑对人和历史的理解广泛而深刻。④ 苏联批评家故意删除赫尔岑的一些预言,有意漠视他的某些观点。⑤

洛斯基根本不承认赫尔岑是唯物主义者。⑥ 津科夫斯基认为,赫尔岑世界观的决定性基础,最终是由基督教决定的,赫尔岑实际上是一位宗教思想家。⑦ 巴拉金认为,赫尔岑的例子可以说明,把严肃的思想家划分为唯心主义者和唯物主义者、西方派和斯拉夫派、保守派和革命者是非常相对的。⑧

第二,马斯林主编的《俄罗斯哲学史》认为,赫尔岑是最早以恰当的形式表述俄国19世纪40—60年代正在产生的唯物主义哲学的思想家之一,他归纳

---

① Лосский Николай Онуфриевич. История русской философии. М., 1991; Маслин М. А. История русской философии. М., 2001.
② Зеньковский Василий. Указ. соч. С. 272.
③ Герцен А. И. Повести. Былое и думы. Статьи. М., 2002. С. 531-536.
④ Там же. С. 14.
⑤ 以赛亚·柏林(彭淮栋译),《俄国思想家》,南京:译林出版社,2001年,第120页。
⑥ Н. О. 洛斯基,(贾泽林等译),《俄国哲学史》,杭州:浙江人民出版社,1999年,第67—70页。
⑦ Зеньковский Василий. Указ. соч. С. 269,273.
⑧ Баландин Р. К. Русские мыслители. М., 2006. С. 217.

了把哲学和自然科学,而不是和宗教联系起来的思想,奠定了后来的民粹主义的社会主义的基础。这本哲学史还认为,赫尔岑捍卫个性自由,批判庸俗市侩,在一定程度上促进了19世纪末20世纪初俄国宗教哲学的发展。不同哲学流派的代表人物,都在不同程度上引用赫尔岑的思想,例如:车尔尼雪夫斯基、列昂季耶夫(К. Н. Леонтьев)、拉夫罗夫(П. Л. Лавров)、梅列日科夫斯基(Д. С. Мережковский)、托尔斯泰和列宁。不同倾向的俄国哲学史学家,如普列汉诺夫、别尔嘉耶夫(Н. А. Бердяев)、施佩特(Г. Г. Шпет)、津科夫斯基和洛斯基,在其著作中,都对赫尔岑做出高度评价。① 这也说明,赫尔岑的思想具有多重性,否则,何以不同流派的著名哲学家,都能在其中看到引起自己共鸣的东西呢?

第三,我们还可以通过赫尔岑的一些社会哲学观点,说明他的思想具有多重性。赫尔岑一方面肯定社会主义,另一方面又否定共产主义;赫尔岑虽然属于"西方派",但最终寄希望于俄国;他一方面承认历史发展的规律,另一方面又认为,俄国的落后反而是一种优势;他强调人对历史进程的影响,又认为人类这个词不表示任何确切的内容;他具备一定的唯物主义认识,却不具备历史唯物主义认识,形成了"偶然性的哲学",等等。以下展开说明。

赫尔岑认为,应当主要通过社会主义来解决社会问题。这种体制能够保证社会所有成员的自由。人如果没有物质上的独立性,就不能成为自由的人。社会共同拥有财产,这是个人自由的唯一保障。赫尔岑以发展的眼光看待问题,并不把社会主义绝对化,认为有朝一日,社会主义也会被更新的体制所替代。② 赫尔岑否认共产主义,认为它根本无法发展,因为实现完全平等以后,社会吞没了个人,也就剥夺了他的自由。在共产主义社会中,缺乏发展的必不可少的条件——竞争和内在矛盾。③

赫尔岑未离开俄国以前,对西方充满向往,被称为"西方派"。他来到欧洲以后,西方的庸俗市侩(如金钱物质至上),使他感到不满和压抑。此时的赫尔岑认为,俄国的公社制度是土地集体所有,集体自我管理,它可能成为社会主义的基础。在这种社会制度下,对金钱的渴望,绝对的个人主义,都将失去物

---

① Маслин М. А. Указ. соч. С. 175 – 184.
② Баландин Р. К. Указ. соч. С. 217.
③ Маслин М. А. Указ. соч. С. 175 – 184.

质基础,个人的自由也不会被私有制所限制。一般认为,赫尔岑把公社所有制理想化,[1]以此对立于资产者的私有制。赫尔岑虽然寄希望于俄国,但并非"斯拉夫派",他批判斯拉夫派对专制和东正教抱有幻想。

赫尔岑认为,西欧民众的经济生活方式建立在私有制之上,因此,民众的意识具有庸俗市侩的特点。俄国民众习惯于土地的公社所有制,更容易理解社会所有制的思想,更容易实践社会主义的原则。虽然如此,如果缺乏科学、缺乏社会主义思想,俄国的农民公社也难于发展这些基础。赫尔岑认为,俄国在新世纪(20世纪)的任务,就是在科学的基础上,有意识地发展公社的自我管理的因素,直到人们获得彻底的自由,真正得到土地。在确定俄国的发展道路时,赫尔岑认为,对整个人类而言,具有统一的历史规律。但是,这些规律在不同民众生活中,具有不同的体现,不是所有的民众都应该完全重复以前民众所走过的道路。他接受并发展了恰达耶夫的思想,认为俄国的落后可能成为它的优势,这种落后能够避免西方社会发展所伴随的负面成分。俄国可以借鉴西欧民众的经验和科学成就,跨越西欧所经历的资产阶级发展阶段。

赫尔岑批判西方文化。但是,他的批判有失偏颇,带有情绪化的成分。布尔加科夫(С. Н. Булгаков)写道,赫尔岑不会满足于任何现实,也不会对欧洲感到满意,因为任何现实都无法容纳赫尔岑所追寻的理想。赫尔岑把自己的立场称为"虚无主义"。他的虚无主义意味着"最完美的自由":"虚无主义,就是没有教条的科学,无条件地服从经验,毫无怨言地接受所有的后果。"[2]

赫尔岑一直强调人和科学对历史发展进程的影响。在19世纪50年代中期以前,他把人类看作统一的机体,民众之间的差别被逐渐消除,每一类民众都以不同形式,经历其他民众所走过的道路。到了60年代,赫尔岑认为,"人类"这个词"不表达任何确切的东西"……根据历史传统、习惯、风习及所产生的意识,不同民众满足于不同类型的社会结构。[3]

赫尔岑尚不具备历史唯物主义思想。在1844年的时候,他不再认为,认识具有无限的可能。他认为,不可能理解未来。未来在很多方面取决于一系列偶然事件:"没有未来,未来是千百必然和偶然条件的总和,还有人的意志

---

[1] Lib_ ru-Классика Соловьев-Андреевич Евгений Андреевич _ Александр Герцен _ Его жизнь и литературная деятельность. mht.

[2] Зеньковский Василий. Указ. соч. С. 288.

[3] Герцен А. И. Повести. Былое и думы. Статьи. М. , 2002. С. 356.

所构成的……历史是一场即兴演出……""在历史中,所有正在进行的部分,服从于生理、灰暗不明的嗜好。"① 津科夫斯基把赫尔岑的这种观点称为"偶然性的哲学"。② 赫尔岑认为,在自然界和历史中,存在许多偶然的、愚蠢的、未完结和混乱的东西。这些偶然的东西,如果没有被否定,则在各个方面限制了理性的秩序,限制了它们的和谐。

赫尔岑认识到偶然性的巨大作用,他同时忠实于浪漫主义的精神定势,坚持以人为中心的立场。赫尔岑在1848年写道:"在人的身上,与意识一起发展的,还有把自己从偶然性的旋涡中拯救出来的需求……这就是自尊感,保持自己个性的道德独特性的追求。"③"个性——历史世界的顶峰,一切都与它相关联,一切都以它为生。"④

在赫尔岑的思想中,存在相对主义、怀疑主义的成分,总是与怀疑相伴的是含糊的神秘主义,非理性主义和非逻辑论,这为他的偶然性哲学打开了空间。赫尔岑的普遍立场是"半实证主义":在关于存在的学说中,他支持实证主义,在人的精神结构独立于现实存在的学说中,又否认实证主义,赫尔岑把两者令人奇怪地结合起来了。激情如火地捍卫自由,无可指摘地追寻道德,它们与深刻的美学感觉联系在一起。在美之中,赫尔岑寻找的不是美学享受,而是对灵魂的浪漫追求的回应。⑤

总之,赫尔岑的思想虽然是完整的,但是复杂而多重的,是发展变化的。"……赫尔岑尽管被看作革命运动的主要活动家之一,但他逐渐消除了极端性,对人和历史的理解更加宽广和深刻。"⑥

下面我们分析赫尔岑性格的多重性。

二、 赫尔岑性格的多重性

用精神分析法分析赫尔岑的著作并不使人感到奇怪,赫尔岑本人就具有精神分析的意识。例如,赫尔岑在《偷东西的喜鹊》中曾提及,"周围都是疯

---

① Баландин Р. К. Указ. соч. С. 219.
② Зеньковский Василий. Указ. соч. С. 278.
③ Зеньковский Василий. Указ. соч. С. 283.
④ Зеньковский Василий. Указ. соч. С. 284.
⑤ Зеньковский Василий. Указ. соч. С. 289.
⑥ Герцен А. И. Повести. Былое и думы. Статьи. М. , 2002. С. 14.

子"。① 赫尔岑作品的人物之一——克鲁伯夫医生,则全面发展了自己的"比较精神病学"。克鲁伯夫研究了现实和历史之后说道:"历史,不是别的,而是遗传的慢性的癫狂以及缓慢治愈这种癫狂的连续叙述。"②斯特拉霍夫(Н. Страхов)的分析表明,赫尔岑有关精神分析的思想非常深刻和广泛。③

以下我们运用文化学关于多重性格的理论,说明赫尔岑也具有多重性格,他的创作和20世纪文化艺术的特点具有吻合之处。

多重性格是一种混合性格,指一个人具有几个经常互不相容的性格极端。引入这一概念的心理疗法医师 Е. А. 杜勃罗留波娃这样写道:

> 多重马赛克,指一个人身上同时存在高度的敏感性(感性气质,一个极端)和高度的分析性(分析气质,另一极端);既是艺术家,又是学者。……狭义而言,多重马赛克是同时反映出来的几种性格极端。……一般而言,由于几种现实极端的存在,在哲学意义上,作者显得是个唯物主义者,虽然是一种"奇怪"的唯物主义者。在最狭义的观点上看,多重马赛克就是同时存在彼此并不冲突的相反状态或情绪。④

赫尔岑的一些特点使我们有理由认为,他具有多重性格。别林斯基在高度评价赫尔岑艺术才能的同时,更强调其思想的力量。⑤ 赫尔岑能够很神奇地使智慧进入诗歌的状态,把思想转换为活生生的面孔。⑥ 季霍米罗夫数次指出,赫尔岑既是艺术家,又是哲学家。⑦ "……尽管具备冷静的理智,倾向反思和分析,他在很多方面并不缺少浪漫主义的成分……"⑧赫尔岑的感性气质和分析气质和谐地结合在一起。

---

① Lib_ru-Классика Герцен Александр Иванович_Сорока-воровка. mht.
② Lib_ru-Классика Герцен Александр Иванович_Доктор Крупов. mht.
③ Герцен А. И. Повести. Былое и думы. Статьи. М., 2002. С. 524-529.
④ Руднев В. П. Энциклопедический словарь культуры XX века: ключевые понятия и тексты. М., 2001. С. 327-330.
⑤ Герцен А. И. Повести. Былое и думы. Статьи. М., 2002. С. 490.
⑥ А. И. Герцен. Быое и думы. М., 2002. С. 10.
⑦ Lib_ru-Классика Тихомиров Лев Александрович_Дело жизни Герцена. mht.
⑧ Герцен А. И. Повести. Былое и думы. Статьи. М., ООО 《Издательство АСТ》, 2002. С. 9.

赫尔岑认为，他的作品是逻辑长篇小说、逻辑自白和思想的诗歌。这也就是他创作的实质和特点。《来自彼岸》和《往事与随想》，这两部作品的创作历史，前后持续二十余年，它们展现了赫尔岑艺术世界的规律及其诗化的辩证思维的美学特征。① 赫尔岑既是艺术家，又是政论家，追求人类生活和个性绝对自由的"乌托邦"。②

从文化学和精神分析的角度看，多重性格和"精神分裂"（广义而言，并非临床意义上的精神分裂）具有联系。多重性格好像由"碎片"组成，如同马赛克拼图：与活泼好动者类似，"精神分裂者"热爱生活；与精神衰弱者类似，"精神分裂者"多愁善感，勤于反省；与癫痫患者类似，"精神分裂者"有时会突然狂怒不已；与歇斯底里症患者类似，"精神分裂者"会号啕大哭，吵架闹事。这些特点或整体，或单独，或交替出现在"精神分裂者"的马赛克性格中。③

通过阅读赫尔岑的著作，我们发现，赫尔岑有热爱生活乐观的一面；有多愁善感，勤于反省的一面；有冲动的一面，等等，他的多重性格通过他的著作完全展现在读者面前。更让我们感兴趣的是，根据鲁德涅夫的观察，精神分裂式的、马赛克式的因素，在20世纪的一些著名人物身上得到有机体现。借助精神分裂式的多重思维，他们创造出大量的绘画、音乐、电影、诗歌、哲学和心理学方面的杰作。④ 如此看来，19世纪的赫尔岑和20世纪的一些著名人物的特点不谋而合。

鲁德涅夫认为，在20世纪的艺术中，"摘引"首先起到了这种碎片的作用。20世纪的艺术，整体乃是"摘引"构成的杂色的马赛克拼图。20世纪的音乐杰作之一，伊戈尔·斯特拉文斯基(И. Ф. Стравинский, 1882－1971)的《士兵的故事》，就是教堂音乐、民谣旋律、行军曲、城市抒情曲的拼贴。再如勃洛克(А. А. Блок, 1880－1921)的诗歌《12个》，其中盗贼的双行体压韵诗与城市抒情曲、红色近卫军激情澎湃的颂歌、行军曲交替出现。这也是一种多重马赛克，不仅体裁多样，诗歌也长短不一：一会是四音步扬抑格，一会儿是自由诗，

---

① В. А. Туниманов. А. И. ГЕРЦЕН. История русской литературы. В 4－х томах. Том 3. Л., 1980. Глава шестая. Lib_ru-Классика Герцен Александр Иванович_С того берега. mht; Lib_ru-Классика Герцен Александр Иванович_Былое и думы_Часть первая. mht.

② Lib_ru-Классика Тихомиров Лев Александрович_Дело жизни Герцена. mht.

③ Руднев В. П. Указ. соч. С. 327－330.

④ Там же.

一会儿是抑扬格,一会儿根本不知道是什么。这一切的整体,被叫作交错韵律,诗歌的马赛克。还有,自由诗也是以这种形式写成的,例如勃洛克的名作《她从严寒中走来》。

在博尔赫斯的小说《疲惫者的乌托邦》中,有这样一段对话:

> 这是摘引吗?——我问他。
> 当然了。除了摘引,我们一无所有。我们的语言就是一个摘引的系统。

19世纪的赫尔岑,20世纪的斯特拉文斯基、勃洛克、博尔赫斯等人,并非临床意义上的"精神分裂者"。鲁德涅夫认为,广义而言,20世纪的文化就是精神分裂式的。20世纪就是通过精神分裂式的马赛克,使自己免受极端矛盾的困扰。卡夫卡、奥西普·曼德尔施塔姆、丹尼尔·哈尔姆斯、萨尔瓦多尔·达利、伦内·马格里特、拉康、日利·杰列兹、路易斯·布努埃尔、安德烈·塔尔科夫斯基、博尔赫斯、米洛拉德·帕维奇、弗拉季米尔·索罗金,都是20世纪真正的马赛克式的人物。[①]

多重性格的文化理论说明,赫尔岑的思想和性格具有多重性。赫尔岑的创作特征,似乎暗示了20世纪文化艺术的主要特点。在下文中,我们可以看到,摘引也是赫尔岑的主要表达手段之一。赫尔岑的思想和性格特点与他使用的表达手段是统一的。

三、赫尔岑表达手段的多重性

以上我们说明了,赫尔岑的思想和性格具有多重性,他的创作与20世纪的文化特点具有联系。下面我们将说明,与上述观点相关联,赫然岑的表达手段也具有多重性。赫尔岑既是作家,又是哲学家,这不可避免地反映在他的文体上。例如在《往事和随想》中,赫尔岑描写的往事,栩栩如生,色彩绚丽。在其时而悲痛,时而充满激情的深刻随想中,我们看到了赫尔岑复杂矛盾的"精

---

① Там же.

神悲剧"。①

赫尔岑的文体具有自己的特点,形成独特的马赛克文体。这种文体主要通过:

1. 自我摘引、摘引他者(包括非严格意义、不准确的摘引②);
2. 运用对话;
3. 偏离规范,追求语用效果

三种手段而形成。以下我们具体说明。

摘引

季霍米罗夫指出,赫尔岑的表现形式虽然是"片断"性质的(例如,使用摘引、插叙等手段),但这种片断只是外在的表面现象。赫尔岑的作品,艺术上严整和谐……③巴巴耶夫研究了赫尔岑的《谁之罪》和其他一些中短篇小说。他认为,表面看来,赫尔岑的叙述时断时续,经常被主人公的信件、日记摘引、传记插叙所替代,但是,赫尔岑的小说还是条理严谨的。赫尔岑写道:"这部中篇小说,尽管它将由单独的章回和情节构成,但是完整的,以至撕掉一页,就会破坏整体。""一个音符不对,整个乐队就完了。"④他追求每个性格和情节的内在完整。在这些性格中,一部分内容包括新的变动发展的可能,他在以后的作品中,重新返回这些内容,再做深思和发展。

赫尔岑写作时,除了摘引他人的言论,还经常摘引、重复使用自己以前的文章内容,这是形成其马赛克文体的重要标记。例如,赫尔岑选集的编者,在赫尔岑作品第七卷之后,对其创作内容之间的一些具体摘引关系,进行了展开说明。⑤ 再如《俄国民众和社会主义》一文,赫尔岑在 1851 年写给赖谢尔(М. К. Рейхель)的信中提及,这篇文章是他最成功的作品之一。1854 年,赫尔岑把这篇文章的大部分内容稍作改动后,用于《致里别罗尔, L'Homme 杂志的出

---

① Lib_ru-Классика Герцен Александр Иванович_Вл_Путинцев_А_И_Герцен и его Былое и думы. mht.

② Герцен А. И. Повести. Былое и думы. Статьи. М., 2002. С. 420.

③ Lib_ru-Классика Тихомиров Лев Александрович_Дело жизни Герцена. mht.

④ Lib_ru-Классика Герцен Александр Иванович_Э_Бабаев_Кто виноват и другие повести и рассказы Герцена. mht.

⑤ А. И. Герцен. Собрание сочинений в тридцати томах. Том седьмой. О развитии революционных идей в России. Произведения 1851-1852 годов. М., 1956.

版者》。1866年，赫尔岑在《致未来朋友的信》（第五封）中，则援引了这篇文章。①

赫尔岑的身份是多重的，他是政论家、宣传家、《警钟》和《北极星》的出版人，非常关注自己的事业成功与否，关注作品的实际反响，所以，他多次"重复"（或稍作变动）自己的基本主题和思想。赫尔岑主要作品的几乎每一项内容，都和他以前的书籍、文章的联想链条（包括哲学、心理、历史和文学方面的联想）相关联。②。广义而言，重复、关联也是一种摘引。

《往事与随想》是赫尔岑创作的高峰，创作时间持续16年，几乎反映了赫尔岑发展的所有阶段——艺术家、思想家、坚持人道主义和个性发展的大写的人。赫尔岑在40—50年代之交的几乎所有比较重大的作品，都在不同程度上接近《往事与随想》，一部分内容后来进入了回忆录，包括背景、体裁、思想和传记细节等方面。这就是赫尔岑回忆录典型的"转换"自传材料的方法。③ 在我们看来，这是一种广义摘引。

《往事与随想》的方法和体裁，产生于《一个年轻人的回忆录》（1838—1841）。赫尔岑完成了《论俄国革命思想的发展》（1850—1851）、《来自彼岸》等带有自传性质的、成分驳杂的抒情自白作品以后，开始撰写回忆录。在体裁方面，《法意书简》直接预示了《往事与随想》的产生。④

以上我们说明了赫尔岑主要作品之间的自我摘引关系，下面我们谈谈赫尔岑作品与他人作品的一些主要摘引关系。

在《往事和随想》中，赫尔岑使用了回忆录所需的证实材料，这是叙述的重要环节，但是，他经常并不指出材料的来源。出于创作需要，赫尔岑对18世纪和19世纪初期的回忆录很感兴趣。⑤ 赫尔岑在讲述没有亲身参与的事件时，会把不同回忆录的不同事件融入统一的故事中，例如《往事与随想》的第一章就是这样的构造。⑥

在普希金和果戈理的作品中，常见自由的插叙和"闲谈"，有时缺乏严格意

---

① Lib_ru-Классика Герцен Александр Иванович_Произведения 1851–1852 годов. mht.
② Lib_ru-Классика Герцен Александр Иванович_В_А_Туниманов_А_И_Герцен. mht.
③ Там же.
④ Там же.
⑤ Lib_ru-Классика Герцен Александр Иванович_Вл_Путинцев_А_И_Герцен и его Былое и думы. mht.
⑥ Там же.

义上的体裁,没有必然的结局。在赫尔岑眼中,这种未完成性、中断性,都是非常吸引人的。① 赫尔岑的作品,也受到这方面的影响,例如其作品中常见的"附注""附识""代序""附言"②等内容。

拜伦的诗歌,表现出无畏的绝望,宏伟的否定精神,对体裁典范和模式采取无所谓的态度,没有最终结论或结局,没有什么"训诫"。可能从戏剧艺术角度而言,这并不合适,但却表现出冲突的真切和深度,③这使赫尔岑印象深刻。赫尔岑的作品和普希金、果戈理、拜伦的作品存在广义的摘引关系。

总之,在赫尔岑的作品中,摘引成为一种主要表达手段。赫尔岑思想和性格的多重性与其使用的表达手段具有内在联系。摘引的大量存在,使我们想起 20 世纪的文化学术语:"新神话主义意识"。我们认为,赫尔岑具有新神话主义意识。"起到补充说明情节作用的,不仅有狭义的神话,还有历史故事、日常神话、历史文化现实、过去知名和不知名的艺术文本。文本充满引喻和雷同的情节。"④赫尔岑除了使用狭义的神话文本,还使用广义的神话文本,就是那些已经成为经典,或者已存在的其他文本,包括其本人的文本。更为直观的说明,读者可以阅读赫尔岑著作之后的相关注解。⑤ 摘引带来互文、文中文的情况,再发展下去,用后现代主义时期的术语说,就是超级文本了。赫尔岑对摘引的使用可能是有意识的,也可能是无意识的,我们说他具有新神话主义意识,这是我们的现代标签。赫尔岑本人从未说过他具有这种意识。

对话

有关对话的功能,我们在以前的文章中作过探讨。⑥ 我们在此再做一些归纳。对话是赫尔岑常用的一种表现形式。各种形式的对话,有助于作者展开思维活动的内容。对话还有助于交流意见,克服片面观点。通过对话,赫尔岑可以自由引入具有活力的言谈,对话也起到了摘引的作用。

各种形式的对话,有助于作者形象、动态地展开思维活动的内容。从无拘无束的谈话到紧张的对话,赫尔岑几乎不做说明就加以使用。对话出现在最

---

① Lib_ru-Классика Герцен Александр Иванович_В_А_Туниманов_А_И_Герцен. mht.
② 《赫尔岑中短篇小说集》,程雨民译,上海:上海译文出版社,1980 年,第 82、147、217、291、405 页。
③ Lib_ru-Классика Герцен Александр Иванович_В_А_Туниманов_А_И_Герцен. mht.
④ Руднев В. П. Указ. соч. С. 269 – 270.
⑤ Герцен А. И. Повести. Былое и думы. Статьи. М., 2002. С. 413 – 450.
⑥ 杨明天,"奥多耶夫斯基'整体认识'的观点和表达手段",《俄罗斯文艺》,2010 年第 3 期。

第九章　赫尔岑思想和性格的多重性及其马赛克文体

富有戏剧性的情节中,作者为了更加完整地说明形象,还把对话进行改编。①在赫尔岑的作品中,这些现象都是司空见惯的。

赫尔岑认为,自由对话有助于克服片面的观点,使人们更加接近真理,接近现实。例如《来自彼岸》,其中描写斯拉夫派和西方派的争论,②使读者能够对双方的观点具有一个比较全面的认识。赫尔岑无法想象没有对话和争论的生活("如果没有争论,我就会生锈。没有比独白更加无聊的事情了")。他常常构建谈话对手的形象,用对手的问题和回答打断文章的独白。③ 例如,赫尔岑结合欧文的思想,论述了自己的社会哲学以后,这样转入对话形式:

"现在您明白,人们的未来,民众的未来,取决于什么人了?"
"取决于什么人?"
"您说取决于什么人? ……譬如,就取决于我们和您。如此我们还怎能袖手旁观! ……"④

赫尔岑40年代的作品,基本都是对话性质的(例如《偷东西的喜鹊》,1848)。《谁之罪》(1845—1846)内在充满对话因素,确定了冲突的情景和作者的立场。⑤ 赫尔岑的哲学作品也是对话性质的,其中的思维类型和思想家的形象冲突不断,例如《科学中华而不实的作风》(1843),全文贯穿对话因素(特别是浪漫主义和古典主义的对立)。⑥ 对世界的不同理解、不同的科学方法,它们之间的对立(例如《自然研究通讯》,1845),在一定程度上,都被作者的综合结论所消除。

对话还有另外一种作用,它使赫尔岑能够更加自由地进行摘引。通过"对话",赫尔岑可以自由引入活生生的谈话言语。⑦ 结合摘引,形成复杂独特、五

---

① Lib_ru-Классика Герцен Александр Иванович_Вл_Путинцев_А_И_Герцен и его Былое и думы. mht.
② Lib_ru-Классика Герцен Александр Иванович_С того берега. mht.
③ Lib_ru-Классика Герцен Александр Иванович_В_А_Туниманов_А_И_Герцен. mht.
④ Герцен А. И. Повести. Былое и думы. Статьи. М. , 2002. С. 359.
⑤ Lib_ru-Классика Герцен Александр Иванович_Кто виноват. mht.
⑥ Lib_ru-Классика Герцен Александр Иванович_В_А_Туниманов_А_И_Герцен. mht.
⑦ Lib_ru-Классика Герцен Александр Иванович_Вл_Путинцев_А_И_Герцен и его Былое и думы. mht.

彩缤纷的语言组合。例如，对话是《偷东西的喜鹊》的主要结构成分。讲述者叙述了一位男演员的回忆内容。这位男演员则叙说了农奴出身的女演员的遭遇。这是一种序列思维①，自然形成了"小说中的小说"、"戏剧中的戏剧"②这样的文中文。

偏离语言规范，重视语用效果

现代认知语义学认为，非标准使用具有特殊意义。语言单位的部分使用，明显违背了这样或那样的规则，引起语言游戏的结果，如修辞不一致，偏离交际的一般规则。在普通情形下，语言描写会忽视这些例子，把它们看作边缘状态。有时只考虑反面的语言材料，词或词组的错误使用。在篇章中，非规则使用的情况很常见。认知的方法允许不把非规则使用看作错误，而看作对知识的特别加工，引起内容层面的隐含信息和外显信息的重新配置。③ 以下我们来说明赫尔岑偏离语言规范的一些情况。

屠格涅夫认为，在《往事与随想》中，赫尔岑使用从法语仿造的词语，语言具有错误。针对《北极星》（第三册）的一些片断，屠格涅夫批评赫尔岑的散漫文体。但是，他在给安年科夫的信中这样写道："他（赫尔岑）的语言，错误到疯狂的程度，这使我异常兴奋：那是活生生的躯体。"赫尔岑使用的隐喻大胆形象。他还自造新词。贵族文化用语、"虚无主义"的行话、科技术语，等等，它们相互比照而又结合在一起，形成赫尔岑语言和文体的特点。④

赫尔岑破坏司空见惯、死板僵硬的联想联系，解放词语的潜在力量。他把一些词语和其他意想不到的词语一起使用，获得鲜明的美学效果，⑤增强言语行为的言外之力。例如："命运的织布工"、"爱国主义的瘟疫"、"乌托邦的麻醉"，等等，它们涵义丰富，表达准确。再如：

......对普通民众而言，他（拿破仑）无可指责，他没有以自己的纯洁，也没有以自己的美德使普通民众蒙羞受辱，他未曾向他们提出过

---

① Руднев В. П. Указ. соч. С. 405－407.
② Герцен А. И. Повести. Былое и думы. Статьи. М. , 2002. С. 562－563.
③ 杨明天，《俄语的认知研究》，上海：上海外语教育出版社，2004年，第53页。
④ Lib_ru-Классика Герцен Александр Иванович_В_А_Туниманов_А_И_Герцен. mht.
⑤ Там же.

第九章　赫尔岑思想和性格的多重性及其马赛克文体

崇高、先进的理想……①

赫尔岑对拿破仑及其同代民众的评价都不高,认为他们的理念彼此适应。"侮辱"一词的一般用法是,以某种不符合道德规范的行为侵害某人的利益,使其感到愤怒。赫尔岑在此突破了这一常规用法,他认为,拿破仑没有使用崇高的东西去侵害他的普通民众的利益。这是一种非常规使用,其中蕴含了强烈的讽刺意义。

屠格涅夫所看到的"极不正确的语言",赫尔岑本人则认为是小说必不可少的、有机的艺术成分,不是偏离和破坏标准语的规范,而是表达自己所理解的"规范"。② 除了词法、词汇方面的变革,赫尔岑对句法也进行了变革,他写道:"应当把语句猛然切割、倒置,主要是压缩。"这样的句子灵活简练,具有表现力。③ 赫尔岑所说的"切割、倒置、压缩",就是"句子模式的非正规体现",使用表达主观情态的词汇—句法手段。④

赫尔岑不仅是作家,还是政论家。他非常注意作品对读者的影响,对作品的语用功能具有自己的思考。例如:针对书报检查制度,赫尔岑认为:

> 书报检查制度极大促进了文体和含蓄表达艺术的发展。人被羞辱他的障碍所激怒,想战胜这个障碍,几乎总能取得成功。"换说法"保存了激动、斗争的痕迹;这种言语比普通的叙述更富有激情。言有未尽,或者有所暗示的意思,在遮掩之下显得更加强烈,对想要理解它的人而言,总是透明的。
>
> 浓缩的话语,其涵义更加丰富,这种话语更加尖锐;要这样说话,以便话语的涵义清晰,但要使得读者本人找到表述这一涵义的词语,这是说服别人的最好方式。隐藏的涵义会增加言语的力量,表露的涵义则会限制想象。知道作家应该小心翼翼行事的读者,阅读时就会非常仔细;在他和作者之间建立密切联系:一个隐藏他所写的东

---

① Герцен А. И. Повести. Былое и думы. Статьи. М., 2002. С. 349.
② Lib_ru-Классика Герцен Александр Иванович_Вл_Путинцев_А_И_Герцен и его Былое и думы. mht.
③ Там же.
④ 胡孟浩主译,《俄语语法》(下),上海:上海外语教育出版社,1991年,第276—535页。

西,另一个隐藏他所理解的东西。书报检查制度,就是那种蛛网:它捕捉到的都是小蝇,而大蝇,则穿透这个蛛网。对个性的暗示、攻击,会被红笔删除,但活生生的思想,真正的诗歌,则鄙薄地走过这一前庭,最多只是把自己稍微清洁一下。①

赫尔岑的以上论述,说明了隐含和间接言语行为方面的问题。② 赫尔岑还使用悖论、双关和箴言等手段,它们形式多样,内容尖锐突兀。对赫尔岑而言,使用这些手段不是目的,而是嘲笑的智慧,外在的游戏。赫尔岑是社会"病理学家",能够深入到最隐蔽的地方,并不盲目崇拜权威。③ 不管是在语言使用方面,还是思想内容方面,赫尔岑都是特立独行的。偏离语言规范所形成的非常规使用,通过会话合作原则等机制,使言语行为产生隐含,其隐性信息和显性信息得到重新配置。

赫尔岑广泛使用的摘引、对话和偏离语言规范的表达手段,与他的思想、性格的多重性特点是吻合的。这些表达手段的综合运用,最终形成了赫尔岑的独特文体——马赛克文体。这种文体在《往事与随想》中得到鲜明体现。

四、赫尔岑的马赛克文体

屠格涅夫说,赫尔岑是一位"天生的文体学家"。"在俄罗斯作家中,只有他能这样描写。"④列夫·托尔斯泰曾说,"每个伟大的艺术家都应当创造自己的形式。"他指出,《往事与随想》是具有"完全独创形式"的经典作品之一。⑤高尔基认为,赫尔岑是俄罗斯文学"独特的文体学家"之一,其文艺和政论作品所表现的词语使用技巧,得到同代作家的高度评价。⑥ 巴金、项星耀都说,赫

---

① А. И. Герцен. Собрание сочинений в тридцати томах. Том седьмой. О развитии революционных идей в России. Произведения 1851 - 1852 годов. М., 1956. Дополнение: Том тридцатый. Книга вторая. Письма 1869 - 1870 годов. Дополнения к изданию. М., 1965. V. Литература и общественное мнение после 14 декабря 1825 года.
② 倪波等,《言语行为理论与俄语语句聚合体》,上海:上海外语教育出版社,1998年,第138—158页。
③ Lib_ru-Классика Герцен Александр Иванович_В_А_Туниманов_А_И_Герцен. mht.
④ Lib_ru-Классика Герцен Александр Иванович_Вл_Путинцев_А_И_Герцен и его Былое и думы. mht.
⑤ Там же.
⑥ Там же.

尔岑是一位伟大的文体家。① 前人最终没有使用术语来概括这种文体。以下我们结合自己的阅读体验，再次加以归纳。

赫尔岑在文体方面并不循规蹈矩，并不完全接受传统的体裁形式。他认为自己的"意向""只是描写某种充满活力的东西，不在意任何形式……这仅是最接近谈话的描写，——有事实、眼泪、大笑和理论，我……用两三道长长的缰绳，把无序变成有序……"。②

他按照目睹的事件给他的暗示来写作，书写引起他注意的东西，不管此时的立场显得是西方派的立场，或者是斯拉夫派的立场。这样就产生了新的独特的体裁，把以前的典范解构到无法辨认的程度。③ 在《法意书简》中，赫尔岑首次使用这种写作原则，他后来在《往事与随想》中写道："我……只是想从为数不多的图片中，传达几张我所看到的图画。在这些图画中，就像总是在照片中一样，有许多偶然的东西，如笨拙的褶皱、姿势，太突出的细节，于此同时，还有事件的一些非人工所能创造的特点，一些人物的没有经过粉饰的特点……"④甚至一些"太突出的"细节，赫尔岑也不删除，就让它们处于混乱无序的初始状态。他认为，如果用后来类似的东西和思考来改变它们的话，就会歪曲自然图景。赫尔岑的思考是分析式的、离奇的，它们是以前的思考和现实的、目前印象结合而产生的。⑤

赫尔岑后来回忆道，《往事与随想》的最早章节是这样产生的："我决定写作，但是，一个回忆引起其他成百上千的回忆；所有陈旧的，几乎被遗忘的东西都复活了：少年时期的幻想，青年时期的希望，年轻时的豪迈，监狱与流放……"⑥1866年，赫尔岑明确归纳了他理解的回忆录："《往事与随想》不是历史专著，而是一个偶然走上历史道路上的人所反映的历史。"⑦赫尔岑强调自然、自发，并不有意删除那些偶然的，看似混乱的东西，他试图展示自己看到的那种真实。我们在前文提及，赫尔岑把自己的立场称为"虚无主义"。

---

① 《往事与随想》(巴金译)，上海：上海译文出版社，1979年，第395页；《往事与随想》(项星耀译)，北京：人民文学出版社，2007年，第4页。
② А. И. Герцен. Былое и думы. М., 2002. С. 16.
③ Lib_ru-Классика Герцен Александр Иванович_В_А_Туниманов_А_И_Герцен. mht.
④ Lib_ru-Классика Герцен Александр Иванович_Былое и думы_Часть шестая. mht.
⑤ Lib_ru-Классика Герцен Александр Иванович_В_А_Туниманов_А_И_Герцен. mht.
⑥ Lib_ru-Классика Герцен Александр Иванович_Былое и думы_Часть первая. mht.
⑦ Lib_ru-Классика Герцен Александр Иванович_Былое и думы_Часть пятая. mht.

《往事与随想》的体裁并不固定。作者的言论和插叙,具有自己的历史和发展变化,越是往前发展,目标反而越不明确,没有最终的结局。赫尔岑在序言中,针对《往事与随想》的最后部分说,结构变化是不可避免的,他拒绝以前所选定的体裁(回忆录、自白),坚持叙述的"片断性",并不希望在某种程度上把单独的章节焊合、联接起来。这就拒绝了以情节先后顺序构建文本的原则。[1]

它们的外在统一,比最初章节中的统一更少。要把它们焊接为整体,我无论如何也做不到。在缝合间隙的同时,很容易赋予一切其他情调和色彩,就会失去当时的真相……我决定留下片断的章节,使其像以前一样保持不变,把它们串接在一起,如同意大利手镯,由马赛克串接小的图画:所有图画都指向同一事物,但是,只是通过框架和小环把它们吊挂起来。[2]

由此,我们借用赫尔岑的词汇,把他的文体称为马赛克文体。

赫尔岑的回忆录,不符合体裁范畴的传统概念,他好像要通过自己的作品,抹去回忆录和小说叙述之间的界限。《往事与随想》是不同体裁形式的复杂结合,其中包括回忆录、历史小说、编年史、日记、信函、文艺随笔、政论文章、具有情节的小说散文和传记,等等。[3]

《往事与随想》的结构是独特的。在回忆录中,史事传记是核心,而不是完整情节的先后发展。这样的结构也不是偶然的,它反映生命过程的非严整性。"我根本就不避免插叙和一些事件,任何谈话都是这样的,生活本身也是这样的。"赫尔岑确认,"这些增建、加高、附属建筑的整体,存在着统一"[4],这种整体是生活过程的整体,而不是结构计划的整体。[5] 回忆在结构上是"无序"的,作者使用的文学形式多种多样。叙述受到各种生活现象的制约,受到它们的

---

[1] Lib_ru-Классика Герцен Александр Иванович_В_А_Туниманов_А_И_Герцен. mht.
[2] Lib_ru-Классика Герцен Александр Иванович_Былое и думы_Часть пятая. htm.
[3] Lib_ru-Классика Герцен Александр Иванович_Вл_Путинцев_А_И_Герцен и его Былое и думы. mht.
[4] Lib_ru-Классика Герцен Александр Иванович_Былое и думы_Часть первая. mht.
[5] Lib_ru-Классика Герцен Александр Иванович_Вл_Путинцев_А_И_Герцен и его Былое и думы. mht.

偶然性和先后性的辩证统一的制约。赫尔岑的回忆录,虽然构造复杂,层次多样,但他坚持作品艺术上的严整性。①

赫尔岑的马赛克文体,使我们想到 20 世纪文化学所定义的"超现实主义"。② 当然,赫尔岑的创作,还没有完全达到超现实主义的地步,但我们觉得,他的创作具有现在所说的超现实主义的一些特点,如:注重思维感受,漠视语言规范,借助激情复建原始的状态,等等。

五、对立的统一

赫尔岑的哲学思考和他的精美小说之间,具有距离,存在差距,好似两个极端,但它们彼此吸引,互相补充,恢复了自白断裂不衔接的部分,保留了独特的意义。寻求自由的形式,同时也就是寻求最真诚的色调,寻求色彩的正确组合。例如,在《往事与随想》中,有多少人物,就有多少描写方法。没有统一的方法,不存在规则和限制。当代人在赫尔岑的记忆和意识中如何,赫尔岑就如何描写他们的肖像。③ 光彩夺目的箴言,出人意表的比较、隐喻、词语、句法的非常规使用,等等,使赫尔岑的语言异彩纷呈、生动活泼。辛辣的讽刺、有趣的笑话、刻薄的嘲笑、清淡的双关、少见的古词、来自外语的自造词语、民众土语和外来词语,或同时,或交替出现,相互映照。在这些"对比冲突"中,表现出赫尔岑马赛克文体的鲜明的表达性,④各种对立最终得到了统一。

结　语

赫尔岑的血缘具有双重性,私生子的地位及遭遇,所受教育和发展经历,

---

① Там же.
② Руднев В. П. Указ. соч. С. 450 - 451. 其中的一些意思如下:"超现实主义是纯粹的身体的自动反应,通过这个手段,我们试图用词语或者绘画,表达思维的真正功能。这种思维,没有来自理智的任何控制,处于任何美学和道德规范之外。在超现实主义中,我们只有激情。重要的是理解,我们所说的不是简单的重置词语,或者重新分配视觉形象,而是复建心灵的状态,它的强度近似疯狂。超现实主义,建立在信任自发联想这种最高现实的基础上,相信梦境无所不能,相信思维是于事无关的游戏,因此,超现实主义不断冲击所有的物理机制和道德律条,坚决把它们摒除在重要的生活问题之外"。
③ Lib_ru-Классика Герцен Александр Иванович_В_А_Туниманов_А_И_Герцен. mht.
④ Lib_ru-Классика Герцен Александр Иванович_Вл_Путинцев_А_И_Герцен и его Былое и думы. mht.

复杂而多重。由此不难理解赫尔岑思想和性格的多重性。赫尔岑使用的马赛克文体与其思想和性格特征协调一致。与 20 世纪的散文原则相比较,[①]赫尔岑的创作具有以下一些特点:

1. 在赫尔岑的创作中,存在各种形式的摘引。赫尔岑具有新神话主义意识。新神话主义是 20 世纪的散文创作原则之一。它依靠古老的、经典的和日常的神话,其中的时间是循环时间,内容是神话的拼贴,作品由来自其他作品的一些引文,或者相似的联想内容拼贴而成。赫尔岑的新神话主义意识,在《往事与随想》的序言中,也有所流露:"……是的,反复的节奏,重现的旋律,人生对此是有所偏爱的。"[②]

2. 赫尔岑的创作具有文中文的特点。这个特点和第一个特点相联系。

3. 根据 20 世纪的散文创作原则来看,在 20 世纪,对散文来说,重要的不是讲述什么,而是如何讲述,文体优先于情节。中性文体常见于大众文学或"现实主义"文学。文体逐渐成为小说重要的推动力量,并与情节结合在一起。现代主义的两部经典——乔伊斯的《尤利西斯》和普鲁斯特的《追忆逝水年华》可以说明以上问题。

在赫尔岑那里,文体的作用逐渐突出起来,最终形成众所公认的独特文体(马赛克文体)。赫尔岑对文体的意识和追求,与 20 世纪的这一散文原则相比,具有先后发展的自然联系。到了 20 世纪,"故事情节消失"也成为散文原则之一。

4. 赫尔岑既对词汇,也对句法进行革新。到了 20 世纪,散文的创作原则是,针对句法,而不是针对词汇进行革新。现代主义散文语言的创新,主要依靠对句法结构的研究及创新来实现。不是研究词,而是研究句子。例如意识流文体,它既将句法繁化,同时也将句法贫乏化。有些作品则有意运用矫揉造作、过于华丽的句法(例如《玻璃球游戏》、《浮士德博士》和《微弱的火焰》)。法国的"新小说"破坏了句法结构,而概念主义的这种破坏,则更加彻底(例如弗拉基米尔·索罗金的作品)。在此,我们可以看到,赫尔岑的创作与 20 世纪的散文原则具有先后联系。

5. 赫尔岑既重视语义,也重视语用。到了 20 世纪,散文的创作原则之

---

① Руднев В. П. Указ. соч. С. 353 - 358.
② Lib_ru-Классика Герцен Александр Иванович_Былое и думы_Часть первая. mht.

一,就是重视语用,而非语义。20世纪文学的主要创新在于,它不只研究文学的艺术形式,不是单纯的形式试验,而是积极与读者展开对话,模拟读者的立场,建立讲述者的立场。讲述者要考虑读者的立场。赫尔岑的作品广泛使用对话形式,作者和讲述者已经区分开来(例如《克鲁伯夫医生》)。① 在此,我们可以看到,赫尔岑的创作和20世纪的散文原则具有先后联系。

6. 赫尔岑的体裁并不统一和连贯。以《往事与随想》为例,"《往事与随想》的政论性质,在自传结束时,大大加强了,其最初意图是私密的'忏悔',此时也就最终崩溃了"。②《往事与随想》汇集了赫尔岑散文的所有类型,包括艺术肖像、自白、日记、信件、理论文章和政论等。③ 到了20世纪,违背文本的连贯原则,成为散文创作的原则之一。例如,在现代主义散文中,句子有时不按逻辑顺序排列,句法结构被破坏。这一特点,在意识流文体中最为典型。赫尔岑的"意识流",鲜明体现在体裁上,20世纪的意识流,鲜明体现在句子层面上。

7. 自闭性。赫尔岑具有多重性格,创造了马赛克文体。他的创作具有我们现在所说的超现实主义的一些特点。到了20世纪,现代主义作家,从性格学的观点看,实际上是具有多重性格的人,其心理状况并不追求反映现实,并不相信现实的存在及其意义,而是构建自己的现实。例如卡夫卡采取半病态的形式,博尔赫斯采取理智文雅的形式。在某种意义上也可以说,赫尔岑借助马赛克文体,一直试图创建自己的"现实主义"的"现实"。"赫尔岑对外在世界的感知非常清晰,他以一定的比例来感知,虽然是通过其浪漫主义的个性的棱镜来进行的,(这种感知)和多愁善感的,处于自我宇宙中心的那个病态的(痛苦的)'我'相一致。"④

---

① Герцен А. И. Повести. Былое и думы. Статьи. М., 2002. С. 564.
② Lib_ru-Классика Герцен Александр Иванович_Вл_Путинцев_А_И_Герцен и его Былое и думы. mht.
③ Герцен А. И.: Библиографическая справка, Источник: "Русские писатели". Библиографический словарь. Том 1. А-Л. Под редакцией П. А. Николаева. М., 1990.
④ Lib_ru-Классика Герцен Александр Иванович_Исайя Берлин_Александр Герцен и его мемуары. mht.

第十章　索洛维约夫有关
　　　　俄罗斯特点的论述

我们国内探讨俄罗斯民族特点的文献众多，一般都涉及自然条件的影响。除少数文献提及索洛维约夫的学生克柳切夫斯基的一些观点外，基本都没有涉及索洛维约夫在这个方面的贡献。如果要讨论自然条件对俄罗斯民族特点的影响，索洛维约夫先驱性的研究不能不提及。这些方面的内容，有助于学习俄语的学生把握俄罗斯的一些普遍特点，了解一些俄罗斯民族性格方面的内容。

索洛维约夫(1820—1879)，俄国历史学家，主要著作为《远古以来的俄国历史》(1—29卷,1851—1879)。他是"俄国历史科学的资产阶级流派的奠基者。他承认历史发展的规律、积累实际材料、对历史文献采取科学的批判态度，这是他对历史科学的贡献。但是，他从唯心立场解释历史进程。在他的著作中，处于首位的是政治史，国家政权被看作发展的主要因素。他不承认民众、阶级斗争在历史过程中的作用，但是，他支持资产阶级改革……"[①]

索洛维约夫思考了俄国的一些普遍特点，总结了俄国历史的发展模式，其中的大部分思想，在索洛维约夫第一次把它们公之于世之时，还是新观点，后来(1879年以后)很快为社会意识所接受。[②] 索洛维约夫"运用俄国19世纪上半叶历史科学的方法，试图解决当时所提出的研究任务，他首先再次审视了俄国民众9世纪中叶至18世纪70年代的所有历史材料，用统一的思想，把历史

[①] Lib_ru-Классика Добролюбов Николай Александрович_Учебная книга русской истории. mht.
[②] Lib_ru-Классика Ключевский Василий Осипович_Сергей Михайлович Соловьев. mht.

第十章　索洛维约夫有关俄罗斯特点的论述 | 193

文献散乱的碎片连接起来,使人们看到俄国历史的完整事件"。① 这个统一思想的哲学基础,就是深受黑格尔辩证法影响的矛盾的对立统一和发展,②还有希罗多德有关地理环境对人类社会影响的说法。

高尔基曾说过,阅读索洛维约夫材料丰富的历史著作,可以理解俄国民众和俄国知识分子的心理。③ 我们暂且把其中的史料放在一边,了解一下他的一些普遍观点,例如:自然条件对俄国历史进程的影响;古俄社会上层的生活方式;基督教的传播与教育的作用;古俄南北居民的性格,等等。

了解民众的历史,我们也就知道了这是怎样的民众。④ "历史首先是民众自我认识的科学。对民众而言,认识自身的最好方式,就是认识其他民众,并把自己和他们进行对比。"⑤"在历史中,我们无法直接观察现象;我们以别人的眼睛来看,用别人的耳朵来听。仔细研究外部的自然,为我们阐明这一自然对人生的影响,对人类社会的影响,但这只是事物的一个方面,局限于此,沉湎于此,对科学都是有害的。"⑥研究者的主观性,使得他在历史中寻找的只是"他需要的东西,不去注意许多其他方面,由此产生其观点的片面性,经常并非有意而为"。⑦ 可见,索洛维约夫对自己观点的认识,还是比较客观的。虽然如此,还是需要提出观点,提供信息,以引起他者的思考。

一、"自然母亲"的隐喻

索洛维约夫接受希罗多德(公元前 490—前 480 之间,大约到公元前 425 年)的观点,认为"(历史)事件的进程,总是服从于自然条件的制约"。⑧ 其笔下的俄国自然条件及其影响是这样的:

---

① Lib_ru-Классика Ключевский Василий Осипович_Памяти С_М_Соловьева. mht.
② Lib_ru-Классика Соловьев Сергей Михайлович_С_С_Дмитриев_Соловьев — человек, историк. mht.
③ Там же.
④ Lib_ru-Классика Соловьев Сергей Михайлович_Взгляд на историю установления государственного порядка в России до Петра Великого. mht.
⑤ Lib_ru-Классика Соловьев Сергей Михайлович_Наблюдения над исторической жизнью народов. mht.
⑥ Там же.
⑦ Там же.
⑧ Lib_ru-Классика Соловьев Сергей Михайлович_Взгляд на историю установления государственного порядка в России до Петра Великого. mht.

斯拉夫人祖先的主要活动疆域,是从白海到黑海,从波罗的海到加勒比海的广大地域。这一广大平原,没有任何引人注目的高地,也没有明显的过渡地带。千篇一律的自然形式,削弱了地区之间的相互依赖,使得居民从事千篇一律的活动;千篇一律的活动,产生了千篇一律的风尚和信仰;相同的风尚和信仰,消除了居民之间的敌对冲突;相同的需求说明,满足这些需求,需要相同的手段。

希罗多德还指出,欧洲东部平原数量众多的大河构成网系,灌溉平原。其居民很难摆脱这一水系的制约,从而维持独立的生活。一般而言,河流是先民的向导,部落沿河而居,在河流两岸,出现最初的城堡。其中的大河,都流向东方或者东南方,这也限定了俄国国家地域的主要发展方向,河流促进了民族和国家的统一。

索洛维约夫由此得出这样的认识:这个平原,不管它多么宽广,不管一开始其居民隶属多少不同的种族,最终会成为一个国家的疆域。由此可以理解,俄国国家疆域为何如此之大,其各个组成部分为何千篇一律,这些部分之间为何存在紧密联系。

有关自然对历史的影响,索洛维约夫的观点具有以下几个方面:

(一) 自然:"亲娘与后母"的对立

自然对居民而言,有促进和制约其历史发展的不同作用。索洛维约夫认为,如果自然对居民的历史发展起到促进作用,那么,这样的自然对民众而言如同亲娘,如果自然制约了民众的历史发展,这样的自然对居民不公,如同后母。在索洛维约夫那里,出现了自然的"亲娘与后母"的对立。[①] 索洛维约夫的主要观点如下:

从欧洲地图上看,它的东西两部分之间,存在很大差别。在西部,土地分布散乱,岛屿半岛并存,山地林立,民众和国家各不相同;在东部,广袤的平原上,只有一个大国。社会生活若要快速发展,需要有利的自然条件,例如:临近海洋,漫长的海岸线,国家地域大小适当,方便的自然交通,适宜的气候条件,等等。这些特点都是西欧所具备的,而东欧却不具备。自然对西欧及其民

---

① С_М_Соловьев_История России с древнейших времен_Том 13_Глава 1_Россия перед эпохою преобразования. mht.

众而言,是亲娘;自然对东欧,对于注定要在此活动的民众而言,则是后母。

从欧洲发展史来看,优越的自然条件有助于早期文明的发展并取得成就。在欧洲文明的扩展史中,人们可以看到,根据自然的指示,文明从西到东逐渐发展,因为在西部,集中了早期文明发展最为有利的条件,越往东,这种有利条件越少。在东欧和亚洲不断斗争的过程中,西欧的发展超越了东欧。

索洛维约夫确认,自然对西欧民众而言,是亲娘;对东欧民众而言,则是后母。在西欧,它促进了文明的发展;在东欧,则阻碍了文明的发展。俄国民众晚于西欧民众了解希腊罗马文化,晚于他们才登上历史舞台,除了上述原因,更重要的是因为俄国与亚洲游牧民族邻接,要和他们进行不断的斗争。

关于自然条件的作用,索洛维约夫还谈到东西欧的石山与林木的对立、俄国的森林与草原的对立,多次明确表达了自然环境的制约作用。

(二) 石山与林木的对立[①]

索洛维约夫认为,东西欧自然条件的差异,在俄国和西欧的历史差别中也有反映。西欧主要由石山,东欧主要是由林木构成。石山把西欧分割为许多国家,区分出许多民族。西欧的国务活动者用石料为自己建造家园,并由此控制人们,石山赋予他们一定的独立性。但是,人们很快就被石山所隔绝,获得自由和独立。因为石山,一切都是稳固确定的;因为石山,才出现了人造石山,耸立起宏伟永恒的建筑。在东欧平原上,没有石山,平坦无边,(当时)没有多样的民族,出现了一个前所未有的大国。在此,国务活动者没有任何地方可以用石料为自己建造家园,他们的生活不是孤立的。他们组成卫队,生活在王公周围,在广阔无边的空间上征伐、运动。他们和城堡之间的关系并不密切。地域之间没有多样鲜明的区分,没有对当地居民的性格产生影响。对居民而言,自然没有表现出这样一些特点,使他们觉得,背井离乡沉重难捱、无法接受。没有难以割舍的世代相传的居所。城堡由木屋构成,倘若火星迸发,大火之后,就是灰烬。但是,灾难并不严重:人们的动产不多,很容易随身带走,建筑材料便宜,建造新屋,花费不多。古代的俄国人,为了躲避敌人或者逃避重赋,很容易离家出走,独自踟蹰。到处都是同样的东西,到处都是罗斯的气息。居

---

① Lib_ru-Классика Безобразов Павел Владимирович_Сергей Соловьев_Его жизнь и научно-литературная деятельность. mht.

民养成了各奔东西的习惯,政府试图抓住他们、使他们稳定下来,安居一处。

我们觉得,索洛维约夫在这里所作的解释,考虑到自然条件、社会生活等方面的内容,还是比较全面的。他虽然没有使用生产力、生产关系等术语,读者在他的叙述中可以体会到这些方面的因素。索洛维约夫在下文中对卫队特点的解释,还有他一直强调的"运动",有助于我们理解后人归纳的俄罗斯人这样一些特点:追求精神自由、漂泊游荡等等。[1] 索洛维约夫所说的,可以看作以上特点的最初来源、物质基础。这种解释在后人关于俄罗斯人特点的说法中,并不多见,读来感觉新颖。有论者指出,俄罗斯人喜欢漫游方面的特点,受到亚洲游牧民族的影响较大,[2] 读完索洛维约夫的相关论述,我们觉得这种说法值得商榷。

(三) 森林与草原的对立[3]

针对俄国的情况,索洛维约夫看到的是森林和草原的对立,他用自然的这种差别来解释俄国历史的不同现象。他写道:

在俄国,森林和草原这两种形式占有主导地位。它们彼此邻接,相互对立,产生俄国森林居民和草原居民的历史差别。草原最初是游牧民众的居所,建立在草原边界的古罗斯,一开始就和他们进行斗争。波洛伏齐人(11—13世纪)不断使古罗斯十室九空。鞑靼人最终使古罗斯彻底崩溃。稳固的秩序、国家的运行,能够和草原居民进行斗争的东西,只有在远离草原的地方,在北方,在森林的那一面,游牧民众不便到达、难以到达的地方,才能巩固确立。在森林的那一面所形成的以莫斯科为中心的国家,很快扩张到草原。它的草原边境,一直受到来自草原邻居的危害。在古罗斯,居民活动的主要场地,大公的都城,就在这一边境。以莫斯科为中心的国家,和草原居民不断斗争,随着游牧汗国的削弱,斗争并未终止,草原上出现了特殊居民 —— 哥萨克。[4] 古俄国家和哥萨克的斗争,从自然形式来说,就是森林的一面和草原的一面的斗争,这一点特别在俄国历史上的混乱时期,以及此后的哥萨克的活动中表现出

---

[1] Бердяев Николай_Судьба России. htm.
[2] 荣洁,"俄罗斯民族性格和文化",《俄罗斯中亚东欧研究》,2005 年第 1 期,第 68 页。
[3] Lib_ru-Классика Безобразов Павел Владимирович _ Сергей Соловьев _ Его жизнь и научно-литературная деятельность. mht.
[4] B_O_Ключевский_Курс русской истории_Лекция 45. mht.

第十章 索洛维约夫有关俄罗斯特点的论述

来,此时的俄国,根据居民的精神和性格,区分为北部(定居农耕的)和南部(草原边疆的、哥萨克的)居民。草原形成流浪放纵、原始的哥萨克式的生活方式。森林则更多限制确定,更多使人们稳固、定居下来,从事农耕。农民和自由散漫的哥萨克不同。

以上就是索洛维约夫有关自然的亲娘与后母、石山和林木以及俄国的森林部分和草原部分的对立观。索洛维约夫的学生克柳切夫斯基,就森林、草原和河流对俄国历史和民众的影响,也有类似的一脉相承的阐述。只是他提醒人们,此时要注意避免个人感觉。他通过观察民居的风格和特点,结合史实,所阐述的一些观点,可以看作对索洛维约夫相关看法的补充和确认。[1] 阅读现在一些学者的文章以后,我们感到克柳切夫斯基的提醒并不过时。[2]

当然,我们不认为索洛维约夫的观点是全面正确的。例如,他认为,亚洲文明没有可以影响欧洲文明的东西,等等。有些观点极端情绪化。在此,我们的主要目的是了解俄国人的自我意识,明确他们的思维定势和心智方面的一些内容。索洛维约夫"自然母亲"观点的发展,就是出现了"历史母亲"的说法,他把俄罗斯人所遭遇的发展道路——历史,也称为"后母"。对索洛维约夫而言,俄国历史的发展,具有两个不同方向的对立,其中具有一些特点。[3]

二、俄国历史的不同发展方向

索洛维约夫认为,历史对俄罗斯民族并不公平。历史就像后母,迫使俄罗斯这个最古老的欧洲民族之一,开始从西向东运动,在自然对人而言是"后母"的地域生存。基督教在欧洲扩展初期,日耳曼部落和斯拉夫部落就分割了欧洲,在最初的分割过程中,在最初的"运动"中,日耳曼人从东北向西南运动,在罗马帝国的区域,奠定了欧洲文明的基础。斯拉夫人则相反,从西南向东北运动,通往自然条件恶劣的处女地,在那里发展。这相反的运动,形成两个民族后来的历史差别。一个民族一开始就处于最有利的条件下,另一个民族,则在最不利的条件下活动。索洛维约夫从俄国发展的不利条件中,看到了民众的精神力量:在恶劣的自然条件下生存的俄罗斯民族,被所谓的"蛮夷"包围,仍

---

[1] В_О_Ключевский_Курс русской истории. htm.
[2] 宋瑞芝、宋佳红,"论地理环境对俄罗斯民族性格的影响",《湖北大学学报》(哲学社会科学版),2001年第1期,第82—85页。
[3] Lib_ru-Классика Соловьев Сергей Михайлович_С_М_Соловьев биографическая справка. mht.

然保持基督教徒的形象,建成强国,展示了"不同寻常的强大的精神力量"。在索洛维约夫归纳的历史模式中,以下几点对我们阅读中俄交往史具有启发意义,引起我们的注意:

(一) 俄国王公不断征伐、收取贡赋

索洛维约夫论述了俄国从古代到彼得大帝改革之前的发展,其中谈及俄国统治者自古形成的生存方式:不断征伐、收取贡赋。这一点有助于我们理解俄国版图急剧扩张的原因。索洛维约夫用散文笔触加以说明:

东欧的历史如此开启。在波罗的海至黑海的水路上,船只时而间断、时而连续往来,其中载满武装人员,他们是来自诺夫哥罗德的王公及其卫队。每到一个村落或者一个斯拉夫岛屿,他们都会说:"向我们交纳贡赋"。人们并非第一次听到这种要求,他们拿来毛皮,希望尽早摆脱这些不速之客。但是,这一次,客人却不走了。在第聂伯河西岸,耸立起王公的京都,罗斯的众城之母——基辅。王公和卫队久居于此,周围的部落再无安宁。王公及其卫队在大小河流上漂游,收取贡赋。王公自己不去的地方,由其代理者和卫队去收税。这些不速之客砍伐树木,建造城堡,他们还到位置更好、规模更大的城堡去驻扎。住在城堡周围的人,能够得到保护和优惠,掌握一定手艺的人,就会有钱可赚。城堡的居民越来越多,开始出现贸易,民众从四处聚集而来,村落荒芜了,王公始祖的亲朋好友,数量众多,为所欲为。王公要去远征,能去的人都准备起来,年轻人伐木做舟,离乡征讨,久无音讯。最终回来以后,则面目全非。他们去过帝都(Цареград),大开眼界,带回奇珍异宝。他们战胜"狡诈"的希腊人,迫使其缴纳贡赋。那些特别优秀的人,则加入王公或者贵族的卫队。卫队昼夜盛宴渔猎。王公拥有无数财宝,对卫队慷慨大度,因而受人尊重。

索洛维约夫根据俄罗斯古老民歌推测,当时的民众,被这些壮士的功勋、他们战胜外敌所取得的胜利,以及内部"运动"(征伐)所带来的变化而震撼,所有这些,显而易见,被扩大,以过度夸张的形式表现出来。超出日常现象的东西,当时的民众都认为是神力的影响,壮士一定高于普通人,他们具有神助。在俄国,由于神话不发达,还有基督教的迅速影响,壮士虽然不是上帝派遣而来,但至少是术士一类人物。索洛维约夫举例说,奥列格王公(Олег),因为他

对君士坦丁堡的成功征伐，还有从那里运回的巨额财富，被民众看作术士和先知。① 我们通过这些材料可以看到，对当时的统治者而言，对内收取贡赋，对外征伐掠夺，这是他们的生存方式，民众以此为荣，并不感到奇怪。

（二）在王公和民众的不断"运动"中，国家统一的意识得以坚持

根据索洛维约夫的观察，古罗斯时期的王公，从一个地区到另一个地区不停"运动"、征战。舒舒服服，久居一地，从事稳定的事业，并非他们的品格。好的王公无所囤积，把一切分发给卫队，有了卫队，他就能获得一切。做王公，意味着"从一个宝座到另一个宝座不断运动"，直到和父祖一样埋骨基辅。例如莫诺马赫王公，他为后代留下了不断征战的活动记录。② 在索洛维约夫看来，这些活动就是永恒的运动，不断的征程。在当时的条件下，这一不断的运动，使得王公和民众有关国家统一的意识得到坚持。索洛维约夫非常强调这一持续运动的重要意义。这是俄罗斯历史的"英雄时期、壮士时期"，国土广袤，尚未开发。

（三）卫队的情况

索洛维约夫还谈到王公卫队。卫队表现的一些特点，和现今人们常说的俄罗斯人的一些特点有些相近。例如，索洛维约夫这样描写卫队的情况：

卫队在东欧平原出现以后，几个世纪期间，并未固定下来，但保留了最初军事社团的特点，它和自己的首领一起"运动"，寻求"功勋和猎物"。卫队在王公的领导下，生活惬意：王公如同年长的同事、兄长，而不是命令者。他并不对卫队隐藏什么，卫队知道他的所有想法。他对卫队慷慨大度：供给饮食、不事聚敛，一切都分发给卫队。不好的王公不和卫队商量沟通。王公吝啬，或者有了自己的宠臣，卫队就弃他而去。卫队很容易这样做：他们和所离开的王公的地域没有联系。俄国国土广大，王公众多，任何王公都乐意接待勇敢的武士。长期以来，俄国的卫队习惯于这种原始军事团体的生活形式，在无垠的空间自由"运动"，保持原始的自由，移动的自由，保持着想为哪个王公服务，就为

---

① Н_М_Карамзин_История государства Российского_Том 1_Глава 5_Олег Правитель_Г_879-912.mht.
② Н_И_Костомаров_Русская история в жизнеописаниях ее главнейших деятелей_Отдел 1_Глава 4_Князь Владимир Мономах. htm.

哪个王公服务的权利；习惯于无忧无虑，不考虑明日的生活；感觉不到任何来自上层的压力；感觉不到他们需要联合起来，御敌卫权。他们的习惯是：不以抵抗的方式，而以离开的方式，躲避任何不愉快的事情、任何不好的东西。他们习惯以个人利益为指导，而不以阶层利益为指导来行动。

索洛维约夫在此谈及的情况，如："运动"，寻求"功勋和猎物"；坦诚、慷慨；追求无忧无虑的生活和自由；消极躲避，等等，这些特点，也是后人常说的俄罗斯人的一些特点。至于"他们习惯以个人利益为指导，而不以阶层利益为指导来行动"，索洛维约夫指基督教在俄国普及以前的情况。他认为，基督教在俄国普及之后，人们的基本准则是另外一种情况。下文将会涉及。

（四）弗拉基米尔的典范形象

索洛维约夫叙述了弗拉基米尔大公的一些事迹。弗拉基米尔是古俄的英雄，被看作俄国的"圣徒、民众的启蒙者"。① 弗拉基米尔是俄国后世的典范之一。根据始祖的道德形象，人们更容易了解其后代的特点。

根据编年史的记载，弗拉基米尔多次征战，主要目的是巩固部落之间的联系。他抗击草原部落的入侵，遏制他们伤害俄国新生社会的企图。在基辅附近，在俄国社会的中心，为保卫国家免受草原部落的侵袭，建立了一系列城堡。弗拉基米尔统治的大部分时间，是在与所谓"蛮夷"的征战中度过的。征战的目的是为了社会、民众的主要利益，为了"财产、自由和生存"。这是弗拉基米尔不断征伐的"关键词"。索洛维约夫在这里把"财产"放在第一位，其次才是"自由"，再次才是"生存"。

然而，索洛维约夫说，弗拉基米尔业绩和前世王公业绩的不同之处在于，他使国家免受草原"蛮夷"的侵扰。由此，感恩戴德的民众铭记弗拉基米尔的功绩，使他成为一系列壮士歌的英雄。弗拉基米尔的性格还有一些其他方面的特点，这也使他值得民众记忆。索洛维约夫比较编年史所记录的传说以及民间故事的有关内容，得出结论："这位王公具有宽广、充满爱意的心灵，不喜

---

① Lib_ru-Классика Соловьев Сергей Михайлович_Взгляд на историю установления государственного порядка в России до Петра Великого. mht；弗拉基米尔·斯维亚托斯拉维奇——维基百科，自由的百科全书，mht；Н_М_Карамзин_История государства Российского_Том 1_Глава 9_Великий князь Владимир, названный в крещении Василием_Г_980-1014. mht；Н_И_Костомаров_Русская история в жизнеописаниях ее главнейших деятелей_Отдел 1_Глава 1_Владимир Святой. htm。

欢独处,而是喜欢和他人一起生活,众所周知,这种品质能够博得民众的热爱并被他们所记忆。"

民间创作等文学作品的其他典型人物形象,可以作为分析民族性格的一种材料。索洛维约夫还提到其他一些壮士形象,例如古民歌的英雄人物之一,壮士瓦西里·布斯拉耶夫。研究者的着眼点和运用的理论往往不同,据此得出的结论也可能相反。① 但是,俄罗斯人对弗拉基米尔的认识是稳定的,他在民间甚至被称为"红太阳"。所以,弗拉基米尔的特点还是具有代表性的,是其后人的模仿对象。

(五) 俄罗斯人是"欧洲基督教民族的先锋队"

索洛维约夫认为,俄国通过从西向东,再从东向西的发展,成为"欧洲基督教民族的先锋队"。② 尽管罗斯当时的国土面积广大,民众的统一意识却越来越明确。以南部第聂伯河流域为中心的罗斯,走下历史舞台,取而代之的是北部的以莫斯科为中心的罗斯,它开始统一领土,建立统一的政权。以莫斯科为中心的罗斯,在继续与亚洲斗争的同时,把目光转向西欧,试图掌握那里的文明果实。罗斯希望获取欧洲的文明果实,邻国却害怕它强大起来,不想让它自由掌握这些成果。索洛维约夫举了这样一个例子。波兰国王齐格蒙特·奥古斯特(Сигизмунд-Август)在给英国女王伊丽莎白的信中写道:

> 俄国君主的实力日益增强,这得益于他通过纳尔瓦所获取的那些东西,因为这里运来他此前未知的武器,工匠也来到此处,给他带来技艺——这些手段使他可能战胜任何敌手。陛下您当然也了解他的实力。我们此前战胜他的原因,只是因为他被剥夺了技艺,不识文明。如果开往纳尔瓦的船只持续不断,那么,他还有什么不知道的呢?③

索洛维约夫认为,俄国人在伏尔加河沿岸与鞑靼作战,战胜他们以后,向

---

① Б_П_Вышеславцев-Русский национальный характер. htm.
② Lib_ru-Классика Соловьев Сергей Михайлович_Древняя Россия. mht.
③ Там же.

西,向波罗的海沿岸拓展,以便获取文明成果。他写道:

> 这些表面的野蛮人(俄国人),历史上则是东西方为文明而战的勇士;在内部混乱时期,俄国人展示了怎样的清洗能力,建立了怎样的功勋,承受了怎样的牺牲!在17世纪,他们大声呼号,反对社会无序和道德混乱,不知疲倦地寻求摆脱困境的手段……
>
> 他们和亚洲汗国进行艰苦持久的斗争,他们是东欧和北亚无边无际的荒蛮之地的居住者、殖民文化传播者,他们要一手扶犁,一手拿起武器,保卫自己及其劳动果实;对俄国人的祖先而言,在和亚洲苦斗之时,还有确立国家内部秩序的艰苦劳动,因为国家机体巨大无比,这一事业的进展,艰苦而缓慢。如果古代的俄罗斯人可以被称为欧洲基督教民族的先锋队,这个先锋队,被置于最危险、最困难的地方,它应和敌人不断斗争,同时还要承受恶劣天气的影响以及所有的困苦……①

谈及俄罗斯的特点,人们一般都会提及其居于欧亚之间,受到东西方的双重影响。索洛维约夫却从俄国历史的不同发展方向来说明这一影响,这种影响不是消极的、被动接受的,而是历史的、内在的。索洛维约夫的视角与众不同。

从"莫斯科——第三罗马"这一思想开始到斯拉夫主义,俄国人认为他们是上帝的选民,负有神圣使命。② 索洛维约夫的思想,既不属于斯拉夫主义,也不属于西方派的观点,但他笃信东正教,认为俄国民众是欧洲基督教民族的先锋队,比人们通常所说的"选民"更近一步了。

有学者认为,俄罗斯具有扩张性,原因具有安全动因、经济动因和宗教动因。③ 还有的学者认为,斯拉夫民族好战而有野心。④ 阅读索洛维约夫有关石

---

① Lib_ru-Классика Соловьев Сергей Михайлович_Древняя Россия. mht.
② Бердяев Николай_Судьба России. htm.
③ 黄立弗,"俄罗斯能再崛起吗——俄罗斯民族发展钟摆性与兴衰周期浅析",《俄罗斯研究》,2001年第1期,第37—41页。
④ 秦秋,"俄罗斯民族性格成因浅析",《重庆科技学院学报》(社会科学版),2011年第20期,第43页。

山与林木的对立、森林与草原的对立、罗斯王公、卫队情况的叙述以后,我们可以说,俄罗斯的这个特点,是在自然等多种条件影响下形成的生活方式,具有原始基因。

(六) 教育是教会和国家的柱石

索洛维约夫具有一个基本认识:"只有在牺牲的条件下,只有当社会成员意识到,应当为共同利益而牺牲个人利益,这是一种责任,此时,社会才能生存发展。"①他认为,原始社会的成员,并没有商定,为了共同利益而牺牲个人利益,但是,人是社会动物,原始社会的家族,已经建立在牺牲的基础上了:父母不再为自己,而为子女而生活。社会成员的这种牺牲意识("社会的基础是牺牲")越明确,社会就越稳固。索洛维约夫认为,基督教宣扬为世界做出牺牲,它有助于社会的稳固。罗斯建国不足150年,基督教就被宣布为国教,它在国家幼年时期,稳固了社会基础。

罗斯社会逐渐成熟,领土逐渐统一,建立了统一政权。但是,其中充满残酷血腥的斗争。古罗斯时期,王公内讧就是这样的,直到伊凡四世统治时期为止。在争斗中,暴力司空见惯,社会赖以存在的公民(舍身为国)感,越来越削弱。为共同利益而牺牲个人利益的意识,无私履行社会责任的意识,逐渐模糊不清。人们意识到社会的恶瘤,但是,未能找到有效手段来消灭它。在俄国历史上的混乱时期,统治者腐化堕落,因私废公,身死国灭,被邻邦所鄙视。

索洛维约夫多次说道,社会的基础是牺牲,为了共同事业,必须做出个人牺牲。外来侵略者被赶走以后,俄国国家的"清理者",还需要对民众的道德问题进行"清理"。他们需要寻求一些手段,使得人们具备公民意识,意识到社会福利的基础。道德方面的清洁和完善,只有在人们意识到不完善,并且坚决要求摆脱它们的情况下,才能完成。17世纪的俄国社会谴责这些道德缺陷。需要使用一定手段,使得人们意识到,公民首先应当"注重共同利益,而不是私利"。只有认识到不足,才能寻求出路。索洛维约夫认为,使国家稳固、民众幸福的手段终于找到了,这就是教育。

索洛维约夫说,东方教会通过圣徒、加沙都主教派西·利加里德(Паисий Лигарид)之口,指出俄国需要迈上的新路:"如果有人问我,教会和国家的柱

---

① Lib_ru-Классика Соловьев Сергей Михайлович_Древняя Россия. mht.

石是什么？我会回答：第一，是学校；第二，是学校；第三，是学校。"①

索洛维约夫之前的卡拉姆津，在谈及古俄风习时认为，9—10世纪的俄国人，具有蒙昧时期野蛮的一面，也有善良的一面。他们在战场上表现出贪财和残暴。建立在攻占基础上的国家，已经证明，其民众勇敢无畏。卡拉姆津也说："只有长期的教育（启蒙）能够软化人们的心灵……"②当然，两位历史学家在这里所说的"学校、教育"，更多指的是东正教方面的教化。

有的学者在谈及东正教对俄罗斯民族心理和性格特征的影响时，认为基督教的因素是形成"矛盾性"特征的"最为根本的"因素。③ 这种提法不是完整考察俄国历史以后所得出的结论。既然讲"矛盾性"，就应该讨论多种因素的共同作用，而不是强调某种因素"最为根本"。④ 索洛维约夫在下文中对民众形象的论述，也使我们看到，把东正教的因素看作"最为根本"的因素，还是值得商榷的。

索洛维约夫在以上方面主要涉及王公、卫队和教会，下面则直接谈到民众性格。这样，他基本勾勒出俄国民众比较完整的形象。

三、古俄南北民众的性格

索洛维约夫谈到古俄南北民众的性格，其中具有值得参考的地方。例如，他这样说明民众的性格：⑤

俄国北部的自然环境丰富多彩，自然对一个人稍微付出的劳动，也会慷慨奖赏，从而麻醉后者的体力或者智力。北方民众在激情迸发以后，可能创造奇迹。但是，这种力量虽然集中，却不能持久。（如果自然的恩赐更为吝啬的话，它要求一个人不断从事艰辛的劳动，使他总是处于紧张兴奋的状态，持续不断地劳作。他不断思考，不断追求自己的目标。）索洛维约夫说，具有这种性格的居民，能够在最大程度上奠定国家生活方式的坚实基础，使周围具有其他性格

---

① Там же.
② H_M_Карамзин_История государства Российского_Том 1_Глава 10_О состоянии древней России. mht.
③ 陈树林，"东正教信仰与俄罗斯命运"，《世界哲学》，2007年第4期，第41页。
④ 另外，请参考：丁淑琴，"师彦灵别尔嘉耶夫思想探析"，《科学·经济·社会》，2003年第3期，第23—26页。
⑤ Lib_ru-Классика Соловьев Сергей Михайлович_Взгляд на историю установления государственного порядка в России до Петра Великого. mht.

的民众服从自己的影响,北部罗斯的居民,在历史上的表现就是如此。索洛维约夫认为,北部和南部居民的性格差异,在俄国历史肇始之时,就表现得比较明显。他看到的史料表明,当时的外国人也夸赞,南部罗斯的卫队,表现勇敢,攻击迅捷,但是难以持久。同代的外国人对北部居民的评价则相反:他们不喜欢战争,但是,也具有冲击迅捷的特点。他们防卫坚固,不可战胜。在俄国的北部,形成了这样一种战士,所谓宁死不屈,寸土不让。俄国北方居民,史上并未表现出行动迅速的特点。他们的行为,主要是缓慢谨慎,锲而不舍。在获取某些东西时,深思熟虑,谨小慎微。在保卫已经获取的东西时,坚忍不拔,坚持不懈。

索洛维约夫根据自然条件和历史记载所归纳的古俄民众的这些特点,我们需要认真对待、仔细琢磨。克柳切夫斯基在他的著作中,根据俄国的气候和土壤条件,对"大俄罗斯人"(对立于古俄的南部居民)(13—15 世纪)的心理有一段非常精彩的说明。① 例如:精于算计;碰运气;集中力量,突击完成工作;不习惯平缓、适度、从容不迫、持久的劳作,等等。克柳切夫斯基在这方面的解说,比索洛维约夫的解释更为详细。在这一方面,克柳切夫斯基超过了自己的老师。索洛维约夫的有关论点,具有自然环境决定论的一些色彩,②但是,他结合俄国史料来归纳分析,具有一定的说服力,并非简单的、绝对的自然环境决定论者。

结　语

索洛维约夫谈到的俄国民众的特点,例如强调共同利益高于个人私利,在其他历史著作中也得到阐释和确认,③俄罗斯东正教的教义以及民众所受到的影响,其他思想家也有确认和说明。④ 索洛维约夫的阐释,从自然条件和史实出发,根据辩证对立统一原则,坚持发展的基本观点,所得的一些结论,具有一定逻辑性,值得关注和思考。从辩证唯物主义的角度看,索洛维约夫在这些

---

① В_О_Ключевский_Курс русской истории. htm(ЛЕКЦИЯ XVII).
② 李学智,"地理环境与人类社会",《东方论坛》,2009 年第 4 期,第 92—96 页。
③ Под_ред_И_Я_Фроянова_История России от древнейших времен до начала XX в. htm.
④ О русской идее-Библиотека думающего о России. htm;Познать Россию-Библиотека думающего о России. htm(《Наш современник》, №9 , 2001г.).

方面没有全面考察生产力和生产关系的问题,思想趋向客观唯心主义范畴。虽然如此,他试图解释俄国民众一些特点的成因,不是从天命论出发,而是从自然条件出发,强调自然条件对先民的影响,其中具有合理成分。对于俄罗斯民众的一些特点的成因,学者或者作家具有其他方面的解释。[①] 索洛维约夫的阐释也应该得到关注。

索洛维约夫的基本观点,在他的不同著作中得到坚持。我们可以使用他自己的一些说法,来概括以上所说的内容及其意义。"地域及其自然条件对民众生活的影响毋庸置疑,但是,我们说过,此时需要避免片面。如果民众,特别是在幼年时期,强烈依附他们所生存的地域,那么,随着其精神力量的逐渐发展,可以观察到相反的作用,在民众活动的影响下,自然条件会发生变化……"[②]"自然条件继续起着作用,但这已经是其他自然条件了,人作用于它的自然条件了。民众的性格、风尚、习俗、活动,我们可以毫不怀疑地看作自然条件的产物,如果我们有根据把每一类民众看作土著居民……如果在确定的、发达的社会中,一个人根据个人喜好、自己的自然条件选择活动,在部落和民众散居的远古时期,也应该是这样的:未知地域,通过其自然条件,最早创造其居民的性格,但是,人们根据自己的喜好、性格,选择已知国度作为居所。"[③] "民众和他的始祖相似,不只是生理方面的原因:民众在其传说中得到培养教育,这些传说来自始祖,其中反映了他们的自然特点、观点和态度,这些传说形成某种圣物,人们信仰它,并认为保卫这个圣物是自己的主要责任。"民众的形象是逐渐形成的。民众生存国度的自然条件以及许多其他条件,在形成这一形象的过程中参与程度不同。应该考虑自然、始祖、关于始祖的传说、反映这一自然的传说的影响。除了始祖的个人特性、国度的自然条件之外,许多其他条件都不同程度地参与进来,形成民众的形象。

索洛维约夫非常看重"运动"(征伐)的作用。他说,民众的运动(是否运动、为何运动、如何运动、与哪些民族冲突及其结果)是非常重要的因素。民众通过"运动"克服危险,排除阻力,"运动"发展了民众的力量,赋予其勇气,扩展其疆域,通过认识不同国度和民众,民众的智力也得到了发展。

---

① Lib_ru-Классика Достоевский Федор Михайлович_Дневник писателя_1873 год shtml. mh.

② Lib_ru-Классика Соловьев Сергей Михайлович_Наблюдения над исторической жизнью народов. mht.

③ Там же.

索洛维约夫的这些观点,不是简单的自然环境决定一切,[①]不是东正教决定民族性格的说法,[②]也不是自然环境影响宗教信仰等等的说法。[③] 克柳切夫斯基指出,索洛维约夫在研究民族历史现象时,注意人类生活的普遍规律,他的叙述建立在历史哲学的基础上,历史现象在他那里得到了"自然解释,他的叙述具有内在和谐、历史的逻辑"。[④] 后来的历史学家伊里因,结合索洛维约夫的历史著作,对俄罗斯民族性格的论述比较系统,也更加全面。[⑤] 阅读索洛维约夫的著作,我们可以看到他对俄罗斯民众特点的有益解释。这种解释,来自历史学家基于自然条件和史实做出的判断,在我们看来,(它和一些哲学思考、社会学或心理学的统计调查相比)可信程度并不低。面对我国现实,有人提出重塑民族性格的问题,我们觉得这种提法并不谨慎。[⑥] 个体的陋习并不等同民族性格、民众的整体形象。重读索洛维约夫的著作具有现实意义。

[①] 张明锁,"关于地理环境与民族文化、民族性格关系的对话",《郑州大学学报》(哲学社会科学版),1990年,第2期,第47—51页。
[②] 武玉明,"东正教与俄罗斯民族性格",《潍坊教育学院学报》,2008年第1期,第53—55页。
[③] 陈树林,"俄罗斯东正教的本土化特征",《求是学刊》,2009年第5期,第17—23页。
[④] Lib_ru-Классика Ключевский Василий Осипович_Памяти С_М_Соловьева. mht.
[⑤] 伊莲,"俄罗斯民族性格中的阴柔与阳刚",《俄罗斯文艺》,2001年第2期,第33—36页。
[⑥] 刘长乐,"重塑我们的民族性格",人民日报海外版,2006年8月29日第1版。

第十一章　陀思妥耶夫斯基的存在逻辑和表达

国内研究陀思妥耶夫斯基(1821—1881)思想和创作的文献众多,但基本不涉及其思想的深层逻辑,也并未指出这种逻辑和他的表达手段的内在联系。加斯帕罗夫于 20 世纪 90 年代提出"存在语言学"(Лингвистика языкового существования)的假设,[1]其中表达的思想与传统的结构主义语言学针锋相对。国内对存在语言学的介绍基本是空白的。加斯帕罗夫认为自己的思想源自洪堡特和巴赫金。他的理论与洪堡特思想的联系显而易见,与巴赫金思想的联系,除了加斯帕罗夫本人在其著作中的解释,[2]我们认为还与陀思妥耶夫斯基的存在逻辑和语言哲学思想具有联系。陀思妥耶夫斯基关于语言表达与文化、思维关系的思想,长久以来并不为人们所重视。其实,陀思妥耶夫斯基的存在逻辑与他关于语言表达的思想,还有 20 世纪的语言相对论、巴赫金的复调小说(包括对话词语),以及加斯帕罗夫的存在语言学之间,具有自然而且合理的联系。

一、陀思妥耶夫斯基的二律背反

陀思妥耶夫斯基的创作,包括关于人的学说、历史哲学、伦理学、宗教哲学方面的主题,宗教寻求是陀思妥耶夫斯基所有思想、所有寻求和构建的基础。[3]

---

[1] Руднев В. П. Энциклопедический словарь культуры XX века: ключевые понятия и тексты. М., 2001. С. 200 - 204.

[2] http://www.gumer.info/bibliotek_Buks/Linguist/Gasp/intro.php.

[3] Зеньковский Василий. История русской философии. М., 2001. С. 401.

1 陀思妥耶夫斯基质疑"确定不移的法则"

马斯林在其编著的《俄罗斯哲学史》中指出,陀思妥耶夫斯基是"人类灵魂所有隐秘之处"的分析者,①他质疑"确定不移的法则"。陀思妥耶夫斯基所说的"确定不移的法则",指惯常意义上的数学公理,二值逻辑一类规则,笼统而言,就是"理性"。

陀思妥耶夫斯基主要的哲学问题是人的问题。他早在1839年就写下了这样的话语,好像是其所有哲学的卷首题词:"人是一个秘密。这个秘密必须破解,如果你终生破解这个秘密,那就不要说,是在浪费时间;我正在研究这一秘密,因为想成为人。"②陀思妥耶夫斯基认为人是复杂的,是个秘密,为了研究人的秘密,他准备为之奋斗终生。对人而言,人们常说的二值逻辑,往往并不适用。陀思妥耶夫斯基涉及多值逻辑,他的第三值是"秘密",或者理解为"未知"、"不确定"。

陀思妥耶夫斯基的哲学是热爱生命的哲学。生命是最珍贵的财富,不是通过理智或(二值)逻辑来理解的,而是作为极其重要的价值来感知的。人的个性具有价值,它独特而不可替代。但是,现实之人,复杂而不完善。津科夫斯基(В. В. Зеньковский)称之为"人本主义的二律背反",③承认人的实质存在矛盾,在其本性中,善与恶复杂纠结,人的许多行为,存在非理性、无法辨识的始基,例如任性专横、意志自由,等等。

陀思妥耶夫斯基自称"最高意义上的现实主义者",他不是日常生活的描述者,也不是心理学家,如上所述,乃是"人类灵魂所有隐秘之处"的分析者,例如,《地下室手记》就反映了陀思妥耶夫斯基的自我评价。④ 特别是作品的第一部分,其中,"地下室之人"的忏悔充满矛盾。他好像相信自己所说的,"但同时也不知道为什么,他感觉到,他在怀疑,他在撒谎,就像笨蛋一样"。这是一种特殊的意识,它反抗"确定不移的法则"(例如二值逻辑的同一律)。人的意识使其有别于机器或者其他物品。《地下室手记》的主人公否认通过理性构建社会的任何意图,他认为这样所得到的结果,只是"水晶宫殿"、"鸡笼",或者

---

① Маслин М. А. История русской философии. М., 2001. С. 262 – 271.
② Достоевский Ф. М. Полное собрание сочинений: в 18 т. Т. 15. Письма. Книга первая (1832 – 1859). М., 2004. С. 33.
③ Маслин М. А. История русской философии. М., 2001. С. 262 – 271.
④ Lib_ru-Классика Достоевский Федор Михайлович_Записки из подполья_shtml. mht.

"蚁穴"一类的东西。人具有自由意志,具有任性、幻想的权利,哪怕这是毫无意义的。这部作品说明,①不可能纯理性地阐释意识。

根据陀思妥耶夫斯基的意见,认识人的实质,是非常复杂和多面的任务。复杂性在于,人具有自由,自己能够在善与恶之间做出选择。人的复杂性、双重性、二律背反,使得研究人的行为的真实动机显得非常困难。一个人的行为的动因,一般比我们后来解释的要更加复杂多样,在大多数情况下并不是确定无疑的。例如,人的任性、意愿,用数学、逻辑一类的"科学",自然的"铁面无私的法则",是无法解释的,正如《地下室手记》的悖论者所言:"当我因为某种原因不喜欢这些二二得四的法则的时候……自然法则和算术又与我何干呢?显然,我不能以头破壁,如果确实没有这种破除的力量,但我也不会和它妥协,只是因为,这是石壁,而我的力量不够。"②

2 陀思妥耶夫斯基的二律背反

所谓二律背反,指两个逻辑上能够被证明的判断之间的对立。③ 哲学家津科夫斯基在分析陀思妥耶夫斯基的思想体系时指出,陀思妥耶夫斯基的思维,具有二律背反的特点,④一面是正面构建,另一面则是尖锐决然的否定,体现出其思想的力量和高度。在俄罗斯思想家中,很少有人如此深刻地体会到思想辩证曲折的发展。

津科夫斯基还指出,陀思妥耶夫斯基的思维,终生都在二律背反中运动。例如,陀思妥耶夫斯基秉持土壤派的学说,同时又讲超越民族界限的普世的基督教理想;一面相信"美能够拯救世界",一面则认为,"美,这是可怕的令人恐惧的事物"。这些二律背反,就陀思妥耶夫斯基的思想发展而言,不是逐渐削弱,而是更加激化。再如,陀思妥耶夫斯基的"人格主义",具有纯粹的伦理色彩,达到不同寻常的力度和深度。对他来说,没有什么比人更重要的了,可能也没有什么比人更可怕的了。人是一个谜,由矛盾组成,即使最微不足道的人,也具有绝对价值。陀思妥耶夫斯基以无以伦比的力量,揭示了人的"阴暗"面,人的破坏力量、极端自私,他令人可怕的、隐藏在灵魂深处的非道德的一面。陀思妥耶夫斯基关于人的学说,不仅研究人的"地下室",他还非常深刻地

---

① http://book.chaoxing.com/ebook/detail.jhtml?id=10653510.
② Lib_ru-Классика Достоевский Федор Михайлович_Записки из подполья_shtml.mht.
③ Прохоров А. М. Российский энциклопедический словарь. М., 2001. С. 70.
④ Зеньковский Василий. История русской философии. М., 2001. С. 410 - 414.

揭示了灵魂中光明的力量,其中的善的辩证发展。陀思妥耶夫斯基关于人的二律背反的力量、意义就在于,二律背反的两个成分,都是以最高形式体现出来的。

3 对立中和

津科夫斯基指出,陀思妥耶夫斯基的思想,非常具有辩证的力量,他能够揭示那些别人看不到的二律背反。只有搞清存在于现实之中的二律背反,甚至把这些东西激化以后,才能超越它们。对立"调和"的最高点,就是宗教的"高地"。陀思妥耶夫斯基的宗教寻求,在他的历史哲学中达到非常尖锐的地步。[1] 例如,陀思妥耶夫斯基通过西方派、斯拉夫派的二律背反,走向对立中和。其中的矛盾激化与转变,其中的内在逻辑,陀思妥耶夫斯基在《作家日记。1876年》的"我的悖论"一节,具有详细说明。作家还举了别林斯基的例子来说明问题。[2]

根据巴赫金的看法,陀思妥耶夫斯基的文学创作主要采用复调形式,并不把"作者"的观点凌驾于小说主人公的观点之上,各种不同的观点和意识彼此平等而且相互斗争。针对这个观点,已经有学者提出异议了。巴赫金以其敏锐,从陀思妥耶夫斯基的作品中,听到了他者的声音,却听不到作者本人的声音,这使人感到奇怪。通过现在看到的一些材料可以说,巴赫金故意忽视了陀思妥耶夫斯基哲学方面的声音,这是因为苏联当时的国内政治环境,他无法明确总结陀思妥耶夫斯基的宗教哲学思想而已。毫无疑义,作为思想家的陀思妥耶夫斯基具有自己的基本哲学观点和宗教信仰,他二律背反、对立中和的思考方式在他的作家日记中体现得非常明显。

陀思妥耶夫斯基认为,每一类民众,都具有自己独特的"历史使命"。这一使命的秘密,隐藏在民众精神的深层。斯拉夫派和西方派都相信,对俄国而言,其历史使命已经预定。陀思妥耶夫斯基的著作贯穿一个思想,那就是全面综合西方和俄罗斯精神,"我们,俄罗斯人,具有两个祖国——我们的罗斯和欧

---

[1] Достоевский Ф. М. Полное собрание сочинений: в 18 т. Т. 11. 《Дневник писателя》(1873,1876). М., 2004. С. 437 – 441.

[2] Lib_ru-Классика Достоевский Федор Михайлович_ Дневник писателя_1876 roqshtml. mht; Достоевский Ф. М. Полное собрание сочинений: в 18 т. Т. 11. 《Дневник писателя》(1873,1876). М., 2004. С. 430 – 435.

洲"。① 但是，欧洲对陀思妥耶夫斯基而言，用伊凡·卡拉马佐夫的话说，只是"珍贵的坟墓"，对欧洲的批判，在陀思妥耶夫斯基那里，占了很大的篇幅。陀思妥耶夫斯基认为，俄国因为东正教而强大，其历史哲学主题，上升到对历史进行宗教理解的程度。津科夫斯基说，俄国的历史哲学自赫尔岑始，更多倾向于非逻辑论（алогизм），但同时，它又承认，只有人，才能使历史具有涵义。②

1861年，陀思妥耶夫斯基开始出版杂志《时间》，其纲领就是发展"土壤派"的新的思想体系，消除西方派和斯拉夫派的争论。③ 他写道："最终，我们确信，我们也是独立的民族，极其独特，我们的任务就是，创造自己的形式，我们自己的，来自我们自己土壤的故土的形式。""我们预测，俄罗斯思想，可能将是所有的欧洲所发展的那些思想的综合。"④

陀思妥耶夫斯基看到，东正教构成俄罗斯文化的基础。他展示了俄罗斯灵魂的广度，其中一方面是"怜悯"、"恭顺"，另一方面则是"残暴"、"无政府主义的专横"，而且，俄罗斯民众倾向极端。⑤ 陀思妥耶夫斯基相信俄罗斯人"普世的同情心"，认为普希金的天才是俄罗斯的象征，强调俄罗斯民族特征具有"泛人类性"，其中没有任何敌视西方的东西："……我们对欧洲的追求，即使具有所有的迷恋和极端，不仅合乎规律、具备理性，在其基础之中，而且是民众的，完全和民众精神的追求相一致。"⑥陀思妥耶夫斯基在1877年写道："……如果俄罗斯民族思想最终只是全世界的、全人类的联合，那么，也就意味着，我们所有的益处在于，以便所有的人，终止一切纠纷……变得更加俄罗斯化、更加民族化。我们所有的拯救只是在于，不提前争论这个俄罗斯思想如何实现，

---

① Lib_ru-Классика Мережковский Дмитрий Сергеевич_Л_Толстой и Достоевский_shtml. mht; Достоевский Ф. М. Полное собрание сочинений：в 18 т. Т. 11.《Дневник писателя》（1873，1876）. М., 2004. С. 423.

② Зеньковский Василий. Указ. соч. С. 414.

③ Lib_ru-Классика Соловьев-Андреевич Евгений Андреевич_Достоевский_Его жизнь и литературная деятельность_shtml. mht; Lib_ru-Классика Достоевский Федор Михайлович_Ф_М_Достоевский_Новые материалы и исследования_shtml. mht.

④ Зеньковский Василий. Указ. соч. С. 410.

⑤ Маслин М. А. История русской философии. М., 2001. С. 262 – 271；Достоевский Ф. М. Полное собрание сочинений：в 18 т. Т. 11.《Дневник писателя》（1873，1876）. М., 2004. С. 34 – 35.

⑥ Маслин М. А. Указ. соч. С. 262 – 271；Lib_ru-Классика Достоевский Федор Михайлович_Дневник писателя_1880 годshtml. mht.

第十一章　陀思妥耶夫斯基的存在逻辑和表达

以何种形式实现,以你们的形式,还是以我们的形式实现,我们的拯救在于,大家都走出办公室,直接投入到事业中去。"①

这样,我们可以发现,陀思妥耶夫斯基的逻辑是通过二律背反达到对立中和。当时,俄国民众在听完陀思妥耶夫斯基纪念普希金讲话以后的种种反应,可以看作他的这种逻辑宣传的具体效果。② 弗洛罗夫斯基在《俄国神学史》中,也提到陀思妥耶夫斯基思想的二律背反、对立中和。③ 陀思妥耶夫斯基本人也常常提到二律背反、悖论,例如发展出"我们的西方派,实际上乃是西方的否定者"这样的思想。④ 陀思妥耶夫斯基在一封信中指出,并不绝对的悖论可以使文章显得"深刻、细腻和端谨"。⑤ 在另一封信中,陀思妥耶夫斯基则提到,"现在正是这样的时候,具有这样的思想倾向,人们喜欢复杂曲折、乡间土道般蜿蜒的东西,处处彼此矛盾的东西。像二二得四样的公理,显得像悖论,而曲折矛盾的东西则显得像真理"。⑥ 后人则从陀思妥耶夫斯基身上,看到了他这个"极端的斯拉夫主义者"对欧洲的极端热爱,⑦虽然欧洲对他来说只是"珍贵的坟墓",如《卡拉马佐夫兄弟》中伊凡对阿辽沙所言。⑧ 这里所说的"中和",不是指"各取一半",而是指普遍综合的倾向,因为在陀思妥耶夫斯基看来,"真理(真情)的一半不仅是谎言,甚至比谎言更坏"。⑨

陀思妥耶夫斯基感到,常见的"确定无疑的法则",无法恰当说明人的问

---

① Маслин М. А. Указ. соч. С. 262 – 271; Достоевский Ф. М. Полное собрание сочинений: в 18 т. Т. 12.《Дневник писателя》(1877, 1880 – 1881). М., 2004. С. 21 – 23.
② Достоевский Ф. М. Полное собрание сочинений: в 18 т. Т. 16. Письма. Книга вторая (1877 – 1881). М., 2005. С. 212.
③ Пути русского богословия Георгий Флоровский. mht.
④ Lib_ru-Классика Достоевский Федор Михайлович_Ф_М_Достоевский_А_Г_Достоевская_Переписка_shtml. mht; Lib_ru-Классика Достоевский Федор Михайлович_Дневник писателя_1876_shtml. mht; Достоевский Ф. М. Полное собрание сочинений: в 18 т. Т. 11.《Дневник писателя》(1873, 1876). М., 2004. С. 432.
⑤ Достоевский Ф. М. Полное собрание сочинений: в 18 т. Т. 16. Письма. Книга первая (1870 – 1876). М., 2005. С. 308.
⑥ Достоевский Ф. М. Полное собрание сочинений: в 18 т. Т. 16. Письма. Книга вторая (1877 – 1881). М., 2005. С. 251.
⑦ Lib_ru-Классика Достоевский Федор Михайлович_Ф_М_Достоевский_Новые материалы и исследования_shtml. mht.
⑧ Lib_ru-Классика Достоевский Федор Михайлович_Братья Карамазовы_Часть 2_shtml. mht.
⑨ Достоевский Ф. М. Полное собрание сочинений: в 18 т. Т. 11.《Дневник писателя》(1873, 1876). М., 2004. С. 190.

题,他多次表达对这种二值逻辑的不满,希望使用其他逻辑来说明。虽然陀思妥耶夫斯基没有明确说明他的逻辑叫什么,但是,他二律背反的思考方式,使得我们可以说,他使用的是多值逻辑。陀思妥耶夫斯基懂得二值逻辑的适用范围。在他的信件中,当论及柴米油盐日常收支时,他锱铢必较,并不含糊。但是,针对人的精神生活而言,二值逻辑往往并不适用。

二、陀思妥耶夫斯基的自我告白

陀思妥耶夫斯基的精神和道德寻求与他的宗教体验密不可分。有关上帝存在的问题终生折磨着他。陀思妥耶夫斯基1854年在西伯利亚服刑时期,一位十二月党人的妻子(Н. Д. Фонвизина)在和他会面以后,赠送其一部《福音书》。陀思妥耶夫斯基写下这样一段话,这可以看作他的自我告白:

> 我给您说说自己的情况,我,时代之子,至今充满不信任之感,怀疑之情,甚至至死不变(这我知道)。对信仰的渴望,曾使我经受多少可怕的折磨,现在又使我经受怎样的磨难。这一渴望,在我身上的反面证据越多,在我灵魂中则越发强烈。但是,上帝有时会赐我这样一些时光,此时,我完全平静;此时,我爱着,我也发现,我被别人所爱,此时,我自身形成信经,其中对我来说,一切都是明显的、神圣的。这一信经非常简单,它是这样的:相信没有什么比基督更加美丽、深刻,更加引人,更加理智,更加勇敢和完善的了,不仅没有,而且我充满热忱,充满爱意地对自己说,也不可能有。还有,如果有人向我证明,基督存在于真理之外,而且确实真理在基督之外而存在,那么,我情愿还是和基督在一起,而不是和真理在一起。①

陀思妥耶夫斯基这一思想终生没有改变。他在自己晚期的信件中继续重复这个思想。② 这段话再次使我们相信,陀思妥耶夫斯基认为,针对信仰一类

---

① Достоевский Ф. М. Полное собрание сочинений: в 18 т. Т. 15. Письма. Книга первая (1832 - 1859). М.,2004. C. 122; Маслин М. А. История русской философии. М.,2001. C. 262 - 271; Lib_ru-Классика Достоевский Федор Михайлович_Леонид Гроссман_Достоевский_shtml. mht.

② Достоевский Ф. М. Полное собрание сочинений: в 18 т. Т. 16. Письма. Книга вторая (1877 - 1881). М.,2005. C. 58.

第十一章　陀思妥耶夫斯基的存在逻辑和表达

的复杂问题，"真理"、数学公理、二值逻辑一类的"理性"是次要的东西。情感与理智的对立也是陀思妥耶夫斯基所处时代所面临的问题。① 一般认为，在俄国，人们（特别是知识分子）追求的是：

> 按照真情生活，而不是按照规则或者教条生活。如果在西方，占据主导地位的是科学，或者是对法律必需性的认识，或者是对历史必然性的认识，那么，在我们这里，则是爱占据主导地位。我们相信这个爱，如同相信某种神秘的力量，它一下子就会破除所有的阻隔，瞬间确立新的生活……②

三、陀思妥耶夫斯基的存在逻辑

陀思妥耶夫斯基的逻辑，就是不满足于二值逻辑，采用多值逻辑进行思考。以多值逻辑进行思考，这与神话意识具有联系，陀思妥耶夫斯基明显的宗教意识，从无神论者的观点看来，就是一种神话意识而已。

我们通常所说的亚里士多德逻辑，是二值逻辑，因为其命题只有两值，也就是说，这些命题或者是真命题，或者是假命题。二值逻辑的表述具有双重涵义（真与假）。一般的二值逻辑，具有四个主要定律：③

> 同一律：指任何表述与其本身等同。客体与本身等同，对于任何思维来说，都是基本的出发点。但它不是在任何逻辑中都起作用的定律。双重否定律：指肯定与双重否定等值。排中律：表述是真，或者是假，不存在第三种方案（排中律的使用，限于客体数目有限的时候）。矛盾律：如果表述同时具备真和假两个特性，则是不正确的。

---

① Lib_ru-Классика Достоевский Федор Михайлович_Ф_М_Достоевский_Новые материалы и исследования_shtml. mht.
② Lib_ru-Классика Соловьев-Андреевич Евгений Андреевич_Достоевский_Его жизнь и литературная деятельность_shtml. mht.
③ Руднев В. П. Энциклопедический словарь культуры XX века：ключевые понятия и тексты. М.，2001. С. 247 − 249，229 − 232.

我们知道，在现实中，有时无法确定命题的真假，存在过渡的情形。因此，就出现了命题的第三值："非真，非假"；或者"亦真，亦假"；或者"不确定"。后来，人们在数学和物理学中，也发现了相应的现象。事实显示，有必要对这种（从二值逻辑角度看）异常现象进行相应描述。为了进行这种描述，人们引进了多值逻辑机制，例如，三值逻辑，除了通常的"真"、"假"以外，还引入了"不确定"，或者"未知"，或者"未观察到"。

在20世纪初期，人们明白了，严格地说，排中律不是逻辑定律，因为它只适用于数量有限的客体。事实证明，并非所有的二值逻辑定律在任何情况下都具有效力。二值逻辑无法描述一些模态句。例如，"可能在下雨"和"可能没下雨"，这两个命题并不矛盾。而非模态句："在下雨"和"没有下雨"，明显矛盾。正是因为类似情况的存在，才产生了多值逻辑，力求比经典的二值逻辑更为适当地描述那些复杂过程，例如微观世界的过程，或者解决上述模态句中所遇到的技术困难。

在陀思妥耶夫斯基研究人的秘密的情形下，二值逻辑的四个基本公理都可能失去效力。就最为基本的同一律而言，"在神话中，对将死和复活之神的祭祀，是和农业周期相关的（农业祭祀是指，'将死'的种子随后发芽，像将死之神一样'重生'。耶稣的故事，也像将死和复活之神的故事，可以在农业神话看到一些线索）。由此产生了对'个性'的特殊关系。在这种关系中，基本恒等式（同一律，$a = a$）是不起作用的。神话时代的'个性'，不同于我们时代的'个性'，它是整个集体的一部分，就是说，它不单是整个集体的化身，而且与它等同起来"。① 陀思妥耶夫斯基这样一个充满宗教意识的人，使用多值逻辑来分析事物也是非常自然的。

学者们认为，陀思妥耶夫斯基的世界观，是存在主义类型的哲学思考，是存在的哲学。陀思妥耶夫斯基是"与克尔凯郭尔一模一样的人"。他的哲学是"体验、经受的哲学"，也就是作者本人生活经历所形成的哲学。② 类似地，陀思妥耶夫斯基的逻辑，质疑二值逻辑，采用多值逻辑，揭示二律背反，我们称之为陀思妥耶夫斯基的存在逻辑。以下我们看看陀思妥耶夫斯基如何表达他的存在逻辑。根据一般思路，具有什么样的思想逻辑，就有与之相适应的表达手

---

① Там же. С. 242 – 247.
② Маслин М. А. История русской философии. М., 2001. С. 262 – 271.

段。既然我们把陀思妥耶夫斯基的逻辑称为"存在逻辑",那么,是否存在与之相适应的"存在语言学"呢?

四、陀思妥耶夫斯基论语言表达

关于陀思妥耶夫斯基的语言表达,人们更熟悉巴赫金对其创作的分析,特别是对话、复调等文艺理论。但是,陀思妥耶夫斯基本人对语言表达的思考也是非常深刻而精彩的,如果忽略这一部分的内容,下文的"存在语言学"的假设,就等于自动放弃了来自源头的有力论据。

陀思妥耶夫斯基以俄国贵族自小从外国保姆、外籍教师那里学习法语的事实为例,阐述了一些语言与思维、语言与文化关系的重要思想。[①] 贵族是当时俄国的"柱石",他们的思想水平与国家命运息息相关,陀思妥耶夫斯基谈论的问题具有重要意义。有资料显示,陀思妥耶夫斯基阅读过洪堡特(1767—1835)的著作。[②] 陀思妥耶夫斯基提出的一些思想,现在看来,具有20世纪的"语言相对论"的色彩。陀思妥耶夫斯基作为文学家的光芒,掩盖了他不乏深刻的语言哲学思想。人们此前对陀思妥耶夫斯基这方面的论述关注不够。其实,陀思妥耶夫斯基也应该被看作"语言相对论"的先驱之一。陀思妥耶夫斯基主要涉及以下几个方面的内容:

1 学习语言,也就意味着掌握语言表达的一定的思想。母语对于表达思想情感是非常重要的。

陀思妥耶夫斯基认为,俄国贵族通过外国保姆、外籍教师掌握的法语,是死气沉沉、没有活力的语言。这种语言不自然、做作、荒诞、疯狂。如果不是天生的完全的法国人,一个俄国人,无论何人何时,无力掌握活生生法语的所有的遗传的自然元素,而掌握的,只是定型的他人的惯用语,诸如街头理发师厚颜无耻的行话,从而掌握这些行话所表达的厚颜无耻的思想。

陀思妥耶夫斯基后来对这个思想又作了阐发。[③] 对于那种懂得多门外

[①] Достоевский Ф. М. Полное собрание сочинений: в 18 т. Т. 11. 《Дневник писателя》(1873, 1876). М., 2004. С. 467 – 473.

[②] Достоевский Ф. М. Полное собрание сочинений: в 18 т. Т. 16. Письма. Книга вторая (1877 - 1881). М., 2005. С. 16.

[③] Достоевский Ф. М. Полное собрание сочинений: в 18 т. Т. 12. 《Дневник писателя》(1877, 1880 - 1881). М., 2004. С. 129 – 131.

语,却没有母语的人来说,他自然获取的是所有民族的思想和情感的断片,此人的智慧,好像从小就在某种浑浊的液体中搅动,他会成为不伦不类的国际人物,他的思想卑微简短,支离破碎,他的判断愚钝粗鲁。如果此人具有天赋,他会产生一定的思想感情,这些思想感情从内部压迫他,寻求表达。如果没有母语,没有母语的那种严谨,如果他没有掌握母语的色彩,此人将永远对自己感到不满:他不再对思想片断感到满足,他的智力和心灵中所积累的材料要求得到根本的表达,他会忧心忡忡,心不在焉,若有所思,然后则喋喋不休,令人生厌,最后毁掉自己的健康……

2 语言表达与思考能力相关。

通过以上方式学到的语言,好像是偷来的语言。任何一位"俄国的巴黎人",终其一生,无法使用这种偷来的语言,形成任何属于自己本人的表达,无法产生任何新颖独特的,能够被人们感知并流行的词语。如果奴役般地臣服于法语的语言形式,"俄国的巴黎人"很自然就成为法国思想的奴隶。如此这般,这些人自己使其贫乏的头脑一辈子想不出任何属于自己的思想。

3 语言表达与人的精神状态联系。

语言无疑是思想的形式、躯体或外壳。一个人所掌握的用以表达思想的材料、形式越是丰富,他生活得就更加幸福,对自己或他人而言,其表达更具有总结性、更清楚,更具有支配力、说服力;一个人越是能够快速地向自己说出想说的东西,越是能够深刻地说出这一点,越是深刻地懂得,自己想说什么,这个人精神上越是坚强、平静,此人也就更加聪明。

4 人通过语言来思考。

一个人如果不通过词语进行思考,也就是说,哪怕以思考的方式(在心里)说出话语,终究还是要以"一个人情愿通过其思考的那种语言的自发的基本力量"来思考。一个人所掌握的,用以思考的语言越是灵活、丰富、多样,他就能够更加容易、更加丰富多样地表达自己的思想。学习外语,例如法语,其目的在于用法语阅读,遇到法国人以后,可以与其交流。但是,学习外语,绝不是用来在自己人之间进行交流的,也不是和自我进行交流的。引进的他人的语言,不足以表达最高尚的生活、最深刻的思想。这种外语对个人来说,总还是他人的、外人的。为达到以上目的,需要与生俱来的母语。

5 与语言相关的是文化。

学习语言的同时,也是在掌握语言载体的传说风尚等文化内容。为了更

第十一章 陀思妥耶夫斯基的存在逻辑和表达

自然地掌握母语（俄语），不因矫枉过正而产生伤害，不只需要按照学校的那种语法来学习，一定要从小学习民众鲜活的语言。例如从俄罗斯保姆那里去学，不用担心她会告诉孩子各种偏见，诸如（承载陆地的）三条鲸鱼的故事（Земля на трех китах стоит）。① 在学校，一定要背诵俄语古代文献，包括来自编年史的内容、壮士歌，甚至教堂斯拉夫语的一些内容。尽管背诵这种方式看起来比较落后，但还是需要背诵。这样，掌握母语（也就是通过它来思考的语言）以后，尽可能把它当作某种活生生的东西来使用，教会自己一定要通过这种语言进行思考。只有尽可能完善地掌握这一始基物，也就是母语，才有可能尽量完善地掌握外语，而不是相反，在掌握母语之前就去学习、掌握外语。人们从外语无形引入一些与母语格格不入的形式，也无形地、无意识地把它们和思想形式一致起来，从而扩展这些思想形式。

6　语言表达不仅与一个人的思想相关，还与个人幸福相关。

母语（俄语）的精神，丰富多样、无所不包。如果家长剥夺孩子学习这种"材料"的权力，就会使他们成为不幸的人。（当时俄国的一些贵族鄙视俄语，认为它是粗糙的语言，用它表达上流社会的感觉和思想并不光彩。）一些家长对孩子用哪种语言进行思考可能漠不关心。家长觉得，如果孩子用"巴黎"法语来思考，甚至会"更雅致、更聪明、更有品位"。家长不知道，孩子若要做到这一点，需要完全再生为法国人，而通过外国保姆、外籍教师，无论如何也得不到这种幸福，但沿着这条道路走出了第一步，不再是一个完全的俄罗斯人了。家长并不知道，给两岁孩子请外国保姆，实际上是毒害他。如果孩子天生愚笨，那么，他碌碌无为地度过一生，用法语说着笑话，思想贫乏苍白，至死也没有发现，他一辈子就是个傻瓜。但是，如果这孩子有能力、有思想、慷慨豁达，如果他没有掌握母语，就无法感到幸福。如果没有掌握母语，就无法用它来组织深刻的思想，表达深邃的心灵需求，他终生所掌握的，都是死的、病态的、"偷来"的语言，死记硬背的形式使用起来胆怯狐疑，对他来说，这是无法发展的粗糙形式。当需要表达自我，表达心灵状态时，当需要表达智力和道德方面的问题时，他不得不坚持不懈、不断努力。持续的不自然的紧张状态，使他身心疲惫。他痛苦地发现，他的思想简短浅薄，甚至恬不知耻。其中的原因，在于简短，在

---

① Lib_ru-Классика Даль Владимир Иванович_Толковый словарь живого великорусского языка. mht.

于微不足道的琐屑的形式。他的思想,被迫一辈子都用这些形式来表达。他最终会发现,甚至他的心也腐化堕落了。无聊也会产生堕落。

陀思妥耶夫斯基的这些论述,是文学家、思想家的论述,建立在他的哲学思考和创作实践的基础上,比较深刻,也比较全面,值得我们加以重视。阅读陀思妥耶夫斯基的著作,特别是《卡拉马佐夫兄弟》、《群魔》等,读者可以经常看到其中间或出现的一些法语表述,与滔滔不绝、自由洒脱的俄语表述相比,读者应该承认,陀思妥耶夫斯基所言不虚。陀思妥耶夫斯基还专门论述了动词 стушеваться(逐渐消亡)的历史,他说:"在我所有文学活动中,最喜欢的一点是,我得以把这个新词引入俄语言语,当我在报刊杂志上碰到这个词时,总有一种非常愉快的感觉。"① 这个例子实际上再次论证了陀思妥耶夫斯基以上关于语言表达的几个基本思想。陀思妥耶夫斯基还通过 стрюцкие 一词的具体使用,解释了词语的意义。② 他的解释使我们想起维特根斯坦在《逻辑哲学论》中提出的观点:词语只有在句子的上下文中才有意义,意义就是使用。维特根斯坦在《哲学研究》中提出"家族相似"的意义理论。《哲学研究》的思想,被英国的哲学团体所接受。20 世纪 50—60 年代的分析哲学,或多或少受到这部著作的影响。在其基础上,牛津分析哲学家奥斯汀,以及后来的加利福尼亚伯克利的塞尔,建构了言语行为理论。③

陀思妥耶夫斯基之前的洪堡特,被视为理论语言学和 19 世纪整个语言哲学系统的创始人。洪堡特的语言理论与索绪尔的"就语言而研究语言"的学说不同,非常强调语言与民族精神的联系,甚至提出"语言仿佛是民族精神的外在表现;民族的语言即民族的精神,民族的精神即民族的语言";强调"每一语言里都包含着一种独特的世界观"。这些理论直到 20 世纪仍有很大影响。④ 陀思妥耶夫斯基之后的萧伯纳,在 20 世纪之初,在其剧作《皮格玛利翁》中,也提出了一些语言与世界关系的观点。有些学者非常看重萧伯纳的这些观点,认为它预告了萨丕尔与沃尔夫的语言相对论的假说。我们认为,陀思妥耶夫

---

① Достоевский Ф. М. Полное собрание сочинений: в 18 т. Т. 12. 《Дневник писателя》(1877, 1880 – 1881). М., 2004. С. 255 – 259.
② Там же.
③ Руднев В. П. Указ. соч. С. 27 – 31.
④ http://baike.baidu.com/view/1873203.htm.

斯基的语言观点,具有20世纪"语言相对论"的色彩。①陀思妥耶夫斯基是与洪堡特、后期的维特根斯坦、萨丕尔与沃尔夫等语言观点相近的人。与下文的萧伯纳的观点相比,陀思妥耶夫斯基除了强调学习语法,注意规范语言的学习,更强调学习口语的重要性,陀思妥耶夫斯基的观点更加全面,比萧伯纳更具有前瞻性。下面我们看看萧伯纳的一些论点。

五、《皮格玛利翁》

《皮格玛利翁》②是萧伯纳的喜剧(1913),它是欧洲新神话主义的早期文本之一。萧伯纳善于捕捉社会的流行思潮。这一喜剧的故事情节如下:

语音学教授息金斯能够精确说出,每位与他交谈的人出生于英国的哪个地区,甚至现住何处、街区名称。印度学家皮克林上校,碰巧来到此地。息金斯邀请皮克林到家中做客,想给他看看自己的语音仪器。就在他们谈话的时候,卖花姑娘伊莉莎·多莉特登场了。她的言语粗俗不堪。息金斯对她加以讥讽。起初,卖花女觉得很受侮辱,但后来想到,如果这个古怪的学者能教她像"有教养的人"那样说话,她就能改变自己的社会地位。于是,她去找息金斯,要求听他讲课。息金斯拒绝了,因为他教的都是当地的百万富翁。卖花女行为怪异,滑稽可笑,使息金斯和皮克林萌生打赌的念头。息金斯打赌说,对伊莉莎进行半年时间的标准语培训以后,就能让她嫁给上流社会的知名绅士。

虽然伊莉莎很有天分,但起初的试验并未取得完全成功。在息金斯母亲的家宴上,人们给伊莉莎进行了"彩排",但忘记教给她最重要的东西——言语语用学,也就是上流社会的说话习惯。在谈到天气的时候,伊莉莎说起话来,就像气象播音员,后来完全用习惯的土话,讲起自己"在民间"的生活经历,形成一种"新的风格"。年轻的弗雷迪认为,伊莉莎的风格非常迷人。但是,卖花女的天赋,不只表现在(标准)语言方面,她已焕然一新。息金斯惊奇地发现,站在他面前的,已然是一位美丽优雅的淑女。萧伯纳在后记中写道,伊莉莎嫁给了弗雷德;伊莉莎的父亲,因为息金斯发掘了他的演说才能,也从垃圾清理工变成了富人,跻身中产阶级。

---

① Маслова В. А. Лингвокультурология. М., 2007. С. 61.
② Руднев В. П. Указ. соч. С. 319 – 322;在汉语中,又译作《匹克梅梁》或《卖花女》,后改编为电影《窈窕淑女》。

鲁德涅夫认为，感觉敏锐的萧伯纳，在20世纪初期，有意识或无意识地反映出，人就是他所说的话、他的语言、他的言语活动。在萧伯纳的剧本中，它与新生思想体系——分析哲学之间，存在并不偶然的内在联系：分析哲学的创始人罗素和摩尔，就在伦敦附近传授他们的新学说。分析哲学的最初变体是逻辑实证主义，它把所有问题都归结为语言问题，把建立理想的科学语言，作为自己的最高任务之一。

我们再回到剧本。息金斯在谈及伊莉莎时曾说道：

您听，这位街头女孩的发音多么难听，带着这种口音，注定只能一辈子待在社会底层。但是，先生，只要给我三个月时间，我就能让她参加外国大使的宴会，人家还以为她是公爵夫人呢。

关于伊莉莎的父亲（杜立特尔），剧本这样写道：

杜立特尔（感情用事，喋喋不休地）：老爷，咱要告诉您，可是，您得让人家说句话呀。咱是愿意告诉您，咱是想要告诉您，咱是应该告诉您呀。

息金斯：皮克林，这家伙倒有些演讲天赋呢。请注意他使用的句子结构："咱是愿意告诉您，咱是想要告诉您，咱是应该告诉您呀。"真是哀婉动人，有声有色。那是威尔士血统的混合物。〈……〉

息金斯（站起来，走到皮克林那里）：皮克林！我们要把这个人训练三个月，他可以做个内阁阁员，或者威尔士的传教士呢。

息金斯这样跟她母亲谈论伊莉莎：

您想不到，这是多么有意思的一件事——教会一个人使用全新的方式说话，以此把他变成另一个人，面貌一新的人。

鲁德涅夫评论道，带着这种乐观主义，萧伯纳首先宣称，人就是他的语言。同时，他也预告了爱德华·萨丕尔与本杰明·沃尔夫的语言相对论的假说，根据这一假说，描述现实所使用的语言，以间接的方式表现现实，而在早期，人们的观点与之相反。20世纪初期的欧洲哲学,带着同样的乐观主义,步入语言学的新时代。但是,这种乐观主义,很快就烟消云散了。事实上,操有相同母语的人,也越来越难以借助语言达成协议。逻辑实证主义在20世纪30年代走向末路,人们不再需要它的理想语言。语言哲学转向"活生生的语言"。鲁德涅夫认为,在20世纪30年代,哲学家们意识到,逻辑实证主义者当作垃圾扔掉的形而上学,事实上是有用的,由此产生了新的形式——更注重个人的存在主义。我们在上文提到,陀思妥耶夫斯基的思想也被看作存在主义的先声,因此不难理解,为什么有学者在研究陀思妥耶夫斯基表达手段的基础上,提出"存在语言学"的理论。

上述陀思妥耶夫斯基的有关思想和萧伯纳的有关思想存在不同之处。上述陀思妥耶夫斯基的有关思想具体实在,不是那么极端,从现在的语言文化学的角度看来,都是一些得到普遍承认的内容。[①] 陀思妥耶夫斯基从土壤派的观点出发,号召向民众学习,包括向他们学习口语,而不只是从学校的语法规则出发来学习语言。陀思妥耶夫斯基关于语言与思想、文化的观点,要比萧伯纳在这个剧本中表达的有关语言方面的思想深刻而广泛。

六、 语言相对论的假设

美国语言学家萨丕尔和沃尔夫在20世纪20—40年代提出语言相对论的假设。[②] 根据这一理论,不是现实决定人们用以表述它的语言,而是相反,语言每次都以新的方式切分现实。现实是以语言为中介的。最初,萨丕尔这样概括这个观点:

> 人们不只生活在一个客观的物质世界,不只生活在一个社会生活的世界,就像人们一般所认为的那样;他们在很大程度上受到他们的交际工具——具体语言的影响。如果认为,我们可以不借助语言的帮助,就能完全认识现实,或者语言只是解决一些具体的交际和思维问题的附带工具,那就错了。实际上,在很大程度上,"现实世界"无意识地建立在本社团的语言规范的基础上……我们以这样或那样

[①] Маслова В. А. Лингвокультурология. М.,2007.
[②] Руднев В. П. Указ. соч. С. 99 - 102.

的方式看到、听到、接受这样或那样的现象,主要的原因是,我们社会的语言规范,预先确定了这样的表达方式。

沃尔夫具体发展了萨丕尔的观点。沃尔夫把印第安人的语言与欧洲的标准语进行对比以后,归纳了语言相对论的基本观点。印第安人的语言所反映的形式、文化、习俗、道德和宗教观点,非常独特,和这些领域的学者此前所接触到的情况差别很大。这种情况使沃尔夫想到,语言、文化和思维形式之间具有直接的联系。

我们回忆一下上文提到的陀思妥耶夫斯基的语言观点,可以说,陀思妥耶夫斯基也意识到语言、文化和思维之间的密切联系。在 20 世纪文化中,有人仍对语言相对论的假说持有怀疑,但在交叉领域,如分析哲学、跨学科的文化研究中,语言相对论具有重要意义。

七、巴赫金论陀思妥耶夫斯基的表达手段

1 复调小说①

复调是音乐术语,指 18 世纪中叶以前(古典乐派以前)在欧洲居统治地位的一种音乐形式。与和声不同,复调音乐不分主旋律与伴奏,各声部同时协调进行,叠置结合成复调形式。

几乎和"语言相对论"同期,巴赫金于 1929 年出版《陀思妥耶夫斯基的创作问题》。在这部著作中,巴赫金首次使用"复调小说"一词来评价陀思妥耶夫斯基的作品。这部著作当时并未引起重视,出版后不久,巴赫金遭到迫害,被流放萨兰斯克。1963 年,该书经过修改,更名为《陀思妥耶夫斯基诗学问题》以后得以再版。从此,巴赫金享誉世界。也就是说,陀思妥耶夫斯基"复调小说"式的表达手段,是在 20 世纪 60 年代以后得到广泛承认的。在下文中,我们可以看到,在此基础上,有学者于 20 世纪 90 年代提出"存在语言学"的理论。

关于复调小说,巴赫金指出,和其他作家不同,陀思妥耶夫斯基在自己的主要作品中,使人物形象同时发出各自不同的声音,就像彼此相互独立的多个声部一样。在这里,不分"主旋律和伴奏",当然也没有"和声"。巴赫金认为,

---

① Там же. С. 324 - 327.

各种思想意识之间的斗争及其相互反映,构成陀思妥耶夫斯基诗学的实质。这和我们前文提及的陀思妥耶夫斯基二律背反的思维方式,他的存在逻辑都是一致的。巴赫金写道,陀思妥耶夫斯基的主人公"总是想到,别人如何看待自己,可能怎样评价自己。他力求超越别人的意识,预测别人对自己的所有想法和观点。在他认为重要的时刻,尽力预料别人对自己的可能判断及评价,推测这一评价的涵义及语气,精心组织这些可能出现的他人话语,同时,用想象的别人的回答,打断自己的言语。"

巴赫金还归纳了复调小说的特征,将陀思妥耶夫斯基的复调小说与列夫·托尔斯泰的独白小说进行了对比。20世纪的现代派散文受到托尔斯泰和陀思妥耶夫斯基的影响:或延续了其中一位的风格,或将二者结合在一起。

2 对话词语

巴赫金在复调小说中提出了对话词语的概念。[①] 巴赫金写道:

> 如果一个词语,不是作为语言的没有个性的词语来使用,亦即我们能在其中听出他人的声音,那么,针对这样的单独词语,也可以采用对话的方法〈……〉。因此,对话关系,可以深入语句内部,甚至进入单独词语,如果在这个词语中有两种声音在对话。

他接着写道:

> 我们假设两个人在对话,第二个人的答话被省略了,但普遍涵义并没有遭到破坏。第二个对话者隐形存在着,他没有说话,但这些词语的深刻印迹,决定了第一个说话者的所有话语。我们感到,虽然其中只有一人说话,但这种对话是非常紧张的,因为每个词语都极其热烈地对这个隐形对话者做出回应,并手指自己以外的,未被说出的他人话语。〈……〉在陀思妥耶夫斯基的作品中,这种隐藏的对话,占有重要地位,而且非常深刻和细腻。

巴赫金区分出三种对话词语:第一,"谨慎的,缩手缩脚的"对话词语("差

[①] Руднев В. П. Указ. соч. С. 117-119.

不多每说一个词,杰武什金就回头看看,担心人们认为,他在抱怨,试图事先消除他的话语给别人造成的印象");第二,"准备脱身之计"的词语,假装自己和对话者未说出的话语没有关联(例如中篇小说《双重人格》的主人公——戈利亚德金的话语);第三,"具有洞察力的词语",对那些对话者未说出,或者还没有从无意识中获得的答话进行回复(在《卡拉马佐夫兄弟》中,阿辽沙对伊万说:"哥哥,父亲不是你杀的"——斜体是陀思妥耶夫斯基标的),也就是说,他让哥哥不要认为,是哥哥自己鼓动斯麦尔佳科夫,让后者杀死费奥多尔·卡拉马佐夫(他们的父亲)这件事是罪恶的。

在20世纪的复调小说中,巴赫金区分的对话词语得到进一步发展。例如,托马斯·曼的《浮士德博士》,就是一个不同层次的对话链条。

我们认为,对话词语、复调小说等手段本身都给交际对象预留了表达自己观点的位置,有助于陀思妥耶夫斯基表达他的二律背反,表达他的存在逻辑。换言之,陀思妥耶夫斯基为自己的存在逻辑找到了相应的表达手段。无独有偶,巴赫金之后的学者加斯帕罗夫,在研究洪堡特和巴赫金思想的基础上,真的就提出了"存在语言学"的假设。

八、加斯帕罗夫的存在语言学

鲍里斯·米哈伊洛维奇·加斯帕罗夫于20世纪90年代提出"存在语言学"的理论。[①] 加斯帕罗夫认为自己的思想源自洪堡特和巴赫金。这一理论的主要内容是,理性主义把语言看作结构,但随着科学的发展,这个观念显得并不合适。维特根斯坦的哲学分析,还有言语行为理论、语篇语言学、口语语言学的研究表明,语言是某种变动不居的自然现象,应当以某种其他方式研究语言。在"存在语言学"中,加斯帕罗夫提出了一种方法,他写道:

用这种方法研究语言,在第一层次,研究的最基本的对象,应该是无穷的、无法切分的"语言行为流"以及与其联系的思维活动、观念、回忆和感受,它们与我们时刻相随,是日常存在不可分割的层次。不管我们做什么、想什么,朝什么方向努力,我们都无法脱离这个"流",或者阻止它在我们意识中永不停息的运动。语言就像密闭的介质一样包围着我们,在这个介质之外,或者没有这个介质的参与,在我们生活中,什么都不会发生。但这个"介质",并不像客观

---

① Там же. С. 200 - 204.

存在那样，存在于我们之外，它存在于我们体内，存在于意识、记忆之中，随着思维的运动，个性的表现，这个"介质"都在变化。

语言具有规则，而言语是具体表述。经典的结构主义认为，规则是语言结构的始基，它们以某种方式存贮于我们的意识之中，人们根据这些规则生成语句。加斯帕罗夫对这种观点持有异议。他把这种策略叫做复现过程，对立于运算过程。在运算策略的模型中，说者并不借助规则，而是求助于固化在其记忆中的言语模块，如词组、整句、摘引和联想，他的言语取决于许多因素，包括他和言语伙伴之间的关系、他的情绪、天气，乃至交易所的美元汇率。加斯帕罗夫通过隐喻来解释自己的研究方法：

可以把桌子拆卸，然后重新组合，这在转运、搬迁时非常需要。如果就搬动一次桌子，可以拆卸以后再组合。但是，当我们需要使用桌子的时候，如果每次都不得不重新组合，那是非常不方便的。即使房间堆满日常必需的物品，我们还是要给它留下空间。日常用品应当总放在手边，是现成的，不管从空间组织的抽象原则而言，这是多么"不应该"。

在讨论语言的流动性和变动性的时候，加斯帕罗夫触及了结构语言学最神圣的部分，即特鲁别茨科伊和雅柯布逊的音位学。其中的核心，就是所谓的最小的一对词语，只有一个音位的区分特征。如 мол（防波堤）—моль（蛾）。第一个词中，具有硬辅音音位 л，第二个词中，具有软辅音音位 л。这两个词只有一个音位的区分特征："硬辅音/非硬辅音"，但它们是完全不同的两个词。这样，音位完成了区分涵义的基本功能，这是组合功能。结构主义者是这样论述的。加斯帕罗夫认为，区分涵义时，最小的一对词语所起到的作用是最小的：对说俄语的人而言，他的语言听觉就是用来复建和辨识有声语言的完整片段的。код（代码）和кот（猫）是同音异义词，发音好像完全一致，这一事实并不新奇，在特定情形下，作为一种有趣现象，它才具有价值。按照加斯帕罗夫的观点，言语生成过程如下：

说者能够使用词语的不同词法形式的能力，如果不完全是，那么在很大程度上，由以下因素决定：对于这种词形的直接认识，确切地说，对于每个词形的知识，固化在它的使用范围中，存在于被记忆保留的许多表达成分中。在这个直接知识的背景上，人们知道，说者所知道的单独词形，可以构成词法聚合体，这个聚合体具有这样的，或者差不多这样的结构,就像用其他词形构成的聚合体一样,这个聚合体,因此可以根据一定的概括模式的规则,被说者引入使用。其他聚合体则退居第二层次,就像某些对于说者具有边缘性的、第二性意义的东西。

加斯帕罗夫说的正是词形,例如一个具有数、格形式的名词,而不是词位,也就是这个词的所有词形的综合。根据加斯帕罗夫的观点,存在于说者记忆中的词形,并不是词位的一部分,"而是语言材料的一个片段,使说者想起存在于其语言经验之内的具体表达方法。"加斯帕罗夫根据记忆,随便列举了词形 рук(手,复数第二格)引起的联想(有节略),如:

纷纷举手(在我的记忆中,和中小学生活联想在一起。学生们遇到简单问题,纷纷举手回答,此时,老师既赞许,也带点讽刺地感叹);脱手(卖掉);失去双手(其联想是维纳斯塑像),等等。

根据加斯帕罗夫的理论,再注意前文所述陀思妥耶夫斯基的逻辑和关于语言表达的思想,我们应该承认,这样一来,所有的语言/言语组织都充满了情节,被称为语法的东西(词法和句法)就弱化了,退居第二层次。那么,取而代之的是什么?(鲁德涅夫认为,如果这样理解,索绪尔区分的语言和言语的界限就模糊了,只剩下了言语行为,也就是言语。)

替代它们的是一个全新的跨层次的单位,加斯帕罗夫称之为"交际片段"。例如,词形 рук 的组合,就是一些交际片段。一个交际片段会引发记忆中另一个或多个片段。如:"我们所有的生活"这个片段,可以引起记忆中的其他片段:"都由……构成;归结为……;不是其他别的……;而是……"借助"交际缝隙",交际片段得以结合。

为了构造一句话:男孩读了一本书,说者不需要具备以上所提到的句法和语义构造方面的元语言知识(如,动词"读"是及物动词,要求第四格的直接补语;"男孩"这个词,应当和"读"在性和数上相一致;"书",和"梨"不同,在语义上和"读"一起使用是恰当的,等等。——原词典作者注)。供他使用的现成片段是"男孩读……"和

"……读书"。共同的成分"读",把这两块语言组织缝成完整的一块,从而使它句法上正确,语义上可以理解。

以后的情况是:

我们把语句中发生这种连接的地方叫做言语"缝隙",言语缝隙把这个言语情景中目前现成的,在记忆中沉积的言语块,转变成为一个新的整体,它在其中的作用非常重要。言语行为成功与否,在很大程度上取决于以下因素:组成交际片段的选择是否合适,缝合缝隙的手段是否得当。

结　语

以上的说明和引用可以体现加斯帕罗夫语言理论的特点和意义。我们认为,它符合人们母语自然习得的经验。回忆我们掌握母语的过程,观察幼儿的语言习得,我们应该能够接受"存在语言学"的观点。从陀思妥耶夫斯基的多值逻辑,到他关于语言表达的重要论述;从巴赫金对陀思妥耶夫斯基表达手段的研究,再到加斯帕罗夫对巴赫金的研究,我们从中可以看到,其中的逻辑、主要思想、表达手段是一致的,我们又一次看到内容与形式之间的和谐关系。陀思妥耶夫斯基反对"理性"的二值逻辑的取向,展示二律背反的存在逻辑,指出语言、思维与文化密切联系的思想,对话词语、复调小说等表达手段,还有加斯帕罗夫反对结构主义,支持语用、认知方向的存在语言学理论的出现,其中的逻辑和联系既是自然的,也是合理的。

第十二章　托尔斯泰对福音书的"解构":《四部福音书合编与翻译》

解构是指对文本所采取的特殊策略,包括对它的"破除"和复建。解构这个术语,是法国哲学家让·德里达所提出的。德里达使用"解构"的方法,进行了哲学、语文学和艺术学等一系列相关研究。解构的主要实质是,它认为对文本的任何解释,如果允许研究者对文本没有先入之见,那么,这种解释就是没有根据的。研究是通过研究者和文本的对话进行的。不仅研究者影响文本,而且文本也在影响研究者。研究者和文本构成一个统一体,独特的互文。[①]

托尔斯泰的《四部福音书合编与翻译》(莫斯科,1995),[②]用现在的眼光看来,就是托尔斯泰对四部福音书,包括教会的规范阐释的一种解构。该书编者在书后的注释中说明了这部著作的创作和出版简史,[③]我们也就以此开始我们的这篇文章。白若雪的《托尔斯泰福音书》中译本(台北究竟出版社,2008年),内容即来自《四部福音书合编与翻译》。有的读者不知究竟,认为译者误译了福音书。在《四部福音书合编与翻译》的中译本出版之前,有必要向读者介绍本书。这是我们研究的第一个原因。

从1892年至1923年,托尔斯泰的这部作品,完整出版了四次,出版地分

[①] Руднев В. П. Энциклопедический словарь культуры XX века. М., 2001, С. 102; Касавин И. Т. Энциклопедия эпистемологии и философии науки. М., 2009.

[②] Толстой Л. Н. Соединение и перевод четырех Евангелий, ТОЛСТОВСКИЙ ЛИСТОК №6, в сжатии составителя "Толстовского листка" (Владимира Александровича Мороза), "Мамонтовский Дом", "Музей русской народной живописи", М., 1995.

[③] Толстой Л. Н. Указ. соч., С. 278-285.

第十二章　托尔斯泰对福音书的"解构":《四部福音书合编与翻译》

别为:日内瓦、彼得堡、莫斯科和柏林。这部作品的第一卷,在英国和彼得堡得以再版。1957年,莫斯科的文学出版社出版了托尔斯泰全集,其中第24卷收录了这部作品。1995年,托尔斯泰的这部著作在莫斯科再次完整出版。此时,俄罗斯国内的政治、经济情形,都发生了翻天覆地的变化,哲学社会科学的研究进展,也完全不同于19—20世纪的情形。该书编辑对这部著作给予厚望,希望它对俄罗斯的未来发展有所裨益,并认为这是对福音书的最好的研究。从语言学、翻译学方面看,是否如此? 这是我们研究的第二个原因。

阿斯穆斯(В. Ф. Асмус)在《托尔斯泰的宗教哲学论著》[1]中,对托尔斯泰的宗教哲学思想进行了较为全面的分析,谈及这部著作,作者说,"托尔斯泰不得不与神学已有的翻译和一系列福音书文本的理解进行争论。在这些争论与批评中,可以发现托尔斯泰观点的重要特点。托尔斯泰在语文批评、福音书文本的阐释方面很弱,所接受的(这方面的)教育不多……"阿斯穆斯并未展开这方面的内容,国内外对托尔斯泰这部作品在语言、翻译方面的具体分析也很缺乏。研究这部著作,对于具体的语言教学、翻译教学都具有启示。这是我们研究的第三个原因。

托尔斯泰一直强调道德,形成所谓的"泛道德论"。他的道德论是在自己对于耶稣学说的理解和理性分析的基础上形成的。我们不能不想起古罗斯时期人们对道德问题的重视。但是,托尔斯泰的表达却显示出"解构"的特点。这是我们研究的第四个原因。

一、《四部福音书合编与翻译》的创作和出版

1879年,托尔斯泰开始为自己创作一部作品,当时并没有想要出版。托尔斯泰叙述了自己的精神状态,包括他的绝望,阐述了自己的宗教寻求,叙述了他如何通过教会寻求拯救。他批判教条,认为它们不符合理性的要求。他叙述了福音书对他来说可以理解、具有教益的内容,提出自己的理解。他从基督教学说出发,对使用暴力的社会结构和教会学说进行批判。

托尔斯泰完成这一著作以后,于1880年做了修改。从1880年5月起,他

---

[1] Толстой Л. Н. Полное собрание сочинений в 90 томах, академическое юбилейное издание, том 23, М., 1958. С. 26 - 32.

开始研究福音书的希腊文本以及其他文本。① 托尔斯泰不承认教会对福音书的阐释，不相信教会所翻译的福音书，他开始重新翻译福音书那些涉及道德问题的内容，他以学说完整的普遍的意义为指导，试图理解这些内容。他特别注意异读文本，在变体中寻求对某些在他看来更符合基督教学说的普遍涵义的确认。托尔斯泰在翻译福音书困难、重要的地方时，参考拉丁文的译本，还有德语、法语、英语译本，注意福音书使用的希腊词汇在不同语言中的表达。

1881 年，托尔斯泰完成了这部著作并编写摘要，他没有注释，但附有简短前言。这个摘要本身就是一部书。托尔斯泰想在国外出版这本书，而那部大书，托尔斯泰说，因为自负的原因，暂且付之高阁。他当时觉得，摘要已经完成了，近期可以出版。而那部大书，可能需要修改。托尔斯泰觉得，长期以来一直吸引他的工作终告完成。他后来再没有继续研究《四部福音书合编与翻译》。

托尔斯泰在 1881 年 8 月 27 日左右的一封信中谈到：他确实完成了一部作品，主要内容就是叙述他所理解的福音书的内容，但是尚未出版。斯特拉霍夫(Н. Н. Страхов)在 1883 年 7 月 19 日的信中提及，托尔斯泰在这年冬季，学会了一些欧洲语言，这有助于他理解《圣经》，这是他的主要事业。他在这方面的有些发现，准确惊人，成果重要而深刻。

托尔斯泰回忆说，他翻译、研究福音书的时候，精神紧张、热情高涨。他在 1884 年 5 月 19 日的一封信中写道，这部作品是神学概述，是对福音书的分析，这是他最好的思想作品，是人们所说的一个人终其一生所书写的那部大书。

托尔斯泰在 1886 年 10 月中旬的一封信中说道，需要福音书指导生活，而不是故弄玄虚的人，能够区分，什么是福音书的基本内容。有人不同意托尔斯泰对福音书部分希腊文本的理解，托尔斯泰在 1890 年 3 月 15 日回应道：他感兴趣的并非字义、词语，他常常感到遗憾，赋予字义太多的意义，沉湎于自己的假设，对字义的解释过于牵强。他乐意承认字义解释出现的错误。但是，他认为，学说的精神不需要解释，也不因解释而改变。1890 年 12 月 12 日，托尔斯泰针对福音书的异读文本写道：不要沉迷于这些异读文本。他觉得这条道路并不可靠。要根据整体内容理解福音书的每处涵义，不能根据福音书整体精神理解具体内容的人，无论如何都无法说服他。

---

① Lib_ru-Классика Толстой Лев Николаевич_Том 90，Полное собрание сочинений_shtml. mht.

第十二章 托尔斯泰对福音书的"解构":《四部福音书合编与翻译》

托尔斯泰对自己语文方面的研究持批判态度,但他并不怀疑,他正确理解了基督学说的实质。1890年2月21—24日,针对人们反对他的观点——"不以暴力抗恶",他说,他完成了一部大书,这就是四部福音书的翻译、合编与阐释,他阐述了自己的思考。他说,10年前他全心全意思考这些问题,现在如果需要改变想法,就得重新检视一切。

1895年,《四部福音书合编与翻译》英译本第一卷在伦敦出版。1895年3月27日,托尔斯泰在给译者的信中写道:书中有许多不足,如果他现在写,就不会出现这些问题,但是他已经无法改正了。书中最大的不足,就是语文方面的细节过多,它们并不是为了说服谁,告诉他们,某个词语,应当这样,而不是那样去理解,而是相反,它们提供了一种可能,就是在推翻部分内容的同时,破坏人们对整体内容的信任。但是,其中反映的普遍涵义却是真实的,这一目了然、不容置疑,不沉湎细节的人,也会认同这一普遍涵义。

1895年5月3日,译者复信托尔斯泰:这部有关福音书的作品,评论界极少关注。显而易见,他们不知所措。与其他书籍相比,本书似乎属于另类。托尔斯泰在1895年7月10日给译者的回信中说道,他不知道,四部福音书的后续几册是否继续出版,如果第一册出版以后,不再出版后续内容,那将非常可惜。内容残缺最可能影响读者对作品的理解。他并不奇怪本书销售困难。不可能出现其他情况。读者若是按照自己的方式来解释,那就无法理解本书;读者不能在放弃其他内容的同时,同意某些内容。应当全盘接受,不是接受细节,而是接受普遍的涵义,要么就全盘抛弃。1907—1908年,托尔斯泰对《四部福音书合编与翻译》作了最后修改。

在俄国国内,1885年,出版商首次试图出版本书时,被教会的书报检查机构禁止。1890年12月,有人再次试图出版该书,未获成功。1891年有人提出,愿意资助《四部福音书合编与翻译》在国外出版。同年8月,该书手稿在带出国外的火车上被盗。同年9月,另一份手稿终于被带到日内瓦。该书第一卷于1892年在日内瓦出版,名为《四部福音书合编与翻译》[托尔斯泰伯爵著,埃尔皮金(М. К. Элпидин)出版]。第二卷出版于1893年,第三卷出版于1894年。版本质量欠佳,经常歪曲原文,有些词语,甚至整句都被遗漏。

1901年,切尔科夫(В. Г. Чертков)在伦敦出版了托尔斯泰的《福音书之复述》,它是《福音书简述》和《四部福音书合编与翻译》的合本。在这个版本中,对福音书文本的复述,来自《福音书简述》,但其中附加的注释,来自那部大书。出版商没有采用全部的注释，只采用了解释福音书涵义的那些注释。原书语文方面的注释被省略，总共只有 86 个注释。1901 年，切尔科夫开始在自己的出版社出版当时俄国禁毁的托尔斯泰的所有作品。切尔科夫出版的第一部作品，就是托尔斯泰的《忏悔》。托尔斯泰在 1902 年 3 月 26 日给切尔科夫的信中写道：如果他准备出版那部大福音书，需要加上简短的前言：书中诸多冗余，特别是对希腊词语所做所有语文方面的异常解释，目的是为了让它们能够与福音书的普遍涵义相一致。

1906 年，切尔科夫的"自由言论"出版社出版了托尔斯泰作品的第一卷，名为《四部福音书合编、翻译与研究》。此书根据埃尔皮金的版本排版，但依据切尔科夫所存托尔斯泰的手稿作了检查。埃尔皮金版本明显的误读和错误得以校正，但抄写者的错误未被改正。1907 年，切尔科夫返回俄国，这部书的第二、第三卷，也就没有继续出版。1905 年以后，俄国出现了再版托尔斯泰此前在国外出版的作品的可能。1906 年，《世界通报》杂志副刊登载《四部福音书合编、翻译与研究》。该书第一卷是"自由言论"出版社版本的再版，第二、三卷是埃尔皮金版本的再版。最后一章，也就是总结，可能考虑到书报检查，没有再版。

1906 年，彼得堡出版商格尔齐克（Е. В. Герцик），因为出版托尔斯泰这部作品的三卷全本，被以"亵渎正教信仰、渎神"的罪名起诉。1907 年，彼得堡匿名出版社再版了"自由言论"出版社 1901 年出版的《福音书复述与注释》，出版物被政府收缴。也是在 1907 年，莫斯科"中介"出版社再版了"自由言论"出版社的《四部福音书合编、翻译与研究》的第一卷，印数 6200 册，出版时间为 9 月，而 10 月 3 日，就被当局封杀。但是，在封杀令送达之前，出版社已从印刷厂拿到相当数量的书籍，并分发到各个书店。剩余部分被收缴封存。当局准备以上述同样罪名起诉出版商。

这本书到底是何方洪水猛兽，它的出版为何如此艰难？当时的教会和政府的意见，可以从法院的一些结论看出来。他们对托尔斯泰这部作品主要内容的总结还是很到位的，所以，我们基本全部收录，使读者对托尔斯泰这部著作的内容有个整体了解。

莫斯科的侦查员发现，"在托尔斯泰伯爵的书中，所有福音书的叙述，还有耶稣基督的所有学说，完全是另外一种特点，这与作者的基本思想相符合，与东正教会的观点根本对立，与一切基督教的信仰根本对立。根据作者的观点，

第十二章 托尔斯泰对福音书的"解构":《四部福音书合编与翻译》

他的真正基督教信仰的始基,就是基督所完成的事业,也就是所行善举,人们的团结,彼此相爱,而这一信仰首要的,也是主要的教条,就是道,道代替了神,道就是神"。

"本书作者的这些基本观点,成为其新的信仰的基础,东正教会的所有教条,从承认神作为创世者存在开始,到外在的敬神,都被作者看作臆想并全部推翻。如此以来,作者的所有观点和思想,并无狭义而言的任何亵渎、渎神,作者渎神的表述是书中基本思想的自然结果,这个基本思想就是,完全彻底地否定所有的基督教的信仰、东正教会的所有教条,就从否定神的存在开始。由此可见,作者本书应被看作宣扬新的邪教信仰,其出版目的,就是使人背弃正教。"

1908年6月,"中介"出版社出版了《四部福音书合编、翻译与研究》的第二、第三卷的合本。同年6月25日,莫斯科出版事务委员会即刻查禁该书。7月3日,委员会请求以亵渎正教信仰、鼓动推翻现有制度的罪名对作者和出版商提起刑事诉讼。委员会证明:"该书,如同第一卷,粗暴亵渎神明,破坏民众的基督教信仰,主要是东正教信仰,意图推翻俄国以及其它基督教国家的所有社会制度和国家制度。"托尔斯泰,"抱定这样一种罪恶思想,那就是动摇国家和社会制度赖以建立的所有基础,主要就是基督教信仰,以科学研究为借口,歪曲神圣的四部福音书的文本和涵义,所做的解释,就是为了证实他的胡思乱想"。

此时(1908年夏),托尔斯泰八十寿辰将近,进步报刊就此作了许多宣传。这也无疑对莫斯科法院在本案中所持立场产生了影响。1910年12月8日,莫斯科地方法院裁定,终止对"中介"出版社编辑的刑事追究,销毁其出版的书籍。托尔斯泰逝世不久,他在俄国社会的光环,使得该书编辑决定上诉。1911年10月14日,莫斯科地方法院维持不再追究编辑刑事责任的原判,但撤销了销毁书籍的判决。检察官提出抗诉。莫斯科法院于1912年12月10日重审。判决反映了当时俄国教会和政府的观点,它归纳了托尔斯泰这部作品的主要内容以及与官方、教会观点的对立:

托尔斯泰伯爵该部著作,包括煽动东正教徒转向其他宗派的内容,具有刑法认定的犯罪特征,在福音书研究的序言中,托尔斯泰谈道,我们的教阶宣扬的信仰,教导民众的信仰,不仅是谎言,而且是无道的骗局；他还说，能够自由思考的人们已经明确证明，所有基督教信仰及其支派，早就过时，新的信仰的时代已经到来；他说，教会关于神子与神、神的三位一体、童贞女孕育、酒饼代替神的血肉等等解释，与健全的理智不符，因此，禁止个人解释圣经没有任何意义。

托尔斯泰否认旧约是神启的律法，他还否认新约。他说，犹太人的书籍，对我们来说，有趣之处在于它对基督教表述形式的解释；和我们格格不入的犹太人的信仰，如同婆罗门信仰那样有趣。教会的错误在于，它希望更有效地摆脱所否认的内容，赋予所承认的更多分量，它不分青红皂白，把所有承认的东西都打上神圣不可侵犯的印记。（例如，在教会看来）神迹、使徒事迹、保罗关于罪孽的建言，还有末世的谵语，一切都是神圣的。

教会口头承认一切，它实际应该否认某些书籍。末世论的全部内容，还有使徒的部分事迹，常常不仅缺乏教益，简直就是诱惑。路加描写的奇迹，是为了确认信仰，现在难以找到（比这些内容）更亵渎、更破坏信仰的书了。托尔斯泰认为，保罗书丑陋无比。

托尔斯泰把十字架叫做绞刑架，他说："对基督学说的误解，令人吃惊，基督在世之时，就被误解，这一误解把他送上绞架，这一误解持续至今。"基督的复活，如同其所行神迹，托尔斯泰称为杜撰与荒谬。基督复活的谎言，在使徒和受难者的时代，是基督学说真实性的主要证明；关于复活的杜撰，也成为人们不能相信这一学说的主要理由。

关于耶稣基督的出生，托尔斯泰说道："有位名叫玛丽亚的姑娘，不知因谁受孕。所许配的丈夫怜悯她，保守丑闻，把她迎娶。她生个男孩，孩子的生父不明。男孩名叫耶稣。此处的意义在于，需要证实，耶稣基督由童贞女而生，这是合情合理的，但是这一出生并不光彩。"

耶稣基督从神殿赶走商贩，托尔斯泰认为，这是基督两次执行纠察之责，保证神殿纯洁，他如此解释福音书的相应文本：耶稣基督来到神殿，抛出祈祷所需的物品，如同现在有人来到教堂以后，扔掉所有的圣饼与酒液、日祷所需物品。耶稣在神殿的言行，其意如下："你们的礼拜仪式，都是卑鄙的谎言，你们不知真神。你们的礼拜仪

第十二章 托尔斯泰对福音书的"解构":《四部福音书合编与翻译》

式荒唐有害,必须清除。"

托尔斯泰在否认圣礼的同时,竟以绰号"约翰·库帕拉"称呼施洗约翰。就圣餐仪式,他说道:"为什么需要喝酒吃饼,称为(神的)肉血;不管如何解释,这不仅难以理解,而且丑陋无比。"因此,"中介"公司出版的托尔斯泰伯爵的《四部福音书合编、翻译与研究》,具备犯罪特征,已违反刑法相关条款。

本部著作应予全部收缴,除上述所列该书一些摘录以外,所有三卷著作,不仅满纸都是解释、激发东正教徒转向其他宗派的表达,而且充满亵渎,无以复加。

莫斯科法院因此作出以下裁决:"禁绝中介出版社的托尔斯泰的全部三卷《四部福音书合编、翻译与研究》。"

"中介"出版的少量印数得以保全,并被分发到书店。1918年,莫斯科的"自由"、"联合"出版社再版《福音书复述与注释》。1923年,《四部福音书合编与翻译》在柏林出版。

从1892年至1923年,托尔斯泰的这部作品完整出版了四次,出版地分别为:日内瓦、彼得堡、莫斯科和柏林。这部作品的第一卷在英国和彼得堡得以再版。托尔斯泰确定这部作品的名称时,曾想把"这部作品称作研究",但他放弃了这个念头,作品名称也没有添加"解释"二字。

此书第一次出版时,托尔斯泰于1891年8月29日所写序言如下:

朋友建议我出版这部编写于10年前的福音书合编与翻译,我同意了,尽管这部作品远未完工,其中存在许多不足。我觉得已经无力修改、写完它了,因为我在这一长期工作中所体会的那种聚精会神、兴奋不已的心灵压力,已经无法恢复。但是,我想,即使这部作品就是目前状况,它也可以给人们带来益处,如果他们得到哪怕一点启迪,也是我在进行这一工作时所体会的启迪,坚信我选择的道路正确无误,而我正沿着这条道路前进,越往前走,就越感到欣慰。

"自由言论"出版社的版本,在前言中,托尔斯泰于1902年3月26日写道:

本书写于对我来说难以忘怀的兴奋时期,我意识到,福音书表达的基督教学说,不是那种千奇百怪、矛盾百出、折磨我的教会学说,而是明确深刻、简洁明了的生活学说,它符合灵魂的最高需求。在这种兴奋和热情的影响下,我,令人遗憾的是,不局限于展示叙述这一学说的福音书的清楚的地方(放弃与基本、主要涵义不相关的内容,包括不确认、也不否认这一涵义的内容),而是试图赋予不明白的地方这样一种确认普遍涵义的意思。

这些企图迫使我做出牵强的、可能错误的语文解释,它们不仅无法增强(福音书的)普遍涵义的说服力,而且削弱了这一说服力。看到错误以后(除此之外,我忙于这一方向的其他工作),我未敢重做一遍,把多余的内容从必需的内容中区分出来,因为我知道,对四部福音书这部奇书的注释,永无终结之日,所以,我现在不加改动,照旧付梓。

那些珍视真理,没有先入之见,真诚追求真理的人,能够把多余的内容从重要的内容中区分出来,并不破坏内容的实质。那些怀有偏见,那些事先认定,真理只存在于教会解释中的人,任何准确清晰的复述都无法说服他们。

托尔斯泰对如何阅读福音书,他认为福音书的实质何在,于 1896 年 6 月 22 日写过专门的文章。① 托尔斯泰认为,在人们学习的基督学说中,有许多奇怪难解,甚至矛盾的内容,以致人们不知道如何理解这一学说。人们对这一学说的理解也不一致,产生不同的教派。托尔斯泰认为,在给世人传递基督学说的福音书中,应当存有真理。托尔斯泰阅读福音书,他认为在其中找到了,如福音书所说,婴幼儿都能理解的真理。他有关基督教学说的著作,就是为了证明福音书阐释者的解释是错误的。

二、托尔斯泰有关主题分析的论述

托尔斯泰认为,如果想理解基督的学说,就需要阅读福音书。阅读时需要

---

① ЛЕВ ТОЛСТОЙ, КАК ЧИТАТЬ ЕВАНГЕЛИЕ И В ЧЕМ ЕГО СУЩНОСТЬ? (Издание: Л. Н. Толстой, Полное собрание сочинений в 90 томах, академическое юбилейное издание, том 39, с. 113 - 116. М., 1956)

第十二章　托尔斯泰对福音书的"解构"：《四部福音书合编与翻译》

避免先入之见，只考虑福音书的内容。应当仔细思考，连续阅读，赋予其中每一词语相同的意思。

这是托尔斯泰的看法。但是，每个人的教育背景、知识贮备、基本的世界观，都可能存在差异，要求一个人在阅读之前没有一定的先入之见，也不可能。托尔斯泰的意图是让读者就福音书的文本而论福音书的文本，最主要的是，不要迷信教会的解释，要独立思考。所谓的赋予每个词语相同的意思，用我们现在的术语说，就是要结合上下文来理解词语的意思。托尔斯泰的以下论述，使得我们有理由认为，他所使用的方法，就是我们现在所说的主题分析。①

主题（мотив）是指重复出现的文本的最小的结构—语义单位，它通过词语表达，在文本中具有语义扩展，发展为复杂的多层结构的能力。主题也可能进入潜文本，它还常常通过其他涵义得到充实，重新浮现出来。这是逐步进展的动态过程。② 不同的主题交织发展，共同形成文本的主要思想。例如上文列举的法院针对《四部福音书合编与翻译》所做的内容概括，就可以看作是对其主要思想的总结，这一主要思想则是通过不同的主题，如托尔斯泰否认耶稣的神性、否认三位一体、否认复活等等综合展现出来。通过托尔斯泰本人的以下论述，我们可以认为，托尔斯泰使用我们现在所说的主题分析的方法合编、翻译福音书。

1　从已知到未知认识事物

托尔斯泰指出，要理解一本书，必须把完全明确的内容，与无法理解、混乱不堪的内容区分开来。从可以理解的部分出发，理解整体的涵义和精神。在完全理解的内容的基础上，再去理解不完全明白和混乱的内容。阅读福音书更是这样。它历经复杂的合编、翻译与抄写，是无数普通人和思想家的共同作品，其中存在错误，不能把它看作教士所说的圣灵的创作。应当尊重真理，改正其中的错误。在我们看来，托尔斯泰在此强调，人们一般都是从已知到未知认识事物的。

2　分层阅读，认识文本内容的实质

托尔斯泰的具体阅读技巧，类似我们所说的分层阅读法。他说，在阅读福

---

① Руднев В. П. Указ. соч. С. 256.
② Строкина Л. В. МОТИВНЫЙ АНАЛИЗ ПРОИЗВЕДЕНИЯ КАК СПОСОБ СОВРЕМЕННОГО ПРОЧТЕНИЯ РУССКОЙ КЛАССИКИ, http://rudocs.exdat.com/docs/index-493259.html? page = 24; Литература и язык. Современная иллюстрированная энциклопедия. М., под редакцией проф. Горкина А. П. 2006.

音书的时候,可以把自己认为简单、清楚、明白的地方,用蓝色铅笔标出。用蓝色标出的基督本人的言语,再用红色铅笔标识,与福音书作者的话语有所区别。把这些用红色标出的地方通读几遍。理解以后,再把剩下的,以前不懂的,因此未标出的基督话语重读一遍,其中明白的地方,用红色画出来。还是完全不明白的,包括基督话语,还有不明白的福音书作者的话语,不要用任何颜色标注。用红色标出的地方,告诉读者基督学说的实质,大家都应当知道的内容,基督用大家都能理解的方式来表达。只用蓝色标出的地方,告诉读者的是,福音书作者自己使人明白的内容。可能出现的情况是,不同的人标示的完全理解的内容、未完全理解的内容,并不相同,这样,一个人理解的地方,另一个人并不理解。但是,大家一定会在最主要的内容上达成一致,对所有的人来说,同样的内容是完全可以理解的。这个所有的人都完全理解的内容,就是基督学说的实质。托尔斯泰说,他是根据自己的理解对福音书做出标识的。

可见,托尔斯泰认为,尽管每个人对福音书具体内容的标示存在一定差别,但是,基于语言的基本规律和语言之外的百科知识,他相信,人们会在最主要的内容上达成一致。这个最主要的内容,可以看作文本的主要思想,它是通过具体主题体现出来的。

3 涵义研究

托尔斯泰说,他研究福音书,不是教义的研究,也不是宗教史方面的研究,而是涵义之研究。基督教会及其信仰,来自基督本人的学说,其他有关学说也都来自这一学说。它们都从一个种子成长出来,这也是联系其他学说的纽带。只有认识那颗种子,也就是所有教义的源头,所有教义为之存在的东西,才能得到涵义。寻找生命的意义,也就是寻找生活的道路,这使托尔斯泰开始研究信仰问题。托尔斯泰研究福音书得出的结论,如果用一句话概括,就是福音书是关于生命意义的学说。

4 语用原则

托尔斯泰认为,个体能够理解上帝,言语应符合理智的要求。他所说的理由,和现代语用学经常引用的格莱斯的交际合作原则相似。[①] 托尔斯泰认为,上帝向人们揭示真理,他(托尔斯泰)也是人,所以不仅有权,而且应当使用这

---

① Большой энциклопедический словарь,Языкознание. Главный редактор В. Н. Ярцева, М.,2000. С. 390; Кронгауз М. А. Семантика. М.,2001. С. 355.

一权利,和上帝面对面地、没有中介地直接交流。如果上帝在这些书中言说、训导,那么,上帝知道人的智慧的弱点,上帝将以适当的言语和方式与其交流,而不把此人引入骗局。教会不允许个人诠释《圣经》,以免诠释者受到迷惑,从而各持一端。托尔斯泰说,这一点对他来说没有意义。这个论据可能具有意义的情况是,教会的解释能够使人明白,而且只有一个教会,一种解释。托尔斯泰认为,当时的情况是,教会对三位一体、贞女生育、圣餐仪式等方面的解释,是健全的理智无法接受的。托尔斯泰认为,只能认同合理的东西。如果这一启示是真理,那么,为了使人信服,它不应害怕理智之光。神是无所不能的,这是对的;但是,有一点它不能去做,那就是书写一些他人无法理解的启示,这是愚笨不智的。托尔斯泰不阅读、不研究旧约,他认为,问题不在于犹太人的信仰如何,而在于基督的信仰是什么,在基督的信仰中,人们能够找到那种使其生活成为可能的涵义。基督的信仰才是人们生存的信仰。

托尔斯泰在这里实际涉及我们现在所说的格莱斯会话原则的基本问题。托尔斯泰认为,他阅读福音书的时候,也就是他与上帝进行直接对话的过程。在正常的情景下,会话的参与者应承认会话的共同目标或者倾向,与此相关,他们也就应当遵循某些共同的原则,就是所谓的会话合作原则。会话参与者在会话的每一步的交际贡献,应当与会话的共同目标相一致。正是从这些基本的认识出发,托尔斯泰认为,福音书的一些地方内容荒唐,与正常的理智、语言的基本理论、交际的基本原则相背离,怎么可能是万能的上帝所言?因此,或者需要做出新的解释,或者需要改正其中的错误。

5 寻找学说最主要的基础

托尔斯泰认为,四部福音书之前的内容,最多只是理解福音书的历史材料;它们之后的内容,只是对这些书籍的解释。他认为,不需要像教会那样,一定要把所有书目统一起来(托尔斯泰认为,正因如此,教会尽力宣扬难以理解的事物),只需要在这四部书中去找寻需要的内容,这四部书,如教会学说所言,阐述了最重要的启示,在这四部书中寻找学说最主要的基础。托尔斯泰说,他在四部福音书中找寻的内容是:①他能够理解的东西,没有人相信不能理解的东西,有关不能理解的东西的知识,等于没有知识。②能够回答以下问题的内容:我是谁,神是谁?③所有启示的主要的、统一的基础是什么?托尔斯泰的阅读方法是,要使那些不明白、不清楚的地方和完全明白的地方尽量一致,能够归结到一个基础。这也是在寻求主题、概括主要思想的过程,使人想起主题分析的方法。

6 四福音都是基督学说的复述

托尔斯泰多次阅读圣经及其相关材料以后认为,基督教的所有圣传,都反映在四部福音书里,旧约只是基督学说选择形式的一个解释,它只是遮掩,而绝非解释基督学说的涵义;约翰书、雅各书等等,则是特殊情况引起的对基督学说所作的个人解释,其中有时可以看到对基督学说所做的新的解释,但无法找到新的内容。保罗对基督学说的表述,经常引起读者困惑,使得学说混乱起来。使徒行传常和福音书、约翰书、彼得书、雅各书没有任何共同点,反而相互抵触。启示录则没有启示。他认为,虽然四部福音书的写作时间不同,它们都是基督所有学说的复述,其他内容则是对它们的解释。

我们可以不同意托尔斯泰的具体的宗教哲学观点,但是,从托尔斯泰的阅读方法、分析方法而言,读者应该看得清楚,托尔斯泰对福音书的主要内容、主题有稳定的认识。他阐述了他所认定的主题在《圣经》不同部分的体现,具备我们现在所说的主题分析的特征。

7 翻译与合编

托尔斯泰阅读当时能够看到的希腊文的相关著作,查阅词典,按照涵义进行翻译,有时会偏离当时的翻译(这些翻译是教会对圣传意义独特理解和确认的结果)。除了翻译,托尔斯泰还合编了四部福音书,因为它们所复述的,虽然话语不同,却是同一事件和同一个学说。

托尔斯泰说,他的研究目的,既不是历史的、哲学的,也不是神学批判,而是寻找学说的涵义。学说的涵义体现在四部福音书中。如果四部福音书都是复述同一真理的启示,那么,它们应当彼此确认、相互解释。托尔斯泰因此研究这些福音书,把福音书合编在一起。

在托尔斯泰之前,有人试图把福音书辑为一部,他们的合编基础都是历史。托尔斯泰认为,这些合编都不成功。托尔斯泰认为,从历史意义而言,四部福音书并无优劣高下之分,就学说意义而言,它们都是令人满意的。托尔斯泰把历史意义放在一边,只根据学说的涵义进行合编。在此基础上进行合编的优点在于,真正的学说好像形成了完整的循环,各个部分的意义相互印证。为了研究意义,从哪个部分开始并不重要。托尔斯泰认为,用这种方法研究四部福音书,就历史事件的先后顺序而言,选择哪部福音书合编作为基础都是可以的。托尔斯泰选择了两部当时最新的汇编[格列丘列维奇(Гречулевич)和

第十二章 托尔斯泰对福音书的"解构":《四部福音书合编与翻译》

赖斯(Рейс)的汇编]作为蓝本。对托尔斯泰而言,格列丘列维奇的汇编更为方便,托尔斯泰把它作为工作基础,并且和赖斯的汇编进行比对,托尔斯泰说,如果涵义需要的话,脱离两者也在所不惜。

从以上七个方面看来,托尔斯泰使用的方法涉及我们现在所说的后结构主义的主题分析,这也并不偶然。

以上内容说明了托尔斯泰为什么要研究福音书、他如何阅读福音书,为什么把《四部福音书合编与翻译》看作自己最好的思想作品,这部著作的主要内容是什么,教会和当时的沙俄政府为何把这部著作看作洪水猛兽,必欲除之而后快。托尔斯泰说,他觉得这部作品语文方面的细节过多,可能妨碍读者的阅读以及这部作品的销量。我们认为,可能对不熟悉语言科学、语文原则和方法的人来说,情况确实如此。但是,对从事语言研究的人来说,这方面的内容正是他们感兴趣的部分。更为重要的是,托尔斯泰提出了一些惊世骇俗的观点,他需要论证他的观点。托尔斯泰所做的语文方面的工作,恰恰就是对自己观点的论证,语文方面的诸多细节,就是托尔斯泰的论据。托尔斯泰对福音书的解读,从健全的理智和语言基本规律出发,运用他的语文知识与方法,对福音书的经句进行分析,步步为营,层层递进,他试图做到言之有据。他的惊人观点,并非任意而为,胡言乱语。他运用语文学的原则和方法论证自己的观点。他的论证,在我们看来,大多能够自圆其说,不乏出人意表的神来之笔,深刻超前的分析思辨。有些分析原则和方法,至今仍不落伍,有的分析方法,还可以归结到后结构主义的范畴。我们读其书,念其人,借此可以了解一些俄罗斯的心智特点。

三、从语言表达看主题分析

托尔斯泰的福音书合编既然是从语文角度研究涵义,以下我们也就从这一角度对这部著作进行评述。托尔斯泰语文素养深厚,有些观点不仅至今仍然具有重要意义,并不过时,而且还具有现在所说的后结构主义、后现代主义的一些特点。主题分析的认识前提是,文本的结构层次并不重要,甚至可以认为不存在这种层次,主题贯穿整个文本,文本的结构不像"晶格"那样规整,更像紊乱的线团。主题分析的实质在于,分析的单位不是传统的词语、句子,而是"主题",其基本特征是,它们作为跨层次的单位,在文本中重复着、变动着,和其他主题交织在一起,从而产生自己独特的诗学。

为了叙述的清晰,我们从词法、句法、词汇语义、修辞语义、语用、场景分析(认知)、精神分析、对比研究等方面来讨论托尔斯泰所做的工作。在此基础上,我们对托尔斯泰合编与翻译作出语言方面的批判。

(一)词法问题

1 代词指称

托尔斯泰在其合编的第九章"论纳税"①一节中,有这样一句经文:

原译:

太17:27 但恐怕触犯他们,(触犯原文作绊倒)你且往海边去钓鱼,把先钓上来的鱼拿起来,开了它的口,必得一块钱,可以拿去给他们,作你我的税银。②

托尔斯泰所译:

Но, чтобы не ввести их в грех, поди, закинь снасть, и первую рыбу, которая попадется тебе, возьми; и выручи статир и отдай его за себя и за меня.(但是,为了不使他们发怒,去吧,抛下缆绳,抓起你碰到的第一条鱼儿;卖掉它,挣来一文钱,交出这钱为你我纳税。)

托尔斯泰是这样解释的:

这句经文显然经过了不同的改变和硬译,迫使它具有"神迹",尽管如此,经文至今仍保留着最初涵义,可以被翻译得异常准确:去吧,撒下渔网,抓住碰上的第一条鱼(意思是数量众多),张开你自己的嘴巴,叫来买主,这样你就卖得一块钱了,用它为你我上税。

在我们看来,这里的关键是,希腊语(αυτοῦ)可以翻译为俄语的不同代词,其中就包括"自己的"。③ 这是指示现象。指示把言语情景的成分、表述的所指成分现实化。它指向反映在表述中的语言外的现实,在"指代的物质场"中现实化。指示还指向文本的内在组织,在"指代的上下文场"中现实化,保证话

---

① Толстой Л. Н. Указ. соч. С. 201.
② 我的多版本圣经,http://zhsw.org/ss/bencandy.php?fid=23&id=371。
③ http://www.superbook.org/UBS/MT/mt17.htm; http://www.superbook.org/UBS/S/7561.htm#a%u0439to%u0438.

第十二章　托尔斯泰对福音书的"解构"：《四部福音书合编与翻译》

语语义的连贯。① 托尔斯泰把希腊语的那个代词解释为"自己的"，与指示现象上述两方面的现实化相契合，我们觉得他的翻译合情合理，能够自圆其说。托尔斯泰这样的解释，也支持了他的主要观点，他不承认福音书记录的神迹，认为那只是为了证明耶稣神性的附会。托尔斯泰对经文的翻译、合编，甚至是改动、删除，都和他认定的主题相关，是主题分析。

托尔斯泰还涉及现在所说的指示词语的语用问题。例如：

约 15：25 这要应验<u>他们律法上</u>所写的话说，他们无故恨我。（Так что и сбылось слово, написанное <u>в их законе</u>: даром возненавидели меня.）

根据托尔斯泰的理解，此处"他们律法上"，非常引人注目。这些话足够证明，耶稣是否认摩西律法的。

从语法角度而言，第三人称代词"他们"，指的是所谈及的那些人，但并不指说者和听者，②托尔斯泰因此说，耶稣并不承认摩西律法是自己的律法，他是否认摩西律法的。这样，托尔斯泰对词语意义的深入分析，支持了他的观点：旧约只能作为基督学说选择形式的一个解释，它只是遮掩，而绝非解释基督学说的涵义。这和托尔斯泰认定的福音书的主要思想是密切相关的，它从一个方面体现了这个主题。

2　多义语气词的意义

原译：

太 17：25 彼得说，<u>纳</u>。他进了屋子，耶稣先向他说，西门，你的意思如何。世上的君王，向谁征收关税丁税。是向自己的儿子呢？是向外人呢？（Он сказал: <u>да</u>. И когда Петр вошел в дом, Иисус упредил его и говорит: как ты думаешь, Семен, цари земные с кого берут подати и оброки — с сыновней своих или с чужих?）

托尔斯泰认为，很难说，为什么此处的这个"是"被解释为耶稣需要纳税。根据言语涵义以及下文内容，都得不出这种相反的涵义。托尔斯泰后来提供了一个拉丁译本的例子，但毕竟是孤证。

---

① Ярцева. Указ. соч. С. 128.
② Краткая русская грамматика, Под ред. Н. Ю. Шведовой и В. В. Лопатина, М., 2002. С. 232.

我们看到,这里的关键问题是,在俄语中,语气词 да 是多义的,除了表示肯定意义,还有"(用以答话开头,表示不相信、不同意)哼!得了吧!"的意思。① 托尔斯泰根据自己的理解,认为耶稣不必纳税,从语法方面看,他也能自圆其说。托尔斯泰依此也说明了他的一个基本观点:耶稣不承认世俗的,或者外在的规则和条例,他不会纳税。这些内容点点滴滴,从不同方面支持了托尔斯泰所说明的福音书的主要思想。

(二) 句法问题

1　句义比对引发对经句原意的质疑

原译:

(太 11:9 你们出去,究竟是为什么,是要看先知吗?我告诉你们,是的,他比先知大多了。太 11:10 经上记着说,我要差遣我的使者在你前面,预备道路。所说的就是这个人。)

太 11:11 我实在告诉你们,凡妇人所生的,没有一个兴起来大过施洗约翰的。然而天国里最小的,比他还大。

托尔斯泰所译:

Истинно говорю вам: Не рождался от жены человек больше Иоанна Крестителя. Самый ничтожный здесь, там, в царстве Бога, больше всех.(我实在对你们说:妇人所生的人还没有大过约翰施洗的。这里最卑贱之人,在那里,在天国,都比所有的人高贵。)

通常这句经文是这样翻译的:"天国中最小的一个也比他(约翰)大。"托尔斯泰认为,这样的翻译不对,因为"天国中最小的"对立于"在某个方面最大的"。他认为应当是这样的:"在天国中最小的,也比不在天国中的那个人大。"托尔斯泰认为,以前的翻译是错误的,因为它破坏了前句和后句的涵义。前面刚刚说过,约翰比所有的人都大,突然在天国中比最小的还要小,而耶稣宣扬的是,天国是众人的、大家的。

"根据人们的判断,约翰最小,最微不足道,他是个穷人。"但是,前面说过,

---

① 《俄汉详解大词典》,哈尔滨:黑龙江人民出版社,1998 年,第 974 页。

第十二章 托尔斯泰对福音书的"解构"：《四部福音书合编与翻译》

最微不足道的，在天国也是比较高贵的。这一点在福音书中重复多次，从"贫者有福了，而不是富人有福了"这样的说教就开始了。此外，μεχροs，μιγαs在福音书中不应被翻译为小、大，而是翻译为：微不足道的、低下的；重要的、高贵的。

我们觉得，托尔斯泰的解释和全文内容结合起来，似乎更有道理，更容易理解。但是，我们看到，还有这样的经文：

太 5：19 所以无论何人废掉这诫命中最小的一条，又教训人这样作，他在天国要称为最小的。但无论何人遵行这诫命，又教训人遵行，他在天国要称为大的。

太 5：20 我告诉你们，你们的义，若不胜于文士和法利赛人的义，断不能进天国。

太 7：21 凡称呼我主啊，主啊的人，不能都进天国。惟独遵行我天父旨意的人，才能进去。

根据《圣经》的说法，不是所有的人都能进入天国，而且天国之内并不平等，也有等级之分，所以，托尔斯泰的解释应该看作一种说法而已。虽然如此，托尔斯泰借助不同手段说明自己观点，揭示他认定的福音书主题的意图是很明显的。

2 句法熟语的选择

原译：

太 13：10 门徒进前来，问耶稣说，对众人讲话，为什么用比喻呢？

路 8：9 门徒问耶稣说，这比喻是什么意思呢？

可 4：10 无人的时候，跟随耶稣的人，和十二个门徒，问他这比喻的意思。

托尔斯泰所译：

И подошли к нему ученики и сказали: <u>К чему</u> ты говоришь притчи？（门徒走进他说道：你<u>为了什么</u>讲比喻呢？）

托尔斯泰这样解释句法问题：

根据《马可福音》和《路加福音》，学生们问道：比喻意味着什么？根据《马太福音》，门徒们问：为什么要用比喻来讲？托尔斯泰认为，根据《马可福音》和《路加福音》，这里的意思是，门徒们问，比喻意味着什么，他为什么这样说。

根据《马太福音》来看，这里的意味相同：为什么讲比喻，它们意味着什么？耶稣的话回答了两个问题。他解释了比喻的意义，得出的结论是，对那些不知道天国秘密的人，除了使用比喻，不可能用其他方式说话。他们看到的只是外在涵义，看不到内在涵义。托尔斯泰把三位福音书作者问答的涵义结合在一起，这样翻译："你为了什么讲比喻呢？"他认为，这样的翻译，既指向涵义，也意指他为什么要向民众讲比喻。

我们看到，托尔斯泰对句法形式和意义的探求比较深入，用现在语用学的术语来表达，也就是说，他选择的句法结构，既指向言内行为，也指向言外（行事）行为。① 由此可见，托尔斯泰的解读是结合上下文、结合整体贯通解释的，符合现在所说的语用原则的要求。

3 句法结构

在第十二章"圣灵之胜利""耶稣受难和死亡"②中，托尔斯泰论及句法语义。俄文版和希腊文版的对照，证实了托尔斯泰的意见。例如：

原译：

约19：5 耶稣出来，戴着荆棘冠冕，穿着紫袍。彼拉多对他们说，你们看这个人。

托尔斯泰所译：

Вышел и Иисус наружу в венке и в красном платье и говорит им: вот человек!（耶稣也走了出来，戴着荆棘冠冕，穿着紫袍，对他们说：你们看这人！）③

托尔斯泰解释说，根据句子结构，"你们看这人"是耶稣说的，而不是彼拉多说的。如果是耶稣说的，这些话可能具有深刻意义；如果是彼拉多说的，这些话则没有任何意义，令人疑虑，对耶稣的学说并不重要，可以省略。如果是耶稣说的，其意如下：我是人，只有记住这一点，才会记住你们对我做的事，一切都将真相大白，你们的争吵和纠纷才会终结。我是人，只有记住这一点，你

---

① Кронгауз М. А. Семантика. М., 2001. С. 337-342.
② Толстой Л. Н. Указ. соч. С. 259.
③ http://dic.academic.ru/dic.nsf/michelson_new/1495/%D0%B2%D0%BE%D1%82.

第十二章 托尔斯泰对福音书的"解构":《四部福音书合编与翻译》

们将会明白,你们丝毫也奈何不了我。

托尔斯泰说,这句经文虽然可以放在原处,但他放在这里也是恰当的。彼拉多说:你们看这君王。耶稣说:你们看这人。就像以前,耶稣用简单的话语,回答犹太人的错误判断,说出自己的学说。他现在只用一句话对所有怀疑做出回答,表达自己的所有学说。

托尔斯泰在此脱离了经文的表面字句,他结合句法结构,考虑语义贯通的原则,提出以上这种观点,也能自圆其说。我们支持托尔斯泰的这种理解。根据句法结构的就近原则,这句话可以理解为耶稣所说的话语,不需要给它添加另外一个说者。我们看到的英译本,例如,在 DBY,YLT 两种版本中,它们对这句经文的翻译和托尔斯泰的理解一致。有四种英译本(KJV,ASV,NASB77,WEB),①在括号里指出这句话是彼拉多说的,也就是说,这部分内容是译者所加,而译者的理解可能出错。从希腊文和俄文的对照译本看,这句话可以理解为耶稣所说。② 其他俄语译本都认为这句话是彼拉多所说,有些译本在括号内标明这句话是彼拉多所说的,意思是译者所添加的内容。《圣经》阐释也认为这句话是彼拉多所说,而且说明了两条理由。③ 其实不管如何阐释,解读文本的时候,文本的句法结构应是首要考虑的因素。脱离句法结构去阐发意义,总使人产生不可靠的感觉。托尔斯泰这样理解的意图很清楚,这支持了他的基本观点,他认为耶稣是人不是神。这和主题分析密切相关。

4 句法逻辑重音

托尔斯泰在他合编的第八章《法官和寡妇的比喻》一节,④谈到句法逻辑重音⑤的问题。例如:

路 18:6 主说,你们听这<u>不义</u>之官所说的话。(И сказал Иисус: поймите, что судья <u>неправды</u> сказал.)

托尔斯泰解释说,重音在词语"不义"上。他特别提醒读者,这是不义法官所说的。不义法官经过那妇人的多次请求以后,也被迫作出正义之事。

逻辑重音对句法语义的制约作用,即使在我们现在看到的现代语法书中

---

① 我的多版本圣经,http://zhsw.org/ss/bencandy.php?fid=23&id=371。
② http://www.superbook.org/UBS/JN/jn19.htm。
③ http://www.superbook.org/LOP/JN/jn19.htm#5。
④ Толстой Л. Н. Указ. соч. С. 186.
⑤ Ярцева. Указ. соч. С. 530.

或者少有提及,或者语焉不详。托尔斯泰如此敏锐,令人赞叹。托尔斯泰借此说明,虔诚祈祷非常重要,有祈祷,就有应验。

5 疑问句与肯定句

托尔斯泰为了保持其观点的前后连贯,把原译的疑问句改变为肯定句。在我们看来,托尔斯泰的这种改变只能看作一家之言,其他英俄方面的译本都不支持这种观点。

原译:

太 17:24 到了迦百农,有收丁税的人来见彼得说,你们的先生不纳丁税吗?(丁税约有半块钱)

托尔斯泰所译:

Когда они пришли в Капернаум, подошли к Петру те, что собирали дидрахмы, и сказали ему: учитель ваш не выплачивает дидрахмы. 他们来到迦百农以后,收丁税的人来见彼得说,你们的先生不纳丁税。

托尔斯泰说,他把问号改为句号了。理由是语句结构不是疑问句,动词是现在时。收税的人不是要求,而是说:你们的先生不用纳税。

托尔斯泰的理由看似是语法方面的,其实从语法角度而言,句子的结构、动词的时间并不决定语句的目的(陈述、疑问、祈使),[①]托尔斯泰这个理由并无道理。主要的原因应该是内容方面的。托尔斯泰的基本观点决定了他应该把这个句子看作没有疑义的肯定句。他认为,耶稣反对外在的祭祀神灵的礼拜,故而他不会缴纳殿税。这是托尔斯泰为了体现主题而做出的改动。

6 标点符号与插入句的理解

原译:

Мф. V, 32 А Я говорю вам: кто разводится с женою своею, кроме вины прелюбодеяния, тот подает ей повод прелюбодействовать; и кто женится на разведенной, тот прелюбодействует.

太 5:32 只是我告诉你们,凡休妻的,若不是为淫乱的缘故,就是叫她作淫妇了。人若娶这被休的妇人,也是犯奸淫了。

---

① Розенталь Д. Э. и др. Современный русский язык. М., 2002. С. 295.

第十二章　托尔斯泰对福音书的"解构"：《四部福音书合编与翻译》

托尔斯泰认为，"若不是为淫乱的缘故"这句话翻译得不正确。这可以看作休妻的条件，它和耶稣以前所教导的相对立。托尔斯泰认为，或者应当把这些话省略，或者应当删除逗号，这个"插入句"应该不是说明谓语"休妻"的，而是说明谓语"犯奸淫"。这样，其涵义如下：丈夫抛弃妻子时，除了这一行为本身就是放荡以外，其错还在于，他抛弃妻子，从而迫使她，还有与她结合的人行淫。

从内容看，托尔斯泰的解释具有一定道理，可以参考太 19：3—8 的内容。从语法角度看，托尔斯泰这样的解释具有一定说服力，只是那部分不是插入句，而是插入词语（组）、插入结构。当然，这样的微小失误并不影响托尔斯泰对自己观点的阐释，他的语法论据并无大错。托尔斯泰依此说明，耶稣从根本上反对休妻，这是托尔斯泰认定的福音书的主要观点之一，牵涉主题问题。

（三）词汇语义

托尔斯泰对一些关键词汇语义的理解与教会不同。从他对这些词语意义的不同解读，可以看到他的理解如何独树一帜却不乏理据。这也牵涉托尔斯泰认定的福音书主题和体现。仅举数例。

1　逻格斯，道（λόγος）

原译：

约 1：1 太初有<u>道</u>，道与神同在，道就是神。

约 1：2 这道太初与神同在。

（В начале было <u>Слово</u>, и Слово было у Бога, и Слово было Бог. Оно было в начале у Бога.）

托尔斯泰发现，当时的词典记录了 λόγος 的 11 个主要意义。托尔斯泰根据上下文，利用排除法，排除第一句中不可能使用的 λόγος 的其他意义，如：слово（词）、речь（言语）、беседа（谈话）、слух（消息）、красноречие（善于辞令）、счет（计算）和 уважение（尊敬）。然后，他在 λόγος 以下意义之间进行选择：разум（理性）、причина（原因）、рассуждение（判断）和 соотношение（相关）。托尔斯泰看到，在翻译的时候，λόγος 的这 4 个意思，都与第一句涵义相适应。他认为，如果只使用其中任何一个意义，根据整句内容而言，又显得不够。以上四个单独意义,只是体现了思维活动的某个方面。托尔斯泰发现,λόγος在此显然表达最宽泛、最基本的意思。其意义由这部福音书的作者约翰,在他有关这一事物引论中所表达的整体意义来限定。约翰书(1. Послан. Ин. 1,1,约一1:1论到从起初原有的生命之道,就是我们所听见所看见,亲眼看过,亲手摸过的)述及,λόγουτης ζωης就是"生命之道(涵义)"(смысл жизни)的意思。为了用俄语传达这个词的意思,托尔斯泰认为,разумение(悟道,道)这个译词的意思最为恰当,因为它结合了λόγος上述所有四个方面的意思。

托尔斯泰接着说明了选择разумение语义方面的论据。他说,约翰在《约翰一书》中又加上了一个词 της ζωης,意思就变得完全确定、清楚了:"生命之道、生命之理"(разумение жизни)。托尔斯泰不否认存在其他翻译,他觉得,甚至可以就用教会的译词"слово"(词语、圣言),从而赋予这个词更宽泛的原不属于它的意思,也可以使用原词,不加翻译,就用"логос"(逻格斯),但是,此处的整体涵义并未改变。

我们现在看到的《希腊语—俄语圣经索引》列出的一个解释就是:разумение,разум(悟道,理性)。① 因此可见,托尔斯泰当时的归纳还是有根据的。托尔斯泰的这一理解,就是他对福音书中心思想的简要概括,这和他声称发现的福音书的谜底是一致的(本章第三部分第九节)。

2 神(上帝)

托尔斯泰宣称,他是在所阅读的整本书中寻找涵义的,不允许自己随意解释词语。针对一些关键词语,托尔斯泰说,或者应当放弃这些词语,把它们看作难以理解的东西,或者根据"语言规律和健全的理智"确定它们的意义。

托尔斯泰实际谈到确定词语涵义的几个重要原则,一是健全的理智,也就是我们所说的能够认识事物的普遍规律;二是掌握语言规律;三是运用言语规律,也就是语用原则,例如,要结合上下文确定词语的涵义,用术语说就是"意义的上下文理论"。意义是复杂的现象,其研究要使用不同语言层次的材料。语言单位的意义,借助分析它在不同上下文中的使用来描写。② 可见,托尔斯泰的以上认识和现代语言学的基本原则相契合,这也从一个方面说明,他对福

---

① http://www.superbook.org/UBS/S/D/6C6F.htm#1%u0441gow.
② Кронгауз. Указ. соч. С. 296.

第十二章 托尔斯泰对福音书的"解构":《四部福音书合编与翻译》

音书的解构并非一己臆想,而是具有一定道理的。

托尔斯泰这样解释。有关上帝的概念假定是已知的,这个概念的来源是这样的:根据耶稣基督的传布,生命之道就是太初,根据耶稣的学说,生命之道代替了上帝的概念,或者和上帝的概念结合在一起。如果需要确认对上述两句经文(约 1,1—2.)的理解是正确的,那么,第 18 句(约 1:18 从来没有人看见神。只有在父怀里的独生子将他表明出来。Никто из людей не видел Бога, но единственный Сын Божий, Тот, Восседающий рядом с Отцом, принёс нам весть о Боге.)表达的意思是:没有人能够认识神,而是"子在逻格斯(道)中把它体现出来",所有判断,说的都是同样的内容,以下说道,一切都是通过逻格斯(道)而生的,没有逻格斯(道),什么都无法诞生,发挥这个思想的所有以后的学说,都确认这样的理解。

根据耶稣基督传布的福音,生命之道成为一切的基础和开端。生命之道就是上帝。托尔斯泰认为,在约翰福音第二章中,耶稣限定了上帝不是什么的问题。为了清楚地说明问题,必须恢复耶稣话语的真实意义,这一意义是所有教会试图掩盖的。托尔斯泰发现,摩西五经的主旨与福音书的主旨是矛盾的。福音书的学说,并不是人们一般认为的那样,是摩西五经的补充和继续。耶稣没有继续坚持摩西的信仰,而是从根本上否定了这一信仰。托尔斯泰这样的认识与教会的学说相左,反映了他独立思考,勇于探索,敢于表达的一面。这就是现在所说的解构,这和主题相关联。

3 复活

原译:

约 2:18 因此,犹太人问他说,你既作这些事,还显什么神迹给我们看呢?

约 2:19 耶稣回答说,你们拆毁这殿,我三日内要再建立起来。

托尔斯泰所译:

И заговорили иудеи и сказали ему: Какие же ты нам покажешь права, чтобы такие дела делать?

И сказал им Иисус: Уничтожьте храм этот, и в три дня взбужу его.

(犹太人开始说话,他们对他说:你能给我们看看有什么理由如此做事?
耶稣于是对他们说:毁灭这座庙宇,我三日之内把它<u>唤醒</u>。)

托尔斯泰认为，εγειρω根本不表示"建造"、"建立"的意思，而意味着взбудить（叫醒、唤醒），此处意味着"把它作为某种具有活力的东西唤醒"（взбудить как что-то живое），因此，应当翻译为：（我将）唤醒活生生的庙宇（взбужу живой храм）。

我们现在看到，在希腊语—俄语圣经索引中，这个词的第一个义项就是"唤醒、叫醒"。[①] 它是多义词，也表示建立的意思，托尔斯泰言过其实。但是，托尔斯泰强调第一个义项的意图很清楚，他微言大义，以此说明教会的理解是错误的。

托尔斯泰接着说道，这句经文的意思在《约翰福音》第二章的第21、22句经文中得到了解释：庙宇意味着耶稣的身体，三天意味着期限，期限过后，耶稣就复活了。教会是这样理解的。托尔斯泰对这样的解释并不满意，他认为，所谓的复活，是亵渎的臆想，降低了基督学说的意义。基督不可能把自己的复活理解为肉体的复活，因为这样的理解将破坏他所有的学说。这种解释是人们后来臆造的，他们相信或者杜撰复活的奇谈。

为什么谈及自己身体的时候，基督说了"庙宇"一词，为什么在把祭品赶出庙宇以后，他说道复活？托尔斯泰认为，只要忘掉教会的错误解释，这些话语的涵义不仅清楚，甚至是理解前文所必需的。耶稣把所有用以祭祀的东西赶出庙宇，然后，就祈祷而言，根据犹太人的理解，他想起耶利米书中的论断，他说道，应当行善，而不是积聚在庙宇祈祷。不是像平时所理解的那样，"拆毁庙宇，而我把它变成活生生之物，建造一所新殿"，而是从正面、隐喻上来说的。他说的是《耶利米书》中的论断，其中说道，天国就是人们的整个世界，在这里，所有的民众都承认上帝，这里并非贼窝，耶稣因此说：拆毁庙宇吧，我给你们建造一所新的、活生生的庙宇，我指导你们，教导你们。我将很快造好这所活生生的庙宇，因为我不需要用手来建造。三天之内我就能做出你们46年才能做出的事情。

根据我们的看法，托尔斯泰这样解释也有道理，例如：

耶7：11 这称为我名下的殿在你们眼中岂可看为贼窝吗？我都看见了。这是耶和华说的。

[①] http://www.superbook.org/UBS/S/D/6567.htm#%A4ge%u042Brv.

第十二章　托尔斯泰对福音书的"解构"：《四部福音书合编与翻译》

太 21：13 对他们说,经上记着说,我的殿必称为祷告的殿。你们倒使它成为贼窝了。

可 11：17 便教训他们说,经上不是记着说,我的殿必称为万国祷告的殿吗？你们倒使它成为贼窝了。

路 19：46 对他们说,经上说,我的殿,必作祷告的殿。你们倒使它成为贼窝了。

托尔斯泰就是这样从词语意义出发,运用语文学的理论和方法,试图证明他的一些理解是正确的。这些理解都牵涉到他所认定的福音书的主题。

4　基督

原译：

太 22：40 这两条诫命,是律法和先知一切道理的总纲。

太 22：41 法利赛人聚集的时候,耶稣问他们说,

太 22：42 论到基督,你们的意见如何？他是谁的子孙呢？他们回答说,是大卫的子孙。

托尔斯泰所译：

На этих двух заповедях весь закон и пророки. 整个律法和先知的道理就建立在这两条诫命上。

И тогда Иисус спросил их：法利赛人聚集的时候,耶稣问他们说：

По-вашему, что такое Христос? 根据你们的意见,基督是什么呢？

托尔斯泰解释说,基督,除了直义"受膏者",还有许多定义,这在有关福音书的词典和教会著作中都可以看到,但是,这些定义的缺点是含糊不清,而耶稣在此所说的,乃是非常具体的。例如：

约 4：25 妇人说,我知道弥赛亚,(就是那称为基督的)要来。他来了,必将一切的事都告诉我们。

约 4：26 耶稣说,这和你说话的就是他。

在另外一处,耶稣得知门徒把他认作基督,自己也承认这一点。[①] 例如：

---

① Толстой Л. Н. Указ. соч. С. 211.

太16：15 耶稣说，你们说我是谁。

太16：16 西门彼得回答说，你是基督，是永生神的儿子。

太16：17 耶稣对他说，西门巴约拿，你是有福的。因为这不是属血肉的指示你的，乃是我在天上的父指示的。

太16：18 我还告诉你，你是彼得，我要把我的教会建造在这磐石上，阴间的权柄，不能胜过他。（权柄原文作门）

可8：27 耶稣和门徒出去，往该撒利亚腓立比的村庄去。在路上问门徒说，人说我是谁。

可8：28 他们说，有人说，是施洗的约翰。有人说，是以利亚。又有人说，是先知里的一位。

可8：29 又问他们说，你们说我是谁。彼得回答说，你是基督。

可8：30 耶稣就禁戒他们，不要告诉人。

路9：20 耶稣说，你们说我是谁。彼得回答说，是神所立的基督。

路9：21 耶稣切切地嘱咐他们，不可将这事告诉人。

托尔斯泰认为，在四部福音书中，就这两个地方（我们看到，实际上是三个地方），耶稣把自己叫做基督。在其他地方，耶稣似乎不只不愿意，而是不能把自己叫做基督。他只在一种涵义上把自己叫做基督。

托尔斯泰看到，在所有抄本中，谈到基督的地方，都能看到耶稣和听者的这种争论。听者想把他理解为普通人、大卫之子、在一定时间来临的这个涵义上的基督，而他重建基督的另外一个概念，是不依赖时间的永恒概念。那个撒玛利亚妇人说：基督向我们传布真正的福音；彼得说，基督是生命之神的儿子。只对这两个人，耶稣说，对，我就是那个基督，那个传布福音的人，那个生命之神的儿子。在其他情形下，耶稣坚决否认自己是基督、弥赛亚、大卫之子。在约翰福音第十章第24句经文中，人们对他说：

约10：24 犹太人围着他，说，你叫我们犹疑不定到几时呢？你若是基督，就明明地告诉我们。

约10：25 耶稣回答说，我已经告诉你们，你们不信。我奉我父之名所行的事，可以为我作见证。

约10：26 只是你们不信，因为你们不是我的羊。

耶稣并没有回答，因为如果他像他们希望的那样直说，他所说的就不是他所想的。在法庭上他也这样不作回答。还有，在《马太福音》第16章第20句，

第十二章 托尔斯泰对福音书的"解构"：《四部福音书合编与翻译》

他称赞彼得把他认作生命之神的儿子，他承认自己是这个意义上的基督，但他禁止门徒说，他，耶稣，就是基督。他是基督的涵义是，他通过神子的学说，传布真正的福音。但是，作为耶稣，他不是基督，并且禁止门徒说出亵渎之言。托尔斯泰认为，关于基督学说的这一误解令人惊异，这一误解在耶稣活着的时候就开始散布，使耶稣因此被送上"绞架"（托尔斯泰的原文如此），这一误解持续至今。基督学说的基础是，人像子民一样俯伏上帝的学说，也就是在尼哥底母谈话中所说的内容。

托尔斯泰认为，耶稣在民众中所宣扬的信仰问题，不管何时何地都是一样的。这个问题在于，人是不幸的，人会死亡，有谁、何时、如何拯救他们？基督、弥赛亚、拯救者，都是一回事。耶稣说，人的拯救在于本人，在于他对上帝像儿子那样的臣服。他从各方面表达了这个思想，试图把它和粗糙有限的拯救、幸福观念区分开来。

托尔斯泰认为，耶稣所说的拯救属于精神方面的拯救，这一思想，除了像耶稣那样从各个可能方面表达以外，别无他法。托尔斯泰认为，不管耶稣用哪种形式表达自己的思想，其思想的各个方面都被颠覆了。（人们，特别是教会）对他的理解刚好相反，或者承认他是弥赛亚、基督、上帝，把他神化，或者把他钉在十字架上，因为他把自己叫做上帝，而耶稣实际拒绝把自己神化。

我们仅从托尔斯泰对一些关键词语的理解看，可以说，他的观点和教会的观点势同水火。除了对关键词语的不同解读以外，托尔斯泰还涉及语义的以下方面：

1 加字

文本内容被加上一个字，意思适得其反。托尔斯泰在第四章论及第一条戒律（不怒）[①]时，举了一个例子。

原译：

太5：21 你们听见有吩咐古人的话，说，不可杀人，又说，凡杀人的，难免受审判。

太5：22 只是我告诉你们，凡向弟兄动怒的，难免受审判。（有古卷在凡字下添"无缘无故地"五字）凡骂弟兄是<u>拉加</u>的，难免公会的审断。凡骂弟兄是<u>魔利</u>的，难免地狱的火。

---

① Толстой Л. Н. Указ. соч. С. 83.

托尔斯泰所译：

Вы слыхали, что сказано древним: не убивай. Кто убьет, тот подлежит суду.

А я вам говорю, кто сердится на брата своего, тот уже подлежит суду. А если кто скажет своему брату: <u>сволочь</u>, тот подлежит суду уголовному. А если кто скажет своему брату: <u>сумасшедший</u>, тот подлежит суду.

（你们听到过讲给古人的话：不可杀人。杀人者应受到审判。

而我要给你们说，凡向兄弟动怒者，此人应该已经受到审判。谁向自己的兄弟说出：你是<u>坏蛋</u>，此人应受到刑事审判。如果有人对自己的兄弟说：你是<u>疯子</u>，此人应该受到审判。）

我们在此需要指出，画线部分的第一个词应翻译为"废物"，①第二个词应翻译为"笨蛋"。② 托尔斯泰对这两个词的翻译并不准确。但是，这是题外话。重要的是以下内容：

托尔斯泰的解释说，在许多抄本中，没有"无缘无故"（напрасно）这个词，这个词是后人添加的。这个词与耶稣整个学说的意义根本对立，显得非常愚蠢。如果无缘无故生气不好，那么可以有缘有故地生气。谁来判定此中无缘无故，还是有缘有故？

可以看到，经文被加上一个字以后，其意完全改变。托尔斯泰还与教会的解释进行对比。教会的理解与托尔斯泰的理解并不相同。在我们看来，教会的解释也有一些道理，但是，托尔斯泰坚决认为，这个添加可以看作福音书被有意歪曲的鲜明实例。托尔斯泰感叹说，这个词虽小，对整体涵义的破坏巨大。托尔斯泰推测说，在福音书中，这样的添加应该还有不少。从托尔斯泰这些论述看，主题，整体涵义确实是通过各个层面上的表达手段整体体现出来了。

2 上下文同义词

托尔斯泰在行文中③谈到我们现在所说的上下文同义词，反映了他根据

---

① пустой человек （http://www.superbook.org/UBS/S/D/7261.htm#%3Dak%u2039）-good-for-nothing.

② неразумный, безрассудный, глупый （http://www.superbook.org/UBS/S/D/6D76.htm#mvr%u0441w）-fool.

③ Толстой Л. Н. Указ. соч. С. 63-79.

全文内容把握词语意义的语用观点。例如,托尔斯泰认为,以下称名:1)神;2)精神(灵);3)神子;4)人子;5)光;6)道。它们的意义相同,它们的使用,应该与话语客体相适应。当谈到万物之始的时候,其名曰神;当谈到与肉体对立的事物时,其名曰精神(灵);针对其起源而言时,其名曰神子;当谈及体现的时候,其名曰人子;当谈到它与理智的一致关系时,其名曰光或者道。

3 词语的伴随意义

托尔斯泰在《关于他人花园园丁的比喻》中,[①]明确谈到词语的伴随意义。[②]例如:

原译:

可 12:10 经上写着说匠人所弃的石头,已作了房角的头块石头。

可 12:11 这是主所作的,在我们眼中看为希奇。这经你们没有念过吗?

太 21:42 耶稣说,经上写着,匠人所弃的石头,已作了房角的头块石头。这是主所作的,在我们眼中看为希奇。这经你们没有念过吗?

托尔斯泰的翻译与原译并无二致,我们主要关注他对"角石"伴随意义的解释。托尔斯泰分析说,在《新约》中,三次提到石头的这种伴随意义。在这些地方,石头的伴随意思,就是一切之根基,包括生命和学说的根基。词语"基石"(камень краеугольный)用以表达一切之基础,最早出现在以赛亚书中,例如:

赛 28:16 所以主耶和华如此说,看哪,我在锡安放一块石头,作为根基,是试验过的石头,是稳固根基,宝贵的房角石,信靠的人必不着急。

赛 28:17 我必以公平为准绳,以公义为线铊。冰雹必冲去谎言的避所,大水必漫过藏身之处。

赛 28:18 你们与死亡所立的约,必然废掉,与阴间所结的盟,必立不住。敌军(原文作鞭子)如水涨漫经过的时候,你们必被他践踏。

诗 118:22 匠人所弃的石头,已成了房角的头块石头。

诗 118:23 这是耶和华所做的,在我们眼中看为希奇。

托尔斯泰总结说,这就是基石的意思。战胜死亡的基石,就是正义与真

[①] Толстой Л. Н. Указ. соч. С. 178.
[②] Кронгауз. Указ. соч. С. 138 – 140.

情。把托尔斯泰的解释与《圣经阐释》所做的解释①比较以后,我们发现,后者不像托尔斯泰的解释那样符合语义学的释义要求。

(四) 修辞语义

1 外在理解与内在理解

在第九章《论法利赛、撒都该和希律人的诱惑》②一节,托尔斯泰涉及修辞语义的问题。托尔斯泰是这样解释的:

耶稣在说出自己的学说之后,警告门徒小心"酵母"。门徒们把"酵母"这个词理解为"学说"的意思,但是,如果耶稣意味着学说,他就会直说"学说"这个词。耶稣把自己所说的称为"酵母",还有妇人放进面盆改变面团所使用的酵母,是个比较,表达世界被放置善道以后发生的变化。

托尔斯泰根据四部福音书的全部内容,考虑上下文因素,对三种酵母的修辞语义进行分析,内容精彩、引人入胜。例如:

撒都该人的酵母,就是判定、断定的酵母。撒都该人,这是除了书面法则、世俗生活,什么都不承认、荒淫无耻的人。撒都该人,这是要求征兆进行证明的人;这是那些笑着询问:七位兄弟的妻子最终将归哪位兄弟,这是希望他们的问题没有任何答案的人;这是那些要求明确"近人"之义的人;这是那些掩饰无知,以无知自傲,满足于无知的人。

在我们看来,读者需要警惕的部分,也是显示托尔斯泰立场的分析结论,托尔斯泰说,撒都该人的酵母,<u>意味着科学唯物主义</u>!(徒 23:8 因为撒都该人说,没有复活,也没有天使和鬼魂,法利赛人却说,两样都有。)我们当然无法同意他的说法。但是,托尔斯泰所批判的撒都该人的酵母,不能说没有值得我们警醒的地方。我们再来看看托尔斯泰对法利赛人酵母的分析:

法利赛人的酵母,就是教会的酵母。根据福音书,法利赛人,就是那些谴责人们不守安息日,谴责人们不净手,谴责人们和罪人交往的人;这是要杀掉荡妇的人;这是总和希律党人在一起的人;坚持认为丈夫可以休妻的人,那些收买犹大,让他出卖基督的人;那些大声祈祷,感谢神灵,因为他们过得比他人更好;那些把耶稣钉在十字架上的人。耶稣主要谴责的,就是他们。耶稣说,

---

① http://www.superbook.org/LOP/MT/mt21.htm#42.
② Толстой Л. Н. Указ. соч. С. 213.

最要警惕的,就是这种酵母!

托尔斯泰的总结非常精彩,但是,有关经文更是振聋发聩,醍醐灌顶,例如:

太 23:23 你们这假冒为善的文士和法利赛人有祸了。因为你们将薄荷,茴香,芹菜,献上十分之一。那律法上更重的事,就是公义,怜悯,信实,反倒不行了。这更重的是你们当行的;那也是不可不行的。

太 23:25 你们这假冒为善的文士和法利赛人有祸了。因为你们洗净杯盘的外面,里面却盛满了勒索和放荡。

太 23:27 你们这假冒为善的文士和法利赛人有祸了。因为你们好像粉饰的坟墓,外面好看,里面却装满了死人的骨头,和一切的污秽。

路 11:42 你们法利赛人有祸了。因为你们将薄荷芸香,并各样菜蔬,献上十分之一,那公义和爱神的事,反倒不行了。这原是你们当行的,那也是不可不行的。

路 11:43 你们法利赛人有祸了。因为你们喜爱会堂里的首位,又喜爱人在街市上问你们的安。

路 12:1 这时,有几万人聚集,甚至彼此践踏,耶稣开讲,先对门徒说,你们要防备法利赛人的酵,就是假冒为善。

在《有关播种者、酵母的比喻以及解释天国的其他比喻》中,① 托尔斯泰对修辞手段语义的分析也非常精彩。他认为,撒种和稗子的比喻,具有新的、深刻的涵义,直接回答人们的以下问题:什么是恶,人们应当如何理解恶,怎样对待恶。②

我们注意到,耶稣也对自己的比喻进行解释,揭示其深层涵义。在解释比喻的时候,耶稣本人也注意到,比喻是从外在和内在两个方面回答问题的,他区分对天国的外在理解(有关神的目的与道路)和内在理解(有关个人进入其中的可能)。从耶稣对比喻的解释,我们可以看到,耶稣也是区分表层意义和深层涵义的。③ 例如:

路 8:4—10 是耶稣的"比喻",路 8:11—15 是耶稣对"比喻"深层涵义的

---

① Толстой Л. Н. Указ. соч. С. 69.
② Толстой Л. Н. Указ. соч. С. 71.
③ Толстой Л. Н. Указ. соч. С. 70.

解释。路 8：8 的"有耳可听的，就应当听"，是耶稣提醒门徒注意深层涵义的语用指示。门徒果然要求耶稣解释自己的比喻。我们再举一个修辞语义的问题，①例如：

原译：

太 13：11 耶稣回答说，因为天国的奥秘，只叫你们知道，不叫他们知道。

可 4：11 耶稣对他们说，神国的奥秘，只叫你们知道，若是对外人讲，凡事就用比喻。

太 13：13 所以我用比喻对他们讲，是因他们看也看不见，听也听不见，也不明白。

托尔斯泰合编以后所译：

Он отвечал им: К тому, что вам дано знать внутренний смысл царства Божия.

А тем, что вне — является в примерах.

Ради этого толкую им в притчах.

（耶稣回答他们说：因为天国的内涵只叫你们知道。

若是对外人讲，凡事就用实例。

所以我用比喻对他们讲。）

托尔斯泰解释说，比喻的意义，一些人懂得其中的涵义，另一些人不懂得其中的涵义。用比喻讲的原因是，他们不理解内涵时，无法以其他方式理解。例如：路 8：10 他说，神国的奥秘，只叫你们知道。至于别人，就用比喻，叫他们看也看不见，听也听不明。

托尔斯泰这样翻译这句经文：天国的秘密，是叫你们知道的，而其他人，则要用实例进行解释了。需要提醒听者注意时，耶稣就使用语用标记：太 13：9 有耳可听的，就应当听。（Кто имеет смысл, тот поймет.）

托尔斯泰根据自己的合编，②解释了比喻的意义。这个比喻具有外在意义，内在涵义则是另外一种情况。这个比喻的外在涵义是，对神而言，一些人注定要死，另一些人则注定要生。内在涵义是，没有注定的说法，每个人

---

① Толстой Л. Н. Указ. соч. С. 73.
② Толстой Л. Н. Указ. соч. С. 73.

第十二章 托尔斯泰对福音书的"解构":《四部福音书合编与翻译》

都可能有"道",并具有盈余。落在路上的种子,指对"道"的漠视与鄙薄。耶稣警告人们避免冷漠与鄙视,他说,人们应当努力把道纳入心中。落在石上的种子表示虚弱,耶稣警告人们避免,他指出,人们应当努力,不因委屈、迫害而动摇。荆棘等刺实植物指尘世烦忧,应当尽量弃绝。优良土壤意味着理解与执行,排除委屈与烦扰。耶稣说,谁付出努力并加以执行,就会获得丰盛的生命。

托尔斯泰或者受到耶稣言语的启发,其思想也具有一定的辩证性。托尔斯泰非常注意意义的外在与内在、表层与深层,还有言说与行事的区分。我们在下文还会涉及这一点。

2 存疑

有些地方,托尔斯泰心存疑虑,①例如:

原译:

路 5:34 耶稣对他们说,新郎和陪伴之人同在的时候,岂能叫陪伴之人禁食呢?

路 5:35 但日子将到,新郎要离开他们,那日他们就要禁食了。

托尔斯泰合编以后所译:

Тогда подошли к нему ученики Иоанна и говорят: отчего мы и законники постимся много, а ученики твои не постятся?

И сказал им Иисус: Не могут гости на свадьбе печалиться в то время, когда с ними жених. Когда нет жениха, —тогда постятся.

(约翰的门徒走近他并且说道:为什么我们和律法师多次持斋,而你的门徒却不持斋?

耶稣对他们说:婚礼上客人们和新郎在一起的时候是不能悲伤的。新郎不在的时候才持斋。)

托尔斯泰存疑的地方是,关于新郎的话语,其意不明。原文没有解释"新郎"一词的意蕴。托尔斯泰认为,就 10 个童贞女的比喻来看,"新郎"一词应该理解为"生命",如果在此赋予"新郎"一词生命的意思,那么,这句话的涵义是,

---

① Толстой Л. Н. Указ. соч. С. 55.

当人还具有生命的时候,没有什么值得悲伤;当他失去生命的时候,才感到悲伤。

我们看到,《圣经阐释》做了解释。① 但是,我们读起来还是感到费解。其中存在错误,例如句法方面,误把不定人称句叫作无人称句,等等。再如,太11:20—24、路10:12—15,托尔斯泰认为,以前的翻译,不仅没有教益,而且没有任何意义。托尔斯泰试图用其他方式来翻译,他同时承认,他的翻译也没有消除所有困难,这个地方的意义仍然不明。这是托尔斯泰存疑的地方。《圣经阐释》则认为,耶稣向门徒解释其使命的重要性,还有不听从门徒、不听从耶稣基督的人将被严惩。

(五) 语用方面

1 福音书在语用方面的启示

福音书内容丰富、意蕴深厚,或许托尔斯泰正是阅读这些内容以后,意识到意义的表层与深层、内在与外在等方面的关系。耶稣也涉及现在所说的语用方面的问题。在《论法利赛人、撒都该人和希律人的诱惑》②一节,根据托尔斯泰的合编,有这样一段对话:

原译:

太16:6 耶稣对他们说,你们要谨慎,防备法利赛人和撒都该人的酵。

太16:7 门徒彼此议论说,这是因为我们没有带饼吧。

太16:11 我对你们说,要防备法利赛人和撒都该人的酵,这话不是指着饼说的。你们怎么不明白呢?

太16:12 门徒这才晓得他说的,不是叫他们防备饼的酵,乃是防备法利赛人和撒都该人的教训。

路12:1 这时,有几万人聚集,甚至彼此践踏,耶稣开讲,先对门徒说,你们要防备法利赛人的酵,就是假冒为善。

路12:2 掩盖的事,没有不露出来的。隐藏的事,没有不被人知道的。(А нет того скрытого, что бы не открылось, и тайного, что бы не стало известно.)

---

① http://www.superbook.org/LOP/LK/lk5.htm#35.
② Толстой Л. Н. Указ. соч. С. 214.

第十二章 托尔斯泰对福音书的"解构":《四部福音书合编与翻译》

这段话讨论了"法利赛人的酵"的字面意思和深层意思,特别是最后一句经文(路12:2),更是点睛之笔。

2 外在意义与内在意义

托尔斯泰具有一定的辩证思想,对于意义的分析,他注意表层意义和深层涵义的区分,他使用的术语是"外在"与"内在"。意义具有外在与内在之分,内在意义即为深层涵义。在第二章的《否定安息日》①一节,托尔斯泰指出,耶稣实际否定安息日外在的不得工作的意义,而是宣扬仁爱,内在的爱重于外在的规则。如:

太5:23 所以你在祭坛上献礼物的时候,若想起弟兄向你怀怨,

太5:24 就把礼物留在坛前,先去同弟兄和好,然后来献礼物。

托尔斯泰认为,以前的解释者实际上把这个意义掩盖起来。他认为,教会的错误解释掩盖了耶稣话语的深层涵义。

我们还可以举例说明托尔斯泰有关内在与外在的区分。在托尔斯泰看来,耶稣几乎在对所有戒律的解释中,都列举了两个理由,用以解释人们为什么需要执行他(耶稣)的盼咐:一个理由是内在的,为什么这样好;另一个理由是外在的,为什么这是有益的。例如,和对手在审判之前和解,因为避免发怒不仅是好的,而且也是有益的。在解释为什么不能对兄弟发怒时,耶稣列举了内在原因——不可能在发怒时心念上帝,此外,耶稣还列出了外在原因——发怒者自身也会更加糟糕。特别是在第四章的《不以暴力抗恶》一节的综述中,②托尔斯泰对这一规则涵义的解释,明确体现了内在与外在、表层与深层的二元对立。我们先看原文。耶稣说:

太5:38 你们听见有话说,以眼还眼,以牙还牙。

太5:39 只是我告诉你们,不要与恶人作对。有人打你的右脸,连左脸也转过来由他打。

太5:40 有人想要告你,要拿你的里衣,连外衣也由他拿去。

太5:41 有人强逼你走一里路,你就同他走二里。

太5:42 有求你的,就给他。有向你借贷的,不可推辞。

---

① Толстой Л. Н. Указ. соч. С. 45.
② Толстой Л. Н. Указ. соч. С. 87.

太 5：43 你们听见有话说,当爱你的邻舍,恨你的仇敌。

太 5：44 只是我告诉你们,要爱你们的仇敌。为那逼迫你们的祷告。

托尔斯泰解释说,就像在以前的规则中一样,耶稣从两个方面加以解释：从内在而言,它是针对个人的；从外在而言,它是针对大家的。针对个人他说道：作为人们一员的个人怎能判定另一个人？判定的人应当看到,什么好,什么不好；但是,他怎能看到,什么好,什么不好,如果他自己做判定,也就是说,想要报复和惩罚；他的判定行为本身,就已经确认了恶；如果他判定,那么,他本人就是盲人,是想要引领其他盲人的盲人。以上是针对个人而言的。对所有的人来说,第一,如果他判断、审判,那么别人也会审判他；第二,他想要改变、教导的东西,自己却在破坏。他教导、惩罚。学生学会的是老师指导的内容。老师教导的是应当报复。这一点学生也应该学会了。如此以来,人们教导他人惩罚,大家越来越走向黑暗。他们本是为了善才这样做的。杀戮不可能来自善良的愿望；良木如何长出恶果。如同良木结善果,善人也不会复仇和惩罚。如果他们惩罚,就不要相信他们善良。这个地方的涵义就是这样的。

托尔斯泰进行我们现在所说的语用分析,注意外在与内在的区分,其中二元对立的观点一直存在,这是一种动态的辩证分析。① 再如,托尔斯泰认为,需要区分我们关于恶的普遍的概念,也就是客观的恶,即哲学家所言的外在的恶；还有一种恶,它是针对个人而言的恶,主观的恶、内在的恶。客观之恶是不存在的。主观之恶,就是背离"道",就是死亡。对这两种观点的区分,在落入不同土质的种子以及撒种者的比喻中得到描述。顺便指出,一般认为,"不以暴力抗恶"是托尔斯泰的发明,托尔斯泰则认为,他不过是在阐发耶稣的观点。

3 上下文

托尔斯泰能够根据上下文分析语言单位的意义。例如,在《与法利赛人的谈话》②中,有这样的经文：

约 7：14 到了节期,耶稣上殿里去教训人。

约 7：15 犹太人就希奇说,这个人没有学过,怎么明白书呢？

---

① Толстой Л. Н. Указ. соч. С. 69.

② Толстой Л. Н. Указ. соч. С. 151.

第十二章　托尔斯泰对福音书的"解构":《四部福音书合编与翻译》

托尔斯泰是这样解释的:就像在《约翰福音》的许多地方一样,应当在思想上把内容不足的地方用福音书的内容补充完整。此处说道,耶稣在进行教导,民众对他的学说感到惊讶。因此,为了明确话语的涵义,应当思考他教导的内容。读者不能凭空想象,一定要在心里,在思想上考虑耶稣的学说,例如,犹太人祀神错误,上帝就是精神(灵),以精神和事业为上帝服务,还有山顶宝训、行乞和五诫,等等,这些教导包括了他的所有学说:否认假神,通过事业和精神,也就是以善、爱和恭顺为上帝服务。由此可见,托尔斯泰对涵义的把握是考虑上下文因素的。

4　通过间接引语剖析言语行为

耶稣的话语往往是具有一定言外之力的言语行为,但是,具体是哪种言语行为,需要进行分析。托尔斯泰通过间接引语的方式,把言语行为的目的,具体的言外之力揭示出来。① 例如:

约 7:16 耶稣说,我的教训不是我自己的,乃是那差我来者的。

约 7:17 人若立志遵着他的旨意行,就必晓得这教训或是出于神,或是我凭着自己说的。

约 7:18 人凭着自己说,是求自己的荣耀。惟有求那差他来者的荣耀,这人是真的,在他心里没有不义。

托尔斯泰是这样解释的:为了理解约翰福音书中的谈话,需要记住,耶稣通过这些谈话,"确认、证明、解释"他和尼哥底母谈话的内容,并没有阐述任何其他学说。教会的误解在于,它想通过这些话语看到实际的学说。这里没有任何新的学说,只是对以前学说,特别是耶稣和尼哥底母的谈话内容的"确认"。托尔斯泰说,人们只有记住这一点,才会明白,为什么根据约翰福音,耶稣的话语,对犹太教徒而言,虽然没有任何相反的东西,却激起他们的愤怒。耶稣和犹太人每次谈话的理由,都是否认犹太人的祀神以及摩西律法。每次谈话都是由他们要求证明其否定的合法性而开始的。

我们所加引号中的内容,就是托尔斯泰对耶稣言语行为目的的揭示。用圣经的话说,就是:不要从字面上去论断,而要根据精神来论断。

---

① Остин Дж. Л. Слово как действие. В сб.: Новое в зарубежной лингвистике, вып. XVII. М., 1986. С. 83.

5 对言外行为(取效行为)的分析

托尔斯泰对言语行为进行分析,他还注意到取效行为。当然,托尔斯泰没有使用现代语用学的术语,但是,他表达的意思就是这样的。例如,在第五章的《论生命之粮》①一节,有这样的经文:

原译:

约 6:37 凡父所赐给我的人,必到我这里来。到我这里来的,我总不丢弃他。

托尔斯泰所译:

Все то, что дает мне Отец, то прийдет ко мне, и того, кто отдается мне, я не погублю.

凡父所给我的,必到我这里来。到我这里来者,我必不丢弃。

托尔斯泰解释说,在这句经文中,同时表达了两个意思:一是耶稣学说的实质是什么;二是追随他的学说,将会产生什么后果。用我们的术语说,就是耶稣宣扬自己学说的实质(可与言外行为类比)以及门徒追随他的学说将产生的后果(言后行为)。

6 剖析间接言语行为

托尔斯泰在复述《天国》(第三章)的主要内容时,②运用间接引语剖析耶稣的间接言语行为。例如:

原译:

约 16:25 这些事,我是用比喻对你们说的。时候将到,我不再用比喻对你们说,乃要将父明明地告诉你们。

托尔斯泰所译:

Это я вам говорил и <u>говорю окольными словами</u>, но придет время, когда <u>не окольными словами</u>, но прямо возвещу вам об Отце.

(这件事,我以前、现在也是用<u>转弯抹角的言语</u>给你们说的,但是时候将

---

① Толстой Л. Н. Указ. соч. С. 115.
② Толстой Л. Н. Указ. соч. С. 75.

第十二章 托尔斯泰对福音书的"解构":《四部福音书合编与翻译》

到,我不再用转弯抹角的言语对你们说,而要将父直接告诉你们。)

其他俄译:

Я говорил вам об этом иносказаниями, но час наступает, когда Я скажу об Отце вам открыто, без иносказаний. ①

我以前是用隐晦曲折的言语向你们说的,但是,时候将要来临,我将直白地,不需要使用隐晦曲折的言语,将父直接告诉你们。

托尔斯泰的翻译,从一个方面说明了直接言语行为和间接言语行为的问题。言语行为和其中所使用的语言手段之间具有相关性。动词述谓的语义会外显言外之意。如果没有这种动词,言外之意通过句法结构和语调外显出来。在一些言语行为中,缺乏与其言外之意相应的专门的语言标记,或者存在的是某种其他言外之意的标记,这样的言语行为就是间接言语行为。说者使用间接言语行为,希望听者借助自己的语言知识以及语言之外的知识来理解,后者包括交流的原则,如格莱斯的会话合作原则,以及有关现实世界的不同的百科知识。②

7 指出语用标记——重复

原译:

约 7:8 你们上去过节吧。我现在不上去过这节。因为我的时候还没有满。

托尔斯泰所译:

Вы идите на праздник этот, а я не пойду на праздник этот, потому что мне еще нет времени.

你们上去过"这"节吧,我现在不上去过"这"节,因为我的时候还没有满。

托尔斯泰解释说,词语"这个"被重复两次,再次指明,耶稣不承认这个节日。

---

① http://www.superbook.org/RBO11/JN/jn16.htm#25.
② Кронгауз М. А. Семантика. М., 2001. С. 343-345.

我们现在看到的英译本都保留指示重复意义的词语（例如定冠词或者代词）。汉语译本没有注意这方面的问题。托尔斯泰正是通过重复进一步说明其坚持的思想。托尔斯泰的意思是，这样的重复使用具有隐含。这是语用意义的分析，具有一定的道理。我们再举一个例子：

原译：

太 11:15 有耳可听的，就应当听。（У кого есть уши, пусть услышит!）

托尔斯泰所译：

Кто хочет понять, тот поймет.（想要明白的人，就会明白。）

У кого есть смысл, тот поймет.（觉得其中具有涵义者，就会明白。）

托尔斯泰解释说，这一表达在马太福音中重复三次，都在词语可能出现双重涵义的情况下出现，用作警示，警告人们不要简单理解话语的意义，而要理解它们的转义。①

我们觉得，托尔斯泰这样的翻译并不确切。翻译得比较直白，意蕴全失。虽然如此，托尔斯泰却指出了需要注意的语用标记。他这样加以解释："有耳可听的，就要留心。"这句经文的外在涵义是：一些人，如同落入瘠劣土壤的种子，似乎注定要灭亡；其他一些人，似乎注定要过丰盛的生活。托尔斯泰指出，如果耶稣觉得，人们可能误解他的话，或者如果涵义可能是双重的，总要加上那些话。② 这是一种提醒读者或者听者注意的语用标记。

8 非言语手段的意义

在第九章《诱惑》的"像孩子那样"一节，③托尔斯泰谈及非言语手段的意义。

原译：

可 10:13 有人带着小孩子来见耶稣，要耶稣摸他们，门徒便责备那些人。

可 10:14 耶稣看见就恼怒，对门徒说，让小孩子到我这里来，不要禁止他

---

① Толстой Л. Н. Указ. соч. С. 70.
② 根据我们的考察，实际情况是这样的：这句话在马太福音中重复了三次（太 13:9；太 11:15；太 13:43）；在马可福音中重复了三次（可 4:9；可 4:23；可 7:16）；在路加福音中重复了两次（路 8:8；路 14:35）。
③ Толстой Л. Н. Указ. соч. С. 195.

第十二章　托尔斯泰对福音书的"解构":《四部福音书合编与翻译》

们。因为在神国的,正是这样的人。

可 10:15 我实在告诉你们,凡要承受神国的,若不像小孩子,断不能进去。

可 10:16 于是抱着小孩子,给他们按手,为他们祝福。

托尔斯泰解释说,对教士而言,这个地方的意义,集中在耶稣为孩子"按手"祝福,他们解释了他为什么"按手",然后,他们就什么也看不到了。根据托尔斯泰的解释,"按手"没有任何有趣之处,这只是耶稣据此说出重要的、具有教益话语的理由。"按手"这个动作在此占据的位置,也就是其他地方"同时"、"此后"等词语占据的位置。托尔斯泰认为,重要的是耶稣表达的有关思想:第一,他感到悲伤的是,门徒认为某人不值得、不能和他联系。第二,他就此对人们说,他们不应该妨碍孩子们和他联系。第三,孩子未受成人的不良影响之前,他们本身就处于他所宣扬的天国。因此,不是把他们和他分割开来,而是相反,自己向他们学习,如何理解天国。这些思想在《马太福音》第 18 章得到解释。

托尔斯泰在这里从功能角度解释了非言语手段的意义,把注意力集中在耶稣的学说上,而不是具体的动作上,这也反映了他的基本观点:重视内在的学说的实质,而不是仪式本身。托尔斯泰的具体阐释是为说明其基本思想内容服务的。

9　深层涵义分析

在第十章,托尔斯泰分析有关荡妇的比喻,[①]发掘其中的深意,他写道:

荡妇的命运令人惊奇。人们在其中看到的只是某种敏感的东西,看不到那个虽然简单粗糙,但是合理的涵义,就此得出的结论是,法律、议院、法院,都不应存在。它们存在的条件是,人们甚至缺乏法利赛人的那种真诚。法利赛人没人敢说自己没有罪,他们懂得,能够杀伐的,只有敢说自己没有罪的人。托尔斯泰说,这个比喻的命运令人惊奇。这个论断、这个形象,非常明确地表现出,凡人不可能进行审判。这个比喻表达的敏感、用手指在地上画画这些内容,一般人都很喜欢,但是,他们对这个比喻的意义、目的,置若罔闻。托尔斯泰略带讽刺地说,这个比喻表现的敏感令人满意,拿到薪水也令人高兴。一般

---

① Толстой Л. Н. Указ. соч. С. 204.

认为,这个比喻意味着,在谈话中不要谴责近人,他们同时认为,绞杀、砍头并无不妥。托尔斯泰指出,这个比喻的深层意义绝非如此。

我们觉得,托尔斯泰的解释,视角独特。他似乎具有语不惊人死不休的劲头。他解构文本,新意迭出。

有关托尔斯泰对文本深层涵义的分析,我们再举一个例子:①

原译:

约 13:26 耶稣回答说,我蘸一点饼给谁,就是谁。耶稣就蘸了一点饼,递给加略人西门的儿子犹大。

约 13:27 <u>他吃了以后,撒但就入了他的心</u>。耶稣便对他说,<u>你所作的快作吧</u>。(И после сего куска вошел в него сатана. Тогда Иисус сказал ему: что делаешь, делай скорее.②)

约 13:28 同席的人,没有一个知道是为什么对他说这话。

约 13:29 有人因犹大带着钱囊,以为耶稣是对他说,你去买我们过节所应用的东西。或是叫他拿什么周济穷人。

约 13:30 犹大受了那点饼,立刻就出去。那时候是夜间了。

托尔斯泰所译:

И сказал ему Иисус: <u>что хочешь делать, делай скорее.</u>

И никто не догадался, к чему он сказал это.

Они думали, что, так как у Иуды были деньги, то он велел ему купить, что нужно для праздника, а другие думали, что велел нищим подать.

И, взяв кусок, Иуда тотчас же вышел. А была ночь.

(耶稣对他说,<u>你想做什么,就快做吧</u>。

没有人猜到他为什么这样说。

他们想,因为犹大有钱,耶稣吩咐他买些节日需要的东西,而其他人想,耶稣吩咐他周济穷人。

犹大拿起一块面包,立刻就走出去了。<u>而此时已是晚间</u>。)

---

① Толстой Л. Н. Указ. соч. С. 236.
② http://www.russianbible.net/Joh-13.html#c27.

第十二章　托尔斯泰对福音书的"解构"：《四部福音书合编与翻译》

托尔斯泰这样分析说,耶稣这句话"你想做什么,就快做吧",根本不意味着(教会方面理解的)要犹大出卖他。托尔斯泰认为,耶稣没有必要建议别人出卖他,但是,耶稣多次暗示门徒说,他们中间会出叛徒。耶稣看到,犹大警觉起来,想要逃跑。犹大不可能不害怕。如果门徒知道他是叛徒,不要说其他人,西门彼得就可能杀了他。如果犹大没有走开,他就有可能被杀死,因此耶稣对他说：快跑。但耶稣需要其他人,除了犹大以外,都无法理解他的话语的深意。其他人确实不明白是怎么回事。当犹大离开以后,门徒才明白,但已经追赶不及,已是夜晚。"而此时已是晚间",这句话的涵义就是这样的。

根据我们的看法,教会的理解有它的根据,它可能觉得有这样一句经文：

太26：50 耶稣对他说,朋友,<u>你来要作的事,就作吧</u>。于是那些人上前,下手拿住耶稣。

所划的这句话和约13：27的那句话相似。这是次要的原因。主要的原因是,托尔斯泰实际上把这句经文(约13：27)的前半句也删除了,他不信所谓的"<u>他(犹大)吃了以后,撒但就入了他的心</u>"。这样看来,托尔斯泰的理解和教会的理解不同也就不足为奇了。

10　通过整体内容解释文本涵义

在第十章的《与暴力抗恶的诱惑进行斗争》[①]一节,我们看到,托尔斯泰确实是通过整体来解释涵义的。例如,他这样解释道：以前的阐释者不管如何努力解释这个地方的意义,所得的意思都是耶稣准备自卫。此前,耶稣对门徒说,他们将抛弃他,不会保护他。耶稣以前还说过,不需要斗争。但是,现在该是斗争的时候了,应当准备食物和刀具,进行自卫。原因是耶稣被看作不义之人。托尔斯泰结合以赛亚书的经文进行解释：

赛53：12 所以我要使他与位大的同分,与强盛的均分掳物。因为他将命倾倒,以致于死。他也被列在罪犯之中。他却担当多人的罪,又为罪犯代求。

托尔斯泰说,耶稣引用的就是这一点。他指的是武力。无法作其他理解,因为门徒就此答道：这是我们的两把刀。因此,不能认为,门徒没有理解耶稣的话,因为耶稣作了肯定回答。托尔斯泰认为,教会的解释破坏了福音书的意

---

① Толстой Л. Н. Указ. соч. С. 240.

义,使读者迷茫,以至这一明确深刻、富有教益的内容,对读者来说,或者丢失,或者出现明显矛盾。妨碍理解的因素是认为,耶稣是神,他不能表现出虚弱,他不能受到诱惑。但是,耶稣吩咐准备刀具,他赞赏门徒准备好了刀具。他本想以恶抗恶,甚至这样解释其中的原因:如果没有受到迫害,他就不去斗争。当人们认为他是不义之人的时候,他不能不斗争。

耶稣在最后的晚餐上揭露叛徒,却让叛徒逃走。托尔斯泰认为,这是爱的高度体现。夜晚来临,耶稣受到诱惑,他让门徒准备刀剑相搏,也就是去做与其学说对立的事情。这个地方可能让人迷惑,但是,如果把它和以前的内容联系起来,如果把它看作必须的导入,说明在客西马尼园的时刻,还有耶稣被捕时的行为,当时,门徒想用刀割掉马尔休斯的耳朵。托尔斯泰认为,如果把这些地方都联系起来,此处不仅不使人们感到迷惑,而且必不可少,这是福音书最崇高、最有教益的地方之一。托尔斯泰解释说,信奉基督学说的人面临两种威胁:一是因为胆怯的原因放弃这一学说,也就是耶稣警告彼得的内容;二是因为暴力的原因,从而以恶抗恶。耶稣曾屈服于第二种诱惑,抗恶的诱惑,但他立刻祈祷,与诱惑斗争,并战胜了诱惑。托尔斯泰说,人们不理解这个地方的原因是,把它与园中祈祷割裂开来,如果像教会那样彼此割裂,这两个地方的意思都不清楚了,特别是园中祈祷的意思。

(六) 场景分析

在第一章的《旷野诱惑》一节,托尔斯泰对人们习惯的场景进行解构,[1]展示了他分析场景和脚本的能力。用现在的术语说,场景是就静态而言的,它是一种记忆结构,把统一目的和时空所限定的、统一情境联系在一起的行为和状态组织起来;脚本是就动态而言的,它把有关事件的定型的交替变化的知识加以组织,乃是一系列交替的情景。[2] 从托尔斯泰的相关分析可以看到,他根据自己的创作经验,有意或者无意地运用了这方面的知识。

原译:

路4:1 耶稣被圣灵充满,从约但河回来,圣灵将他引到旷野,四十天受魔鬼的试探。

---

[1] Толстой Л. Н. Указ. соч. С. 30.
[2] Кронгауз. Указ. соч. С. 89-90.

第十二章 托尔斯泰对福音书的"解构":《四部福音书合编与翻译》

太 4：1 当时,耶稣被圣灵引到旷野,受魔鬼的试探。

可 1：12 圣灵就把耶稣催到旷野里去。

路 4：2 那些日子没有吃什么。日子满了,他就饿了。

托尔斯泰把其中的关键词 Διαβολος 翻译为 искуситель(诱惑者①),意在赋予该词本有的意义,而不是当时,包括我们现在认为的"魔鬼"的意思。托尔斯泰根据语文知识和文艺创作经验分析道:②

旷野诱惑这段特别引人注目的是,它成为教会解释圣经涵义的绊脚石。教会有关上帝的说法自相矛盾(例如,上帝被魔鬼诱惑,但魔鬼则是上帝创造的)。就整章涵义而言,福音书的作者并不把魔鬼当作出场人物。托尔斯泰根据创作经验认为,如果作家想到一个人物,他会描写此人的一些情况,例如,外表、行为,等等,而在这里,没有关于此人的只言片语。只在福音书的作者需要表达耶稣思想和情感的时候,才会提及诱惑者这个人物。作家没有说,诱惑者如何走进耶稣,也没有说,他如何把耶稣带走,更没有说,诱惑者是如何消失的。作家提及的只是耶稣,提及的只是每个人体内都有的那个敌人,提及的那场斗争,大家也很熟悉。如果没有它,也就无法想象这是一个生者。托尔斯泰的结论是,福音书的作者想通过一些简单手段表达耶稣的想法。为了表达耶稣的想法,必须迫使耶稣说话,但只有耶稣一个人。作家不得不让耶稣和自己说话,作家把一个声音称为耶稣的声音,把另外一个声音称为魔鬼,亦即欺骗者、引诱者。

托尔斯泰说,教会的解释直接说,不需要、也不应当(虽然一直没有说明其中的原因)把魔鬼看作表象,应看作真实人物,一般人也都习惯接受这种说法。托尔斯泰提出,不同意教会解释的人可以看到,一般认为是诱惑者所说的话语,表达的只是肉体的声音,它和听取约翰布道以后的耶稣的精神是对立的。诱惑者、欺骗者、撒旦,它们的意味相同。这样理解词语意思的理由是:1)福音书作者引入诱惑者这一角色,只是为了表达耶稣的内心斗争,没有增添有关诱惑者的任何特点;2)诱惑者的话语,表达的只是肉体的声音,除此以外,别无

---

① 《俄汉详解大词典》指出,这个词的第二个意思就是指圣经中的魔鬼;但是,其他的俄语词典(如 Кузнецов С. А. Большой толковый словарь русского языка. СПб.，1998)没有这个释义。

② Толстой Л. Н. Указ. соч. С. 30.

他意;3)所说的三种诱惑,只是内心斗争司空见惯的表达,它们在每个人的灵魂中都是这样重复的。

托尔斯泰通过上下文分析、语境分析、主题述题(问答情况)分析以后指出,耶稣和诱惑者的对话,不能从直义上去理解,只能理解为针对普通人,而不是针对上帝而说的。如果它们是针对普通人而言的,意义就清楚了。托尔斯泰解释了这些话语的蕴含。托尔斯泰的分析,结合了我们现在所说的词汇语义、句法语义、语用认知方面的因素。例如:托尔斯泰根据自己的合编,这样分析:

第三个诱惑是前两个诱惑的严密推导。前两个诱惑的起句都是:如果你是上帝之子……,最后一个诱惑就没有这样的起句前奏了。肉体的声音直接对耶稣说(同时给他看一切尘世王国,给他看人们如何生活),如果你臣服于我,所有一切都给你。没有"如果你是上帝之子……"的前奏,考虑话语的特点,不像和辩论的人说话,而是和一个已经屈服的人说话。托尔斯泰指出了此处与前文的联系。

托尔斯泰叙述了三个诱惑之间的逻辑联系,分析了其中的深层涵义。他指出,耶稣对诱惑的答复,也都言之有据。例如,耶稣的第三个答复来自申命记第六章的第 13 句:"你们要敬畏上主—你们的上帝,只敬奉他,奉他的名发誓。"托尔斯泰认为,这句话不能等闲视之,它是针对当时的以色列人而言的,他们那时物质丰富,但应当谨记上帝,敬奉上帝。这样,肉体的声音沉默下来,上帝的力量帮助耶稣经受住了诱惑。

托尔斯泰接着和教会的理解作了对比,指出了其中的误解。他说,关于生命的意义,关于宗教的严肃谈话,一个人的内心斗争,都会重复以上论断,也就是魔鬼和耶稣,亦即肉体的声音和精神的声音之间的论断。

我们认为,就世界观而言,托尔斯泰属于唯心主义,他在这里表达的思想,既有客观唯心主义的成分,也不乏主观唯心主义的因素,总之不是唯物主义。例如,他认为,人们称为"唯物主义"的东西,只是严格遵循魔鬼的所有论断;人们称为"禁欲主义"的东西,只是遵循耶稣的第一个答话:人不是以面包而生的。

托尔斯泰接着结合上文验证一些观点。耶稣针对魔鬼的第一个问题的答复是:人不以面包而生,以道而生。耶稣针对第二个问题的答复是:他不怀疑"道","道"总是与他同在。道赋予他生命,生命就是道之光,他不怀疑道的存在。他不敬奉其他人,除了敬奉他的生命之源、生命本身。他只敬重道。托尔斯泰分析了这个地方的"内在意义"以后认为,就耶稣学说的发展而言,这个地方的意义还在于,它解释了耶稣意识中的上帝,也就是"道"。托尔斯泰是结合上下文整体把握耶稣学说的。这也是托尔斯泰在说明他认为的一个主题:神就是道。

(七) 精神分析

在文本分析过程中,托尔斯泰还表现出精神分析的一面。例如,在第一章《道之体现》"耶稣基督的出生与童年"[①]一节,托尔斯泰指出,描写耶稣出生奇迹的章节,它们的主题,就是通过奇迹、预言,尽可能让人们感到此人的重要性。托尔斯泰认为,如果理解约翰福音的引言,就不再会承认耶稣出生的这些传说。

托尔斯泰认为,此处的意义在于说明,耶稣基督的可耻出生是合理的。如前所述,耶稣基督是道,他是上帝的体现。但是,这个耶稣基督的出生为人所不齿,他是童贞女所生。这些章节从一般人角度说明,耶稣不知其生父,其可耻的、并不光彩的出生是合理的。这就是这些章节的唯一特点,这对耶稣后来的训诫具有一定意义。

托尔斯泰这样的分析,让我们感到震惊。托尔斯泰敢言他人之所不敢言。他的说法又在情理之中。这使我们想起弗洛伊德的精神分析。弗洛伊德经典的精神分析,改变了以前人们所谓儿童时代幸福快乐、无忧无虑的观念。弗洛伊德把儿童时代变成了一个可怕的性的悲剧(例如俄狄浦斯情结)。[②] 耶稣的情况则相反,他只知其生母,不知其生父。

我们能够理解托尔斯泰这样的解释:耶稣是个被其生父遗弃的聪明男孩,看到身边的孩子都有生父,故而认定太初、元始,也就是上帝,是自己的父亲。上帝乃是大众之父,这个观念是犹太人的书籍表达的,例如:玛 2:10 我们岂不都是一位父吗?岂不是一位神所造的吗?我们各人怎么以诡诈待弟兄,背弃了神与我们列祖所立的约呢?托尔斯泰这样的分析,都是在揭示主题:耶稣不是神。

[①] Толстой Л. Н. Указ. соч. С. 24.
[②] Руднев В. П. Указ. соч. С. 592.

（八）对比研究

在第三章的《与尼哥底母的谈话说了什么》①一节，托尔斯泰揭示文本的深层涵义，他写道，他的理解和教会理解的不同之处在于，他所理解的"神"，是耶稣在旷野呼告、与尼哥底母的谈话、与撒玛利亚妇人的谈话所限定的那个"神"，而不是犹太人的那个造物主上帝，这是耶稣所否认的，教会却把这个上帝理解为"神"。如果不理解耶稣否认犹太人的造物主上帝的学说，不理解用"唯一的上帝、圣灵、人子的圣父、道"来代替这个"上帝"，结果就是发明一些没有意义的、充满诱惑的教条，例如，上帝造出邪灵恶鬼，还有赎罪和永恒的磨难，等等。在第四章的《耶稣拣选门徒以及对他们所说言语》，②托尔斯泰在此和教会的理解、世俗的理解进行对比，揭示他所认为的耶稣学说的深层涵义，展示耶稣间接言语行为的言外之意。

（九）福音书的谜底

托尔斯泰通过对四部福音书语文方面的研究，类似我们所说的微言大义，声称他发现了福音书的谜底，这主要来自一句经文。

原译：

太18：6 凡使这信我的一个小子跌倒的，倒不如把大磨石拴在这人的颈项上，沉在深海里。

托尔斯泰所译：

И тот, кто отманит от истины хоть одного из таких детей, верующих в меня, тот готовит ему то, чтобы надеть жернов на шею и потонул бы он в море.（凡诱惑这信我的一个小孩偏离真理的，倒不如把大磨石拴在这人的颈项上，沉在深海里。）

托尔斯泰的解释：

"信我的"孩子，那些什么都不理解，并没有非常接近耶稣的人。这些孩子相信耶稣，或者相信他的学说。这意味着什么？《马太福音》和《马可福音》在

---

① Толстой Л. Н. Указ. соч. С. 67.
② Толстой Л. Н. Указ. соч. С. 103.

第十二章　托尔斯泰对福音书的"解构":《四部福音书合编与翻译》

这点上是一致的。托尔斯泰解释说,孩子们相信耶稣,不可能是相信他是三位一体的第二位格。孩子们也不可能做到相信他的学说。孩子们能够相信、所相信的是：生活就是善。托尔斯泰认为,如此而已,再无其他,这就是耶稣的学说。没有受到诱惑的人相信耶稣。托尔斯泰认为,《马太福音》第18章第6句：那诱惑这些孩子之一偏离真理者(可9：42凡使这信我的一个小子跌倒的,倒不如把大磨石拴在这人的颈项上,扔在海里。)是整部福音书的谜底。或者对这句经文视而不见,或者这样理解福音书：耶稣除了相信生命之外,没有教导其他信仰。受到诱惑的孩子会失去生命,如同带着大磨石被抛到海里。磨石代表诱惑。

托尔斯泰质疑,为什么<u>诱惑者</u>(原文如此,或是托尔斯泰的笔误。应该是"受到诱惑者")类似被抛到海里的人,还不仅难以理解,而且粗糙不堪。托尔斯泰说,教会的翻译不只是恶意翻译,而且马虎粗心。但是,托尔斯泰并没有提出什么新的译法和解释。他的指责也是我们难以理解的。

国内出版的《新约圣经》[①]把这一段落归纳为"戒立恶表"。《圣经》[②]把它归纳为"拒绝一切罪的诱惑"。根据我们的看法,耶稣在下文还论述,为了生命的整体而绝然抛弃妨害生命的肢体,语气沉重,信念绝然。托尔斯泰把这个部分看作福音书的谜底,除了他的上述理由,我们从耶稣的语气与信念,也能得到启示。这段内容,具有为达目的、不怕牺牲局部的"壮士断腕"的气概。这个谜底和托尔斯泰对"道"的解释是一致的。

四、对托尔斯泰合编与翻译的语言批判

托尔斯泰的合编原则,考虑意义、主题,依据理性、语言规律和言语规则。托尔斯泰认为,合编四部福音书,有时需要变动经文的位置。托尔斯泰根据自己的理解,从意义、主题出发,删减他认为不需要的经文。例如：他认为,有的经文"没有任何意义",在有的经文中,"不需要的、具有诱惑的细节破坏了叙述",等等。[③] 托尔斯泰的有些评价,显得颐气指使,唯我独尊。他以一定唯物辩证思想,批判、改编《圣经》的客观唯心思想,使其具备一定的唯物的合乎理性的成分。托尔斯泰在唯物主义和客观唯心主义之间挣扎。客观唯心主义的

[①]《新约圣经》,中国天主教主教团教务委员会,南京爱德印刷有限公司,2009年2月。第33页。
[②]《新约》,中国基督教三自爱国运动委员会,中国基督教协会,2012年8月印刷(2009年版),第22页。
[③] Толстой Л. Н. Указ. соч. С. 52.

成分还是占据上风的,但是带有一定的理性色彩,具有科学的面纱。托尔斯泰把客观唯心主义的内容用理性大网过滤了一下,得到的还是客观唯心主义的东西,但具有一定的合理性,原来荒诞不经的成分减少许多。

托尔斯泰认为,有的经文包含部分、偶然的细节,没有普遍意义。① 有些经文②包含驱鬼的内容以及预言,重复基督的教导,还有关于他的传闻,等等,这些都没有意义,可以删略。托尔斯泰觉得有些经文和耶稣的学说矛盾,就把它们放弃了。③ 托尔斯泰把神迹看作耶稣学说的外在证明,把它们都删除了。④ 托尔斯泰觉得,他已经完全把握了这个"道",他说,有些经文没有为这个学说增加任何内容,反而破坏了涵义。⑤ 托尔斯泰虽然承认意思有不清楚的地方,但常常不同意教会的解释。⑥ 托尔斯泰把自己认为没有深意的经文都加以删除,他认为,有的经文或者完全无法理解,或者意味着其他情感因素。⑦ 他根据自己的理解进行合编、翻译,是一种相对自由的再创作,不是严格意义上的翻译。

我们看到,托尔斯泰进行合编的组织原则,用现在的术语说,是对超级文本的分析与阅读,牵涉互文。托尔斯泰为了涵义的更大连贯,⑧把经文的先后顺序进行调整。例如,他根据自己的合编,⑨删除路加福音第 17 章第 34—36 句经文,认为它们是不恰当的插入。除了从意义连贯方面说明理由,托尔斯泰还从句法方面证实自己的看法,用现在的术语说,就是通过提问的方法,确定主题和述题,明确其中的连贯关系。例如:

路 17:33 凡想要保全生命的,必丧掉生命。凡丧掉生命的,必救活生命。

路 17:34 我对你们说,当那一夜,两个人在一个床上。要取去一个,撇下一个。

路 17:35 两个女人一同推磨。要取去一个,撇下一个。

---

① Он же. Указ. соч. С. 52.
② Он же. Указ. соч. С. 55.
③ Он же. Указ. соч. С. 103.
④ Он же. Указ. соч. С. 103.
⑤ Он же. Указ. соч. С. 109.
⑥ Он же. Указ. соч. С. 115.
⑦ Он же. Указ. соч. С. 173.
⑧ Он же. Указ. соч. С. 182-185.
⑨ Он же. Указ. соч. С. 183.

第十二章 托尔斯泰对福音书的"解构":《四部福音书合编与翻译》

路 17:36 两个人在田里要取去一个撇下一个。

路 17:37 门徒说,主啊,在哪里有这事呢? 耶稣说,尸首在哪里,鹰也必聚在哪里。

托尔斯泰认为,经文(路 17:34—35)是不恰当的插入,理由如下:门徒的问题"在哪里",与它们并不关联;针对第 33 句经文,"哪里"与之关联:获得生命,在哪里获得生命? 针对问题:在哪里? 耶稣回答:哪里也没有。如果说尘世的东西,那么,尘世的一切都没有生命,都是死尸。哪里有死尸,哪里就有乌鸦出现。

托尔斯泰确实以意义、主题为指针进行合编。他甚至认为,他的理解是唯一正确的,即使对福音书的作者,托尔斯泰有时也加以批判。对于路加,托尔斯泰曾认为,路加也没有他看得远,没有他高明。托尔斯泰只承认耶稣。[①]例如:

路 10:25 有一个律法师,起来试探耶稣说,夫子,我该作什么才可以承受永生。

路 10:26 耶稣对他说,律法上写的是什么? 你念的是怎样呢?

路 10:27 他回答说,你要尽心,尽性,尽力,尽意,爱主你的神。又要爱邻舍如同自己。

托尔斯泰是这样解释的:路加把这些话语添加到比喻里,这并不恰当,原因是:第一,他削弱了这些话语的意义;第二,他让这些话语通过律法师的嘴说出来。律法师不可能知道这一戒律,这不是一般的戒律,而是摩西两部不同书籍的摘录,例如:

申 6:5 你要尽心,尽性,尽力爱耶和华你的神。

利 19:18 不可报仇,也不可埋怨你本国的子民,却要爱人如己。我是耶和华。

托尔斯泰出于对律法师一类人的憎恶,说出这样的话来,我们可以理解,但是,托尔斯泰这样的理由并无完全的根据,律法师也可能读过旧约,也可能知道这一说法。此处显示出托尔斯泰一定的极端性。

托尔斯泰认为,有些经文放在某处并不恰当,对于以前所说的内容没有任

[①] Он же. Указ. соч. С. 205.

何增益。他根据意义、主题,把意义不明、缺乏新意、毫无增益的内容,都加以删除。① 经过这种方式得到的文本,都是经过加工或者再创造的文本。托尔斯泰在合编的时候,除了调整经文的先后顺序,还改动文本,把他认为不合理的地方加以删除。他直接删除不用的经文数量众多,②就他采纳的经文而言,也存在有以下几种情况。

1 改动文本,删除所谓不合理的地方

原译:

太 9:35 耶稣走遍各城各乡,在会堂里教训人,宣讲天国的福音,又医治各样的病症。

托尔斯泰所译:

И обходил Иисус все города и все села и учил в собраниях и, разглашая, возвещал присутствие Бога. 耶稣走遍各城各乡,在会堂里教训人,宣讲存在上帝。

托尔斯泰根据自己的理解改动经文,删除他认为不合理性的地方。例如,他说,"我放弃了一些话,'治好了所有疾病',把它看作不需要的内容,属于要用奇迹证明学说真实的一类东西"。③

2 采信一些与自己观点一致,却和教会理解完全相反的观点

原译:

太 5:17 莫想我来要废掉律法和先知。我来不是要废掉,乃是要成全。

太 5:18 我实在告诉你们,就是到天地都废去了,律法的一点一画也不能废去,都要成全。

路 16:17 天地废去,较比律法的一点一画落空还容易。

托尔斯泰指出,在一些教会神甫的摘录中,此处(太 5:17)是这样的:

---

① Толстой Л. Н. Указ. соч. С. 213.
② http://amkob113.narod.ru/tlst/john_0.html#Глава 12.
③ Толстой Л. Н. Указ. соч. С. 79-99.

第十二章 托尔斯泰对福音书的"解构"：《四部福音书合编与翻译》

Что вы думаете: я пришел исполнить закон или пророков? Не исполнить пришел я, а уничтожить.（你们如何考虑：我来是执行律法或者先知？我不是来执行的，而是来消灭的。）

托尔斯泰认为，只有在这样的说法中，才可以理解"或者先知"。他认为，这个说法没有被纳入典范，但是，人们从这个说法接受了词语"或者先知"，它被纳入现在看到的说法中，而在此，它们无法理解。

托尔斯泰根据上下文作了考异、订正工作。① 他有的解释和教会的解释完全相反。② 教会的解释也谈到，《马太福音》第5章第17句经文还有其他说法，例如：

Зачем вы думаете, что Я пришел исполнить закон и пророков? Я пришел нарушить, а не исполнить.

教会认为，这是异教徒为达到自己的目的，故意改变《马太福音》的经文。

托尔斯泰根据意义，明确提出经文先后顺序调整的问题。③ 经句有不理解、不需要的，就放弃；多余的经句，也放弃。在我们看来，托尔斯泰对有些问题不采取存疑的态度，而采取独断的态度，这也不是科学态度。托尔斯泰在翻译中，会采用一些自己的译法，有些转换是我们难以接受的。

3 无法接受的转换

原译：

太13：31 他又设个比喻对他们说，天国好像一粒芥菜种，有人拿去种在田里。

太13：32 这原是百种里最小的。等到长起来，却比各样的菜都大，且成了树。天上的飞鸟来宿在他的枝上。

托尔斯泰所译：

Царство небесное — как березовое семечко; захватив, высеял его человек на своем поле.

Хоть и меньше всех семян, когда вырастет, больше всякой травы будет

---

① Толстой Л. Н. Указ. соч. С. 81.
② http://www.superbook.org/LOP/MT/mt5.htm#17.
③ Толстой Л. Н. Указ. соч. С. 134.

и станет дерево, и птицы пернатые будут вить на ветвях его гнезда.

（天国，就像白桦树的种子；一个人抓来把它种在自己地里。虽然它比其他所有的种子都要小，长大以后，将比任何草儿都大，长成大树，鸟儿将在其枝杈上筑巢。）

《圣经阐释》这样解释：野生的、未经过培育的芥菜，能长到 8—12 英尺，不同的小鸟经常落在这一植物上，它们在纤细的树枝之间飞舞，啄食它们喜爱的种子。我们无法得知，托尔斯泰为何要把"芥菜籽"翻译为"白桦树的种子"。这似乎不是笔误，因为在下文中，出现了同样的翻译。托尔斯泰改动经文词语，产生前后不一致的现象。①

原译：

路 17：5 使徒对主说，求主加增我们的信心。

路 17：6 主说，你们若有信心像一粒芥菜种，就是对这棵桑树说，你要拔起根来栽在海里，他也必听从你们。

托尔斯泰所译：

И сказали ученики Иисуса: сделай так, чтобы мы верили.

И сказал Иисус: если бы в вас вера была, как зерно березовое, говорили бы вы: дерево, поди, пересадись в море, и слушалось бы оно вас?

（耶稣的门徒说道：做些什么吧，让我们具备信仰。

耶稣说道：如果你们心中有信仰，就像白桦树种子，你们会说：树啊，转栽到海里去吧，它是否会听从你们？）

托尔斯泰自己解释说，芥菜种子不能被看作最小事物的形象。此处使用芥菜籽比拟天国，这个天国是人心之内的天国。

托尔斯泰在他翻译的经文中，把"芥菜籽"翻译为"白桦树的种子"，解释时又用"芥菜籽"，或许只是笔误。如果托尔斯泰有意为之，那么，我们难以同意这样的转换，这种转换实在是多此一举，违背翻译的基本原则。在有些地方，托尔斯泰根据自己的理解改动经文，有时并无道理，有时则能够自圆其说。

---

① Он же. Указ. соч. С. 180.

第十二章 托尔斯泰对福音书的"解构":《四部福音书合编与翻译》

4 改动经文词语

原译:

路 18:1 耶稣设一个比喻,是要人常常祷告,不可灰心。

托尔斯泰所译:

И сказал им Иисус поучение к тому, что всегда надо молиться и не унывать.(耶稣教导他们说,要常常祷告,不可灰心。)

托尔斯泰解释说,祷告(молиться, προσευοαι)的第一个意思是:愿望、寻求、追求某种东西。应当只为圣灵祷告。祷告、愿望,应当只寻求上帝允许其升入天国。在这句经文中,他把比喻一词用"教导、学说"来替换,因为这里插入了有关祷告的学说。《路加福音》第 11 章的比喻,说得也是同样的内容。

我们觉得,托尔斯泰此处的改动尚能自圆其说。但是,从翻译的基本原则而言,这种改动并无必要。

5 牵强的翻译

原译:

约 14:6 耶稣说,我就是道路,真理,生命。若不借着我。没有人能到父那里去。(Иисус сказал ему: я путь и истина и жизнь. Никто не приходит к Отцу, как только через меня.)

托尔斯泰认为,这里的"我"应当翻译为"我的学说",除了涵义,还可证明的是,在《约翰福音》第 8 章第 25 句,针对问题:你是谁? 耶稣回答说,我是我给你们讲说的内容。(约 8:25 他们就问他说,你是谁? 耶稣对他们说,就是我从起初所告诉你们的。)

托尔斯泰确实注意文本的贯通理解,此处的说明也有道理。不过,从修辞角度看,原译所使用的"我",应看作借代,原译也是可以的。根据现在的翻译原则,托尔斯泰的这种改动属于多此一举。

6 译词不确

原译:

约 14:10 我在父里面,父在我里面,你不信吗? 我对你们所说的话,不是凭着自己说的，乃是住在我里面的父作他自己的事。

托尔斯泰所译：

Разве ты не <u>постигаешь</u>, что я в Отце и Отец во мне. Слова, которые я говорю, я не от себя говорю; Отец, тот, который во мне, он действует.

托尔斯泰解释说，希腊语 πιστευω① 的意思虽然可以通过 верить（相信）表达，但最好是通过 постигнуть 表达，它既具有"相信"的意思，又具有"理解"的意思，在俄语里保留了第一个意思。托尔斯泰的这种解释，并没有在俄语词典中得到确认，②或许是托尔斯泰自己的理解吧。

原译：

约 15：1 我是真葡萄树，我父是栽培的人。

托尔斯泰所译：

<u>Разумение</u> есть <u>корень настоящий</u>, и Отец мой садовник.（<u>道是真正的树根</u>，我父就是园丁。）

托尔斯泰是这样解释的：出于前后贯通的原则，"我"（教会的翻译）在此应当使用"道"这个词传达，这样，以后的内容就清楚了。③ 托尔斯泰对这句经文的处理，不能叫做翻译，应该叫做解释。

7　译词前后各异

托尔斯泰试图尽量不用教会译本的术语。例如教会使用的词语：креститель（施洗）、покаяние（忏悔），托尔斯泰分别用 купало（库帕拉）、обновление（恢复）取代。但在行文中，还是不由自主地把约翰称为"施洗"。④这样，托尔斯泰并未做到前后一致地使用术语。再如：托尔斯泰把 фарисей 翻译为"正教的，正教徒"，总结了这个词表示的人物的特点。⑤ 他认为，虽然法

---

① http://www.superbook.org/UBS/JN/jn14.htm.
② Толковый словарь Даля. В. И. Даль. 1863–1866.
③ Толстой Л. Н. Указ. соч. С. 247.
④ Толстой Л. Н. Указ. соч. С. 25–42.
⑤ Толстой Л. Н. Указ. соч. С. 45.

第十二章 托尔斯泰对福音书的"解构":《四部福音书合编与翻译》

利赛人不同于东正教徒,但这些人所占据的位置,就是俄国东正教徒所占据的位置。在我们看来,这可以看作一种解释,但作为一种译法,托尔斯泰本人也没有把它固定下来,也没有坚持这样翻译,在以后的行文中,他还是音译的。他没有做到前后一致。俄语词典对"法利赛人"的释义也和托尔斯泰的理解不同。①

8 难以苟同的译法

托尔斯泰的翻译,也有使人觉得难以理解,难以接受的地方。② 例如:

原译:

(太19:21 耶稣说,你若愿意作完全人,可去变卖你所有的,分给穷人,就必有财宝在天上,你还要来跟从我。/太19:22 那少年人听见这话,就忧忧愁愁地走了。因为他的产业很多。/太19:23 耶稣对门徒说,我实在告诉你们,财主进天国是难的。)

可10:21 耶稣看着他,就爱他,对他说,你还缺少一件。去变卖你所有的,分给穷人,就必有财宝在天上。你还要来跟从我。

托尔斯泰所译:

耶稣看了他一眼,笑了一下,说道,还有一件事没有做:如果想要完成一切,那就卖掉你的所有,分给穷人,你就会有财富在天上;那时再来这里,再跟我走。

托尔斯泰解释说,"还有一件事没有做",显然是嘲笑。耶稣重复说道:还有一件小事没做,为了执行这些诫命需要去做的那件事。以上是托尔斯泰的解释,但是,我们看不出把"还有一件事没有做"理解为嘲笑的依据。

9 没有道理的解释

在托尔斯泰的合编与翻译中,也存在解释得没有道理的地方。③ 例如:

原译:约7:30 他们就想要捉拿耶稣。只是没有人下手,因为他的时候还没有到。

---

① Толковый словарь Ушакова. Д. Н. Ушаков. 1935 – 1940; Кузнецов С. А. Большой толковый словарь русского языка. СПб.,1998.
② Толстой Л. Н. Указ. соч. С. 135.
③ Толстой Л. Н. Указ. соч. С. 152.

托尔斯泰所译：И хотели осилить его, но никто не одолел его, потому что еще не было суждено ему.（他们想辩难耶稣,但是,谁也无法战胜他,因为他的时候还没有到。）

托尔斯泰的解释：这两个表达可能具有直义："用力抓住他",也可能具有这样的涵义："在争论中战胜对手,用论据战胜对手"。第二个涵义和后面内容的联系更加紧密。

我们认为,这只是托尔斯泰的一种理解,孤例而已。再举一个例子。①

原译：

路19：48但寻不出法子来,因为百姓都侧耳听他。/路19：47耶稣天天在殿里教训人。祭司长,和文士,与百姓的尊长,都想要杀他。/约11：49内中有一个人,名叫该亚法,本年作大祭司,对他们说,你们不知道什么。

约11：50独不想一个人替百姓死,免得通国灭亡,就是你们的益处。

约11：51他这话不是出于自己,是因他本年作大祭司,所以预言耶稣将要替这一国死。/约11：52也不但替这一国死,并要将神四散的子民,都聚集归一。

托尔斯泰认为,《约翰福音》第11章第50句,不知为什么,所有译本翻译得都不正确。他不同意以下译法："宁可一人为众人而死,也不愿……",这句经文的意思是,宁可一人去死,也不愿民众去死。托尔斯泰认为,这是对福音书言词态度马虎的又一例子。一个人错误翻译以后,所有其他人,就像群羊,重复同一错误。我们认为,这是托尔斯泰的孤证。其他译本都不这样理解。

从以上分析可见,托尔斯泰的翻译和理解,有的言之有据,有的缺乏理据；托尔斯泰的合编,包括对经文的删减、顺序的调整,都是对文本的重大处理,对经文的重新洗牌。这是托尔斯泰对福音书的解构,是他与文本相互作用形成的结果。现在大家都知道,解构、主题分析,允许,而且认为对文本的理解并不是唯一的。托尔斯泰虽然坚信他对福音书主要内容的理解是正确的,但是,很清楚,这只是他的一家之言。他自己也曾承认,对福音书的注释永无完结之日,但他并不认为他的解构并非人们阅读福音书的终结,这是他自信、自负、极

---

① Толстой Л. Н. Указ. соч. С. 227.

第十二章　托尔斯泰对福音书的"解构":《四部福音书合编与翻译》

端的一面,也是他的局限。他并不自觉地使用了我们现在所说的现代主义(互文)、后现代主义(超级文本①)、后结构主义(解构、主题分析)的一些策略,但是,他的意识并未达到与其相应的理论程度。一般认为,他的几部长篇小说说明他属于19世纪的现实主义,但是,有的研究则发现了其作品中"先锋派"的特点,②虽然"在他的独白小说中,作者是其主人公的全权主人,而主人公只是作者的傀儡",③但他又踏入了20世纪的门槛。在《四部福音书合编与翻译》中,托尔斯泰认定自己理解的耶稣的言语唯一正确,我们也看到了他的思想的一种过渡。托尔斯泰的思想(认为他所得到的认识唯一正确)与其所使用的策略(解构、超级文本、主题分析)之间存在矛盾,这使得这部作品无法被称为完善的作品,遑论它引发的各种宗教、哲学方面的争论。我们意图从语言方面说明,托尔斯泰的这部作品是不完善的。我们不做宗教哲学方面的争论。

五、托尔斯泰的解构与主题分析

托尔斯泰的研究是文本语义研究,涉及主题。他的研究可以称为文本解构,也就是文本分析。"解构"的任务是,在文本中展示那些非系统的,处于边缘状态的成分的重要性。④ 托尔斯泰确实在这个方面做了大量工作,也就是他所说的"过多的语文方面的细节"。我们知道,后结构主义始终追求的,不仅是研究方法和研究对象的更新,而且是元语言的革新。⑤ 这个特点,在托尔斯泰的这本著作中也有体现。托尔斯泰选定的研究对象不是整部圣经,而是四部福音书,他的研究方法,不是惯常使用的神学的、哲学的,或者历史的方法,而是语文学的方法,我们现在知道,"后结构主义和解构","将史学转向哲学,将哲学转向诗学"。⑥ 在我们看来,托尔斯泰把"宗教哲学"转变为文本分析的"诗学"。他使用的语文方法,除了传统的词汇诠释,还运用当时尚未出现,我们现在所说的语用学、认知语言学的一些方法。他称呼约翰施洗所用的词语是"库帕拉",他把十字架叫做"绞刑架",等等,反映了他在元语言方面的思考。

---

① Руднев В. П. Энциклопедический словарь культуры XX века. М., 2001. С. 95.
② Он же. Указ. соч. С. 376 – 379.
③ Он же. Указ. соч. С. 324 – 327.
④ Он же. Указ. соч. С. 340.
⑤ Он же. Указ. соч. С. 340.
⑥ Он же. Указ. соч. С. 334.

解构的主要实质是认为，对文本的任何解释，如果允许研究者对文本没有先入之见，那么，这种解释就是没有根据的。研究是通过研究者和文本的对话进行的。不仅研究者影响文本，而且文本也在影响研究者。研究者和文本构成一个统一体，独特的互文。托尔斯泰一直要求读者在阅读福音书时，没有先入之见，这样才能真正理解福音书。这种要求，现在看来，并无道理，也是不可能的。托尔斯泰本人对福音书的认识，根据他的说明，秉持理性原则、遵循语言规律，也不是没有一定预设立场的。

鲁德涅夫认为，解构的真正先驱是苏联哲学家巴赫金与弗莱登贝格。前者把陀思妥耶夫斯基的长篇小说解构，后者把古代文化解构。在德里达、巴特和其他后结构主义代表的影响下（有时则没有他们的直接影响），20世纪70年代以后，俄罗斯诗学开始"解构"艺术文本。加斯帕罗夫的主题分析起到特殊作用。他把布尔加科夫的《大师与玛加丽塔》，勃洛克的《12个》，还有《伊戈尔王远征记》解构。对经典文本的解构，使人感到特别震惊。俄罗斯语文学家、生成诗学的奠基者 A. K. 若尔科夫斯基，对列夫·托尔斯泰的《舞会之后》进行"解构"分析。20世纪20年代是欧洲现代主义的鼎盛时期。解构这一行为，使人们以另一角度看待文本，例如，从神话、精神分析、言语行为理论、可能世界语义学、性格学角度来研究。

阅读托尔斯泰的本部著作，我们觉得，把托尔斯泰称为解构的先驱，并不为过。托尔斯泰在19世纪末20世纪初，难免受到欧洲现代主义的影响。现代主义具有倾向是，进行形式和内容（句法和语义）的创新。[①] 托尔斯泰这部作品对经文的句法和语义进行颠覆性的新解，其现代主义的特点不能视而不见。[②]

托尔斯泰从理性角度看待福音书，其中的分析，涉及我们现在所说的精神

[①] Руднев В. П. Указ. соч. С. 15.
[②] 鲁德涅夫认为，"现代主义"约定俗成地表示19世纪末到20世纪中叶这一文化时期，即从印象主义到新小说和荒诞戏剧时期。"现代主义"的年代下限，是20世纪文化中的"现实主义"或者"实证主义"，上限是"后现代主义"，就是指20世纪50—60年代。现代主义特别偏爱在艺术形式（符号学的术语）、艺术句法学、语义学方面发掘新的东西，而不触及语用领域。而先锋派会涉及所有三个领域，并特别强调语用。他们不可能脱离积极反常的审美行为、制造丑闻和越轨行为（参见：先锋派艺术）。不得不承认以下人物是现代主义者：弗洛伊德、荣格、阿尔伯特·爱因斯坦、赫尔曼·明科夫斯基、库尔特·哥德尔、尼尔斯·玻尔、韦纳尔·海森伯、索绪尔、路德维希·维特根斯坦、诺伯特·维纳、克劳德·申农。—— Руднев В. П. Указ. соч. С. 252-255.

第十二章　托尔斯泰对福音书的"解构"：《四部福音书合编与翻译》

分析、语用学、语义学的思想，也是一种跨学科研究。托尔斯泰对福音书的解构，很容易让我们想起弗洛伊德精神分析对所谓的错误行为的分析，例如：笔误、口误、误听、失言、忘词，等等。弗洛伊德认为，分析错误行为具有重要意义，并就此写成名著《日常生活的精神病理学》(1901)。按照弗洛伊德的观点，错误的背后，隐藏着某种被压抑的、不愉快的、无法直截了当地说出的东西。[①]托尔斯泰就是要把他人不敢言说的内容表达出来，其观点惊世骇俗。托尔斯泰使用的代表性的研究方法，就是主题分析法。

按照定义，主题分析本是后结构主义研究艺术文本以及任何符号对象的一种方法。[②] 它本由鲍里斯·米哈伊洛维奇·加斯帕罗夫于20世纪70年代末引入学界。加斯帕罗夫受到洛特曼及其结构诗学的直接影响。但是，加斯帕罗夫还是拒绝了这一流派，试图从反面来进行研究。结构诗学认为，文本结构的层次具有严格的等级，而主题分析则认为，不存在层次，主题贯穿整个文本，而且，文本的结构也全然不像"晶格"(洛特曼结构主义最爱的"元形式")，更像紊乱的线团。

主题分析的实质在于，分析的单位不是传统的词语、句子，而是"主题"，其基本特征是，它们作为跨层次的单位，在文本中重复着、变动着，和其他主题交织在一起，从而产生自己独特的诗学。就来源而言，主题分析可以追溯到 P. 瓦格纳后期歌剧中的主导旋律的技术，还可以追溯到 A. H. 韦谢洛夫斯基的"主题"概念。鲁德涅夫认为，主题分析的无意识的相关概念，不是与加斯帕罗夫同代的德里达的解构理论（当时在塔尔图不太知名，也并不流行），而是弗洛伊德的经典的精神分析。弗洛伊德在《日常生活的精神病理学》中所描写的自由联想的技术，他对失言、误听、笔误和其他错误行为的分析，使人很容易想到"主题分析"。而且，弗洛伊德公开宣称：联想越是自由，越是"偶然"，它就越可靠。这一原则，加斯帕罗夫并未公开接受，但实际上，情况正是如此。

阅读了托尔斯泰的这部作品以后，我们可以认为，托尔斯泰有意无意也在使用现在所说的主题分析的方法。其中的特点是，托尔斯泰具备基本的认识和分析原则，由此出发，他对自己认定的经文的各个层次上的失误现象，经过一定的联想机制，进行分析。托尔斯泰对于类似语误的分析，早于弗洛伊德。

---

① Руднев В. П. Указ. соч. С. 365.
② Руднев В. П. Указ. соч. С. 256－258.

我们用 20 世纪的术语,如解构、主题分析、语用学,等等,来说明托尔斯泰的一些思想,托尔斯泰的这些思想,针对他所处的时代而言,显然是超前的。

加斯帕罗夫对主题分析的解释则更学术化。他认为①,作为一种现象出现的任何语言报道的涵义,都是通过归纳原则得到的。这个涵义是言说主体的精神世界和他使用的语言表达手法之间相互作用而产生的。这个涵义不是客观"存贮",或者通过编制程序的方式,放置在报道中的。分析思想阐释性作品的涵义,不能要求这种分析成为这一过程传统意义上的"模式",不仅因为思维过程永不停止,对思维过程的分析判定,必然是相对的、局部的,具有一切可能的进一步变化;还因为,这种判定本身就是解释性的行为,其中含有对所分析的语言人工产品进一步涵义归纳的冲动和材料。无法制定涵义生成过程的固定模式,或者涵义分析的固定过程,并不排除这一过程具有一些普遍特点、典型的思维进程,虽然每次都是以不同方式体现出来的,永远也没有牢靠的可预见的结果。最重要的普遍特点之一就是,每个其中的成分,以不同的方式,或者因为伴随联想的原因,进入思维的涵义生成轨道以后,不再与自身等同……分析的对象应当不是这一成分本身,而是它作为主题的变形,这个主题与报道不可分割,只有在与其他主题独特的联结中,这个报道才有意义,其他主题也是在本报道中产生,在对报道的思考过程中生成。对报道的解释,不管是对它的自发理解,这是言语主体本能得出的,或者是对这一过程的分析反映,都不是由固定的组成部分构成的,而是以变化的场的形式展开的,这样,每个主题成分构成这个场的组织,时刻可能在新的组合中消融,这些新的组合构成新的配置。分析文本涵义的时候,应当有所准备,任何形成这一涵义的现象,这些现象能够被区分出来,它们不是以组成部分的形式存在的,而是以主题的形式存在的,是无穷的分流和融合。找到某一具有意义的,为理解整体涵义开辟道路的特点的时刻,也就是失去这个特点的时刻,因为感到它的涵义价值本身就意味着,这个特点在我们的意识中融入涵义归纳的漩涡。这种涵义分析方法就叫做主题分析,其实质在于,它不追求把各个成分及其相互关系固化下来,而把它们表现为不断分流的"主题工作":主题的变动的配置,这些主题的每个新的相互关系,都会改变整体形象,从而在这个整体的主题组成成分

---

① Библиотека Гумер-Гаспаров Б_М_Язык, память, образ_Лингвистика языкового существования. htm.

第十二章 托尔斯泰对福音书的"解构":《四部福音书合编与翻译》

的切分与思考中反映出来。

我们可以看到,如果用现在的术语说,托尔斯泰的合编,借助主题分析式的超级文本阅读法。例如,托尔斯泰在第五章中的《关于遗产(才能)的比喻》,其中所引经文,根据主题进行编排,仅从经文排列而言,这也是一目了然。①在章节的总释部分,托尔斯泰揭示谜底,解释比喻的意义。他把前文的所有比喻结合在一起,以主题为线索贯通解释。这也是对文本蕴含的解释。在第四章,托尔斯泰在讲到第二条规则的时候,②他的解释使我们认为,他的读法就是现在所说的超级文本阅读法。例如,托尔斯泰这样解释:

为了鲜明准确表达思想,(《马太福音》)第 31 句经文应当在第 27 句经文之后,第 31 句经文之后是第 32 句,然后是第 28、29 句。《利未记》(第 20 章,10)说道:"利 20:10 与邻舍之妻行淫的,奸夫淫妇都必治死。"等等,这些话显而易见都是针对奸夫而言的。再如:箴 22:14 淫妇的口为深坑,耶和华所憎恶的,必陷在其中。

再举一个例子。在论及第五条规则时,托尔斯泰列出以下经文:③

太 7:12 所以无论何事,你们愿意人怎样待你们,你们也要怎样待人。因为这就是律法和先知的道理。

路 6:31 你们愿意人怎样待你们,你们也要怎样待人。

托尔斯泰说:这句经文(太 7:12)在《马太福音》第七章,出现在讨论审判的言谈之后,把它放置在此,作为第五条规则的总结。耶稣警示听者,他并非脱离律法解决问题,而是在律法之外给出另外的小的规则,执行这些规则,神国就会来临。耶稣说出这五条规则,具体是:不怒、不淫、不誓、不讼、不战。耶稣说,这五条规则可以归结为一条:你希望别人为你所做的,也同样做与别人(己所不欲,勿施于人)。这条规则也就代替了以前的律法。

托尔斯泰不自觉地使用了我们现在所说的解构、主题分析,而从这些思想、方法的出发点看,它们承认分析者的先入之见、分析者与文本之间相互作用的动态过程,文本涵义的发展性、动态性、非终结性。然而,这恰恰是托尔斯泰所反对的,他对福音书作了解构,否认教会解释的同时,他坚决认为,只有他

---

① Толстой Л. Н. Указ. соч. С. 111.
② Толстой Л. Н. Указ. соч. С. 85.
③ Толстой Л. Н. Указ. соч. С. 92.

正确理解了耶稣,他对福音书涵义的解释是唯一正确的。我们不从神学、哲学方面去辩论这些观点,我们现在从后结构主义、后现代主义的观点看,托尔斯泰的说法就显得极端而不合时宜。他的《四部福音书合编与翻译》是对福音书的解构,是他归纳福音书涵义的一种过程和尝试,这并不意味着对福音书的解读就此达到终点。

圣经被认为是一部百科全书,它的内容编排,按照现在的观点看,就是一种超级文本。托尔斯泰把研究重心放在其中的四部福音书上,而且还从涵义出发,对四部福音书进行合编,他的阅读方法,用现在的观点看,那就是阅读超级文本的方法,就是主题分析。

结　语

通过以上内容,读者可以领略我们现在所说的托尔斯泰的"解构"、"主题分析",包括超级文本阅读。我们可以用 21 世纪的观点,更加平和地对待托尔斯泰的这部著作。我们分析这部著作,不是为了再次引发神学方面的争论,有关争论以及托尔斯泰的答辩,读者在托尔斯泰的有关著作,如《天国在我们心中》可以看到。那里出现的观点令人眼花缭乱、目不暇接。每种观点都是引经据典、头头是道。我们重读这部著作,不是出于世界观方面的考虑,我们的目的是文本的语言分析方面的。读者不难发现,所谓天才,总有为其所处时代所不容的超前意识,有值得后代赞叹的远见卓识。诸如解构、主题分析等等认识与方法,在我们这个时代才逐渐为人所知、为人所接受。托尔斯泰在 19 世纪末 20 世纪之初,不自觉地使用这些方法,对一般人认为神圣不可侵犯的《圣经》,特别是福音书,做出这样的解读,仅从语言学方面而言,他的贡献也是不容忽视的。解构、主题分析,允许对文本的理解不是唯一的,并认为这是必然的。我们再举一个更显而易见的例子。就以《圣经》为例,教会所承认的汉英俄译本,就不下 20 种,仔细阅读不同的译本,其中的措辞、其中的理解差异是显而易见的。教会对这种理解差异作了限定。托尔斯泰的这部著作,则是教会没有限定理解差异,或者教会没有成功限定理解差异的一种表现而已。那么,理解差异所允许的极限在哪里? 托尔斯泰的这部著作做出了回答。观点可以提出来进行争论,但是,语言学的一些基本原则如语法、语义、修辞、语用、认知等原则,应该予以坚持,这是理解差异所允许的极限。托尔斯泰的高明之

第十二章 托尔斯泰对福音书的"解构":《四部福音书合编与翻译》

处在于,他对福音书,既是圣经,也是基督教的基石,作了他所说的语文方面的工作,这方面的工作,虽然看似繁琐,却是支撑他理解的基础,是他最为基本的论据。如果这些论据无法从根本上被驳倒,托尔斯泰的理解也就可以成立。托尔斯泰本人似乎并未意识到他所做的语文方面的工作的重要性,反而对他所做的语文分析多有抱怨。托尔斯泰本人也认为,福音书的精神是预先确定的,不因人的解释而变化。可见,托尔斯泰并无进行我们现在所说的解构和主题分析的基本认识,他所做的工作,是在寻求意义的推动下,在他的世界观、所掌握的语文原则和方法的作用下无意完成的。也就是说,托尔斯泰在并无后结构主义意识的情况下,使用了后结构主义的策略。托尔斯泰无心插柳柳成荫。托尔斯泰所做的语文工作成为他解读福音书的坚实基础。此书自1892年日内瓦初版以后,引起争论无数,屡经禁毁,1995年又在莫斯科再版。历史似乎已经证明,托尔斯泰对福音书的理解,没有超越理解差异存在的极限。托尔斯泰学习希腊文,研读原版,对各种版本进行比对,注意异读,对福音书的词句作出符合语言科学规律的分析和解读。当然,托尔斯泰的解读,从目前语言学角度而言,也不是十全十美、完全正确的。但是,其解读的主体、核心部分,从语言学角度而言,是合理的。在我们看来,托尔斯泰所做精细、超前的语文工作,应该是他对福音书的理解没有超越理解差异极限的前提。类似著作还有托尔斯泰的《教条神学之研究》。[1] 托尔斯泰的《四部福音书合编与翻译》,既不是洪水猛兽,也不是唯一正确的福音书解读,它是对福音书的一种解构,本身也是被解构的对象。

---

[1] Lib_ru-Классика Толстой Лев Николаевич_Исследование догматического богословия_shtml. mht.

第四部分
二十世纪

　　20世纪论述语言心智问题的重要学者,我们认为是弗洛连斯基。弗洛连斯基首先独立提出了"分声歌唱"式的创作,这要早于巴赫金针对陀思妥耶夫斯基的创作所提出的复调理论。弗洛连斯基提出的"整体认识",使我们想起俄罗斯历史上类似的观点。如奥多耶夫斯基在其代表作《俄罗斯之夜》中强调"认识的整体性",它与赫尔岑的观点相呼应,它对斯拉夫派、陀思妥耶夫斯基的创作、20世纪的思想家和作家都具有影响。

二十年記

演劇博物館

第十三章　弗洛连斯基的圆形思维方式和"分声歌唱"：来自集中营的具体玄学

我们所受到的科学教育，一般要求按照概念、体系、模式的路径，理智地认知世界。我们谈及心智问题，谈及思维的定势，总是有人持怀疑态度，认为这不是理智能够认识的问题。其实，与所谓的理性的思维方式对立，存在一种所谓的圆形的思维方式。在此，我们就来看看弗洛连斯基所论述的后者的情况。

弗洛连斯基(П. А. Флоренский，1882－1937)，俄(苏)东正教哲学家、神学家、物理学家、数学家和工程师。他在《真理的柱石与确认》中，研究了索非亚学说。索非亚(神睿)被看作宇宙明达和完整的基础。在《在思想的分水岭旁》，他试图构建"具体的形而上学"，把语言学、符号学、艺术学、偶像与圣像的哲学、数学、物理等领域的研究结合起来。(在大清洗期间，)弗洛连斯基于1933年被捕，1937年被枪杀。[1] 1958年、1959年和1991年，政府分别撤销了此前对他的原判，[2]其沉冤得以昭雪。弗洛连斯基即使在集中营，也是夜以继日地工作，获得多项专利、奖金，成绩斐然。他拒绝放弃东正教信仰，不愿离开祖国，移居国外，但对其他离开苏联的学者表示同情，同时流露出在当时条件下宁愿平静坐牢，也不愿被提前释放，从而每晚担惊受怕的念头。这是一个极富才华，极具个性的人物。

弗洛连斯基在《在思想的分水岭旁》的"道路与交集"(代前言)中说道，[3]

---

[1] Российский энциклопедический словарь. М.，2001. С. 1681.
[2] http://www.sakharov-center.ru/asfcd/auth/? t=author&i=1378.
[3] Священник Павел ФЛОРЕНСКИЙ СОЧИНЕНИЯ В ЧЕТЫРЕХ ТОМАХ. том 3(1). М.，2000. С. 35－40.

他无意告诉读者,其作品的内容如何,但希望标示其作品涵义的重心所在,从而更清楚地显示作品构形模式的韵律。弗洛连斯基谈到不同的思维方式,他使用的术语是思维的"分流区域"。他说,他表现的思维方式,不是紧密结合、最终表现为层次统一的叙述,更确切地说,这是一个,或者多个问题构成的花序,常常被指出来,但是,并未得到完整的回复,这些问题不是通过逻辑模式彼此联系在一起的,而是通过音乐般的彼此应和、重复,联系在一起。弗洛连斯基把这种思维方式叫做圆形思维方式。

我们根据经验知道,确实存在这样的思维方式。弗洛连斯基对这种方式做了较为清晰的阐述,而且通过他的作品,向读者展示了这种思维方式。对弗洛连斯基的研究,从纯粹的哲学角度而言,还存在争论。[1] 有人认为弗洛连斯基认同古希腊、中世纪的文化模式,号召倒退,是反动分子,从而把他"妖魔化"[2];另外一种倾向认为,弗洛连斯基是俄罗斯的"达芬奇",他博学多才,无所不能,是天才,从而把他"全能化"[3]。有些学者的研究,标题就是弗洛连斯基从科学走向宗教。[4] 利哈乔夫(Д. С. Лихачев)的相关文章,简洁明了,却一语中的。我们择其要者,附记于下:"对他(弗洛连斯基)来说,统一的知识并不切分为我们所习惯的门类。其作品的独特性正是在于,他试图把不同领域的知识综合为整体。他把铺设通往未来完整的世界观的道路,看作自己终生的任务。他很早就向俄罗斯知识分子宣告,没有精神(宗教)追求的道路,就是死路一条。就像所有的俄罗斯思想家一样,弗洛连斯基的话语总是通过生活现象,在体现、在事业中寻找支撑。弗洛连斯基的名字,应当成为坚忍不拔、无怨无悔、勇敢顽强的象征。"[5]

研究弗洛连斯基的思想,如果不讨论他追求整体认识的特点,如果不讨论他的圆形思维方式以及具体玄学,还是从抽象概念出发,作形而上学的构造,恐怕不能说理解了弗洛连斯基,至少它与弗洛连斯基的基本倾向是对立的。

---

[1] Зеньковский Василий. История русской философии. М., 2001. С. 830; http://www.vehi.net/florensky/berdyaev.html.

[2] http://www.vehi.net/florensky/oflorenskom.html#_ftnref73.

[3] http://www.vehi.net/men/florensky.html.

[4] 张杰,"真理的探索:从科学走向宗教——记俄罗斯宗教文化批评家弗洛连斯基",《俄罗斯文艺》,1998,第 4 期,第 69—71 页。另外请参考: http://www.vehi.net/nlossky/istoriya/14.html.

[5] http://www.vehi.net/florensky/likhachev.html.

第十三章　弗洛连斯基的圆形思维方式和"分声歌唱"：来自集中营的具体玄学

我们选择弗洛连斯基1933—1937年从集中营寄给亲人的书信为阅读对象，[①]其中的原因是，国内对弗洛连斯基的研究较少，解读弗洛连斯基信件内容的尝试尚未发现。这是外在原因。内在原因是，弗洛连斯基在极端条件下，写给亲人，特别是幼子的信件，披肝沥胆、直奔主题，这非常有助于我们看清弗洛连斯基的思维方式和他表达的具体玄学。他在信件中的表述，应该是他的思想的最新、最直白的表达。

一、圆形思维方式

弗洛连斯基在"道路与交集"（代前言）中说道，[②]圆形思维方式孕育的思绪，炽烈沸腾，还没有找到发泄的渠道。思绪之间的联系是有机的。这些联系只是稍微标示出来，有时并不确定。它们数量众多、品质细腻。这些联系，时隐时现，或明或暗，体现出来的，不是坚固的抽象构建，而是无数纤维构成的簇束，无数的发丝和蛛网。

这种思维织体的构造，不是线形的，也不是链式的，而是网状的，思绪成双成对，形成无数结点，从网上任何一点出发，往返一次，途中都会涉及其他组合，通过任何，或者差不多任何逻辑顺序，人们还是能够返回原地。类似黎曼空间，所有路途都是可逆的，可以并入本身。在思绪的圆形叙述中，通过不同路径，每次都能回到直观的出发点。思维联系多样，织体坚韧，既不可分割，也适应单独的要求、智力的个体构造。更常见的情况是：在这个网状织体上，即使想到它的人，也不是一眼就能看清结点之间的所有关系、存在的所有可能、思维集点的相互联系。

这就是圆形思维，内省思维的能力和内省叙述的方法，被称为东方式的思维。弗洛连斯基认为，英国的思维方式和它最接近，德国的思维方式与它相差最大，但是，歌德、霍夫曼（1776—1822）、诺瓦利斯（1772—1801）、巴德尔（1765—1841）、谢林（775—1854）、博梅（1575—1624）、帕拉塞尔苏斯（1493—1541）等等，虽是德国人，却是反证。这种思维方式也不同于法国的思维方式。弗洛连斯基引述瓦肯罗德（Ваккенродер，1773‑1798）的话说："谁相信某种

[①] Священник Павел ФЛОРЕНСКИЙ СОЧИНЕНИЯ В ЧЕТЫРЕХ ТОМАХ. том 4. Письма с Дальнего Востока и Соловков, М., 1998.
[②] Священник Павел ФЛОРЕНСКИЙ СОЧИНЕНИЯ В ЧЕТЫРЕХ ТОМАХ. том 3(1). М., 2000. С. 35‑40.

体系,谁就从心中赶走了爱！对感觉,比对理智(知性)更容易忍受：迷信也比相信体系好。"我们觉得,弗洛连斯基受到此人的影响很大,他的思想和此人的思想接近,弗洛连斯基把中世纪文化理想化。[1]

弗洛连斯基继续论述道,他所说的思维方式,没有任何体系,但有许多思维根源的问题。在关于世界的哲学思考的最初直觉中,首先产生的是思维的漩涡,它们不具备理性设计,把它们化装为体系的形式,那是错误的,它们不是有序分配、可数叠置的,而是沸腾的思绪。

这些思绪以后可能凝结为坚固的论点,应当研究思维正在产生的漩涡,就像它们实际存在的那样去研究,在它们的直接回声中去研究,在它们开放的"前科学性"、"前体系性"中去研究。没有它们,没有思维的源泉,也就是从"前思维"深层涌出的源泉,终究不理解巨大的体系,就像人们不理解自身一样。弗洛连斯基认为,可能圆形思维所提供的概要,以后自己会成长为更加结实、更加坚固、更为线形的结合,虽然线形结合付出的代价是,某些现在还具有活力的联系不得不死亡；但是,思维起初的发酵具有价值,它们相互对比,将来也不会失去作为知识酵母的能力。弗洛连斯基觉得,在体系自己没有显现出来的地方,费力做出体系,这是对智力生活的强迫,哲学上的虚伪。不需要臆造任何秩序。

二、具体玄学

弗洛连斯基随即提出,他所从事的研究,简而言之,就是具体的形而上学。我们称之为具体玄学。他说,具备圆形思维方式的创作,其中没有统一的建构,固定的只是某些具体的哲学领悟、具体的玄学结点,这就是歌德精神上的哲学人类学。它在实证主义的外壳下悄悄成熟。弗洛连斯基说,他所要做的,就是小心收集具体的思绪,把他所谓的最初直觉的漩涡,赶到一个河湾里去：那就是忠诚于事实。这是一种积累。

没有体系的逻辑统一的地方能够听到其他的统一的声音,这是更为相关的东西,生活上更为深刻的东西,而不是平滑的层面,不是表面的东西,用自己的光亮遮掩内部残缺零乱的观点。就像遥远冲浪的喧闹,人们听到的是它们

---

[1] http://dic.academic.ru/dic.nsf/enc_literature/943/%D0%92%D0%B0%D0%BA%D0%BA%D0%B5%D0%BD%D1%80%D0%BE%D0%B4%D0%B5%D1%80.

第十三章　弗洛连斯基的圆形思维方式和"分声歌唱"：来自集中营的具体玄学

具有韵律的统一。主题又去又回，反复无穷，每次不断得到加强和丰富，每次不断被新的内容和生活的汁液所补充。主题如浪头汹涌，拥挤相赶，渐行渐远，旧的主题会让位于新的主题。在新的主题中，可以听到旧的主题的回声，已有主题的回声。它们在人们前所未闻的发展中产生，之后彼此以不同方式交织在一起，就像机体的组织，各不相同，但形成统一的整体：主题辩证地，通过它们之间的联系和回声，展开"初始直观"（первичное созерцание）的统一。在整体的构造中，每个主题，通过不同方式和其他主题联系。这是一种圆形互助（或者叫做共同责任、集体担保、连环保），彼此穿透的主题具有韵律地"不规则地运动"。其中，没有一个主题占据主导地位，不必在某个主题中寻找最初的因素。主题在这里不构成前后一致的序列，其中的每一环，不一定是从前一环推导出来的。如同友好的社团，人们彼此交谈，一起支持着互相教导的谈话。联系是多面的、具有活力的、有机的，对立于唯理体系形式的、可数的、可以考虑到的联系，而且，形式本身让人自然联想到文牍机制，它具有的关系是外在的、贫乏的、预先确定的。与此类似的还有俄罗斯歌曲。其音乐表现，一般具有两个风格：其一是近代的主调音乐，或者和谐风格，一个主要旋律超过其他声音；其二是中世纪的复调，或者对位风格，所有声部彼此服从。弗洛连斯基说，交响乐作曲家还追求第三种风格，就实质而言，它比复调更早，在俄罗斯民歌的多声部中，以独特方式展现出来。这就是弗洛连斯基所说的第三种形式——"分声歌唱"（гетерофония）。它所有的声部完全自由，彼此并列，互不从属。其中没有恒定不变的合唱"音部"。弗洛连斯基对中世纪的文化模式情有独钟，也是与此相关的。

巴赫金在《陀思妥耶夫斯基的创作问题》中，首次使用"复调小说"一词来评价陀思妥耶夫斯基的作品。该书出版于 1929 年，当时并未引起重视。出版后不久，巴赫金遭到迫害（流放萨兰斯克）。1963 年，该书经过修改，更名为《陀思妥耶夫斯基诗学问题》，得以再版。它的出版，使巴赫金享誉世界，并成为苏联时期最著名的语文学家及哲学家之一。

我们现在没有发现资料显示，弗洛连斯基看到过巴赫金的这一著作。我们看到的资料显示，弗洛连斯基这部作品（特别是"道路与交集"）的完成时间是 1918 年，其中部分修改完成于 1922 年。弗洛连斯基并不欣赏陀思妥耶夫斯基的创作。我们认为，弗洛连斯基独立地首先提出了"分声歌唱"式的创作。

弗洛连斯基接着论述道，"分声歌唱"的曲调的每次重复，在领唱那里，在合唱的歌者那里，都会出现新的选项。统一是演奏者内部相互理解以后才达到的，它不是通过外部框架的限制而达到的。每个人多少都在即兴演奏，但并不破坏整体，相反，他们联系得更为密切。共同的事业，通过每个演奏者多次多样的联系而形成。合唱保留着完全的自由，从部分或者全部的同音，转向已经完成的多声部。弗洛连斯基认为，民间音乐涉及到情感的海洋，它不属于停滞固化的哥特风格。俄罗斯歌曲就是"合唱因素"的体现。

在这种圆形思维方式中，已知理据并非来自它所针对的前句的关系，也不是来自它所针对的后句的关系，而是来自它针对整体的关系，就像所有活生生的机体。机制的特点，就是具体部分取决于与它直接联系的部分。

弗洛连斯基认为，追寻思维的源头，就是那个有机统一，或者形式（在汉语中，有人翻译为"相"），是柏拉图、亚里士多德理念主义的形式，它就是中世纪的现实主义，还有歌德，他的另一面，就是谢林的具体唯心主义，或者诺瓦利斯的魔幻唯心主义（магический идеализм），或者活力论（витализм），等等。弗洛连斯基在这里又提到中世纪的现实主义。他认为，这些思潮，虽然看似各不相同，但是，能够透视思维运动的人，不需要专门解释也清楚，上述思想的营养是一样的，它们追求同一目标。它们在历史上培养了具有相应思维方式的一类思想家。以上所列人物，只是这一哲学血脉的著名代表，还有许多与他们类似的学者。在俄罗斯，这一流派主要从谢林著作得到滋养。弗洛连斯基认同柏拉图、亚里士多德、歌德和谢林这一思想家谱，也就是"整体、形式（相）、创作、生命"的思想。[①] 这些关键词语在弗洛连斯基的信件中不断被重复。圆形思维方式在具体玄学的思想中得以体现。

三、圆形思维的体现

从具体出发，积累具体内容，逐渐概括，形成抽象模式，具体与抽象相结合。这个思想也是弗洛连斯基在不同信件中向孩子们反复阐明的一点。他并不需要通过模式、体系的方式向孩子们解释，而是通过他的"圆型思维"、"分声歌唱"，不时地、反复地向孩子们阐述这个思想。以下我们就通过这些信件的相关内容，看看具体玄学的思想，如何以圆形思维的方式体现出来的。读者在

---

① Священник Павел ФЛОРЕНСКИЙ СОЧИНЕНИЯ В ЧЕТЫРЕХ ТОМАХ. том 3(1). М., 2000. С. 35 – 40.

第十三章　弗洛连斯基的圆形思维方式和"分声歌唱"：来自集中营的具体玄学

此应注意主题的发展和循环，这里并没有严格的体系。如果在此一味寻找体系，那么，此人一开始就找错了地方。还有一个显而易见的理由，那就是如何要求父亲在给子女的信中，以模式、体系进行世界观方面的引导、教育呢？这种教育引导，可以想见，被某种思绪所触发，由浅入深、形象具体地进行，在不同信件中得到不同程度的重复、扩展或深化，它时隐时现、循环往复，或强或弱地运动穿行，贯穿始终。当然，在信件中，还存在抒发亲情、传授知识等其他主题，它们也是通过圆形思维方式展现的，不过我们在此讨论的是具体玄学，①它可以从以下十一个方面来说明。

（一）整体地认识事物

弗洛连斯基在信中教导孩子说，在研究自然时，要有直接的感受，尽可能去观察，不要有先入之见，需要毫无成见，逐渐自动形成普遍的图景；而从普遍的图景，产生关于自然构造类型的直觉，这个直觉，为深入的结论提供基础。没有直觉，结论总是假定的模式，这些模式，可能被导向任意一面，因此是假定的，甚至是有害的，它们妨害观察、妨害发现真正重要的东西。②

弗洛连斯基对歌德、法拉第评价极高。他说，他们不用抽象模式和符号进行思考，而是形象、具体地思考问题，他们通过典型观念，而不是抽象概念进行思考。弗洛连斯基认为，无法热爱概念，无法欣赏概念。歌德和法拉第热爱的是形象，他们以此进行思考。他们的创作（造）不是简单的服务，不是达到完美生活、获得荣誉的手段，而是生活本身，是对现实的无私感知。他们能够看到他人看不到的东西，具有超前意识。他们的研究没有空洞的言语，没有形式上的确认，而是充满深刻的涵义。③

（二）以象征方式感知世界

弗洛连斯基认同歌德的基本世界观。他也认为，自然具有生命，在其矛盾中，表现出伟大和完整。人们可以理解，可以认识自然的深刻秘密，但不是偏重理智、缺乏情感地去认识，不是根据部分来认识，只有完整领会，才能认识。

---

① Священник Павел ФЛОРЕНСКИЙ СОЧИНЕНИЯ В ЧЕТЫРЕХ ТОМАХ. том 4. Письма с Дальнего Востока и Соловков, М. , 1998.
② Там же. С. 44.
③ Там же. С. 160.

自然秘密的体现,不在于抽象概念,而在于具体感知的直观形象,就是歌德所说的"第一表现"(первоявление)。①

弗洛连斯基认为,歌德以象征态度对待生活,他能够深刻评价周围的事物,在"此处"、"现在"找出最高价值,而不是在没有的地方,或者遥不可及的地方去寻求。激情有害之处在于,为了没有的东西,人们对所具有的东西,或者更具价值的东西,反而视而不见。激情使人眼花缭乱。盯住一点以后,沉湎其中不可自拔,发现不了周围的美。典型的斯拉夫的激情的特点是:总是盯住不存在,或者不现实的东西,不明智地抛弃其他,缺乏侧视。弗洛连斯基此时身陷囹圄,无法照料一家老小。其具体玄学在此的表现是,他认为需要培养孩子们生机昂扬的心境,使得他们能够以象征的方式感知世界。首先需要快乐地生活,利用目前已有的东西,而不是去寻求目前缺乏的东西。②

(三) 整体与局部

弗洛连斯基在信中还引导孩子们注意整体与局部的关系。有机的、具有活力的东西,与机械的、没有生命的东西,也就是"生出来的"和"做出来的",具有差别。做出来的东西,没有真正意义上的统一,它不是整体;而生出来的,则是整体。整体要先于自己的部分(亚里士多德的观点),也就是,整体由自身把部分生产出来;所做出来的,是由自己的部分构成的,只是有关这些部分相互作用的抽象思想,没有完整的东西。具有整体的地方,整体所产生的部分,就是肢体。研究诗歌、音乐、绘画、科学思维等等的人认为,就是把所研究的东西理解为整体,看看它的整体如何产生自己的部分、局部。弗洛连斯基对生病的孩子说,他的"整体"应当改变他的"肢体",把它们导向完全的恢复。③ 这样,我们可以看到,弗洛连斯基深入浅出地引导孩子的思维方式和世界观,这也就是他所说的具体玄学。

弗洛连斯基继续教育孩子说,他不想让孩子在小事上耗费精力,想让他做些完整的事情。这并不意味着,不需要细节。整体在细节中体现,要做到这一点,细节应当被组织起来,应由整体指出方向,由整体确定,由整体把它们结合

---

① Священник Павел ФЛОРЕНСКИЙ СОЧИНЕНИЯ В ЧЕТЫРЕХ ТОМАХ. том 4. Письма с Дальнего Востока и Соловков, М. , 1998. С. 164.
② Там же. С. 299.
③ Там же. С. 312.

第十三章　弗洛连斯基的圆形思维方式和"分声歌唱"：来自集中营的具体玄学

起来。"整体，要先于自己的部分"（"先于"，不是指时间先后，而是指重要性）；整体从自身，为了自身而产生局部，而不是由它们机械堆积而成。① 读者可以看到其中类似思想的反复，这也是圆形思维方式的表现。

（四）"诗性五层说"

弗洛连斯基一直强调，对待生活要有一种象征态度，要具体形象地感知世界。他在信中提到"诗性五层说"。我们觉得，这实际上说明了如何以象征态度具体形象地感知世界。

弗洛连斯基认为，诗歌是通过具体形象思维的。形象的涵义多于形象的直观感觉内容。这就意味着，诗歌的形象，就其本质而言，乃是象征（象征，就是所有的多于自身的现实）。诗歌是在具体形象中体现涵义的，形象越具体，诗歌创作越具有价值。换言之，语句，如果它偏离具体形象越少，它就越具有诗意，此时，其涵义会得到更为完满的展示。诗性的最高程度，就是对形象的完满直观，例如对玫瑰的冥想，也就是说，通过所有的感觉力量把形象体现出来。这是"自为自在"的诗歌。它是诗性的第一层。

当形象被词语复建以后，这可能就是文学诗歌了。因此，诗性的第二层，通过鲜明描写事件和事物得以实现。其感觉内容，自为自在地讲述现象的涵义。这一步通过以下手段得以实现：推出、强调一定的特征；描写形象的情感色彩；词位配置，强调人们去注意一般不被注意的词语；注意韵律，赋予形象特殊的感觉色彩，等等。如果没有这些内容，形象不会变得比自身更丰富，也就是说，仍然是观念、照片或者模式，语句就是自然主义的语句。

诗性的第三层，通过辅助形象，展示基本形象。辅助形象进入基本形象，从而有助于感知它的涵义。这种进入的方法是，通过具体的、直观可感的过程来进行，同时，形象同根生长，互相渗透，就是一种嫁接。这里没有中间环节，没有抽象思维的间接桥梁，这是形象的同一，而不是平等，不是分析抽象特征，从而把它们加以平均。

诗性的第四层，通过形象来解释形象，其方法不是把形象等同，使它们同根生长，而是平均，也就是通过抽象思维，在形象中找到某种普遍特征。从言词组织角度而言，平均是通过使用"如同"、"好像"等词语手段表达的。如果形

---

① Там же. С. 347.

象同根共生、等同起来,这样就简单充实,具体热烈,这比通过"等同"的公式,对比同样的形象要好。这样的公式听来冷酷、偏重理性。试比较以下两种说法:(1)"他死了,我们的太阳死了!";(2)"他死了,就好像太阳落山了!"。在形象共生的条件下,两个形象(他、太阳)都具体实在[(1)],在把它们进行平均的情况下,至少一个形象(他)失去具体性质,变成阴影,不是"实际上",只是"好像",而"好像"意味着实际上不存在[(2)]。在"好像"、"类似"这些词语中,已经包含了阻力,内部对立于所期望的行为,暗示读者不要相信这种比较。形象(他、太阳)被连接在一起,一下子却又断开了。

在第五层,诗性完全丧失(如:他死了),其中所采纳的,不是根据它可以进行对比的具有特征的形象,而是隔绝分裂的特征,对立于这个特征所源的形象。这样展开的形象,只是通过抽象特征的抽象体系进行的,形象本身不再是形象,只是抽象概念,它没有活生生的、直接的、直观的核心,并不重要。①

在另外一处,弗洛连斯基简述了同样的道理。他说道,应该像歌德所说的那样,"言语要简洁,思想要自由"。诗人应使用不多的词语,把最重要、最典型的东西凝缩。凝缩是按照直观形象的路径进行的,而不是以抽象概念的途径进行。诗歌言语的形象应当成为类型、思想和象征,不同于散文照片式的描写,不同于抽象概念。② 这也就是弗洛连斯基所赞赏、认同的歌德、法拉第等人的思想定势,也是他引导他的孩子们认识世界的方式。

(五) 思想追求

1 思想如果没有基础,就结不出果实

弗洛连斯基认为,需要习惯于典型分析,掌握其中的细节,为结论提供材料。避免纯粹机械地做出这些单调行为,要深入思考,仔细察看现象细小具体的特点。与具体相接触,为真正的思维提供材料,其他的只是参考。思想没有具体的、哪怕窄小的基础,它可能徒具繁荣的表象,只开花不结果。③ 弗洛连斯基孜孜以求的是完整的表达。④

---

① Там же. С. 330-331.
② Там же. С. 459.
③ Там же. С. 371.
④ Там же. С. 380.

第十三章 弗洛连斯基的圆形思维方式和"分声歌唱":来自集中营的具体玄学

2 思想追求

弗洛连斯基的思想,总是追求创造非模式化的、具体的、源自尽可能具体材料的普遍图景。① 他说,直到他认识"自然的第一源泉"以后,才能感到平静,才能卓有成效地进行思考。弗洛连斯基说,他所有的科学思想,那些他珍视的思想,都是从他的神秘感觉中产生的。无法带来神秘感觉的东西,进入不了他的思考范围,带来神秘感觉的东西,在思想中迟早会变成科学研究的主题。科学思考的直觉,建立在神秘感觉之上,以这种感觉而生存,这种感觉不能被证明,但这种感觉不应被欺骗。在现实的每个领域,都会有些特殊的结点,它们成为思想结晶的中心。难以说明,这些点与其他点有什么不同,但是,一个人如果没有直觉,尽管他聪明伶俐、具有教养、具备能力,对他来说,这些特殊的点,还不是进入存在的地下室的门径。歌德、法拉第等人知道这些门径。大多数人,因为聪明过度,反而不能服从直接的感觉,不能突出这些世界的特殊之点,他们没有取得成果。这并不意味着,他们没有能力。在他们的作品中,缺乏新的、创造因素所带来的特别激颤。② 读完这一点,我们至少理解了,为什么弗洛连斯基会选择客观唯心主义、东正教作为信仰而不愿放弃。③

3 强调具体

弗洛连斯基说,他越来越强烈地感觉到,就书本内容而言,支撑他的,只是纯粹的事实内容,例如:图表、词典和参考资料。除此以外,就是第一流的经典。稍微偏离一点无可指摘的形式(相),就会引起他内心的抵制和愤怒。他把作品的恶劣风格、粗枝大叶、失败的结构,看作是对自己的侮辱。④

4 更接近现实,更接近世界的生命

弗洛连斯基认为,现代物理的精神,极端抽象于具体现象,用与它格格不入的分析公式,偷换物理形象。弗洛连斯基所接受的,就是歌德、法拉第等人的那种对世界的感觉和理解。弗洛连斯基认为,未来的物理应当走直观形象的道路。物理应当重新审视自己的基本立场,而不是给已然衰老的思维打上补丁来成长。弗洛连斯基说,他情愿研究宇宙物理学,研究物质结构的普遍因

---

① Там же. С. 407.
② Там же. С. 418–419.
③ Академик Флоренский:《Я боюсь чудес!》,http://www.aif.ru/society/article/27765.
④ Священник Павел ФЛОРЕНСКИЙ СОЧИНЕНИЯ В ЧЕТЫРЕХ ТОМАХ. том 4. Письма с Дальнего Востока и Соловков, М. , 1998. С. 452.

素，研究其现实经验中的内容，而不是把它们看作从形式前提抽象构建出来的东西。更接近现实，更接近世界的生命，这就是弗洛连斯基的方向。①

5 弗氏思维没有形式主义和学院派的特点

弗洛连斯基说，他非常害怕所有对他来说新的现象，但它们吸引了他。他感到它们敞开了通往自然秘密的大门，在每个这样的现象中，他看到它们隐秘的力量和生命。他希望他的孩子能感受到深层的、活生生的、神秘的自然。②

弗洛连斯基通过对其家族特点的研究，总结出他们世代特点是：他们只能在创造性的工作领域卓有成效地展开工作。他的所有先辈，不管是直系的，还是旁系的，都曾是不同学科的先驱。除此之外，他们的思维不是抽象的，而是具体的，依靠直接的观察和经验。弗洛连斯基认为，应当使用来自自然以及生活的感受，丰富孩子们的知识，没有这一点，书面知识的学习也不会顺利。弗洛连斯基重复道，他们的思维没有形式主义和学院派的特点。③

弗洛连斯基说，这完全符合他对世界的希腊样式的理解。他不喜欢无边无际的空间，不喜欢没有形式的东西，他找寻伟大，而不是巨大。他从小就害怕"多"，好像无序的混乱一冲而出，它使人们无法应付和把握。没有结构的地方，也就没有理解，而结构意味着限制。艺术作品最主要的是框架、边沿、时限、始终。如果没有限制，也不可能感到平静。弗洛连斯基说，他终生都在与"无穷、极端"做斗争，但是，好像并不成功，这就是他的弱点。④

弗洛连斯基在狱中没有可能从事数学和物理具体问题的研究，也可能因为总是倾向于自然哲学，他越来越关注自然科学世界图景的普遍问题，但不是模式化地，而是事实上、实际上去进行，收集不同的材料，这些材料会导向经验概括。⑤ 在自然的具体知识的领域（具体的知识，不仅指部分的，还指亲手感觉、亲眼看到的东西），积累尽可能丰富的经验。⑥

除了弗洛连斯基对自己思维结构的自述，应该注意他的概括，他把这种认识方式称为"对世界的希腊样式的理解"，对立于他下文所说的"对于世界的文

---

① Там же. С. 453.
② Там же. С. 471.
③ Там же. С. 499.
④ Там же. С. 501.
⑤ Там же. С. 572.
⑥ Там же. С. 575.

第十三章　弗洛连斯基的圆形思维方式和"分声歌唱"：来自集中营的具体玄学　311

艺复兴时期的理解"。故而不要简单认为他在号召倒退。

（六）思想的构造

弗洛连斯基说，问题不在于一个人是否伟大，而在于其思想的构造。对大多数人来说，思想自身可能是强大的，然而，它还是外在的、空洞的（其中没有现实，有的只是国际象棋的棋路，他们不理解自然，而是伪造自然，使它适应外在臆想的模式）。弗洛连斯基说，读着大多数人的作品，他对他们的灵巧感到惊奇，但是，他什么也不相信。[①] 其中一切都是海市蜃楼，虽然多少合乎逻辑构造，但是，都是作家、研究者的高超技艺，而不是讨论实质。他们不是自然的研究者、试验者，而是象棋棋手。虽然现代自然科学取得了不小的成就，弗洛连斯基担心，它是否丢失了最重要的东西——对研究对象的现实的活生生的感觉。[②]

弗洛连斯基说，从自然、艺术和语言方面看，应该让孩子们获得更多的具体感受。以后去做严肃的事业，需要具有一系列的感受，而不是在空洞的基础上抽象进行。如果具有具体的形象、颜色、声音、气味、景色、植物学方面的贮备，它很容易成形，为抽象构建提供坚实的根基。如果没有这些贮备，如果概念没有形象伴随，如果抽象只是抽象，它就没有任何价值。对智力发展而言，"抽象"成为僵死的教条，限制精神，剥夺人的自由和创造。这就是体系的反面意义。近代以来，从文艺复兴时期开始，人们越来越迷信体系，用抽象的公式，偷换现实的感觉。抽象公式不具备成为现实象征的功能，而成为现实的替代品。人们沉浸于幻想迷狂，失去和世界的联系，进入空虚状态，由此带来的必然后果是，无聊、忧郁、怀疑、缺乏合理的意义。体系作为体系，自成体系，没有被活生生的对世界的感知所控制，不能进行严肃的检验：所有的模式，可能都是自足完满的。但是，世界观，不是下象棋，不是空洞地构造模式，不能没有经验的支撑，不能没有生活的目的。不管世界观本身被建造得多么巧妙，如果它没有基础、没有目标，它就没有价值。这就是为什么弗洛连斯基认为，必须在年轻的时候积累对世界的具体感知，在更成熟的时候，形成对世界的感知。[③]

[①] Там же. C. 587.
[②] Там же. C. 590.
[③] Там же. C. 599.

（七）基本世界观

不管如何，我们回避不了弗洛连斯基的基本世界观。他作为一个自然科学工作者，用我们的话说，具有一定的唯物主义认识，用他的术语表示，就是现实主义。但从整体的世界观而言，他接受的是柏拉图的理念论，信奉东正教，并坚持到底，没有改变，最终被苏联政权枪杀于集中营。

1 世界观的基本问题

弗洛连斯基认为，世界观的基本问题，就是时间和空间的现实性和非现实性（虚幻性）问题。时间和空间不可分割，这是明科夫斯基意义上的时空，亦即这个实质不可分割，只在抽象的教条思维中，它才分裂为时间和空间。时空是个统一体，具有非对称的特性，对这个问题的不同回答，就是现实主义和主观主义的分界，弗洛连斯基说，用现代术语表述，就是唯物主义和唯心主义的区别。证明时空的现实性，也就是它不能被归结到以下抽象概念：秩序、某种非时空的相互关系（唯理论者是这样做的），也不能归结到心理成分、感觉，也就是非时空的联想（如条件反射）。如果否认这一点，自然科学本身也就显得多余了。客体、自然的现实性被取消以后，没有意义去研究不存在的东西，或者只是显得存在的东西。时空现实性最有力的证明在于，自然界存在非对称和不可逆现象。[1] 自然科学研究者不认为世界是个错觉，虽然这也是必然的。时间的非对称性就是不可逆性。[2] 斯宾诺莎所说的实体，也就是现实，"自在的，并且通过自身（而非通过它者）得到理解"。时空正是这样的，也就是现实。[3] 以上就是弗洛连斯基关于现实的理解。

2 认识真理

在弗洛连斯基看来，真理不是以模式构造的形式体现的，不管模式对他人而言，显得多么具有说服力。真理不是以时髦的样式、噪音的形式出现的，它深入世界，不断得到检验，有机成长。每个思想都有自己发展、成熟的时间，不能根据外在动机，人为加快这个过程。如果思想自己真正成长，那么，它的成长是自发完成的。[4]

从以上论述可以看出，弗洛连斯基作为一个自然研究者，具有我们所说的

---

[1] Там же. С. 420.
[2] Там же. С. 425.
[3] Там же. С. 426.
[4] Там же. С. 647.

第十三章 弗洛连斯基的圆形思维方式和"分声歌唱"：来自集中营的具体玄学

一定的唯物主义的认识，承认客观世界的现实性。但是，就他的整个世界观而言，应该称为唯心主义。

3 唯心主义

弗洛连斯基认为，人们知道某种事物，不是因为他们看到、听到、嗅到、感觉到这种事物，而是相反，他们看到、听到、嗅到、感觉到这种事物的原因是，预先知道这一事物，此前就已经感知了它，虽然通过下意识或者超意识的方式，掌握了其真实和直接的现实。以前的感知仅被看作一种材料，从下意识向有意识转变的一种材料，而不是知识本身的材料。① 弗洛连斯基的这种认识使得我们看到，他根本信奉的还是唯心主义。

（八）具体玄学

1 具体玄学

弗洛连斯基说，他终生都把世界作为统一的图画和现实，把世界看作整体。在确定时刻，具体阶段，在一定视角下进行研究。他以世界的剖面，按照一定方向，按照目前让他感兴趣的特征，察看世界的相互关系，试图理解世界的构造。剖面的平面可能变化，彼此并不取消，只是通过变更来彼此丰富。"什么是普遍的？—— 那就是特例。"（歌德）弗洛连斯基通过研究特例，在其中看到的是"普遍的具体现象"，以柏拉图、亚里士多德的方式看待具体现象。弗洛连斯基的父亲曾说，他（弗洛连斯基）不善于抽象思维，也不善于具体研究："你的力量，在于把具体与普遍相结合。"弗洛连斯基承认这一点。他考虑问题，不是从普遍的抽象确认和假定出发的，而是通过对局部的具体情形的概括和深入研究来进行，通过它们所有的具体性质来理解这些具体情形。他说，直到他亲手掂量、分析、计算以后，才能理解这些现象。他不只不能，也不允许自己"一般地"、抽象地接近现象。如果他抽象思考，就会产生狡诈、欺骗的感觉，他正是这样看待别人的绝大多数概括的。普遍应当在局部和具体中体现出来。② 对弗洛连斯基而言，事实胜于理论，科学的所有可能的活生生的材料，比概括更为重要。③

---

① Там же. С. 671.
② Там же. С. 672–673.
③ Там же. С. 686.

2 直觉与实践

关于认识问题,弗洛连斯基还强调直觉和实践。他说,在科学中,直觉和勇敢,走在论证的重炮之前。为了论证某些东西,应当具有确切的目的定势,而这个定势要服从幸运的猜测,也就是直觉;没有冒险,定势也不会实现。在科学中,应该勇往直前、敢于冒险,否则将落后于知识的发展阶段,只能跟在别人后面打扫垃圾。[①]

如果封闭于自我,没有基础来源,人的思想就会逐渐干涸,甚至连做梦也会停止。弗洛连斯基认为,实践、体现(воплощение)是生活的基本信条。实践,就是在世界上实现自己的可能性,把世界纳入自己的怀抱,通过自身形成物质。只有实践,才能检验真实与价值,否则,连对自己的清醒批评也做不到。幻想,在人们之中制造泥潭,其中没有任何坚固的支点,没有任何基准,没有任何现实和幻想之间的标准,有无价值,好坏与否,都没有标准进行评判。在实现可能性的同时,哪怕是微弱的、不好的东西,你可以评判它、改正它,继续前进。如果继续消极下去,反映的是虚幻的大雾,这些幻影随着时间的发展,变得枯竭苍白。人们昏昏欲睡,随之而来的则是极端的不满。[②]

弗洛连斯基说,就现实经验而言,而不是就模式和幻想而言,随着规模的减少,一系列复杂现象也不会减少,代替一些复杂现象的,会出现其他复杂现象。就像在森林中,随着往远处推进,会出现新的、以前你看不到的树木。这些系列并不能集合在一起,对世界的概括就是这样的,"复杂"并不是"简单"的逻辑次要成分,它与简单不可分割,与整体的概念联结。"整体优先于部分"(指的是在本体方面),没有复杂,也就是部分,整体就不存在。没有整体,部分也就不存在。[③]

(九) 并不反对作为方法的模式

弗洛连斯基追求从具体出发,以象征的态度,完整地认识自然和世界。但是,他并不反对作为一般方法的模式。他反对的是从抽象到抽象,脱离现实地构建模式,以此来认识自然的观点。比如:

[①] Там же. С. 378.
[②] Там же. С. 541.
[③] Священник Павел ФЛОРЕНСКИЙ СОЧИНЕНИЯ В ЧЕТЫРЕХ ТОМАХ. том 4. Письма с Дальнего Востока и Соловков, М. , 1998. С. 627.

第十三章 弗洛连斯基的圆形思维方式和"分声歌唱":来自集中营的具体玄学

弗洛连斯基建议孩子们搜集家谱资料。他希望孩子们读到什么,或者听到什么,就把片段的信息都记录下来。先按照字母顺序,把它们整理起来。对更连贯的信息,则应当马上把它们整理成模式,然后逐渐补充完善。这有助于丰富对生活的理解,逐渐积累以后有益的珍贵材料。①

弗洛连斯基建议孩子们每天记录对自然的观察,锻炼确切、简练表达思想的能力。应该这样向自然学习,例如观察枝叶、花朵和及其组织的构造,去摹写,而不是简单复制,先要理解局部之间的相互关系,把它归入模式。②

他建议孩子们尝试画出音乐作品的模式,和他人进行讨论。搞清作品的超级结构,确定其有机成分和组织之间的有机联系。在创造性的作品中,没有"部分",只有"肢体"。③ 例如,需要把音乐作品看作整体,然后掌握作品的术语,构建作品的不同模式。应当学会把握整体,学会品评,逐步使用补充成分,把自己的语句细化、繁化。④ 弗洛连斯基建议孩子们就吸引他们的问题,使用容易观察到的形式,做出系统的汇总。这不仅节约时间,还能澄清思维,清楚体现相互关系以及不足、对立、已有知识的空白点。把大量材料用图表表示,从实质上掌握它们。⑤

弗洛连斯基说,他心里并不喜欢这些模式,但同时承认,它们必不可少,可能也是因为人们思维的弱点。但是,真正伟大的思想家,如法拉第、巴斯德等等,不需要这些也能构造科学。他认为,这些模式把世界去物质化,它们有助于把现象体系化,或者正因如此,产生了有害的习惯,人们用抽象模式、抽象虚构,偷换真正观察到的现象。⑥

(十) 文艺复兴时期的文化

1 莎士比亚的创作

弗洛连斯基在信中对西方著名作家的作品也有一定分析,目的是帮助子女学习,引导他们形成一定的世界观,掌握一定的研究方法。例如,弗洛连斯

---

① Там же. С. 212.
② Там же. С. 214.
③ Там же. С. 312.
④ Там же. С. 319.
⑤ Там же. С. 450.
⑥ Там же. С. 627.

基对莎士比亚作品的分析。通过这些分析，我们可以看到，弗洛连斯基为什么对后人赞叹不已，认为是资产阶级新兴力量登上历史舞台的这一历史时期，反而具有不同的看法。弗洛连斯基所宣扬的文化模式，不是文艺复兴时期的资产阶级文化，而是中世纪以及古希腊的文化。根本原因在于，弗洛连斯基认同古希腊、中世纪以宗教贯穿的对世界的整体认识的思维模式。有的研究从弗洛连斯基的宗教观出发，把弗洛连斯基归结为开历史倒车的"反动分子"，把他妖魔化。我们认为这也大可不必。以下我们来看弗洛连斯基的具体分析。

弗洛连斯基认为，莎士比亚的创作涵盖了人类所有可能的世界、所有的情感色彩。但是，在这汹涌的海洋上，并无亮光闪过，而在古希腊悲剧中，这一亮光是显而易见的。在莎士比亚的作品中具有许多善行，但并无神圣可言，神圣，就性质而言，也是全新的、积极构建的力量。在莎士比亚那里，消极的意志战胜了生命，并未提出重建生活、照耀生命的任务。

弗洛连斯基认为，莎士比亚表现出复兴时期文化的实质，那就是人在世界中失落，人的因素的消弭。人不是创造者，人通过锁孔看待世界，人在他们构想出来的世界观中没有位置。这样的人没有根基，除了自发之力，没有其他，因为他，就是自发之力的玩偶，在道德、个人生活、家庭、国家、社会、经济所有方面，甚至在认识和艺术方面（自然主义），都是这样的。换句话说，莎士比亚完满真实地传达人性。他的诗作涵盖了人的各种表现。但是，读者在其中找不到带来光明的东西。这一历史时期，起自文艺复兴时期，到19世纪末结束。莎士比亚的创作缺乏自足的形式，虽然不能把它们叫做没有形式的东西：结构是由单独、局部的东西相互作用而确定的，这个结构并不决定局部，并不使人产生创造性的理智活动的印象。① 它们是偶然事件的拼接，既无原因，也无目的，缺乏指导性的意图，大多数形象，缺乏象征性、道德根基，缺乏结构。② 弗洛连斯基认为，"真正独特的经典艺术"是"这样一种艺术，其中创造的动态过程与所创造的事物的客观结构之间具有和谐的统一"。③

弗洛连斯基认为，托尔斯泰、陀思妥耶夫斯基及其以后作家的作品，缺乏动态的创作与作品客观结构的和谐统一：其中没有创造、没有结构、没有和

---

① Священник Павел ФЛОРЕНСКИЙ СОЧИНЕНИЯ В ЧЕТЫРЕХ ТОМАХ. том 4. Письма с Дальнего Востока и Соловков, М., 1998. С. 387.
② Там же. С. 388.
③ Там же. С. 434.

第十三章　弗洛连斯基的圆形思维方式和"分声歌唱"：来自集中营的具体玄学　317

谐。这些作家实际表现的，不是现实主义，而是主观主义，其中没有指导思想，只是外部强行塞入与其对立的知性模式。① 弗洛连斯基对托尔斯泰、陀思妥耶夫斯基等作家的批评，我们并不完全认同。我们看到，弗洛连斯基的理想作品是歌德、普希金和莫扎特等人的创作。②

2　对资产阶级文化的批判

弗洛连斯基认为，资产阶级的文化，没有鲜明的确认、明确的内容和平和。它整体上就是"好像、恰似"的幻觉主义。当主体脱离客体并与它对立，一切都变成有条件的存在，一切都变得空洞，成为错觉。只有在儿童般的自我意识中，没有这种东西，例如，莫扎特就是这样。③ 作品的材料、道德涵义，都不应该是照片。在作者的描写中，应当具有创造者的道德面孔放射光彩。④ 弗洛连斯基越来越想准确认识世界的完整图景，不是模式和理论，而是具体的汇总，汇总人们关于世界的真实经验的知识。⑤

3　创作的秘密

弗洛连斯基终生反对的，就是恣意妄为、随心所欲，既没有论据，也没有目的。⑥ 他认为，创作的秘密，在于保持年轻。天才的秘密，在于终生保持童趣。这种结构使得天才客观地感知世界，它不是向心式的，而是某种反向透视，这种感知是完整的、现实的。虚幻，不管它多么明亮耀眼，永远也不能被称为天才的东西。天才能够感知世界的实质，透视事物的深处。虚幻的实质，把自己与现实隔绝封闭。对弗洛连斯基而言，最典型的天才就是莫扎特、法拉第和普希金，他们就思维方式而言，就是孩子，具有这一思维方式的优点和缺点。⑦

（十一）成就源于勤奋

在关于弗洛连斯基的研究文章中，有人对他做出极高评价，称之为天才。这是把弗洛连斯基"全能化"，与"妖魔化"弗洛连斯基的观点相对立。其实，阅读了弗洛连斯基有关信件以后，我们觉得，弗洛连斯基情愿认为自己是个比别

---

① Там же. С. 438.
② Там же. С. 442.
③ Там же. С. 443.
④ Там же. С. 468.
⑤ Там же. С. 471.
⑥ Там же. С. 636.
⑦ Там же. С. 703.

人更加勤奋的学者。对弗洛连斯基的评价，一味赞叹、无限赞美的论调，也不可取。

弗洛连斯基写道，许多人认为他是生活的宠儿，成功唾手可得。对此，弗洛连斯基坚决否认。他认为，人们如此理解的可能原因是：他本人习惯逆来顺受，而不是怨天尤人。别人很容易得到的东西，他或者是费力得到的，或者根本无法得到。把他和任意相识的人比较，他在生活中，没有得到其中每人所得到的最小一份，所具有的，是通过自我努力，通过不懈思考和劳动得到的。甚至那些别人唾手可得的书籍，他或者得不到，或者得到的时候为时已晚。他冥思苦想得出的一些观点，后来才在他人书中找到，或者从别人那里听到。他的思想结出了果实，而这些思想在他人那里，还是外在的、附加的，没有被合理吸收。也可能难以获得，就是有机掌握的条件。弗洛连斯基看到自己对于别人的优势，在于不断的思考和劳动。在能力方面，他可能不如他人。他认为，不断思考和劳动，这条道路虽然沉重，让人疲于奔命，但是，和浅易的成功、外在的快速掌握相比，这条道路是内在的富有成果的。[1]

弗洛连斯基说，当他像孩子们这样大的时候，所浪费的每一分钟，对他来说，或是不幸，或是犯罪，他努力利用每一分钟时间。他有一些笔记本，所读书中所有重要的东西，都积累在那里，还有书评、摘引、写生图集、试验工作笔记本、实地观察笔记本，根据内容区分开来。每天晚上，他根据工作给自己打分，说明理由。正是通过这种方式，他获得了知识贮备，掌握了工作技能，更主要的是，独立根据事物本身的情况来判断事物。弗洛连斯基把所获得的信息进行对比、总结，列出图表和曲线，经过浓缩，它们变得更容易理解，更加鲜活，通过思考就得到了"经验的概括"。[2]

他希望孩子们习惯记录观察和积累，注意对比。学会在工作中寻找满足和基本支撑，把生命固定在这一点上。俄罗斯人通常认为，可以通过突击工作，达到良好的结果。突击有的时候是完全必须的；要取得成功，需要积累，需要持久地、默默地劳动，为此需要花费大量时间。没有准备，即使最漂亮的突击的结果也是不稳定、不合时宜的，经常根本达不到目的。[3] 然后就是绝望、

---

[1] Там же. С. 345.
[2] Там же. С. 576.
[3] Там же. С. 586.

第十三章　弗洛连斯基的圆形思维方式和"分声歌唱"：来自集中营的具体玄学

忧伤,对目标的怀疑。弗洛连斯认为,大多数俄罗斯人的命运就是这样的。他总是强调,必须坚持不断地工作,以便在需要总结的时候,没有断割,没有焦急不安的突击。弗洛连斯基需要看到事物的深刻之处,哪怕是最普通的事物的深刻之处,而不是去读贴在事物上指名这些事物不同寻常的标签。① 弗洛连斯基接近具体经验流派。②

　　以上内容是弗洛连斯基在信中通过圆形思维方式、分声歌唱,反复表达出来的,也就是他的具体玄学。它反映了一定的思维定势,最终是心智方面的问题。读者也可能觉得,以上所述的十一个方面,并不形成严格的体系。这只是我们为了说明弗洛连斯基的圆形思维方式表达的具体玄学而作的归纳。弗洛连斯基本人没有,也不会把他的具体玄学构造成为严格的模式。他本试图向人们说明,存在这样的圆形思维方式,他的方向是从具体到抽象,整体、有机地认识世界,是具体玄学。

四、结构体现

　　以上述及圆形思维在具体玄学方面的体现。下面我们看看圆形思维在结构方面的体现。这方面的内容,弗洛连斯基信件的编辑在前言中有所论述,可以归纳为以下几个方面的统一。③ 一是体裁,都是信件。二是信件之间单独的题材的发展也是统一的。三是信件整体对现象的观察、描述、有关论述是统一完整的。四是弗洛连斯基信中所提及的人物、概念的复杂体系也是统一的,这在编写注释、索引时,显而易见。五是相似或者相同的思想,不同收信人、不同时间、不同上下文,使得文本具有弗洛连斯基所说的"分声歌唱"的结构,这也是俄罗斯民歌多音部的典型特点。六是书信就像织锦,其经线是七位收信人(母亲、妻子和儿女),纬线在不同信件之间,在不同收信人之间编织。织线粗细变动,颜色各异,通过不同涵义和内容来丰富,织锦更加坚固、鲜明。七是有些内容,其布局匀称、基础坚实,结构自然,虽然形式上并未完结,但整体而言,信件的结局是悲剧性的,作者总结一生,痛苦地追求在为数不多的篇幅中尽量传达给孩子们更多的内容。八是文本被区分为单独的片段,通过主题的

---

① Там же. С. 239.
② Там же. С. 250.
③ Там же. С. 8－10.

呼应联系在一起,这对弗洛连斯基而言非常典型。例如《在思想的分水岭旁》,其著作《真理的柱石与确认》,副标题就是《东正教神正学体验的十二封信》。有些经过加工的信件,成为其作品的章节。弗洛连斯基的许多作品,就实质而言就是信件。

书信体是对话性质的,它有利于主题的变换、发展、回复。对话与复调、"分声歌唱"是相容的,与独白不同。文本被区分为单独的片段,通过主题的呼应联系在一起,这从现在的观点看来,就是互文性。由此看来,圆形思维、分声歌唱、具体玄学与书信体,它们之间乃是水乳交融的协调一致的关系。

结　语

以上具体玄学是弗洛连斯基寄自集中营的家书的部分内容,千言万语,谆谆教导,体现了圆形思维方式,表达了他的具体玄学。他想让孩子们的心情鲜明透彻,[①]在一定视角下,以对世界生命的完整把握来丰富自己,完整地感知世界。[②] 把弗洛连斯基的信件和同代的其他人的信件作些简单的横向比较,读者很容易意识到,此人是多么不同寻常。[③] 以上举其要者,概而述之,自然挂一漏万。[④] 无论如何,对心智问题、对思维方式抱持怀疑态度者,庶几能够看到,在所谓的理性思维方式之外,还有其他内容存在。

弗洛连斯基首先独立提出了"分声歌唱"式的创作,这要早于巴赫金针对陀思妥耶夫斯基的创作所提出的复调理论。弗洛连斯基提出的"整体认识",使我们想起俄罗斯历史上类似的观点。如奥多耶夫斯基在其代表作《俄罗斯之夜》中强调"认识的整体性",它与19世纪30—40年代的赫尔岑的观点相呼应。奥多耶夫斯基的历史哲学,包括对西方的批判,还有"联结一切的综合",为19世纪40年代的斯拉夫派开辟了道路。《俄罗斯之夜》对俄国后来的哲学思想、陀思妥耶夫斯基的创作、20世纪的思想家和作家而言,都有影响。

[①] Там же. С. 704.
[②] Там же. С. 706.
[③] Сибирские письма Шпет Г_Г_-Шпет в Сибири Ссылка и гибель（фрагмент）Шпет Густав Густавович Воспоминания о ГУЛАГе База данных Авторы и тексты. htm.
[④] Флоренский П. А.（священник）. Сочинения: в 4 т. Т 4: Письма с Дальнего Востока и Соловков/сост. и общ. ред. игумена Андроника（А. С. Трубачева）, П. В. Флоренского, М. С. Трубачевой. М., 1998. С. 96,156,170,216,260,278,285,293 - 294,305,320,328,331,341.

第十三章　弗洛连斯基的圆形思维方式和"分声歌唱":来自集中营的具体玄学

可以说,弗洛连斯基的具体玄学、圆形思维方式,还有"分声歌唱"(复调的一种早期形式),还是属于这一传统的。这一传统一直批判,或者规避西方"理性"的思维方式,强调整体、完整地去认识活生生的世界。在我们看来,到了弗洛连斯基这里,他明确说出,这就叫做"圆形思维方式",是比复调还要早的一种"分声歌唱",并且通过自己的具体玄学的内容,以书信体裁,令人信服地对这一传统内容做出了现代归纳,这也是对研究俄罗斯的语言心智问题一直持有怀疑态度的人的一种坚定回复。

鲍里斯·米哈伊洛维奇·加斯帕罗夫于20世纪70年代末把主题分析引入学界。主题分析是后结构主义研究艺术文本以及任何符号对象的一种方法。主题分析的实质在于,分析的单位不是传统的词语、句子,而是"主题",其基本特征是,它们作为跨层次的单位,在文本中重复着、变动着,和其他主题交织在一起,从而产生自己独特的诗学。加斯帕罗夫确实受到了弗洛连斯基思想的影响。①

---

① http://www.gumer.info/bibliotek_Buks/Linguist/Gasp/intro_2.php.

第五部分
二十一世纪

在当今俄罗斯文坛,沙罗夫揭示俄罗斯命运的神秘机制,用力为勤。他通过隐喻和神话化,用随笔的形式,回应着前贤对俄罗斯的心智问题的思考与主要观点。

第五部分

二十一世紀

第十四章　沙罗夫有关俄罗斯特点的一些认识

弗拉基米尔·沙罗夫，1952年生于莫斯科，历史学副博士，俄罗斯当代作家。他研究俄罗斯16—17世纪的历史，以小说《排演》(1992)而闻名，1993年的小说《此前与此时》，使他成为最受争议的作家之一。《圣女》和《拉扎尔的复活》，巩固了他在行家间的声誉，但是，他的小说"阳春白雪"，至今未成为大众读物。沙罗夫因小说《返回埃及》而获得2014年"俄罗斯布克奖"。这是俄罗斯历史悠久的独立文学奖项，金额高达150万卢布。沙罗夫的小说，不仅反映俄罗斯历史和现代生活，还包含有关《圣经》文本的深层意义。[①]

人们对沙罗夫小说的评价，毁誉参半。评论家维克多·托波罗夫认为，沙罗夫是"毫无疑义的活着的经典作家"。对沙罗夫而言，写作不是简单的记录，而是认识世界的方式。沙罗夫的作品，既深入探寻历史哲学方面的内容，还能宗教神秘地感知现实。沙罗夫感兴趣的，不只是俄罗斯官方的东正教，还有所谓不同的"批注和旁注"，具有影响的旧教支派和宗派。沙罗夫是在一定历史背景下研究宗教思想的。俄罗斯历史上把教会纳入帝国国家机构，使它成为服务世俗权力的精神枷锁。[②]

沙罗夫来自当时被社会"遗弃"的家庭，他的祖父母，都是犹太社会主义党的主要成员。沙罗夫的父亲是理想主义者、幻想小说家和童话作家，消息报和真理报的记者，他签署各种信件，参加抗议活动，从而自毁"前程"。他认为，地

[①] Владимир Шаров,《Финал происходит всегда здесь и сейчас》, http://www.bigbook.ru/smi/detail.php?ID=5360.

[②] ЛАУРЕАТОМ 《РУССКОГО БУКЕРА》- 2014 СТАЛ ВЛАДИМИР ШАРОВ, http://ria.ru/culture/20141205/1036880590.html.

球好像监狱,束缚了人类的创造力,摆脱的出路,或是向自身内部移民,或是移民地球之外,去往宇宙,重新开始建设光明的生活。这些思想对沙罗夫具有潜移默化的影响。沙罗夫的政治观点是自我中心主义,他对俄罗斯历史具有独特的认识,他的所有文学著作都和历史相关。

沙罗夫就像他的父亲,从未试图进入官方的文艺生活,一直处于文学主流之外。与俄罗斯国内的两种主导流派(自由主义和国家主义)无关。沙罗夫的小说,都是在苏联时期无法出版的"无用之作",其作品讲述的是"另一种,地下的俄罗斯的宗教性"。沙罗夫被称为俄罗斯"另一种历史"之父。沙罗夫自己认为,在严格意义上,他和所谓的另一种历史没有关系。他多次说过,历史最有意思的地方,是其中的绝境,而非干道,是因为某种原因没有得到发展的旁支侧脉。沙罗夫深入研究这些内容,试图理解,为什么某些方面未得到发展。

就信仰而言,沙罗夫自己承认,他信神,可能更接近犹太教,但是并不遵守严格的教规,不属于任何教会。沙罗夫的观点,比较集中地体现在他的几篇政论文章中,①散见于他的几部长篇小说。② 沙罗夫的写作,借助情节隐喻,这与童话、幻想题材的主要创作手法存在有机联系。在当今俄罗斯文坛,沙罗夫揭示俄罗斯命运的神秘机制,用力为勤。以下我们把他涉及俄罗斯特点的一些观点做些归纳,继续说明我们一直关心的俄罗斯心智问题。

---

① Говорят лауреаты "Знамени", *Владимир Шаров*, http://magazines.russ.ru/znamia/1999/3/laureat.html; он же, "Реалистические" соображения, http://magazines.russ.ru/znamia/2000/4/forum2.html; он же, "Это я: я прожил жизнь", http://magazines.russ.ru/druzhba/2000/12/sharov.html; Говорят лауреаты 《Знамени》, он же, http://magazines.russ.ru/znamia/2003/3/laur.html; он же, Конфликт цивилизаций: подводная часть, http://magazines.russ.ru/znamia/2003/4/sharov.html; он же, 《Я не чувствую себя ни учителем, ни пророком》, Беседу ведет Наталья Игрунова, http://magazines.russ.ru/druzhba/2004/8/shar14.html; Меж двух революций, http://magazines.russ.ru/znamia/2005/9/sh11.html; Памяти Пролетарской Силы (Андрей Платонов), http://magazines.russ.ru/znamia/2009/8/sh12.html; он же, На чем стоим, http://magazines.russ.ru/nz/2013/2/sh15.html.

② Проза печатается в ж-лах: След в след. Хроника одного рода в мыслях, комментариях и основных датах. -"Урал", 1991, №6-8; Репетиция. Роман. -"Нева", 1992, №1-2; До и во время. Роман. -"НМ", 1993, №3-4; Мне ли не пожалеть. Роман. -"Знамя", 1995, №12; Старая девочка. Роман. -"Знамя", 1998, №8-9. Воскрешение Лазаря (2003); Будьте как дети (2007), Возвращение в Египет (2013).

第十四章 沙罗夫有关俄罗斯特点的一些认识

一、作为原料输出国的俄罗斯

俄罗斯是原料输出国（不只是石油输出国），它关于世界与自身使命的观点，引人注目。如果说，人们对石油的需求是暂时的、变化的，对能源的需求，则是永远的、内在的。不同的能源，例如水与阳光，在世界上的分布一般相对均匀。通常看来，一个国家的人均领土面积越大，其国民生活就越有保障。俄罗斯使人想起坚决保护私有地产的大庄园主，西方效率更高的国家，就像少地的农场主。一个人的生活，部分取决于他的每月收入，在一定程度上取决于他所继承的财富。土地是永恒的财富。现代政治的波折，对其影响甚微。国家领土这种世代相传、不可转让的财富，要比变化的人均收入更为重要。不需要专门的方法，一眼也能看清俄罗斯领土、领海和领空所蕴藏的价值。尽管俄罗斯还很落后，但是，如果使用货币计算，它的市值超过德国，虽然德国拥有先进的工业和高度商品化的农业。这不是纯粹的经济方面的评价，在军事方面也是这样的，因为领土纵深，极大增强了国家的军事力量。俄罗斯经历的从拿破仑至希特勒以来的战争，特点就是诱敌深入，拖垮敌人，最后击败敌人（这里指的不是战术，而是事实）。这样，人们比较容易明白，为什么俄罗斯就像巨大的封建采邑，以前商品化程度很低，居民收入不高，却能持久、成功地抵制周围资产阶级的生活体制。

资本主义世界建立在竞争的基础上，建立在市场力量的自发博弈上，这对许多俄罗斯人来说，仍然是混沌，未被圣灵、文明所触及。这是一种异己、敌对的空间。沙罗夫认为，俄罗斯人，就其本性来说，追求稳定、平静，他们在人人安分守己的等级社会中，感觉良好，也就是说，每人都应有自己严格固定的位置、自己的命运；一切都被上帝分派妥当，社会赋予的活动空间不大，他们在承认混沌的优点的同时（混沌非常能产，它不可控制，适合各种创新），开始感到厌倦。问题可能在于，他们在两个极端之间摆动：一方面是几乎不受限制的个人主义，按照《圣经》的说法，对上帝而言，一个活生生的灵魂获得拯救，比整个宇宙更有意义；另一方面是共性、集体，个人在民众中的融合。这一方面更为重要。这种民众，在不同的时间、条件下，可以被叫做民众、教会、军队或者群氓。许多俄罗斯人内心感觉认为，自己是自古以来拥有共同领地的某种机体的不可分割的一部分。对他们来说，这一实质、领地，不可分割。这种信念历经磨难，支持了国家的存在和现行制度的延续。

根据集体意识，俄罗斯人认为，个人命运、生活与民众生活不可分割。如果俄罗斯人类似合唱，那么对政权来说，音乐主题则是主要的，它会得到政权的全面支持。政权利用、支持这个信仰，希望它能成为民众的信仰。欧洲一些国家，在历史上有时快速增长，有时则迅速衰退；社会、精英和民间的确定意见是，战争只是浪费生命和金钱，即使能攻取某些东西，很快还会再丧失。

在俄罗斯，人们也害怕、仇视战争，但是，六个世纪以来的领土扩张，使人们有理由认为，战争不管多么可怕，并非没有意义，特别是"少流血，在他国领土上"进行战争。攫取的新的领土，要紧抓不放，不计牺牲。世界范围内的土地瓜分早已结束，现有的土地，就是上帝给你的份地。如果丧失圣地，这就说明，统治者是人类的敌人，基督的敌人。这样，俄罗斯世俗的、枯燥的历史，突然被转变为超越自然的历史，成为善与恶的对立。

一般而言，俄罗斯人不惜生命保卫圣地免受异教徒的侵害；更为重要的是，国家在俄罗斯是社会的主要生产力。在欧洲，政权的实质和使命，就是调节公民间的关系，重新分配财富，保障社会公平，支持法律和秩序。俄罗斯人辛勤劳作，收入菲薄，但是，他们知道，基本的资本和土地，是国家保障的。俄罗斯民众，一方面自认神圣，一方面又妄自菲薄。人们一般认为，俄罗斯人因循守旧，笨拙而狂暴，对于他们，只能严酷无情，采用霹雳手段。如果在美国，农场主只等一声信号，就拿起农具，携家带口，驱赶牲畜，奔向西部，而俄罗斯人，如果不采用强迫手段（募兵、流放、苦役和斯托雷平改革，等等），无法迫使他们离开故土（虽然这块土地也是国家攻取的）。只有通过政权的预见和谋划，用民众的血肉，铺砌通往他国的道路，在万众白骨上，建设新城。

沙罗夫认为，俄罗斯政权确实是俄罗斯民众的主人、供养者、恩人和导师，它是指导和组织力量；没有政权，俄罗斯人将会一无所有，他们不铺路、不建厂，找不到也开采不出石油、燃气、煤炭、矿产等能源。俄罗斯民众尽管同意以上观点，还是认为政权严厉而苛刻。政权的合法性，它的管理，都是经过众人同意产生的，不是选举出来的。这是政权的主因与根基，它为了"事业"，可以虐待民众，它的"忠实的奴仆"，其根基就在于此。但是，其中唯一的条件是：圣地的面积，在这种情况下，应该不断增长。

在西方，企业生产剩余产品。如果不是创新领域，增值一般不大。失败的公司、业主及其经理，很快就会破产，从市场消失。在俄罗斯，能源领域的增值，高达数倍，甚至数十倍。这些指标，部分取决于参业人员的专业水准、指挥能力和敏悟程度,更多是由产地本身的储量、地质和运输条件所决定的,这使工作没有可比性。确定个人的工作质量,还是比较困难的。普通的优选标准,在俄罗斯的精英阶层不起作用,取而代之的是个人关系、忠诚程度和裙带关系。在15—17世纪的欧洲,天命论作为一种世界观,逐渐被唯理论所排挤。人们习惯认为,这一过程是必然的,在有些地方进行得顺利一些,在有些地方则举步维艰。俄罗斯是提供能源的国家,幅员极其辽阔。资产阶级革命的理性成果,对它退避三舍,或者绕道而行,使得这些果实无法进入、固定下来。

俄罗斯不是冷静观察的理智的国度,而是讨论神迹的国度。"奇迹是尘世的天堂之岛。惟有它们,支持了人们对天上的耶路撒冷的信仰。它们使人们得到哪怕暂时的摆脱:摆脱四周的苦痛、折磨和罪恶"。[①] 幸福(能源)从天而降,就像天降食物(玛纳),或者利非订的磐石流出的清泉。人们一般不去争论,除了上帝,还有谁会给俄罗斯人石油、天然气等等物品。就能源的贮量与市值而言,俄罗斯人既不种,也不收,上帝就像喂食天上的飞鸟,亲手喂养俄罗斯人。为什么俄罗斯人得到了上帝的恩赐?只有天命论才能清晰地回答这一问题。在这一学说中,什么都不是偶然的,一切都是天意。既然俄罗斯人蒙受恩赐,被从其他民族中拣选出来,俄罗斯人就是上帝所垂青的。这样的国家,肯定认为自己是正义的一方:自身的正义就是上帝的正义。

二、俄罗斯社会变革的根源

沙罗夫认为,对基督教的不同阐释,决定、建构了俄罗斯的历史、文明及其特点。从历史唯物主义的角度来看,这个观点显然是不能接受的。我们的目的不是和沙罗夫进行争论,我们的目的是了解俄罗斯人对自己的特点的认识。所以,我们继续来看沙罗夫的论述。

1 菲洛费伊与斯皮里东—萨瓦

俄罗斯民族的基质,属于斯拉夫和乌戈儿—芬兰语族,他们在东欧平原生活了数千年,留里克王朝从9世纪到16世纪末期,一直统治他们。但是,从15世纪中期开始,至少从外部看,莫斯科王公好像被"偷换"。莫斯科拒绝承认俄罗斯总主教依西多尔在佛罗伦萨会议上签署的天主教和东正教的合并协议;土耳其攻占东正教的首府君士坦丁堡;莫斯科从鞑靼的统治下解放出来。一

---

① Возвращение в Египт. С. 358.

般认为，正是在这些事件的影响下，古罗斯重新审视自己和世界的关系。君士坦丁堡，还有佛罗伦萨会议，都只是深层变化的外在框架。

当时的教会作家未必思考过类似问题，但是，他们的影响实际上却具有这样的导向。当时有两个教条：第一，"莫斯科——第三罗马"，这是菲洛费伊大致于1520—1530年间提出的。第二，就是《弗拉基米尔王公传》，其作者是特维尔的斯皮里东—萨瓦，作者把留里克王朝的世袭，追溯至罗马皇帝奥古斯都。成书时间不晚于1523年，也就是说，与菲洛费伊的书函同时。这本传记很快得到官方承认，成为《国君族谱》（约1555年）一书的开篇。这两个教条对俄罗斯社会形成的影响，不亚于哥白尼学说对西欧社会的影响。哥白尼的学说，降低了地球与人类的作用，使它们不再处于宇宙的中心；俄罗斯的僧侣学者则相反，认为俄罗斯的历史是世界的中心问题。这种观点，从一方面而言，明显指向末世；从另一方面而言，史无前例地把俄罗斯提升为新的圣地，俄罗斯民众则是保存真正信仰的唯一民族，神的新的子民，俄罗斯的王公，则成为上帝在尘世的全权代理，人们甚至把涂抹圣油的仪式，引入沙皇加冕典礼（始自伊凡四世），完全把俄国沙皇比作基督。

俄国自然接受了这个学说。在此之前，它迷失在东欧平原广袤的森林与沼泽中，在鞑靼的统治下，几乎与世隔绝，他们的自我感觉，就像隐修的僧侣。"莫斯科——第三罗马"的教条坚持认为，此后世上将一无所有，这是最后的罗马，尘世生活就此结束；菲洛费伊的学说，正是来自这种被遗弃的孤独感，他们觉得，不必与周围世界妥协。他们确信，除了他们之外的其他世界，不是，也不可能是上帝垂青的世界。俄罗斯王公，就像其他必死之人，临死之前，一般都会接受剃度。登基以后，他们慷慨赏赐教堂金钱、土地，给与各种优惠。王公祈祷死后得到宽恕，作为回报，他们在尘世就得到了回赠，这是他们的先辈无法得到的。教会作家能够利用几页文本，把政权推崇得比它取得数百次胜利所获取的威望还要高，他们能把最后变成第一。教会作家的这种能力，当时就得到了政权的首肯。得到赞许的，还有所发生的一切的突然性与革命性。从此以后，俄罗斯的高层不再追求平静、没有灾难与风暴的统治。相反，它觉得可以一劳永逸地解决那些看来无法解决的难题。

菲洛费伊和萨瓦，无意引诱高层进行革命。此后，在俄罗斯，自上而下的革命，一直成为权力高层的选项，发生了许多政变。伊凡雷帝借助特辖军团，试图彻底改变自己与公职阶层的关系。特辖军团建立在诸侯关系上，雷帝要把这种关系,改变为军事僧团的关系。也就是说,如果诸侯背叛雷帝,那就不是诸侯对领主的背叛,而是对上帝和信仰的背叛。雷帝以后,彼得大帝走上彻底改变国家机制的道路,步其后尘的是斯大林。他们意识到与前者的相似关系,认为自己的革命性也是传统与合法的。

菲洛费伊和萨瓦面对的,不仅是权力高层。他们选择面向永恒、没有罪过与苦难的生活,就算他们的对象是世俗的统治者,实际上创造了,就像以前的基督教,完全与国家敌对的学说。沙罗夫认为,俄罗斯革命的根底,在于对菲洛费伊的学说进行不同的完全矛盾的解释。政权,还有大多数政权的追随者,很容易把这个教条理解为,基督不会在整个世界都变成圣地,也就是被莫斯科王公(以后是沙皇、皇帝)统治以前,降临世间,拯救人类。他们的反对者,看到的是另一种内容。这些僧侣的书信使他们懂得,俄罗斯人生活在末世之初,不再需要长久等待。他们相信,为了迎接救主降临,需要马上消灭周围的罪恶,在有"米尔"的地方,建设善与正义的王国,他们急切等待基督的来临。

沙罗夫甚至认为,每一种解释,都产生了许多后果,确定、构建的,不仅是俄罗斯的历史,还有俄罗斯人及其祖先的命运。许多外国人都发现,在罗斯,人们把沙皇看作教会首脑,甚至是上帝的尘世化身,莫斯科的都主教,后来的总主教,所起的作用都是从属的、依附的。君主的权力,被理解为绝对的、无限的,完全是上帝赋予的。它主要的,实质上唯一的任务,就是扩张所谓的真正信仰的领土。

对菲洛费伊学说的这种解释,可以证明的是,俄罗斯军队史无前例、持续不断的军事胜利:其他的君主、民族和信仰,在俄国沙皇面前臣服(由此,人们把军功看作服侍上帝,把有些王公都称为圣徒:他们为圣地流血,这完全就是宗教功勋)。这一切,都是上帝的恩赐,差不多500年以来,俄国民众不管艰难困苦,却忠诚于权力高层。圣地的扩张,本来是耶稣基督第二次君临世间的必备条件,很快就变成了目的本身。到了20世纪,人们最终明白,旧的、东正教意义上的圣地扩张,已经没有市场,为了进一步扩张,东正教,甚至整个基督教,都成为妨碍,开始掌握政权的,是完全与以前信仰决裂的人。人们相信,既然俄国的领土面积不断扩张,高层权力就是"真命天子",值得感谢与颂扬,在"官阶表"中就是最高的。为此,即使在苏联时期,尚在国内战争期间,就开始收复失地,以后在共产国际的支持下,苏联对欧洲、亚洲、非洲和拉丁美洲的数十个民族与国家而言,就是"老大哥"。这样,这些领袖都被民众看作合法的沙皇。他们如何掌握政权，如何统治臣民，这些并不重要。俄罗斯最高政权的合法性，不和国内事情相联系，而和国外战争的胜利相关联。

沙皇（伊凡雷帝、彼得一世等）极端统治的结束，实际上意味着王朝的结束。任何军事失败，甚至损失一小块圣地，对臣民而言，说明统治他们的沙皇，没有得到神的祝福，也就意味着，这个政权不合法。最高权力与上帝紧密联系。人们不能指责沙皇的任何活动，能够向沙皇提出的，是只能向上帝提出的内容。国家发生地震、洪灾和干旱等自然灾害，意味着坐在皇位上的，是假沙皇，上帝会惩罚他们。还有一些人把俄国自古以来的战功，看作诱惑，不是把国君看作真正的东正教沙皇，而是魔鬼，基督的敌人。魔鬼在末世救主来临之前，掌握了权力，诱使人们犯罪。持有这种观点的一些人，试图使自己及近人免于罪孽，他们逃进森林，跑到荒无人烟的边境，甚至国外。

忠诚沙皇的一般民众，如果无法忍受连绵不断的战争的沉重负担，他们就会认为，倘若"真命天子"进行统治，尘世的生活不可能这样不公与可怕。农民、奴隶和工商业者，不再等待神国，集聚起来，一起拥戴"真正的"沙皇（冒名顶替者），奔向新的耶路撒冷。在菲洛费伊学说的不同解释者之间爆发内战。罗曼诺夫王朝长期统治俄国。旧教派信徒非常仇视彼得大帝，他们认为，彼得大帝是敌基督者，因为在彼得统治时期，菲洛费伊的学说被世俗化。18—19世纪，从俄罗斯帝国扩张的角度看，还是非常成功的，政权还像以前一样得以延续。当胜利被失败所取代，罗曼诺夫王朝就朝不保夕了。

俄罗斯人认为自己是圣民，俄罗斯是圣地，俄罗斯历史因此具有独特的正义感，不管他们何时攻击何人，总是正义的，总是为了伟大的事业。俄国和其他近代帝国的差异是相对的，例如，英国和法国，如果它们是重商主义，那么在俄国，攻占疆土的巨大收益（例如获取毛皮、矿石、石油和棉花），使得国家沉浸在崇高思想的海洋。他们认为，国家的情况是群狼环伺，环境险恶。俄罗斯人觉得正确理解了自己历史的目的和涵义。这种清晰的理解，节约了很多力量和财富，它们都被用来进行对外扩张。到了20世纪50年代，苏联几乎控制了地球面积的一半，一半的世界人口（北美洲和澳洲除外）。

俄罗斯人有关土地的观点，都来自菲洛费伊的学说。例如，他们认为，他们曾经驻足的地方，不管此前、此后谁到过，都是俄罗斯人的土地，因为浇洒了他们的圣血。一般人仇视斯托雷平改革，因为他们认为，圣地只能村社所有，个人拥有、买卖土地，都是亵渎圣物。有些俄罗斯人从未原谅亚历山大二世出售阿拉斯加,他们相信,即使这一买卖符合法律程序,仍然非法。就像一般认定的长子继承制,圣地根本就不能进行买卖。古罗斯从未有过西方理解的土地私有制,它具有的是某些不同的不完整的支配、使用土地的权利。它们一个包含一个,就像套娃。最高的私有者是沙皇,他是上帝在尘世的全权代理。与采邑制和贵族所有制密切相连的,就是为沙皇效忠。农民的"米尔"也有理由认为,它是土地的主人。在这个涵义上,集体农庄更符合农民有关"真情"的观念。他们认为,这要比斯托雷平时期的体系更好,在农业集体化之前,这个体系还是存在的。具有这两种不同理解的民众,彼此猜忌、互相仇视。政权不想,也不能拒绝它,这是政权的基础,同时,政权非常害怕这种自发力量,它非常理解,第一罗马已经崩溃,现在这个第三罗马,也很容易被消灭。参加起义和暴动的民众认为,他们生活在敌对基督的王国。鼓吹另一种光明王国的人,政权或者杀死他们,或者把他们驱赶到边境,这些人在那里逐渐定居下来,转入地下斗争。俄罗斯高层最主要的任务之一,就是把这两种民众从地域上分开。

2 费奥德洛夫

到了19世纪中期,俄罗斯最终走上世界舞台,它觉得周围的一切,都是幻影。更大的打击是,这个世界根本就不准备承认俄罗斯的领袖地位。此后的军事失败,例如克里米亚战争,只是证实,菲洛费伊的学说赋予民众的神圣的正义感,已然终结。斯拉夫派指责彼得大帝不加选择地输入大量的西方事物。对俄罗斯人而言,由此而来的,就是产生缺陷情结。哲学家尼古拉·费奥德洛夫在克里米亚战争结束不久,社会对战争进行反思的时候,开始著书立说。费奥德洛夫觉得,俄罗斯扩张的旧有基础,已经不复存在。费奥德洛夫对福音书作了新的注解,即使是字面注释,克服了以前的分裂,把两个敌对部分(帝国的和民众的、宗派的)牢固地结合在一起。"共同的事业"把他们联系在一起。"莫斯科——第三罗马"两种不同的解释,找到了最终结合,给政权指出一条道路,沿着这条道路,政权确认自己生存的权利——与上帝不可分割的联系。如果沿着这条道路前进,高层可以在数年期间,打败外敌。最主要的是,土地都会变成俄国沙皇的资产,从而变成统一的圣地,就是亚当被赶出天国以前的土地。费奥德洛夫看到,面前的权力阶层,疲于应付不满的公职人员、随时可能起义的农村、牢骚满腹的市侩,永不平静的边疆,政权试图调和臣民利益。政权的力量和资源,都花费到这上边了,而不是去完成它的基本使命——攻占领土,把领土变为圣地。费奥德洛夫准备帮助政权解决所有的难题。他说,需要把所有的人都变成军垦战士,统一服装,完成同样的命令,从而所向无敌,人类能够,而且应当自己建造地上的神国。

沙罗夫一直认为,费奥德洛夫的学说,把前所未有的正义感,又交给俄罗斯历史,其作用不比西方历史上的加尔文和茨温利逊色。从费奥德洛夫开始,俄罗斯人不再无望、疲惫地等待。费奥德洛夫把上帝和世人结合起来,产生了前所未有的能量。费奥德洛夫的《共同事业的哲学》,清楚、完整地归纳了俄罗斯的历史和使命。对俄罗斯文化而言,托尔斯泰、陀思妥耶夫斯基、索洛维约夫、波格丹诺夫(1873—1928)、赫列布尼科夫(1885—1922)、马雅可夫斯基、费洛诺夫和齐奥尔科夫斯基(1857—1935)都把费奥德洛夫当作自己的导师。

俄罗斯理解生活的基础,就是菲洛费伊的学说。当人们清楚了,旧的解说,君主的、皇帝的"古文献抄本"是错误的,会导致失败,很多人自然把希望寄托在"新的"解说之上,可以大致称为边缘的、宗派的解释。国内战争说明,帝国比一般人能够想象得更加腐朽和衰弱。帝国的思想体系,它的运行机制也都被破坏了。18—19世纪的俄国领土迅速扩张,以前流放者居住的地方,又成为国家的中心,它们也是旧教信徒看重的地方。这些以前的弃儿,已经习惯了新的国土和城市,学会了伪装和掩饰。国家无法再抓住他们的把柄,无法再把他们流放得更为偏远,政权也变得温顺起来,对形式上的忠诚也感到满意。终有一天,这会有所反映。战争激化局势,被征召的边疆战士,被成千上万地送到莫斯科和彼得堡。大家当时都相信,要与旧的生活决裂。人们能够,也应当破坏旧世界,在尘世实现公正与平等,建造天堂,延长生命,甚至使死者复活。这一切都来自菲洛费伊的信念,既然第三罗马很快就会崩塌,第四罗马又不会再现,俄罗斯人就生活在末世。

这种理解,在20世纪得到了更新,被费奥德洛夫的学说所加强,他们认为,神圣民族,即使没有基督庇佑,也能拯救人类,建设地上天堂——共产主义。这样一个国家,完全建立在信仰的基础上,它认为人的尘世生活,应该结束了,为此准备承受所有的苦难。在这样的国家,革命迟早必然发生。鼓吹类似世界观的人,是那些离经叛道者。1917年的革命,成为他们的革命。沙罗夫说,就连苏联时期的教会政策,差不多都是从费奥德洛夫学说而来的。费奥德洛夫为了上帝而拒绝上帝的帮助,这是把上帝从尘世请出的开始,死者的复活,不再属他管辖。沙罗夫认为,布尔什维克者的无神论,也来自费奥德洛夫

第十四章　沙罗夫有关俄罗斯特点的一些认识

的"共同事业的哲学"。以后不用再等基督君临世间了,为了拯救人类,他付出了一切,剩下的,俄罗斯人应该自己去做。应当不断地工作,不用再等神的恩赐。

沙罗夫认为,这都来自费奥德洛夫的学说,他把正义感又还给了俄罗斯,人们相信,他们朝着正确的方向迈进。谁也没有准备拒绝这种感觉,人们愿意承受牺牲。费奥德洛夫"共同事业的哲学"的主要对象,是各种不同的宗派主义者。根据斯大林的命令,宗派主义者差不多都被处死了,而他们的信仰,被嫁接到俄罗斯帝国的大树。沙罗夫认为,如果第一次革命是边境对中央的进攻,那么,在斯大林时期,就是中央的反攻,杀死边境的人,遏制来自边境的思想。

3　历史的相似性

沙罗夫认为,俄罗斯历史目前发生了一些实质性的变化,这迫使有些人认为,它消失了,但这只是表面现象。实际上,历史深入到个人、个体的层面。历史具有许多相似性、重复性。重新在国家层面上复现其中的冲突,那是非常荒诞的,就像把托洛茨基与别列佐夫斯基相提并论。

这是某种"排演":历史不是度过的,而是出演的,就像戏剧,角色的分配相当随意,经常并不协调。主要的激情,从国家舞台进入个人关系,表现为某些人的精神分裂。西方派和斯拉夫派之间的斗争,现在不是在国家,甚至不是在社会规模上进行的,裂痕出现在团队、朋友之间。历史规律在个人定势的层面上仍起作用。沙罗夫觉得,俄罗斯人感到被欺侮,感到人们对他们评价不足。

沙罗夫认为,1917年发生的是精英阶层的更替,而不是规则的更替。这只是意味着,俄罗斯在这种借口下,继续的还是那场斗争,不停分割沙皇特辖区和贵族辖区。沙皇特辖区的特点,在彼得一世周围有迹可寻。总有人希望把国家分为自己的和"非自己的"。这种区分按照阶级、阶层和民族的特征一直在持续。这种区分涉及到个人层面。分裂时发生的,不是简单的分裂,还有分裂的分裂。沙罗夫认为,俄罗斯一直以来所做的基本事情,就是分割自己的和别人的,然后在自己人当中寻找敌人。沙罗夫总结历史经验,寻找具有稳定解释力的历史模型,借古讽今的倾向一览无余(这在《返回埃及》中看得非常清楚)。[①]

[①] Возвращение в Египет. С. 135.

三、关注俄罗斯人的心智

根据沙罗夫的观点，俄罗斯人非常重视心智问题，可能是最容易被教育的民族。其心智显然是帝国性质的，否则，在巨大的疆域上，无法以其他方式生存。沙罗夫认为，俄罗斯展示的是，无法消除国民的帝国性。一听到相应的信号，它就会扩展到习惯的形式。为此，不需要任何特权。问题在于社会和个性的结构。以前的习惯和能力，在需要的时候，很容易被恢复。

如果民众、宗派和宗教有关善恶的观念植根于圣经，他们从生到死所做的，只是以自己的生命、命运注释《圣经》。所注释的，很少是全部《圣经》，注释的只是某句经文，或者一行话语。[①] 沙罗夫的文章具有政治色彩。对他来说，非常重要的是，理解权力的精神实质，思考时代的形象，解释民族性格正在发生的变化。在小说《拉扎尔的复活》和《亦步亦趋》中，作者试图以历史为背景，思考苏联人的心智问题，研究他们的精神世界。对沙罗夫而言，苏联人矛盾而复杂，不是苏联公民的"官方"形象，其基础是"革命前"的俄罗斯人、东正教徒，但是，经历了新的磨难和诱惑。20世纪的俄罗斯人并未丧失这种性质。沙罗夫的许多主人公，就像《拉扎尔的复活》中的尼古拉·库利巴索夫，他们确实相信，"我们的苏维埃祖国，不折不扣就是自然的真正的天堂……即使我们赤身裸体，却感到幸福，亚当也曾经是赤裸的"。[②]

沙罗夫有时做出科学研究历史的假象，他使用档案材料，证明所描写的事件的真实性，实际上，他不是在恢复失去的东西，而是在创造新的、从未存在的现实。就沙罗夫的创作背景看，其小说《排演》具有象征性，它使人想到历史的"戏剧性"，每个人的生活，就是排演某种不变的戏剧，排演未来的事件，同时也是此前他人已经演过的角色的重复。这就是通过思考《圣经》的情节，理解过去和现在正在发生的事情。个人的生活，只不过是对《圣经》文本的又一次诠释。[③]《返回埃及》讲述了几代人的迷茫。主人公的生活，或多或少与《圣经·出埃及记》具有关联，小说的名称——《返回埃及》也由此而来。沙罗夫认为，俄罗斯的革命、内战，就是俄罗斯人穿越红海之行，途中既看不到彼岸的埃及，

---

① Воскрешение Лазаря. С. 103.
② Воскрешение Лазаря. С. 392.
③ Карать и врачевать. О прозе Владимира ШароваАлександр Беззубцев-Кондаков（13/01/2006），http://www.topos.ru/article/4351.

也看不到西奈，不知道谁是摩西，谁是伪圣，俄罗斯人迷路了，离开了乐土，返回埃及的旷野，返回更为悲苦的奴役状态。

沙罗夫在《拉扎尔的复活》中，提及"三种历史"的思想。第一种是水平的，我们和同代人的关系就处于这个平面，它非常拥挤。就像人满为患的公共汽车；第二种历史是垂直的，就是从古到今的人类的生活。第三种历史涉及神与人的关系。如果前两种历史是平面的，那么，第三种历史，就是一种空间。历史的真正涵义，就在于冲向这一空间，也就是理解神。沙罗夫所使用的文学艺术手法，都是在"水平"层面的历史中进行的，人们在这里密切接触，在他们的交往中创造了历史。沙罗夫的作品，反映的都是问题，它鲜明表现了现代俄罗斯社会所存在的思想的不确定性。《亦步亦趋》、《拉扎尔的复活》和《排演》，使读者有理由认为，作者的心情激动不安，他这样解释周围的事情，希望乱中求静，他的观点不可能不是悖论性质的。①

四、隐喻化与神话化

作为历史学者，沙罗夫的观点是，苏联的历史，虽然具有不同标签，实则是一种倒退，根据《圣经·出埃及记》来说，苏联的历史，类似"返回埃及"，更有甚者——返回建造巴比伦塔的时期。这是试图恢复到废除农奴制之前的状态，倒退到亚历山大二世改革前的状态（例如，根据沙罗夫的观点，集体农庄把农民固定在土地上；进入体制的人，就是新的贵族；统治的方式，经常重复伊凡雷帝和彼得一世的行为）。《返回埃及》是对一些重要生活现象的描述。沙罗夫描写了复杂的人际关系，人们远隔万里，在最乐观的情况下，数月以后才能收到回信。沙罗夫曾想按照时间顺序编排信件，因为一系列原因而难以实现。书信成百上千，作者根本不知道，如何按照时间顺序进行排列。沙罗夫自述，他在五个月期间不断更换信件顺序，起先还抱有希望，因为毫无头绪，最后还是失望了，他开始围绕吸引他的问题收集信件，这样，在没有作者参与的情况下，即使不添加任何话语，信件之间彼此开始对话……②我们认为，这明显反

---

① Карать и врачевать. О прозе Владимира Шарова, Александр Беззубцев-Кондаков (13/01/2006), http://www.topos.ru/article/4351.
② Карать и врачевать. О прозе Владимира Шарова, Александр Беззубцев-Кондаков (13/01/2006), http://www.topos.ru/article/4351.

映的是后结构主义的"主题分析"的思想。①

　　沙罗夫具有自己的文学语言与创新,他艺术地研究历史、文化和社会意识,这种方法被叫做"隐喻化与神话化"。历史人物、思想、历史和社会行为的类型、某个时代的社会意识所产生的联想,都可以进行这样的研究。这种社会意识,观察、创造了自己的偶像,它们成为时代的艺术公式。例如,被称为"俄国革命产婆"的杰曼·德·斯戴尔(1766—1817),法国小说家、随笔作者,代表18世纪法国沙龙培育出来的自由,渴望最高的权力,却无法实现自己的梦想。沙罗夫本人把她看作法国文化影响俄国的同义词。斯克里雅宾被描写为德·斯戴尔夫人的情人之一,他诅咒上帝,承受"世界历史的重负",等等。这些都是历史意识的原型,不同的脸面,时代的面具,历史过程的人格化隐喻。② 根据沙罗夫的理解,所谓的他的"另外一种历史",根源于对现实的历史不满,对自己的历史命运不满,极力想要重演,把人的命运转变成为实验物理学一类内容。沙罗夫承认,在他的作品中,确实存在不少悖论和荒诞,但是他所写的,并未超出当时的疯狂和荒谬。20世纪的俄罗斯历史是悲剧性的、疯狂的历史。③

五、随笔性质的表达形式

　　沙罗夫说,他的创作,没有体裁问题。他是随意书写的。他所写的小说,完全就是随笔性质的……每人都有自己的生活,每人都能从中得出自己的结论,生活就有小说。沙罗夫觉得,小说和生活的复杂性相匹配。如果有需要记录的世界形象,就把它转写到纸面上。语句与语句自然粘连在一起。沙罗夫有时自己都不明白,他想象的最终结果是什么。他的第一部小说,几乎就是道听途说写来的。他边走边说,把它记录下来,而这些语句都有自己的特点。沙罗夫的作品几乎没有对话,他觉得自己的对话没有意义,对他来说,更有意义的是人的命运。在俄罗斯,没有人能像自己希望的那样度过一生,命运主宰一切。对沙罗夫来说,描写命运更为重要。

　　有的读者认为,沙罗夫的小说缺乏隐喻。沙罗夫回应说,当公爵的女儿最终以妓女或者清洁工的命运度过一生的时候,这本身就是隐喻。沙罗夫本人

---

① Руднев В. П. Энциклопедический словарь культуры XX века: ключевые понятия и тексты. М., 2001. С. 256.
② Возвращение в Египет, Отрывок из романа, апрель 2013/09: 35/12.04.13.
③ Правила игры. О романе В. Шарова *Алёна Агатова*, http://www.stihi.ru/2012/10/12/9548.

把自己的小说称为"隐喻小说"或者"比喻小说"。沙罗夫喜欢躺在床上思考,不想打断思维的运动。他觉得,如果着手记录,思维就被打断了。许多读者喜欢的东西,情节方面的特点,只不过是把一部分内容和另一部分内容连接在一起。沙罗夫说,他怎么看,就怎么写。他根本就不是专业作家,他不能去完成任何定制的作品。对他来说,小说可能和诗歌的情况是一样的。多抄写修改几遍,文本自身也就声情并茂了。沙罗夫要做的,就是不妨害文本自身的发展。对沙罗夫来说,小说是从记录所想内容开始的,小说总比他想的要差得多。有时,他甚至"用钢笔思考",信笔而来。由此可见,沙罗夫自发书写的随笔创作和超现实主义的创作技法是有相同之处的。[1] 沙罗夫的小说又被称为"幻觉小说",处于传统现实主义小说和后现代主义作品的交汇之处。[2] 一位美国修辞家的每部作品都要抄写5遍,这被看作世界纪录。沙罗夫说,他的文章要校对30遍,他觉得这就是规范。

俄罗斯历史和人的命运,对沙罗夫而言,都充满深刻涵义。记录保存这些命运,是沙罗夫的主要任务。存在两种历史,一种是普通的历史,此间人们买卖、建造与耕种;还有一种历史,《圣经》的历史,此间人们试图解释、理解他们的行为。相信某种宗教的民众,自动以生命宣示自己的信仰。[3] 当读者阅读《返回埃及》的时候,这一点就会看得很清楚。

结　语

对沙罗夫来说,世界变得越来越复杂,真情、信仰不同而多样;其中一些是旧有的,许多内容则是全新的,几乎为了每一信仰,信仰者都准备为之付出生命。人们寻找神,寻找通往神的道路,通往神的道路众多,可能是无穷的。神就是万物的始终。[4] 人们经常认为,他们的信仰彼此矛盾。实际上,信仰完全是另一种维度。它们不能,也不应彼此对立。人们开始通过完全不同的语言

---

[1] Руднев В. П. Энциклопедический словарь культуры XX века: ключевые понятия и тексты. М., 2001. С. 451.

[2] Владимир Шаров, 《Я не чувствую себя ни учителем, ни пророком》, Беседу ведет Наталья Игрунова, http://magazines.russ.ru/druzhba/2004/8/shar14.html.

[3] Интервью с Владимиром Шаровым, ВЛАДИМИР ШАРОВ,《финал происходит всегда здесь и сейчас》, http://www.club366.ru/articles/110850_kv.shtml.

[4] Владимир Шаров. Возвращение в Египт. С. 25.

的棱镜看待世界,在他们的视野中,开始出现了真正的包容、色彩和立体。人们对世界的复杂性的理解,又迈出了一步。世界,通过不同语言的视角和思考,更加复杂多变。宽容是所有真情所必需的,当一种真情、信仰彼此关注其他真情、信仰的时候,宽容自然存在。① 沙罗夫把自己的这种理解称为另一种"现实主义"。②

---

① Говорят лауреаты "Знамени", http://magazines.russ.ru/znamia/1999/3/laureat.html.
② Владимир Шаров, "Реалистические" соображения, http://magazines.russ.ru/znamia/2000/4/forum2.html.

结　论

从古罗斯接受基督教以后,个人的道德责任的思想一直得到强调。古俄语的句法便于(具体)叙述,而不便于(抽象)论述,古罗斯时期的有关文本,追求生动形象的词语,具有政论倾向、充满激情的思辨。这开启了俄罗斯语言心智强调道德,排斥抽象,看重生活的取向。俄国启蒙时期,甚至宣扬道德对于理智的优先地位。语词是真正的宣传鼓动的武器,它能够很好地为思想政治斗争的目的服务,这与时代的启蒙、改革精神是吻合的。19世纪的俄国,恰达耶夫和他所处的时代合拍,这就是俄国激进主义的精神定势。奥多耶夫斯基对西方的批判,还有"联结一切的综合",通过《俄罗斯之夜》,选择对话和文中文这样的手段,来表达他的基本思想,做到了形式与内容的完美结合。霍米亚科夫最早把西方基督教和整个唯理论体系等同起来,并对它们进行批判。基列耶夫斯基的思想是理解独特的俄罗斯心智的钥匙。别林斯基提出的"实用哲学",这是他有关俄罗斯特点思考的总结。他提示了从关键词语出发理解文化的研究方法。赫尔岑思想和性格具有多重性,使用的马赛克文体,与其思想和性格特征协调一致。陀思妥耶夫斯基反对"理性"的二值逻辑的取向,展示二律背反的存在逻辑,指出语言、思维与文化密切联系的思想,对话词语、复调小说等表达手段,以及后现代主义的加斯帕罗夫反对结构主义,支持语用、认知方向的存在语言学理论的出现,其中的逻辑和联系,既是自然的,也是合理的。根据《四部福音书合编与翻译》,我们把托尔斯泰看作俄罗斯"解构"的先驱。

弗洛连斯基论述的具体玄学、圆形思维方式,还有"分声歌唱"(复调的一种早期形式),属于俄罗斯语言心智的传统。它一直批判,或者规避西方"理性"的思维方式,强调整体、完整地去认识活生生的世界。在我们看来,到了弗洛连斯基这里，他明确说出，这就叫做"圆形思维方式"，是比复调还要早的一种"分声歌唱"，并且通过自己的具体玄学的内容，以书信体裁，令人信服地对这一传统内容做出了现代归纳，我们认为，这可以看作对俄罗斯的语言心智问题的集中回答。21世纪的沙罗夫，通过隐喻和神话化，用随笔的形式，回应着前贤对俄罗斯心智问题的思考与观点。

参考文献

中文资料

1. В. В. 科列索夫. 语言与心智. 杨明天译. 上海：上海三联书店，2006年。
2. Н. О. 洛斯基. 俄国哲学史. 贾泽林等译. 杭州：浙江人民出版社，1999年。
3. 丁海丽等. 基列耶夫斯基思想演变历程及其宗教世界观形成原因初探. 西伯利亚研究，2009年，第1期，第33—35页。
4. 中国基督教三自爱国运动委员会，中国基督教协会，新约，2012年8月印刷(2009年版)。
5. 中国大百科全书(电子版). 北京：中国大百科全书出版社，1988，2001年。
6. 以赛亚·柏林著，彭淮栋译. 俄国思想家. 南京：译林出版社，2001年。
7. 伊莲. 俄罗斯民族性格中的阴柔与阳刚，俄罗斯文艺，2001年，第2期，第33—36页。
8. 俄汉详解大词典，哈尔滨：黑龙江人民出版社，1998年。
9. 倪波等. 言语行为理论与俄语语句聚合体. 上海：上海外语教育出版社，1998年。
10. 冯华英等. 俄汉新词词典. 北京：商务印书馆，2005年。
11. 刘娟. Концепт 的语言学研究综述，外语与外语教学，2007年，第1期。
12. 刘宏. 跨文化交际中的空缺现象与文化观念研究，外语与外语教学，2005年，第7期。
13. 刘长乐. 重塑我们的民族性格，人民日报海外版，2006年8月29日第1版。
14. 别林斯基. 文学论文选. 满涛，辛未艾译. 上海：上海译文出版社，2000年。
15. 别林斯基选集. 第一卷. 满涛译. 上海：上海译文出版社，1979年。
16. 别林斯基选集. 第二卷. 满涛译. 上海：上海译文出版社，1979年。
17. 别林斯基选集. 第三卷. 满涛译. 上海：上海译文出版社，1980年。
18. 基列耶夫斯基(张百春译). 论欧洲文明的特征及其与俄罗斯文明的关系. 世界哲学，2005年，第5期。
19. 夏征农主编. 辞海(缩印本). 上海：上海辞书出版社，1989年。
20. 宋瑞芝，宋佳红. 论地理环境对俄罗斯民族性格的影响，湖北大学学报(哲学社会科学版)，2001年第1期，第82—85页。
21. 张家骅等. 俄罗斯当代语义学. 北京：商务印书馆，2003年。
22. 张明锁. 关于地理环境与民族文化、民族性格关系的对话，郑州大学学报(哲学社会科学版)，1990年，第2期，第47—51页。
23. 张杰. 真理的探索：从科学走向宗教——记俄罗斯宗教文化批评家弗洛连斯基. 俄罗斯文艺，1998年，第4期，第69—71页。
24. 张百春. 当代东正教神学思想. 上海：上海三联书店，2000年。

25. 彭文钊等. 语言文化学. 上海：上海外语教育出版社, 2006 年。
26. 往事与随想, 巴金译, 上海：上海译文出版社, 1979 年。
27. 往事与随想, 项星耀译, 北京：人民文学出版社, 2007 年。
28. 徐凤林. 俄罗斯宗教哲学. 北京：北京大学出版社, 2006 年。
29. 朱达秋. 术语 менталитет 及其内涵. 解放军外国语学院学报, 2002 年, 第 3 期。
30. 朱达秋等. 俄罗斯文化论. 重庆：重庆出版社, 2004 年。
31. 李喜长. 解析术语 "менталитет" 和 "ментальность". 西安外国语大学学报, 2008 年, 第 4 期。
32. 李学智. 地理环境与人类社会, 东方论坛, 2009 年, 第 4 期, 第 92—96 页。
33. 杨明天. 俄语的认知研究. 上海：上海外语教育出版社, 2004 年。
34. 杨明天. 奥多耶夫斯基 "整体认识" 的观点和表达手段. 俄罗斯文艺, 2010 年, 第 3 期。
35. 杨明天. 观念的对比分析. 上海：上海译文出版社, 2009 年。
36. 格奥尔基·弗洛罗夫斯基. 吴安迪译. 俄罗斯宗教哲学之路. 上海：上海人民出版社, 2006 年。
37. 格沃兹节夫. 俄语修辞学概论. 北京：商务印书馆, 1985 年。
38. 武玉明. 东正教与俄罗斯民族性格, 潍坊教育学院学报, 2008 年, 第 1 期, 第 53—55 页。
39. 白晓红. 俄国斯拉夫主义. 北京：商务印书馆, 2006 年。
40. 秦秋. 俄罗斯民族性格成因浅析, 重庆科技学院学报（社会科学版）, 2011 年, 第 20 期, 第 43 页。
41. 胡孟浩主译. 俄语语法（下）. 上海：上海外语教育出版社, 1991 年。
42. 荣洁. 俄罗斯民族性格和文化, 俄罗斯中亚东欧研究, 2005 年, 第 1 期, 第 68 页。
43. 赫尔岑中短篇小说集, 程民译, 上海：上海译文出版社, 1980 年。
44. 赵国栋等. "概念" 刍议. 解放军外国语学院学报, 2006 年, 第 4 期。
45. 陈树林. 东正教信仰与俄罗斯命运. 世界哲学, 2007 年, 第 4 期, 第 41 页。
46. 陈树林. 俄罗斯东正教的本土化特征. 求是学刊, 2009 年, 第 5 期, 第 17—23 页。
47. 隋然. 语言认知理论研究中的概念现象问题. 外语学刊, 2004 年, 第 4 期。
48. 马寅卯. 霍米亚科夫和俄罗斯的斯拉夫主义. 哲学动态, 2004 年, 第 10 期, 第 42—44 页。
49. 黄立茀. 俄罗斯能再崛起吗——俄罗斯民族发展钟摆性与兴衰周期浅析. 俄罗斯研究, 2001 年, 第 1 期, 第 37—41 页。

外文资料

1. Акчурин И. А. Топология и идентификация личности. Вопросы философии, 1994, No5. С. 143
2. Анна Вежбицкая Семантические универсалии и описание языков. М., 1999
3. Анна Вежбицкая Сопоставление культур через посредство лексики и прагматики. М., 2001a
4. Анна Вежбицкая Понимание культур через посредство ключевых слов. М., 2001b
5. Ануфриев Е. А., Лесная Л. В. Российский менталитет как социально-политический феномен. СПЖ., 1997. No4.
6. Арутюнова Н. Д. Предложение и его смысл. М., 1976
7. Арутюнова Н. Д. Язык и мир человека. М., 1999

8. Баландин Р. К. Русские мыслители. М., 2006
9. Барг М. А. Эпохи и идеи. М., 1987
10. Бердяев Николай. Собрание сочинений. Т. V. Париж, 1997
11. Библиографический словарь. Том 1. А-Л. Под редакцией П. А. Николаева. М., 1990
12. Блок М. Апология истории. М., 1993
13. Воркачев С. Г. Дискурсная вариативность лингвоконцепта (1): любовь-милость// Известия РАН. Сер. лит. и языка. 2005. т. 64., №4. Сс. 46 - 66
14. Воркачев С. Г. Лингвоконцептология и межкультурная коммуникация: истоки и цели//Филологические науки. 2005. №4. С. 76
15. Воркачев С. Г. Лингвокультурология, языковая личность, концепт: становление антропоцентрической парадигмы в языкознании//Филологические науки. 2001. №1. С. 70
16. Воробьева М. В. Понятие менталитета в культурологических исследованиях. Известия Уральского государственного университета. 2008. №55. С. 6 - 15
17. Гачев Г. Д. Ментальности народов мира. М., 2008
18. Герцен А. И. Повести. Былое и думы. Статьи. М., 2002
19. Герцен А. И. Собрание сочинений в 30 томах. Т. III. М., 1954
20. Герцен А. И. Былое и думы. М., 2008
21. Герцен А. И. Собрание сочинений в 30 томах. Т. VII. М., 1956
22. Горшков А. И. Теория и история русского литературного языка. М., 1984
23. Граудина Л. К. и др. Русская риторика. М., 2001
24. Грицанов А. А. История философии. Энциклопедия. Минск, 2002
25. Грицанов А. А. Новейший философский словарь. Минск, 2001
26. Губский Е. Ф. Философский энциклопедический словарь. М., 2003
27. Гуревич П. С., Шульман О. И. Культурология XX век. Энциклопедия. СПб., 1998
28. Дашковский П. К. К вопросу о соотношении категорий 《менталитет》 и 《ментальность》: историко-философский аспект. ММЦ АлтГУ. Философские скрипты, 2002, Выпуск 2
29. Демьяненко М. А. Концепция языка Ф. Н. Финка (1867 - 1960). Вестник Самгу. 2006. №5/1(45)
30. Дж. Лакофф и М. Джонсон. Метафоры, которыми мы живем. М. 1987
31. До и во время. Роман. -"НМ", 1993, №№3 - 4
32. Достоевский Ф. М. Полное собрание сочинений: в 18 т., т. 11. 《Дневник писателя》(1873,1876). М., 2004
33. Достоевский Ф. М. Полное собрание сочинений: в 18 т., т. 12. 《Дневник писателя》(1877,1880 - 1881). М., 2004
34. Достоевский Ф. М. Полное собрание сочинений: в 18 т., т. 15. Письма. Книга первая (1832 - 1859). М., 2004
35. Достоевский Ф. М. Полное собрание сочинений: в 18 т., т. 16. Письма. Книга вторая (1877 - 1881). М., 2005
36. Дюркгейм Э. Элементарные формы религиозной жизни. М., 1996
37. Ефимов А. И. История русского литературного языка. М., 1961

38. Ефремова Т. Ф. Новый словарь русского языка. М., 2000
39. Западов В. А. Русская литература XVIII века, 1770 - 1775. Хрестоматия. М., 1979
40. Зеньковский Василий. История русской философии. М., 2001
41. Зиновьева Е. И. Понятие 《концепт》 в отечественном языкознании: основные подходы и направления исследования//Вестник Санкт-Петербургского университета. Сер. 2. Языкознание. 2003. вып. 2(№10).
42. Иванов С. К. Размышления о России и русских. М., 1996
43. Ирина Голуб. Стилистика русского языка. М., 2002
44. Кантор В. К. Стихия и цивилизация: два фактора 《российской судьбы》. Вопросы философии, 1994, №5. С. 31
45. Касьянова К. О. О русском национальном характере. М., 1994
46. Ключевский В. О. Сочинение. т. 1, М., 1987
47. Кобозева И. М. Лингвистическая семантика. М., 2000
48. Козловский В. В. Понятие ментальности в социологической перспективе. Социология и социальная антропология. СПб., 1997
49. Колесов В. В. Русская ментальность в языке и в тексте. СПб., 2007
50. Колесов В. В. Язык и ментальность. СПб., 2004
51. Краткая русская грамматика, под ред. Н. Ю. Шведовой и В. В. Лопатина, М., 2002
52. Кронгауз М. А. Семантика. М., 2001
53. Кузнецов С. А. Большой толковый словарь русского языка. СПб., 1998
54. Кузнецов С. А. Современный толковый словарь русского языка. СПб., 2002
55. Культурология XX век. Энциклопедия. СПб., 1998
56. Лосский Николай Онуфриевич. История русской философии. М., 1991
57. Люсьен Леви-Брюль. Первобытный менталитет. СПб., 2002
58. Маслин М. А. История русской философии. М., 2001
59. Маслова В. А. Лингвокультурология. М., 2007
60. Мне ли не пожалеть. Роман. -"Знамя", 1995, №12
61. Новый объяснительный словарь синонимов русского языка. Первый, Второй выпуск. М., 1999
62. Одоевский В. Ф. Сочинения в двух томах. Том первый. Русские ночи. Статьи. М., 1981
63. Одоевский В. Ф. Русские ночи. М., 1975
64. Остин Дж. Л. Слово как действие. В сб.: Новое в зарубежной лингвистике, вып. XVII. М., 1986
65. Павленок П. Д. Краткий словарь по социологии. М., 2001
66. Полное собрание сочинений И. В. Киреевского в двух томах. Под редакцией М. Гершензона. т. I, М., 1911
67. Померанц Г. Жажда добра. Страна и мир, 1985, №9. С. 83 - 96
68. Почепцов Георгий Георгиевич. История русской семиотики до и после 1917 года. М., 1998
69. Прохоров А. М. Российский энциклопедический словарь. М., 2001
70. Пушкарев Л. Н. Что такое менталитет? Истор. заметки. Отеч. история. М.,

№3. , 1995
71. Радищев А. Н. Избранные философские сочинения. М. , 1949
72. Раульф У. История ментальностей. К реконструкции духовных процессов. Сборник статей. М. , 1995. С. 14
73. Репетиция. Роман. -"Нева", 1992, №№1 - 2
74. Рогальская Н. П. Понятие 《менталитет》: особенности определения. София: Рукописный журнал Общества ревнителей русской философии. Выпуск 9, 2006
75. Розенталь Д. Э. и др. Современный русский язык. М. , 2002
76. Российский энциклопедический словарь. М. , 2001
77. Руднев В. П. Энциклопедический словарь культуры XX века: ключевые понятия и тексты. М. ,2001
78. Русская литература 18 века. Классицизм. М. , 2003.
79. Русская литература 18 века. Сентиментализм. М. , 2003
80. Священник Павел ФЛОРЕНСКИЙ СОЧИНЕНИЯ В ЧЕТЫРЕХ ТОМАХ. том 3 (1). М. , 2000
81. Священник Павел ФЛОРЕНСКИЙ СОЧИНЕНИЯ В ЧЕТЫРЕХ ТОМАХ. том 4. Письма с Дальнего Востока и Соловков, М. , 1998
82. След в след. Хроника одного рода в мыслях, комментариях и основных датах. Урал, 1991, №№6 - 8
83. Современная иллюстрированная энциклопедия. М. , 2006
84. Соломонова Корнеева Тамара. Менталитет как социокультурный феномен. Автореферат диссертации на соискание ученой степени кандидата философских наук. Екатеринбург, 2001
85. Старая девочка. Роман. -"Знамя", 1998, №8 - 9
86. Степанов Ю. С. Константы: словарь русской культуры. М. , 2001
87. Толстой Л. Н. Полное собрание сочинений в 90 томах, т. 23, М. , 1958
88. Толстой Л. Н. Полное собрание сочинений в 90 томах, т. 39, М. , 1956
89. Толстой Л. Н. Соединение и перевод четырех Евангелий. М. , 1995
90. Туниманов В. А. История русской литературы. В 4 - х томах. т. 3. Л. , 1980
91. Усенко О. Г. К определению понятия "менталитет". Русская история: проблемы менталитета. М. 1994. С. 15
92. Успенский В. А. О вещных коннотациях абстрактных существительных. // Семиотика и информатика. М. , 1997. Сс. 146 - 152
93. Февр Л. Бои за историю. М. , 1991
94. Федотов Г. П. Стихи духовные: русская народная вера по духовным стихам. М. , 1991
95. Флоренский П. А. (священник). Сочинения: в 4 т., т 4: Письма с Дальнего Востока и Соловков/сост. и общ. ред. игумена Андроника (А. С. Трубачева), П. В. Флоренского, М. С. Трубачевой. М. , 1998
96. Флоровский Георгий. Пути русского богословия. Париж, 1983
97. Хомяков А. С. Сочинения в 2 - х тт. , М. , 1994
98. Чаадаев П. Я. Полное собрание сочинений и избранные письма. т. 2, М. , 1991
99. Чаадаев П. Я. Философические письма (Полное собрание сочинений и избранные письма. т. 1. М. , 1991

100. Чернейко Л. О. Лингвофилософский анализ абстрактного имени. М., 1997
101. Черных П. Я. Историко-этимологический словарь современного русского языка (в 2 томах). М., 2001
102. Шмелев А. Д. Русская языковая модель мира. М., 2002
103. Шульц С. А. 《Русские ночи》 В. Ф. Одоевского и полифонический роман Ф. М. Достоевского/Филологические науки, №6, 2009. С. 21 - 26
104. Ярцева В. Н. Большой энциклопедический словарь. Языкознание. М., 2000

网页资料

105. http://www. Lib _ ru-Классика Белинский Виссарион Григорьевич _ （Статьи о народной поэзии). mht
106. http://www. Lib_ru-Классика Белинский Виссарион Григорьевич_В_Г_Белинский в воспоминаниях современников. mht
107. http://www. Lib _ ru-Классика Белинский Виссарион Григорьевич _ Взгляд на русскую литературу 1846 года. mht
108. http://www. Lib _ ru-Классика Белинский Виссарион Григорьевич _ Литературные мечтания. mht
109. http://www. Lib _ ru-Классика Белинский Виссарион Григорьевич _ Мысли и заметки о русской литературе. mht
110. http://www. Lib_ru-Классика Белинский Виссарион Григорьевич_Общее значение слова литература. mht
111. http://www. Lib_ ru-Классика Белинский Виссарион Григорьевич_Опыт истории русской литературы. mht
112. http://www. Lib_ru-Классика Белинский Виссарион Григорьевич_Полное собрание сочинений Д _ И_ Фонвизина _ Юрий Милославский, или русские в 1612 году сочинение М_Загоскина. mht
113. http://www. Lib _ ru-Классика Белинский Виссарион Григорьевич _ Русская литература в 1840 году. mht
114. http://www. Lib _ ru-Классика Белинский Виссарион Григорьевич _ Русская литература в 1841 году. mht
115. http://www. Lib _ ru-Классика Белинский Виссарион Григорьевич _ Сочинения Александра Пушкина_Статья пятая. mht
116. http://www. Lib _ ru-Классика Белинский Виссарион Григорьевич _ Сочинения Александра Пушкина_Статья восьмая. mht
117. http://www. Lib_ru-Классика Белинский Виссарион Григорьевич_Стихотворения М_Лермонтова. mht
118. http://www. Lib _ ru-Классика Чернышевский Николай Гаврилович _ Очерки гоголевского периода русской литературы. mht
119. http://amkob113. narod. ru/tlst/john_0. html#Глава 12
120. http://baike. baidu. com/view/1873203. htm
121. http://book. chaoxing. com/ebook/detail. jhtml? id=10653510
122. http://dic. academic. ru/dic. nsf/michelson _ new/1495/%D0%B2%D0%BE%D1%82
123. http://feb-web. ru/feb/irl/il0/il3/il321572. htm

124. http://lib.pushkinskijdom.ru
125. http://magazines.russ.ru/druzhba/2000/12/sharov.html
126. http://magazines.russ.ru/druzhba/2004/8/shar14.html
127. http://magazines.russ.ru/nz/2013/2/sh15.html
128. http://magazines.russ.ru/znamia/1999/3/laureat.html
129. http://magazines.russ.ru/znamia/2000/4/forum2.html
130. http://magazines.russ.ru/znamia/2003/3/laur.html
131. http://magazines.russ.ru/znamia/2003/4/sharov.html
132. http://magazines.russ.ru/znamia/2005/9/sh11.html
133. http://magazines.russ.ru/znamia/2009/8/sh12.html
134. http://ria.ru/culture/20141205/1036880590.html
135. http://rudocs.exdat.com/docs/index-493259.html?page=24
136. http://www.Lib_ru-Классика Белинский Виссарион Григорьевич_（Россия до Петра Великого）.mht
137. http://www.Киреевский Иван Васильевич.mht
138. http://www.aif.ru/society/article/27765
139. http://www.bigbook.ru/smi/detail.php?ID=5360
140. http://www.club366.ru/articles/110850_kv.shtml
141. http://www.gumer.info/bibliotek_Buks/Linguist/Gasp/intro.php
142. http://www.rulex.ru/01210293.htm
143. http://www.russianbible.net/Joh-13.html#c27
144. http://www.sakharov-center.ru/asfcd/auth/?t=author&i=1378
145. http://www.stihi.ru/2012/10/12/9548
146. http://www.superbook.org/LOP/JN/jn19.htm#5
147. http://www.superbook.org/LOP/LK/lk5.htm#35
148. http://www.superbook.org/LOP/MT/mt21.htm#42
149. http://www.superbook.org/LOP/MT/mt5.htm#17
150. http://www.superbook.org/RBO11/JN/jn16.htm#25
151. http://www.superbook.org/UBS/JN/jn14.htm
152. http://www.superbook.org/UBS/JN/jn19.htm
153. http://www.superbook.org/UBS/MT/mt17.htm
154. http://www.superbook.org/UBS/S/7561.htm#a%u0439to%u0438
155. http://www.superbook.org/UBS/S/D/6567.htm#%A4ge%u042Brv
156. http://www.superbook.org/UBS/S/D/6C6F.htm#1%u0441gow
157. http://www.topos.ru/article/4351 Карать и врачевать. О прозе Владимира Шарова，Александр Беззубцев-Кондаков (13/01/2006)
158. http://www.vehi.net/florensky/berdyaev.html
159. http://www.vehi.net/florensky/likhachev.html
160. http://www.vehi.net/florensky/oflorenskom.html#_ftnref73
161. http://www.vehi.net/men/florensky.html
162. http://www.voskres.ru/idea/homyakv.htm
163. Lib_ru-Классика Безобразов Павел Владимирович_Сергей Соловьев_Его жизнь и научно-литературная деятельность.mht
164. Lib_ru-Классика Герцен Александр Иванович_Былое и думы_Часть первая.mht

165. Lib_ru-Классика Герцен Александр Иванович_Былое и думы_Часть пятая. mht
166. Lib_ru-Классика Герцен Александр Иванович_Былое и думы_Часть шестая. mht
167. Lib_ru-Классика Герцен Александр Иванович_В_А_Туниманов_А_И_Герцен. mht
168. Lib_ru-Классика Герцен Александр Иванович_Вл_Путинцев_А_И_Герцен и его Былое и думы. mht
169. Lib_ru-Классика Герцен Александр Иванович_Доктор Крупов. mht
170. Lib_ru-Классика Герцен Александр Иванович_Исайя Берлин_Александр Герцен и его мемуары. mht
171. Lib_ru-Классика Герцен Александр Иванович_Кто виноват. mht
172. Lib_ru-Классика Герцен Александр Иванович_Произведения 1851－1852 годов. mht
173. Lib_ru-Классика Герцен Александр Иванович_С того берега. mht
174. Lib_ru-Классика Герцен Александр Иванович_Сорока-воровка. mht
175. Lib_ru-Классика Герцен Александр Иванович_Э_Бабаев_Кто виноват и другие повести и рассказы Герцена. mht
176. Lib_ru- Классика Даль Владимир Иванович_ Толковый словарь живого великорусского языка. mht
177. Lib_ru-Классика Добролюбов Николай Александрович_Учебная книга русской истории. mht
178. Lib_ru-Классика Достоевский Федор Михайлович_Братья Карамазовы_Часть 2_ shtml. mht
179. Lib_ru- Классика Достоевский Федор Михайлович_Дневник писателя_1880 годshtml. mht
180. Lib_ru- Классика Достоевский Федор Михайлович_Дневник писателя_1873 годshtml. mh
181. Lib_ru- Классика Достоевский Федор Михайлович_Дневник писателя_1876 годshtml. mht
182. Lib_ru- Классика Достоевский Федор Михайлович_Дневник писателя_1876_shtml. mht
183. Lib_ru-Классика Достоевский Федор Михайлович_Записки из подполья_shtml. mht
184. Lib_ru-Классика Достоевский Федор Михайлович_Леонид Гроссман_Достоевский_shtml. mht
185. Lib_ru-Классика Достоевский Федор Михайлович_Ф_М_Достоевский_Новые материалы и исследования_shtml. mht
186. Lib_ru-Классика Достоевский Федор Михайлович_Ф_М_Достоевский_А_Г_Достоевская_Переписка_shtml. mht
187. Lib_ru-Классика Киреевский Иван Васильевич_Соколов Ю_Киреевские. mht
188. Lib_ru-Классика Ключевский Василий Осипович_Памяти С_М_Соловьева. mht
189. Lib_ru- Классика Ключевский Василий Осипович_Сергей Михайлович Соловьев. mht
190. Lib_ru-Классика Мережковский Дмитрий Сергеевич_Л_Толстой и Достоевский_shtml. mht; Достоевский Ф. М. Полное собрание сочинений：в 18 т. Т. 11. 《Дневник писателя》(1873，1876). М.，2004
191. Lib_ru-Классика Писарев Дмитрий Иванович_Русский Дон-Кихот. mht
192. Lib_ru-Классика Соловьев Сергей Михайлович_Взгляд на историю установления

государственного порядка в России до Петра Великого. mht
193. Lib_ru-Классика Соловьев Сергей Михайлович_Древняя Россия. mht
194. Lib_ru-Классика Соловьев Сергей Михайлович_Наблюдения над исторической жизнью народов. mht
195. Lib_ru-Классика Соловьев Сергей Михайлович_С_М_Соловьев биографическая справка. mht
196. Lib_ru-Классика Соловьев Сергей Михайлович_С_С_Дмитриев_Соловьев — человек, историк. mht
197. Lib_ru-Классика Соловьев-Андреевич Евгений Андреевич_Александр Герцен_Его жизнь и литературная деятельность. mht
198. Lib_ru-Классика Соловьев-Андреевич Евгений Андреевич_Достоевский_Его жизнь и литературная деятельность_shtml. mht
199. Lib_ru-Классика Тихомиров Лев Александрович_Дело жизни Герцена. mht
200. Lib_ru-Классика Толстой Лев Николаевич_Том 90, Полное собрание сочинений_shtml. mht
201. Lib_ru- Классика Толстой Лев Николаевич_Исследование догматического богословия_shtml. mht
202. Lib_ru-Классика Хомяков Алексей Степанович_Мнение русских об иностранцах
203. Lib_ru- Классика Хомяков Алексей Степанович_О возможности русской художественной школы
204. Б_П_Вышеславцев-Русский национальный характер. htm
205. Бердяев Николай_Судьба России. htm
206. Библиотека Гумер-Гаспаров Б_М_Язык, память, образ_Лингвистика языкового существования. htm
207. В_О_Ключевский_Курс русской истории_Лекция 45. mht
208. В_О_Ключевский_Курс русской истории. htm
209. В_О_Ключевский_Курс русской истории. htm(ЛЕКЦИЯ XVII)
210. Н_И_Костомаров_Русская история в жизнеописаниях ее главнейших деятелей_Отдел 1_Глава 4_Князь Владимир Мономах. htm
211. Н_И_Костомаров_Русская история в жизнеописаниях ее главнейших деятелей_Отдел 1_Глава 1_Владимир Святой. htm
212. Н_М_Карамзин_История государства Российского_Том 1_Глава 10_О состоянии древней России. mht
213. Н_М_Карамзин_История государства Российского_Том 1_Глава 5_Олег Правитель_Г_879 - 912. mht
214. Н_М_Карамзин_История государства Российского_Том 1_Глава 9_Великий князь Владимир, названный в крещении Василием_Г_980 - 1014. mht
215. О русской идее-Библиотека думающего о России. htm
216. Под_ред_И_Я_Фроянова_История России от древнейших времен до начала XX в. htm
217. Познать Россию-Библиотека думающего о России. htm
218. Пути русского богословия Георгий Флоровский. mht
219. С_М_Соловьев_История России с древнейших времен_Том 13_Глава 1_Россия перед эпохою преобразования. mht

后　记

本书得到上海外国语大学上海市高校一流学科建设项目资助。

2014年暑期完稿之际，苏州大学赵爱国教授、黑龙江大学俄罗斯语言文学与文化研究中心孙淑芳教授、解放军外国语学院易绵竹教授和复旦大学姜宏教授，不辞辛劳，审阅了书稿，提出了修改意见，作者对他们的辛勤劳动表示感谢。

本书部分章节的内容，曾经在一些杂志或文集发表，在收入本书时，作者做了修改和补充。

作者确定这个题目，应该是在2006年左右。作者明知这是难题，还是因为兴趣与激情的原因，坚持研究。其间也因为研究资料、研究方法的问题，产生过动摇，想到过放弃，但是因为兴趣，也因为坚信俄罗斯心智是一以贯之的（这从俄罗斯哲学的基本要点可以看得出来），坚信内容与形式之间存在相互适应的关系，才得以坚持下来。作者翻检了能够看到的，符合本项目要求的原文资料，筛选、研读，努力发现其间的内在联系，试图做出一些新的解读。日复一日，年复一年，作者也不知道这个项目何时是个尽头。好在历史本身就如江河，大浪淘沙，留存的，我们能够看到的，大多是前人留给我们的可读之作。作者不得不承认，经典自有其成为经典的原因。当作者于2013年研读了弗洛连斯基的选集，特别是他的日记资料时，心中的巨石终于落地了，作者看到了完成本项目的曙光。弗洛连斯基是个集大成的人物，他的精辟论述，作者把它看作本项目的终结之点。回头再读一些已成历史的旧作，不免感慨时光的流逝。

图书在版编目(CIP)数据

俄罗斯语言心智研究/杨明天著.—上海:上海三联书店,2017.3
ISBN 978-7-5426-5799-2

Ⅰ.①俄… Ⅱ.①杨… Ⅲ.①俄语-文化语言学-研究 Ⅳ.①H35

中国版本图书馆 CIP 数据核字(2017)第 009280 号

俄罗斯语言心智研究

著　　者 / 杨明天

责任编辑 / 黄　韬
装帧设计 / 鲁继德
监　　制 / 李　敏
责任校对 / 张大伟

出版发行 / 上海三联书店
　　　　　(201199)中国上海市都市路 4855 号 2 座 10 楼
邮购电话 / 021-22895559
印　　刷 / 上海惠敦印务科技有限公司

版　　次 / 2017 年 3 月第 1 版
印　　次 / 2017 年 3 月第 1 次印刷
开　　本 / 710×1000　1/16
字　　数 / 360 千字
印　　张 / 22.75
书　　号 / ISBN 978-7-5426-5799-2/H·64
定　　价 / 58.00 元

敬启读者,如发现本书有印装质量问题,请与印刷厂联系 021-56475597